Matthias Trautmann (Hrsg.)

Entwicklungsaufgaben im Bildungsgang

Studien zur Bildungsgangforschung
Band 5

Herausgegeben von
Arno Combe
Meinert A. Meyer
Barbara Schenk

Matthias Trautmann (Hrsg.)

Entwicklungs-
aufgaben im
Bildungsgang

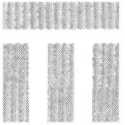

VS VERLAG FÜR SOZIALWISSENSCHAFTEN

VS VERLAG FÜR SOZIALWISSENSCHAFTEN

VS Verlag für Sozialwissenschaften
Entstanden mit Beginn des Jahres 2004 aus den beiden Häusern
Leske+Budrich und Westdeutscher Verlag.
Die breite Basis für sozialwissenschaftliches Publizieren

Bibliografische Information Der Deutschen Bibliothek
Die Deutsche Bibliothek verzeichnet diese Publikation in der Deutschen Nationalbibliografie;
detaillierte bibliografische Daten sind im Internet über <http://dnb.ddb.de> abrufbar.

1. Auflage Dezember 2004

Lektorat: Monika Mülhausen / Bettina Endres

Der VS Verlag für Sozialwissenschaften ist ein Unternehmen von Springer Science+Business Media.
www.vs-verlag.de

Umschlaggestaltung: KünkelLopka Medienentwicklung, Heidelberg
ISBN-13: 978-3-531-14306-4   e-ISBN-13: 978-3-322-80593-5
DOI: 10.1007/978-3-322-80593-5

Inhalt

Die Entstehung und Entwicklung der Bildungsgangtheorie

Das Konzept der Bildungsgangtheorie verdankt seine Entstehung einem der großen Reformprojekte der alten Bundesrepublik: dem nordrhein-westfälischen Kollegschulversuch Anfang der 1970er Jahre. Ziel dieses Projekts, das wissenschaftlich federführend von Herwig BLANKERTZ (1926-1983) geplant, begleitet und auch evaluiert wurde, war es, das mindestens seit den SALZMANNschen Stiftungen im 18. Jahrhundert ungelöste Problem von Spezialisierung und Allgemeinbildung zu überwinden, indem Bildung im Medium des Berufs konzipiert und realisiert werden sollte.

Die Hoffnungen von BLANKERTZ auf eine Konvergenz der allgemein- und berufsbildenden Systeme der Sekundarstufe II haben sich bis jetzt nur bedingt erfüllt, ohne dass das Problem - das Verhältnis zwischen beruflicher und allgemeiner Bildung - als gelöst gelten könnte.[1] Allerdings hatte der Arbeitskreis im Rahmen der Evaluation des Schulversuches eine Terminologie entwickelt, welche von einigen BLANKERTZ-Schülern (vgl. dazu TENORTH 2000) in der Folge ihrer Berufung auf Lehrstühle in unterschiedlichem Ausmaß weitertransportiert und weiterentwickelt worden ist. Zu den tragenden Begriffen der - wie sie später genannt werden sollte - Bildungsgangtheorie gehören seitdem der *objektive* und *subjektive Bildungsgang, Kompetenz- und Identitätsentwicklung* sowie *Entwicklungsaufgabe.*

Der Begriff des *Bildungsgangs* kennzeichnete ursprünglich die berufsspezifischen Varianten der Kollegschul-Klassen. Es gab insgesamt etwa 200 Bildungsgänge, zum Beispiel den Bildungsgang der Verwaltungsfachangestellten oder den der Speditionskaufleute. In der Evaluation der Kollegschule durch die Forschergruppe um BLANKERTZ wurde aus der bloß pragmatischen, verwaltungstechnischen Bezeichnung auch ein theoretisch bestimmter Begriff. Ausdrücklich wird damals schon klargestellt, dass Schule nur einen Teil des Bildungsganges eines Heranwachsenden ausmacht. Außerdem wird *de facto* schon zwischen dem objektiven Bildungsgang als Summe der äußeren Stationen des Lebensweges und dem subjektiven Bildungsgang als persönlichem Aneignungsprozess der Jugendlichen unterschieden.

---

[1] Der Kollegschulversuch wurde im Jahre 2001 für beendet erklärt; die Kollegschulen wurden mit den berufsbildenden Schulen in NRW zum sogenannten Berufskolleg verschmolzen.

Als subjektiver ist er dabei nur als Rekonstruktion zugänglich: Er erscheint in den „Prozessen gelingender oder mißlingender Aneignung der objektiven gesellschaftlichen Anforderungen, die an Jugendliche gestellt sind" (vgl. BLANKERTZ 1986, S. 655). In vier ausführlichen Evaluationsstudien (Fremdsprachenstudie, Physikstudie, Erzieherstudie und Sportstudie) wurden schulische Bildungsgänge der Jugendlichen dargestellt, wobei im Kollegschulversuch die Bewältigung der beruflich-fachlichen Anforderungen durch die Schülerinnen und Schüler im Mittelpunkt des Interesses stand.

Mit ihrer Untersuchung subjektiver Aneignungsprozesse von Jugendlichen innerhalb der Institution Schule waren die Kollegschulforscher Vorreiter eines Trends, der in der Folgezeit zu einer bis heute anhaltenden Konjunktur der erziehungswissenschaftlichen Biographieforschung führen sollte. Während Biographieforschung oder Jugendforschung Lern- und Bildungsprozesse jedoch auch über die ganze Lebensspanne untersuchen, konzentrierte sich die Bildungsgangforschung von Anfang an auf die Schule und kritisierte die traditionellen allgemeinen (Schul-)Didaktiken. So klagt Andreas GRUSCHKA (1992, S. 368) gegen eine bloße „Postulatepädagogik" den „verstehende(n) Blick auf die Eigenlogik jugendlicher Bildungsprozesse" ein. Wie bilden sich Schülerinnen und Schüler mittels der Schule? Statt immer wieder Lernziele, Stoffsammlungen und Curricula zu produzieren, solle endlich das Curriculum der Schüler aufgegriffen werden:

> Die Bildungstheorie kennt die Bildungsprozesse junger Erwachsener - soweit sie sich auf schulisches Lernen beziehen - fast gar nicht. Weder existiert ein breites Forschungsinteresse daran herauszufinden, welche fachlichen Bildungsprozesse unsere Oberstufen ermöglichen bzw. wie sie die Bildungsprozesse behindern, noch hat die allgemeine Didaktik oder Fachdidaktik ihre Entwürfe wirklich abhängig von den Einsichten der Praktiker zu Problemen eines wirkungsvollen Unterrichts machen wollen. (ebd., S. 356)

In einer vergleichbaren Kritik an der Abstraktionshöhe traditioneller Bildungstheorien verweist Hagen KORDES (1996, S. 20) darauf, dass die Rede von einem Bildungsgang sich immer auf reale Bildungsprozesse und konkrete Menschen bezieht. Er sieht einen entscheidenden Mangel der bisherigen Didaktiken in deren Inhaltsprimat, d.h. darin, dass in ihnen vorrangig über den Bildungsgehalt der Lerngegenstände nachgedacht wird. KORDES möchte demgegenüber die Person und deren Entwicklung im Verlauf ihrer Lebensgeschichte stärker in den Vordergrund rücken. Seine Schulkritik greift deutlich auf reformpädagogische Denkmuster zurück, insofern er dem kindlichen/jugendlichen Entwicklungsprozess Vorrang vor dem Lernstoff und den Bildungsvorstellungen der Erwachsenen einräumt, und kann gleichzeitig als Indiz für einen langfristigen allgemeinen

Trend moderner (akademischer) Erziehungsvorstellungen gelten, bei dem Leben, Aktivität, Freiheit und Wachstum des Selbst wichtiger werden als Lehrplan, Standards oder Fächer.

Etwa zur gleichen Zeit experimentierte eine Gruppe von Nachwuchswissenschaftlern und Lehrenden um Meinert A. MEYER und Barbara SCHENK in Hamburg mit dem Begriff des Bildungsgangs und versuchte, ihn zur Beschreibung individueller Lebensverläufe zu verwenden. Als Ergebnis entstand eine Publikation, die den Gedanken eines Bildungsganges in drei Dimensionen verfolgt: einmal in der Tradition des Nachdenkens über Bildung, also im Anschluss an klassische Reflexionen der Geschichte der menschlichen Selbstauslegung; zweitens in der Beschreibung konkreter historischer und gegenwärtiger, alltäglicher und außergewöhnlicher Bildungsgänge, und drittens in Form vielfältiger, tastender Überlegungen zur Veränderung der Unterrichtswirklichkeit durch bildungsgangtheoretische Annahmen (MEYER/REINARTZ 1998). Inspiriert von dem Ziel, Schule zu verändern, wird dabei insbesondere von Uwe HERICKS der Gedanke erprobt, Lernende als Gestalter des eigenen Bildungsganges ernst zu nehmen und deren Lernerbiographien zunächst einmal gegen den Hauptstrom der lehrorientierten Didaktik wahrzunehmen. Wie schon bei KORDES und GRUSCHKA ist es auch hier die subjektive Bedeutsamkeit, welche Lernen möglich macht oder verhindert, sind es die Perspektiven der Schülerinnen und Schüler, die im Mittelpunkt stehen.

Eine weitere Publikation versuchte, die Bildungsgangtheorie noch näher mit Prozessen der Schul- und Unterrichtsentwicklung in Verbindung zu bringen. (HERICKS u.a. 2001). Insbesondere die Fragen, inwieweit bildungsgangtheoretisches Gedankengut im Sinne einer didaktischen Handlungstheorie für Lehrerinnen und Lehrer weiterentwickelt werden solle oder könne und welche Rolle sie für Prozesse der Schul- und Unterrichtsentwicklung sowie für die Lehrerbildung spielen könne, bestimmen die Texte dieses zweiten Bandes zur Bildungsgangdidaktik.[2]

Mittlerweile liegen auch eine ganze Reihe von Fallstudien zur *Kompetenz- und Identitätsentwicklung* von Lernern vor, die die Tradition der Kollegschulstudien wieder aufgreifen. So beschreibt Eva SPÖRLEIN (2003), um nur ein herausragendes Beispiel zu nennen, Lern- und Entwicklungsprozesse für das Schulfach Chemie, indem sie Bildungsbiographien von Jugendlichen in den Blick nimmt, um zu klären, wo das fachliche Lernen von der kompetenzfördernden Wirkung von sogenannten Entwicklungsaufgaben profitieren kann. Unter Kompetenz versteht sie dabei im allgemeinsten Sinne die kognitive Tiefenstruktur der Lerner, mittels derer Umwelt wahrgenommen und sinnvoll bearbeitet wird. Fachli-

---

[2] Vgl. zu einer ersten Einschätzung der Bildungsgangtheorie OLBERG 2004, S. 127-129.

che Kompetenz und damit zusammenhängend auch persönliche Identität - beides Begriffe, deren begriffliche Weiterentwicklung für die Bildungsgangtheorie noch aussteht - werden verbessert, wenn die Wissensbestände und -prozeduren in die subjektiven Handlungspläne der Lerner eingeordnet werden können.

Wie auch KORDES und die beiden Hamburger Sammelbände greift SPÖR-LEIN auf einen Begriff zurück, der, vermutlich von GRUSCHKA eingeführt, immer wieder Anlass zu kontroversen Deutungen gegeben hat, sich aber inzwischen als Grundbegriff der Bildungsgangtheorie etabliert hat und in sehr engem Zusammenhang zur Entwicklung von Identität und Kompetenz von Lernenden steht. Es handelt sich dabei um den Begriff der Entwicklungsaufgabe.

Das Konzept der *Entwicklungsaufgaben* lässt sich in seinen Ursprüngen in der amerikanischen Pädagogik der 40er und 50er Jahre des 20. Jahrhunderts lokalisieren. Seither ist es von verschiedenen Seiten aufgegriffen, adaptiert und kritisiert worden. In den Diskussionen des im Jahre 2002 von der Deutschen Forschungsgemeinschaft genehmigten Graduiertenkollegs zur Bildungsgangforschung in Hamburg[3] wurde immer wieder deutlich, dass noch keineswegs klar ist, ob der Begriff seine prominente Rolle zu Recht innehat. Er wird zwar oft verwendet, ist aber - so zwei gängige Kritikpunkte - theoretisch nicht sehr elaboriert und empirisch kaum untersucht.

Einen ersten Versuch der Begriffsklärung im bildungsgangdidaktischen Kontext hatte es bei HERICKS/SPÖRLEIN (2001) gegeben. Dort waren die Autoren von einem begrenzten Kanon von Entwicklungsaufgaben ausgegangen, die für alle Heranwachsenden einer Gesellschaft „als mehr oder weniger verbindlich angenommen werden können" (ebd., S. 36). Diese Annahme diente dem Zweck, die potentiell unendliche Menge individueller Lern- und Lebensgeschichten zugunsten verallgemeinerbarer, und das heißt auch und vor allem: für didaktisches Handeln nutzbarer Kriterien zu reduzieren. An dieser Stelle entzündete sich ein großer Teil der Kritik, schien dies doch dem Individualitätsgedanken der Bildungsgangtheorie zuwider zu laufen. Als ebenfalls umstritten erwiesen sich in der Diskussion beispielsweise das Postulat einer zusätzlichen Entwicklungsaufgabe „Schule" oder die Frage, inwiefern der Begriff auch zur Beschreibung beruflicher Anforderungen benutzt werden sollte. Der hier vorgelegte Sammelband versucht deshalb auszuloten, inwiefern und in welcher Form der Begriff der Entwicklungsaufgabe für die Beschreibung von Identitäts- und Kompetenzentwicklungsprozessen innerhalb von Bildungsgängen geeignet ist.

Der Band, der sich die Weiterentwicklung der Bildungsgangtheorie zum Ziel gesetzt hat, ist in drei Teile gegliedert. Im ersten Teil werden grundbegriffliche

---

[3] Näheres unter: www2.erzwiss.uni-hamburg.de/forschung/gradkoll.htm [30.Juli 2004].

Theorieelemente vorgestellt und auf ihre Aktualität in erziehungswissenschaftlichen Diskussionen befragt. Forschung, Theorie und Didaktik des Bildungsganges werden diskutiert.

Matthias TRAUTMANN arbeitet zunächst heraus, in welchem historischen Kontext der Begriff der Entwicklungsaufgabe entstanden ist. Anhand einer Publikation von Robert J. HAVIGHURST zeigt er, von welchen Grundannahmen das Konzept ursprünglich getragen wurde und wie der Autor damit einerseits einen Anspruch auf Wissenschaftlichkeit und andererseits auch praktische Nutzanwendungen für Schule und Lehrende verbunden hatte. Für HAVIGHURST sind Entwicklungsaufgaben Aufgaben, die sich aus der Tatsache biologischer Entwicklung innerhalb einer sozialen Umwelt und aus eigenen Zielen ergeben und die zu einem bestimmten Zeitpunkt im Leben der Individuen auftreten und bearbeitet werden müssen. In dieser Konzeptualisierung ist der Begriff heute aus verschiedenen Gründen nicht mehr haltbar. Dennoch bietet er, wie TRAUTMANN am Ende andeutet, ein noch nicht ausgeschöpftes Potential für Forschung und Lehrerbildung.

Barbara SCHENK rekapituliert in ihrem Beitrag die Geschichte des Begriffes Bildungsgang in seinem Zusammenhang zum Entwicklungsaufgaben-Konzept. Sie arbeitet heraus, dass es als geeignet erschien, um möglichen Verkürzungen eines Bildungsganges - auf technologische Steuerungsphantasien einerseits, auf die rousseauistische und antipädagogische Zurückweisung jeglicher Fremdeinwirkung andererseits - entgegen zu treten und statt dessen auf der Vermittlung objektiver und subjektiver Ansprüche zu beharren. Bildungsgangforschung erkundet diese Vermittlungs- als Auseinandersetzungsprozesse zwischen gesellschaftlichen Anforderungen und individuellen Deutungen, welche ihrerseits biographisch bedingt (wenngleich nicht determiniert) sind. SCHENK skizziert dieses Programm anhand des Kollegschulversuchs.

Arno COMBE bringt die Bildungsgangforschung in einen Zusammenhang zu der in modernen Gesellschaften zunehmend geforderten Kompetenz zur Konstruktion der eigenen Biographie als Lernbiographie. Er plädiert dafür, die Engführung auf schulinstitutionelle Kontexte oder das Jugendalter aufzugeben und das Konzept der Entwicklungsaufgaben insgesamt zu modernisieren. Als Vermittlungskonzept zwischen Individuum und gesellschaftlichen Strukturen und Prozessen steht es in Konkurrenz zum Habituskonzept BOURDIEUs, kann aber anders als dieses neben reproduktiven auch transformatorische Entwicklungsprozesse erfassen. COMBE platziert es als „Aneignung und Umarbeitung von Entwicklungszielen der eigenen Biographie" vor dem Hintergrund einer weiter gefassten Theorie des Lernens als Rekonstruktion und Transformation der Erfahrung. Er diskutiert den Erfahrungsbegriff ausführlich und fragt im Schlussteil seines Beitrages nach Konsequenzen für die Schule und für die Bildungsgang-forschung.

Mari-Annukka LECHTE und Matthias TRAUTMANN greifen auf Diskussionen innerhalb des Graduiertenkollegs zurück, wenn sie zunächst zum Zweck einer begrifflichen Klärung unterschiedliche Umgangsweisen bezüglich des Entwick-lungsaufgabenkonzepts vorstellen und dabei neben Bildungsgangtheorie auch auf Entwicklungspsychologie und Jugendforschung zurückgreifen. Sie gehen dann näher auf Einzelheiten des Aufgabenkataloges ein und arbeiten Widersprü-che und Problemlagen bei dessen Bestimmung heraus. Ihrer Auffassung nach sollte in der Bildungsgangtheorie statt von Entwicklungs-Aufgaben besser von Entwicklungs-Themen gesprochen werden, um den Eindruck zu vermeiden, jugendliche Entwicklung erschöpfe sich in der Bearbeitung und Lösung vorge-gebener Aufgaben.

Im letzten Artikel dieses Abschnitts untersucht Meinert A. MEYER die Fra-ge, wie eine mögliche Didaktik des Bildungsgangs aussehen könnte. Die Beson-derheit des Artikels besteht darin, dass MEYER in der Tradition der geisteswis-senschaftlichen Pädagogik am Anspruch festhält, Didaktik als Handlungswissen-schaft zu denken und dennoch gleichzeitig Forschungswissen zu generieren, also Profession und Disziplin zusammen zu bringen. In sechs Schritten und unter Rückgriff auf unterschiedliche Theorietraditionen zeichnet er die Konturen einer Transformation der Allgemeinen (Schul-)Didaktik in eine Bildungsgangdidaktik nach. Das Konzept der Entwicklungsaufgaben bekommt dabei den Platz zuge-wiesen, Diskrepanzen der Sinnstrukturen von Lehrenden und Lernenden zu er-klären; auch hier fungieren die Aufgaben wie schon bei COMBE als Vermitt-lungsfigur.

Im zweiten Teil des Bandes kommen unter der Überschrift „Variationen und Konfrontationen" sowohl Kritiker als auch Befürworter des Entwicklungs-aufgabenkonzepts zu Wort. Insgesamt kann man sagen, dass die meisten Autoren den Anspruch der Bildungsgangtheorie auf „Subjektorientierung" auf verschie-dene Weise in seinen Konsequenzen ausbuchstabieren und Vorschläge zu einer Modernisierung des Entwicklungsaufgabenkonzepts unterbreiten.

Die Beiträge von Uwe HERICKS und Simone TOSANA setzen sich mit dem Verhältnis von Entwicklungsaufgaben und dem Habituskonzept BOURDIEUs auseinander. Dieses Verhältnis bildete und bildet im Graduiertenkolleg Anlass zu zahlreichen Diskussionen, insofern beide Theorien die Vermittlung individu-eller und gesellschaftlicher Strukturen zum Thema haben und sich die Frage stellt, welches Konzept für die Beschreibung von Bildungsgängen angemessener ist. Während HERICKS für eine Integration habitusrelevanter Gesichtspunkte in die Theorie der Entwicklungsaufgaben votiert, argumentiert TOSANA in die umgekehrte Richtung und sucht die Entwicklungsaufgaben durch ihr an BOURDIEUs Habituskonzept angelehntes Konzept der Doppelten Statuspassage zu ersetzen.

Wilfried KOSSEN relativiert den Anspruch des Entwicklungsaufgabenkonzepts, allgemeines Erklärungsmuster für subjektiv bedeutsame Lernprozesse darzustellen. Er arbeitet Widersprüche innerhalb des Konzepts heraus und schließt aus diesen, dass die Entwicklungsaufgabe mit ihrer Logik der Aneigung gesellschaftlicher Anforderungen nicht alle Lernprozesse erklären kann; so ist Scheitern durch eine Kategorisierung als nichtbewältigte Entwicklungsaufgabe(n) nur unzureichend erfasst. KOSSEN bringt an dieser Stelle die Theorie des Lebensweltlichen Handelns nach SCHÜTZ in die Argumentation ein, mit der sich weitere „Strukturmuster" subjektiv bedeutsamen Lernens im Zusammenhang feld- und milieuspezifischer Gegebenheiten analysieren lassen.

Tanja STURM und Stefan HAHN befassen sich auf unterschiedliche Art und Weise mit dem Problem der Subjektorientierung der Bildungsgangforschung. STURM kritisiert, dass eine Konzeptualisierung von Entwicklungsaufgaben als allgemeine Aufgaben der anvisierten Berücksichtigung individueller Subjekthaftigkeit der Schülerinnen und Schüler gerade zuwider laufe. Das Allgemeine als allen gemeinsame Anforderungsstruktur gebe es nicht mehr; dann gebe es aber auch keine allgemeinen Entwicklungsaufgaben des Jugendalters. Weil diese nun aber in praktischen Kontexten doch vorausgesetzt werden, zeige sich darin die implizite Priorität der Erwachsenenperspektive bzw. der gesellschaftlichen Anforderungen in der Bildungsgangtheorie. STURM versucht, mit der Lerntheorie HOLZKAMPs ein alternatives Konzept zur Beschreibung von Bildungsgängen anzubieten. HAHN plädiert ganz ähnlich, wenngleich in der Terminologie der Sozialwissenschaften, für ein Verständnis der Entwicklungsaufgaben als individuelle Projekte und gerade nicht als Erfüllung vorgegebener Aufgaben, wie im „heimlichen Strukturfunktionalismus" des HAVIGHURSTschen Ansatzes impliziert werde. Gleichzeitig sucht er die beiden Pole „Individuum" und „Gesellschaft" mithilfe des Begriffs der Identität und mit einer biographischen und soziokulturellen Kontextualisierung der Akteure in ihrer Umwelt auszudifferenzieren. Von einer angemessenen Rekonstruktion subjektiver Bildungsgänge verspricht er sich schließlich auch Anregungen für die Verbesserung objektiver Bildungsgänge.

Einen anderen, nämlich nicht auf Schule fokussierten, Zugang wählt Norbert NEUSS in dem Beitrag, der den zweiten Teil des Bandes abschließt. Der Autor nimmt die Lernerfahrung „Tanzen" einer Lehramtsstudentin zum Anlass, um auf die Gefahr hinzuweisen, die sich aus einem allein auf das Aufspüren von Entwicklungsaufgaben ausgerichteten Blick für die differenzierte Erfassung von subjektiven Bildungsgängen ergibt. Diese Gefahr heißt Subsumtion, d.h. die Ein- oder Unterordnung eines Einzelfalles unter eine allgemeine Regel, wobei die

Besonderheit - das Individuelle - des Falles verloren geht. NEUSS ist wie COMBE der Meinung, dass die Bildungsgangforschung ihre Fokussierung auf schulische Kontexte überwinden muss, um die Vielfalt möglicher Bewältigungsmuster von Entwicklungsaufgaben in den Blick zu nehmen.

Im dritten und letzten Teil des Herausgeberbandes kommen Fachdidaktiker zu Wort, welche das Entwicklungsaufgabenkonzept der Bildungsgangtheorie auf seine Eignung in fachspezifischen Kontexten untersuchen.

Barbara SCHENK konfrontiert Anspruch und Realität des naturwissenschaftlichen Unterrichts, mit dem Ergebnis, dass Schule das Entwicklungspotential der Schülerinnen und Schüler systematisch unterbiete bzw. - von einem curricularen Standpunkt aus gesehen - es nicht zu nachhaltigen Veränderungen der physikalischen, chemischen, usw. Alltagskonzepte der Lernenden komme. Bildung im Medium der Naturwissenschaften komme dagegen nur zustande, wenn die Lernenden Gelegenheit haben, ihre Interessen, Zugänge und Bedeutsamkeitskriterien in den Unterricht einzubringen. Interessen aber entstehen in der Bearbeitung von Entwicklungsaufgaben, weshalb Lehrende gefordert sind, diese Aufgaben bei der Gestaltung von Fachunterricht zu berücksichtigen bzw. den Lernenden Gelegenheiten zu geben, diese zu bearbeiten.

Der Artikel von Andreas KÖRBER beschäftigt sich mit der Frage, wie Geschichtsunterricht und Entwicklungsaufgaben-Konzept aufeinander bezogen werden können. Sein Beitrag weist eine doppelte Perspektive auf: Zum einen fragt er, was historisches Lernen (und darin eingeschlossen Geschichtsunterricht) zur Bearbeitung und Bewältigung von Entwicklungsaufgaben bzw. zur Bildungsgangtheorie beitragen kann; zum anderen interessiert ihn, welche Anregungen bildungsgangtheoretisches Denken für die geschichtsdidaktische Diskussion, die ausführlich dargestellt wird, liefern könnte. Eine mögliche Konsequenz könnte sein, das Curriculum anhand von Entwicklungsaufgaben zu konstruieren und so das ungelöste Problem der Progression im Geschichtsunterricht neu zu denken; auf diese Weise kann vielleicht auch eine einseitige Orientierung an gesellschaftlichen (objektiven) Forderungen zu Lasten der Lernenden vermieden werden.

Andreas PETRIK redet einer Verschwisterung von Lehrkunstdidaktik und Bildungsgangdidaktik das Wort und demonstriert diese am Beispiel eines am genetischen Prinzip WAGENSCHEINs ausgerichteten Lehrstücks „Dorfgründung" innerhalb des Politikunterrichts. Die Bildungsgangdidaktik gewänne so fachinhaltliche Füllung ihres ansonsten bloß allgemeindidaktischen Gerüsts, und die Lehrkunstdidaktik profitierte von der Forschungs- und Analysekompetenz der Bildungsgangforscher. In der Kooperation könnte so eine didaktische Schule entstehen, die subjektiv bedeutsame Lernprozesse *in concreto* inszenieren und auf ihren bildenden Gehalt für Lernende und für Gesellschaft gleichermaßen evaluieren könnte.

Der Band versteht sich als ein Baustein auf dem Weg zu einer Theorie des Bildungsgangs und will die Diskussion darüber aus dem Kreis der Kollegiaten in die weitere Öffentlichkeit tragen. Ich möchte es an dieser Stelle nicht versäumen, allen Mitgliedern des Graduiertenkollegs sowie insbesondere den Herausgebern der Studien zur Bildungsgangforschung Dank zu sagen für die anregenden Diskussionen und die vielfältigen Hilfen, die zur Entstehung dieses Bandes beigetragen haben.

Hamburg, im September 2004
Matthias Trautmann

Literatur

BLANKERTZ, H. (1986; Hg.): Lernen und Kompetenzentwicklung in der Sekundarstufe II, 2 Bände. – Soest.

GRUSCHKA, A. (1992): Kennt die Bildungstheorie die Bildungsprozesse junger Erwachsener?, in: Neue Sammlung 32, S. 355-370.

HERICKS, U. u.a. (2001; Hg.): Bildungsgangdidaktik. Perspektiven für Fachunterricht und Lehrerbildung. – Opladen.

KORDES, H. (1996): Entwicklungsaufgabe und Bildungsgang. – Münster.

MEYER, M. A./REINARTZ, A. (1998; Hg.): Bildungsgangdidaktik. Denkanstöße für pädagogische Forschung und schulische Praxis. – Opladen.

OLBERG, H.-J. von (2004): Didaktik auf dem Wege zur Vermittlungswissenschaft?, in: Zeitschrift für Pädagogik 1, S. 119-131.

SPÖRLEIN, E. (2003): „Das mit dem Chemischen finde ich nicht so wichtig..." Chemielernen in der Sekundarstufe I aus der Perspektive der Bildungsgangdidaktik. – Opladen.

TENORTH, H.-E. (2000): Karrierekatalysator und Theoriediffusion. Notizen zur Blankertz-Schule in der Erziehungswissenschaft, in: ADICK, CH./KRAUL, M./WIGGER, L. (Hg.): Was ist Erziehungswissenschaft? Festschrift für Peter MencK. – Donauwörth, S. 97-125.

Teil 1

Theorieentwicklung

Entwicklungsaufgaben bei Havighurst

Matthias Trautmann

Entwicklungsaufgabe ist die Übersetzung des englischen Wortes *developmental task*, das in der ersten Hälfte des 20. Jahrhunderts in den USA Eingang in den pädagogischen Sprachgebrauch fand. Die Prägung des Begriffes wird zumeist mit dem US-amerikanischen Erziehungswissenschaftler und Soziologen ROBERT J. HAVIGHURST (1900-1991) in Verbindung gebracht (vgl. THOMAS 1979).[1] In so gut wie allen Darstellungen zu Entwicklungsaufgaben wird er zwar erwähnt, aber von seinem Konzept nur ein Aufgabenkatalog sowie dessen Lokalisierung zwischen (*midway between*) subjektiven Bedürfnissen und gesellschaftlichen Ansprüchen angeführt.[2] Damit ist das Konzept unzureichend beschrieben.

Die Entstehungsgeschichte und die Merkmale des ursprünglichen Konzepts sollen in diesem Beitrag ausführlich dargestellt werden. Gezeigt wird zunächst, in welchem Kontext der Begriff entstanden ist und welches seine zentralen Merkmale sind. In einem zweiten Schritt untersuche ich, welchen praktischen Nutzen sich der Autor von dem Konzept versprochen hat. Drittens stelle ich im Zusammenhang mit der Frage, was es eigentlich heißt, eine Entwicklungsaufgabe zu lösen, HAVIGHURSTs eigene empirische Arbeiten vor. Im Schlussteil versuche ich eine zusammenfassende Einschätzung zu geben.

Insgesamt argumentiere ich, dass es sich um eine Sicht auf den Lebenslauf von Heranwachsenden handelt, die diesen als allmähliche Anpassung an eine wenig veränderliche Erwachsenenwelt betrachtet - im Sinne der *Life Adjustment*-Bewegung der amerikanischen Nachkriegszeit. Das Potenzial des Konzepts liegt

---

[1] HAVIGHURST, ursprünglich Lehrer der Naturwissenschaften, interessierte sich Ende der 1920er Jahre zunehmend für Fragestellungen im Bereich der Erziehung und wurde 1940 oder 1941 für vier Jahrzehnte *Professor of Education* an der Universität Chicago. Gleichzeitig war er geschäftsführend für das an der Universität angesiedelte interdisziplinäre *Committee of Child Development* (später: *Committee of Human Development*) tätig. Seine zahlreichen Publikationen, insgesamt fast 50 Bücher und Hunderte von Aufsätzen, beschäftigten sich mit einer Vielzahl von pädagogischen Fragen: von international vergleichenden Untersuchungen über Studien zur Jugendforschung, zu den amerikanischen Ureinwohnern, zur Erziehungssoziologie, zu Hochbegabung und zum Altern bis zu allgemeinen Darstellungen des höheren Schulwesens in den USA.

[2] Eine geschlossene Darstellung existiert nicht; stattdessen werden immer wieder die gleichen zwei oder drei Textstellen zitiert.

m.E. in seiner Brückenfunktion zwischen wissenschaftlicher Forschung und didaktischer Alltagspraxis.

1   Der Beginn: *Child Psychologists* und *Needs*-Debatte

Zusammen mit einer Gruppe von Kinderpsychologen in Chicago, vermutlich alle Mitglieder der *Progressive Education Association*[3], führte HAVIGHURST den Begriff der Entwicklungsaufgabe in die damaligen Diskussionen über die Ziele der Allgemeinbildung ein.[4] Der Ausdruck war allerdings schon seit etwa 1935, also vor HAVIGHURSTs Wirken, innerhalb eines Forschungsprojektes (der sogenannten *Adolescent Study*) gebräuchlich, ohne dass ihm dort der Status eines Schlüsselbegriffes zugekommen wäre.

HAVIGHURST berichtet, dass zwei Momente zur begrifflichen Karriere beitrugen: ERIK ERIKSON entwickelte zeitgleich (er war Berater des Projektes) ähnliche Vorstellungen in seinen Untersuchungen zur Entwicklung von Kleinkindern, besonders im Hinblick auf die günstigen Zeitfenster der Bearbeitung von Aufgaben (vgl. ERIKSON 1950). Eine Kontroverse um die Verwendung des bis dahin verwendeten Begriffs *needs* führte zweitens dazu, dass ein anderer Ausdruck gefunden werden musste. *Needs* wurde von einigen Kritikern deutlich als zu kindzentriert (*child-centered*) angesehen, so als ob Erziehung von den Launen (*whims*) der Kinder abhängen sollte. Um diesen Eindruck zu vermeiden und die Anforderungen der Gesellschaft einzubeziehen, wurde es allmählich in Seminaren, Workshops und Veröffentlichungen Usus, den Begriff der Entwicklungsaufgabe zu benutzen.

HAVIGHURST hat den Begriff dann zu einem zentralen Baustein seiner Forschung gemacht. Sein Buch „Developmental Tasks and Education" (1948) ist die erste Publikation, die einen Systematisierungsversuch unternimmt. Es handelt sich hierbei um eine überarbeitete Version für Studienzwecke, wie der Autor im Vorwort betont. Obwohl weite Teile dieses Buches in „Human Development and Education" (1953) wörtlich übernommen werden, gibt es in dieser späteren Veröffentlichung Veränderungen in Aufbau und Darstellung. Die wichtigsten sind zusätzliche Kapitel zur Rolle der *peer-group*, zur Entwicklung des Denkens bei Kindern und zum Zusammenhang von Entwicklungsaufgaben und Schule (*Developmental Tasks as Objectives of Elementary Education, Developmental Tasks*

---

[3] Die *Progressive Education Association* war das administrative Organ der amerikanischen Reformpädagogik. Sie entstand 1919 und wurde 1955 aufgelöst.
[4] Die folgenden Ausführungen stützen sich überwiegend auf HAVIGHURSTs eigene Bemerkungen zur Etablierung des Ausdrucks (Vgl. HAVIGHURST 1953, S. 328-332).

and the School Curriculum). Außerdem fügt HAVIGHURST drei Fallstudien ein, in denen er über jugendliche Biographien und die auf sie bezogenen Aufgaben der Schule nachdenkt, und berichtet von einer empirischen Studie, die er mit anderen zusammen durchgeführt hat.

HAVIGHURST hat sein Konzept nicht weiter entwickelt. Die Publikation von 1953 (in einem Reprint von 1965) bildet deshalb die Grundlage der folgenden Darstellung.[5] Soweit nicht anders ausgewiesen, stammen alle Erläuterungen und Beispiele von HAVIGHURST selbst; eigene Kommentare mache ich gesondert deutlich. Dennoch handelt es sich - nicht nur aufgrund der Übersetzung - um eine Deutung der Texte.

2   Das Konzept: Lebenszeitlich gestufte Aufgaben

HAVIGHURST beginnt seine Ausführungen mit einigen Bemerkungen zum Lernen. Er geht in fünf Schritten vor, indem er menschliches Leben allgemein charakterisiert (1), Tiere von Menschen bezüglich des Lernens unterscheidet (2), den menschlichen Lernprozess näher beschreibt (3), moderne von nicht-modernen Gesellschaften absetzt (4) und schließlich erläutert, was eine Entwicklungsaufgabe ist (5). Dies soll jetzt näher dargestellt werden.

(1) Leben und Aufwachsen setzt HAVIGHURST synonym mit Lernen. Beispiele für Lernaufgaben *(learning tasks)* sind Laufen lernen, einen Kuchen backen, mit Altersgenossen des anderen Geschlechts klarkommen, Kinder erziehen oder allein im Alter zurecht kommen. Man lernt ständig, das ganze Leben lang, wie HAVIGHURST in einem Bild verdeutlicht: *The human individual learns his way through life.* (1953, S. 1) Er begreift das Ausmaß und die Intensität des Lernens als Spezifikum, das Menschen von der Tierwelt unterscheidet.

(2) Was Menschen fehlt, sind „fast voll entwickelte Handlungsmuster", die sich bei Tieren im Prozess der Reifung ganz natürlich einstellen.[6] Deshalb ist der Mensch nicht festgelegt, er birgt in sich viele Möglichkeiten. Welche er verwirklicht, hängt vom Lernen des Individuums ab, welches (das Lernen) wiederum in den Händen der Gesellschaft liegt. HAVIGHURST unterscheidet zwischen biologischen Realitäten wie Fütterungsgewohnheiten und sexuellen Gewohnheiten und

---

[5] 1972 veröffentlichte HAVIGHURST noch einmal eine leicht veränderte Ausgabe von „Developmental Tasks and Education". Er verweist im Vorwort auf einen Text, den er als *careful elaboration* kennzeichnet. Dabei handelt es sich mit hoher Wahrscheinlichkeit um das vorliegende Buch, weshalb es der Analyse zugrunde gelegt wird.

[6] Es bleibt unklar, ob Tiere auch lernen; einige Formulierungen legen diese Ansicht nahe, andere dagegen nicht.

more highly social realities (a.a.O., S. 1) der Sprache oder Religion, welche viel weitgehender durch Lernen bestimmt werden als erstere.

(3) Lernen, so HAVIGHURST weiter, findet zu bestimmten Zeiten intensiver und manchmal weniger intensiv statt. Er verwendet die Metapher des Lernweges (*path of learning*), welcher manchmal über steile Berge, aber auch über flache Ebenen führt, also zu unterschiedlichen Zeiten unterschiedliche Anstrengungen verlangt. Ein kleiner Junge verbringt zum Beispiel viel Zeit und Mühe damit, den Ball werfen und fangen zu lernen; wenn er es dann kann, verändert sich diese Fertigkeit möglicherweise über Jahre hinweg nicht mehr.

(4) Während in traditionellen Gesellschaften Lernen bald an sein Ende kommt, weil der Heranwachsende die Lösungen für die meisten Probleme des Lebens kennt, ist dies in modernen Gesellschaften anders.[7] Gelernt werden muss jetzt das ganze Leben hindurch, um sich veränderten Bedingungen anzupassen (*to adapt (...) to changed conditions*, a.a.O., S. 2). Damit ist HAVIGHURST bei den (Entwicklungs-)Aufgaben:

> Living in a modern society such as that of the U.S.A. is a long series of tasks to learn, where learning well brings satisfaction and reward, while learning poorly brings unhappiness and social disapproval. (ebd.)

An dieser Stelle sei ein erster Kommentar eingefügt:

- HAVIGHURSTs Lernbegriff erschließt die Handlungsmuster, die analog zu den tierischen Instinkten zum Leben notwendig sind und hat als Horizont die biologische Anpassung von Organismen an eine sich verändernde Umwelt.

- Die naturalistische Voraussetzung - Lernen als Anpassung - versteht sich nicht von selbst; vor allem ist die Beziehung zwischen Organismus und Umwelt eine einseitige, insofern sich das Tier oder der einzelne Mensch anpassen (*adapt*) muss. Die Übertragbarkeit der evolutionstheoretischen Metapher der Anpassung auf die soziale Welt ist umstritten.

- HAVIGHURST benutzt bei der Charakterisierung der Bedingungen für Lernen (s.o.) das Partizip II *changed*, während ich eher *changing* erwartet hätte. Das ist kaum ein nebensächlicher Lapsus, denn wenn die Gesellschaft sich unaufhörlich ändern würde, müssten sich entsprechend seiner Lerntheorie auch die Entwicklungsaufgaben (oder mindestens deren Lösungen) än-

---

[7] An dieser Stelle zeigt sich ein Widerspruch. Er besteht darin, dass *simple unchanging societies* offenbar kein lebenslanges Lernen kennen (so wie Tiere bald ausgelernt haben), dies aber eben noch als Kennzeichen jeder menschlichen Entwicklung gesetzt wurde.

dern. Stattdessen wandelt sich Gesellschaft in Sprüngen, während kontinuierlicher Wandel nicht stattfindet.

(5) Im Anschluss an die Ausführungen zum Lernen wird der Begriff der Entwicklungsaufgabe erläutert. Danach handelt es sich um Aufgaben (*tasks*), denen sich Individuen im Laufe ihrer Entwicklung stellen müssen und die sie lösen (*learn*) müssen, wenn sie in ihren eigenen Augen und in den Augen der Gesellschaft als hinreichend glücklich und erfolgreich[8] gelten sollen. HAVIGHURST definiert:

> *A developmental task is a task which arises at or about a certain period in the life of the individual, successful achievement of which leads to his happiness and to success with later tasks, while failure leads to unhappiness in the individual, disapproval by the society, and difficulty with later tasks.* (a.a.O., S. 2, i.O. kursiv)

Entwicklungsaufgaben entstehen oder bilden sich in bestimmten Lebensabschnitten. Ihre Lösung bringt Zufriedenheit und schafft die Basis für die Lösung späterer Aufgaben; wer die Entwicklungsaufgaben dagegen nicht löst, erfährt Unzufriedenheit, gesellschaftliche Missbilligung und hat Probleme bei der Bewältigung späterer Aufgaben. Hinzu kommt die These von den Zeitfenstern, wie ich sie im Folgenden nennen will: Es gibt einen Zeitraum, der für die erfolgreiche Lösung der Entwicklungsaufgabe besonders geeignet ist. HAVIGHURST gebraucht in Anlehnung an ERIKSON das Bild eines Embryos, dessen innere Organe sich allmählich entfalten und dabei einen richtigen Zeitpunkt (*crucial period,* a.a.O., S. 3), ein geordnetes Nacheinander von Entwicklungsschritten kennen. Ein anderes Beispiel ist die Entwicklungsaufgabe Sprechen lernen, welche bis zum Ende des zweiten Lebensjahres auf dem Wege sein muss, wenn sie erfolgreich gemeistert werden soll. Später ist sie zwar auch noch lösbar, aber dies ist dann viel schwieriger und mit ungünstigen Konsequenzen für alle weiteren Aufgaben, insofern sie mit Sprechen zusammenhängen, verbunden. Es handelt sich also bei HAVIGHURSTs Ansatz um eine Stufentheorie.

Wie ergeben sich (*arise*: entstehen, sich bilden) die Entwicklungsaufgaben? Laut HAVIGHURST entstehen sie im Zusammenspiel innerer Ressourcen (physische Reifung, Wachstum) und äußerer Kräfte (neue Forderungen und Erwartungen der Gesellschaft - wie Sprechen oder Subtrahieren und Dividieren). Persönlichkeit entsteht durch das Wechselspiel (*interaction*) von organischen Entwicklungen und Umwelteinflüssen. Laufen lernen, Geschlechterverhalten sind haupt-

---

[8] Das sind auch zentrale Werte der amerikanischen Kultur (*pursuit of happiness, success*).

sächlich biologisch, Lesen lernen oder ein verantwortungsvoller Staatsbürger werden hauptsächlich kulturell bedingt (*from the cultural pressure of society*, a.a.O., S. 4).

Im nachfolgenden Abschnitt des Buches wird noch eine weitere Quelle für Entwicklungsaufgaben angeführt. Dabei handelt es sich um die persönlichen Werte und Ziele (*values and aspirations of the individual*) als Teil der Persönlichkeit, die allmählich zu einer eigenen dritten Quelle von Aufgaben werden, zum Beispiel bei der Berufswahl.[9] Zusammengefasst lautet HAVIGHURSTs oft zitierte Formulierung:

> Thus developmental tasks may arise from physical maturation, from the pressure of cultural processes upon the individual, from the desires, aspirations, and values of the emerging personality, and they arise in most cases from combinations of these factors acting together. (a.a.O., S. 4f.)

Das stimmt mit einer Bemerkung aus seiner empirischen Studie überein, bei der er meint, dass das Selbst zusammen mit der Gesellschaft und dem biologischen Organismus die Entwicklungsaufgaben für sich definiert und formuliert, dass also Bedeutung und Dringlichkeit der Aufgabe in gewissem Maße (*to some extent*) von der Persönlichkeit abhängen. Manchen Kindern sind manche Aufgaben ziemlich gleichgültig, anderen sind sie extrem wichtig, unabhängig davon, wie erfolgreich sie bearbeitet werden (Vgl. a.a.O., S. 322f.).

Im Einzelnen unterscheidet HAVIGHURST vier Altersgruppen: Frühe Kindheit (1-6 Jahre), Mittlere Kindheit (6-12), Adoleszenz (12-18) und das Erwachsenenalter.[10] Jeder dieser Altersgruppen entsprechen jeweils spezifische Aufgaben oder auch Aufgabenniveaus (zu dieser Unterscheidung vgl. S. 26 dieses Artikels). Die Stufung oder Abfolge der Aufgaben bezieht sich auf die Altersgruppen, die nacheinander folgen. Ich zitiere zur Illustration eine Aufzählung der Entwicklungsaufgaben für die Gruppe der 12-18-jährigen, die HAVIGHURST in drei Gruppen fasst (Vgl. a.a.O., S. 111-158):

I   The Adult Peer Group

(1)   Achieving new and more mature relations with agemates of both sexes
(2)   Achieving a masculine or feminine social role

---

[9] HAVIGHURST meint, dass eigene Werte und Ziele zu Beginn der Entwicklung noch keine große Rolle spielen, sondern erst in der Auseinandersetzung mit den Aufgaben der frühen Kindheit geformt werden und dann (ab einem Lebensalter von drei oder vier Jahren) wirksam werden.

[10] Dieses Kapitel ist noch einmal unterteilt in *Early Adulthood* (18-30), *Middle Age* (30-55) und *Later Maturity*.

II   The Development of Personal Independence

(3) Accepting one's physique and using the body effectively
(4) Achieving emotional independence of parents and other adults
(5) Achieving assurance of economic independence
(6) Selecting and preparing for an occupation
(7) Preparing for marriage and family life
(8) Developing intellectual skills and concepts necessary for civic
      competence

III   Developing a Philosophy of Life

(9) Desiring and achieving socially responsible behavior
(10) Acquiring a set of values and an ethical system as a guide to
      behavior.[11]

Es wird durch den Text nicht klar, ob es sich bei den Aufgaben innerhalb der jeweiligen Gruppe wiederum um eine Abfolge oder Stufung handeln soll. Vermutlich ist die Reihenfolge aber nicht zufällig.[12]

HAVIGHURST geht an einigen Stellen (a.a.O., S. 9, S. 26ff.) auf offenbar schon damals geäußerte Einwände ein und relativiert seine Bestimmungen. Zunächst ist die Zahl der Entwicklungsaufgaben etwas willkürlich (*somewhat arbitrary*). Handelt es sich zum Beispiel bei der Aufgabe, unabhängige Körperbewegungen auszuführen (wahrscheinlich: *Learning to walk*), um eine einzige oder eher um eine Gruppe von Aufgaben, bestehend aus Krabbeln, Stehen, Gehen, Laufen, Springen und Hüpfen? HAVIGHURST entgegnet, dass es erstens auf die *biosocial realities out of which the tasks arise* ankommt - es wird mir nicht klar, was er damit meint - und zweitens auf den Detaillierungsgrad der Analyse (*the refinement of analysis made by the writer*). Für seine Zwecke - nämlich Probleme der Erziehung und Studienzwecke - reiche ein grobes Raster (*a coarse grained analysis*, a.a.O., S. 9) mit sechs bis zehn Aufgaben pro Altersstufe aus.[13]

---

[11] In der Ausgabe von 1972 wird die Aufgabe 5 nicht mehr erwähnt und die Aufgabe 8 unter der Aufgabe 9 mit abgehandelt; die Einteilung in drei Gruppen entfällt. Vgl. auch Anm. 13.

[12] So spricht HAVIGHURST davon, dass am Ende der Adoleszenz Altruismus und Interesse für Moral auftauchen. - Dies ist auch seine letzte Aufgabe. Auf der anderen Seite kann er nicht angenommen haben, dass man zuerst eine Familie gründet und Kinder aufzieht und danach eine Wohnung bezieht und danach im Beruf zu arbeiten beginnt (Vgl. die Aufgaben des Erwachsenenalters).

[13] In einem Vortrag vom 12. Februar 1963 nennt HAVIGHURST als Aufgaben der Jugendphase *industry, identity and fidelity*, geht also sehr frei mit seinem eigenen Katalog um.

Der zweite Punkt betrifft die Universalität oder Partikularität der Entwicklungsaufgaben. HAVIGHURST meint, dass einige über Kulturen hinweg praktisch uni-
versal und unveränderlich sind, andere jedoch nur in bestimmten Gesellschaften
gefunden werden können bzw. dort in bestimmter Weise definiert werden. Biologisch bedingte Aufgaben sind eher kulturinvariabel, während es bei anderen -
Hygienebräuchen oder Berufsfindung etwa - große Variationen auch zwischen
den Schichten (*groups*) innerhalb einer Gesellschaft gibt. Aus diesem Grund
unterscheidet sich die Zahl der Aufgaben von einer Kultur zur anderen und
hängt auch von den Werten der Person ab, die sie konstatiert. Bei HAVIGHURST
sieht das so aus:

> This particular statement is based on American democratic values seen from a midd-
> le-class point of view, with some attempt at pointing out the variations for lower-
> class and upper-class Americans. (a.a.O., S. 27)

Drittens problematisiert HAVIGHURST seine These der Zeitfenster, die für einige
Entwicklungsaufgaben offensichtlich nicht zutrifft. Einige enden nie oder kehren
etwas verändert wieder, wie *Learning to get along with one's age-mates*. Andere
kommen für ihn zu einem Ende, wie *Learning to walk* oder *Selecting a vocation*.
Er unterscheidet deshalb einmalige und wiederkehrende Aufgaben (*recurrent
and non-recurrent tasks*). Dennoch gilt auch für letztere, dass der Zeitpunkt ihres
ersten Auftretens besonders wichtig ist.

Ich gebe jetzt einen Kommentar, der sich mit dem Katalog und HAVIGHURSTs
Entgegnungen auf die möglichen Einwände befasst:

▪ Es gibt für HAVIGHURST Entwicklungsaufgaben, die alle Heranwachsenden
  lösen müssen, wenn sie zufrieden und erfolgreich sein wollen. Geltung be-
  ansprucht sein Konzept für die amerikanische Mittelklasse seiner Zeit im
  Hinblick auf Erziehung und Lehrerausbildung.
▪ Bei dem Konzept handelt es sich nicht um einen festen Kanon, der immer
  und zu allen Zeiten gilt. Die Festlegung der Anzahl und Detailliertheit der
  Aufgaben ist beobachterabhängig. Man wüsste gern, welche Kriterien zur
  Auswahl dieser (und nicht möglicher anderer) Aufgaben geführt haben. Im
  Detail zeigt sich, dass die schichtspezifische Variation die Art der Lösung
  der Aufgabe betrifft, nicht aber diese selbst.
▪ Wie man an der Einteilung der drei Gruppen von Aufgaben in der Jugend-
  phase sehen kann, stellt sich HAVIGHURST Entwicklung als einen Übergang
  von der kleinen in die größer werdende Welt vor: Der Blick weitet sich, wie

auch die Räume sich erweitern. Im Vergleich zu ERIKSON hebt er die Bedeutung gesellschaftlicher Faktoren hervor.

- Die Vorstellung, dass es für die Entwicklungsaufgaben Zeitfenster gibt, hat HAVIGHURST, wie auch seine beiden Beispiele belegen, an der Kleinkindphase gewonnen. Für die anderen Altersstufen lässt sich eine Abfolge schon für seine Zeit nicht aufrecht erhalten. Die Aufgaben 9 und 10 beispielsweise lassen sich logisch nicht von den anderen separieren, weil sie in den Aufgaben 1-8 immer mit bearbeitet werden, um nur eine Unstimmigkeit festzuhalten. Nicht zwingend ist auch die Einteilung der vier Altersgruppen.
- Sind die Aufgaben schon bezüglich ihrer Trennung unstimmig, so werfen sie auch ein empirisches Problem auf. Unterstellt wird, dass sie auch bei allen mit einem geringen zeitlichen Spielraum „entstehen".

HAVIGHURST hat an verschiedenen Stellen von „Human Development and Education" auf die praktische Bedeutung seines Konzepts hingewiesen. Bevor ich darauf zu sprechen komme, soll an dieser Stelle noch ein weiterer Punkt dargestellt werden, der Anlass zu vielen Kontroversen gegeben hat. Dabei handelt es sich um die Frage, ob Entwicklungsaufgaben eher subjektive Bedürfnisse oder eher gesellschaftliche Ansprüche beschreiben. Der Kontext von HAVIGHURSTs Antwort auf diese Frage könnte sich zur Beantwortung dieser Frage als hilfreich erweisen, denn dieser verortet sein Konzept auf der pädagogischen Landkarte seiner Zeit und kommt auf „die zwei entgegengesetzten Grundvorstellungen von Erziehung" zu sprechen:

> the theory of freedom - that the child will develop best if left as free as possible, and the theory of constraint - that the child must learn to become a worthy responsible adult through restraints imposed by society. (a.a.O., S. 332)

In diesem Zitat wird die Prämisse einer eher reformpädagogisch orientierten Erziehungstheorie (der *child-centered education*) einer traditionellen Erziehungsvorstellung (die mit Zwang und Einschränkungen verbunden ist) entgegengesetzt.[14] Jetzt folgt HAVIGHURSTs eigene Positionierung:

> A developmental task is midway between an individual need and a societal demand. It partakes of the nature of both. Accordingly, it is a useful concept for students who would relate human behavior to the problems of education. (ebd.)

---

[14] Vgl. etwa eine ähnliche Formulierung bei DEWEY 1976 [1902], S. 282.

Need war die Formulierung, die nach Meinung der Kritiker zu sehr die persönlichen Bedürfnisse der Kinder in den Mittelpunkt stellte.[15] Die Entwicklungsaufgaben erwachsen dagegen nicht nur aus diesen Bedürfnissen, sondern ebenso aus den Erwartungen der Gesellschaft, oder genauer: Sie sind halb individuelles Bedürfnis und halb gesellschaftliche Anforderung. Das kann nur heißen: Sie sind beides zugleich. *Midway* versucht den Brückenschlag: Entwicklungsaufgaben „verbinden" für HAVIGHURST die beiden gegensätzlichen Erziehungsvorstellungen. Ich kommentiere:

- Lernen zu müssen, um ein verantwortungsvoller Erwachsener zu werden, scheint aber genau die Perspektive HAVIGHURSTs zu sein.[16] Tatsächlich neigt er stark zur objektiven Seite vorgegebener Erziehungsziele, wie besonders in seiner Empirie zu sehen ist.
- Wie kann er dann trotzdem behaupten, auch die individuellen Bedürfnisse zu berücksichtigen? Vermutlich hat er seine Entwicklungsaufgaben nicht als Beschränkungen (*restraints*) angesehen, weil sie nicht als externe Anforderungen auftreten, denen sich ein Individuum „gegenüber" sieht, sondern weil sie aus der lebensgeschichtlichen Entwicklung erwachsen.
- Eine andere mögliche Erklärung bietet der historische Kontext der vergleichsweise konformistischen 1950er Jahre. Gesellschaftliche Anforderungen berücksichtigen hieß einfach individuelle Wünsche einzubeziehen und umgekehrt, weil die Jugendlichen sich genau diese Anforderungen als eigene Ziele setzten.

3   Der Nutzen: Entwicklungsaufgaben und Schule

HAVIGHURST entgrenzt oder erweitert (je nach Standpunkt) die Aufgaben der Schule zugunsten des Einbezugs der gesamten Persönlichkeitsentwicklung der Heranwachsenden. Er beschreibt zwei Nutzanwendungen für sein Konzept: Erstens hilft es, die Ziele/Zwecke der Erziehung in Schulen zu entdecken und festzustellen (*the purposes of education in the schools*, a.a.O., S. 5). Zweitens lässt sich so auch der richtige Zeitpunkt für erzieherische Bemühungen finden (der *teachable moment*, ebd.). Dahinter steht die Theorie der Zeitfenster, die besagt, dass konkrete Themen - HAVIGHURST nennt als Beispiele Lesenlernen,

---

[15] Ein Überblick über diese heftige Debatte findet sich bei RAVITCH 2000, S. 273-276.
[16] In *Society and Education* (1967, S. 125) nennt er diese Perspektive: to *become an acceptable member of society*.

Kinderpflege und Vorbereitung auf den Ruhestand - zu bestimmten biographischen Zeiten besonders effektiv gelernt und damit auch gelehrt werden können. Erziehung versteht er als Versuch (*effort*) der Gesellschaft, dem Individuum durch die Schule zu helfen, einige bestimmte (*certain of*) Entwicklungsaufgaben zu lösen (*achieve*: erreichen, schaffen). Daraus ergibt sich als Kriterium für ein gutes Schulprogramm[17]:

> A good school program is one that makes a maximum contribution to the performance by children of their developmental tasks. (a.a.O., S. 175)[18]

HAVIGHURST sieht keinen Kontrast zwischen Curriculum (als, wie er sagt, der geplanten Lernerfahrung des Kindes) und Entwicklungsaufgaben.[19] Gewiss, die alte Schule lehrte nur die sogenannten 3R's - Lesen, Schreiben, Rechnen.

> But the modern school goes beyond these bounds and helps children with a variety of their developmental tasks, through learning experience in the following areas: (...) (a.a.O., S. 161)

Die neue Schule aber geht weiter, indem sie auch Wissen der sozialen und physischen Welt vermittelt, über den eigenen Körper und Werte spricht, Geschick und handwerkliche Fähigkeiten nicht vernachlässigt, usw. HAVIGHURST spricht nicht von Fächern, aber passt ihre Themen in eine Art Lernbereiche unsystematisch ein. Er nennt folgende Bereiche:

> Knowledge of the Social World
> Knowledge of the Physical World
> Knowledge of the Self
> Esthetic Appreciation

---

[17] Die moderne amerikanische Schule charakterisiert er durch folgende Merkmale: Ihr Personal besteht aus Spezialisten für die Begleitung der kindlichen Entwicklung. Dazu zählen Klassenlehrer der Grundschule, Gesundheitsspezialisten, Förderlehrer für schwache Leser und auch die Fachlehrer. Einige von ihnen werden für das Kind zu bedeutsamen Personen (*significant persons*), zu denen sich eine Bindung entwickelt und von denen die Kinder intensiv lernen. Die meisten anderen sind und bleiben für Kinder Feinde, die verächtliche Namen bekommen.

[18] Der Ausdruck *performance* erklärt sich durch die verschiedenen Niveaus, die HAVIGHURST für die Lösung der Aufgaben konstruiert. Vgl. S. 33f.

[19] Beide sind aber auch nicht identisch. Es gibt eine einzige Textstelle, an der er sagt, dass das Curriculum auch die Lösung der Entwicklungsaufgaben behindern kann (a.a.O., S. 92). Aber daraus folgt nichts. Inwieweit HAVIGHURST Kenntnis der Arbeiten DEWEYs hatte, der das Problem von Erfahrung und Curriculum wiederholt thematisiert hatte (z.B. *Democracy and Education*, S. 188-201) muss einer anderen Untersuchung vorbehalten bleiben.

Ethical Values
Physical Skills[20]

Die Lernerfahrung (z.b. im Bereich *Knowledge of the Social World*: geschichtliche und aktuelle Fakten zu Regierung, Handel, Industrie, Landwirtschaft, Bevölkerung, der Familie, Religionen und Nationen, internationalen Wechselbeziehungen, Gruppenbeziehungen, Berufen) hilft den Kindern bei der Lösung ihrer Entwicklungsaufgaben. In diesem Sinne kümmert sich die moderne Schule um eine größere Anzahl von Entwicklungsaufgaben, als es für die alte Schule gelten kann.[21]

Schulen sind einzig dazu geschaffen, Kindern beim richtigen Aufwachsen zu helfen (*helping children to grow up properly*, a.a.O., S. 159). Das beigefügte Adverb *properly* erschließt sich aus der Bemerkung, dass jede Gesellschaft eine andere Art hat, ihre Kinder zu erziehen, und dass die amerikanische Schule heutzutage ebenfalls eine bestimmte Art bevorzugt.

HAVIGHURST kennt das Problem, dass Schüler in der Bearbeitung ihrer Entwicklungsaufgaben unterschiedlich fortgeschritten sind (*they differ (...) in their level of achievement*, a.a.O., S. 170): Seiner Auffassung nach sollten Lehrer den ‚Stand der Lösung' von Entwicklungsaufgaben bei ihren Schülern möglichst kennen und ihnen bei offensichtlichen Verzögerungen oder der Nichtbewältigung bestimmter Aufgaben Hilfe zukommen lassen.

> Really, what is needed is a kind of diagnosis of each child, with reference to his standing in the various developmental tasks, and then an educational prescription that will help him to get ahead with his own particular tasks. (ebd.)

Das anschließende Beispiel verdeutlicht, dass dies keinen Umbau der Schule verlangt. Man soll sich um zurückbleibende Schüler kümmern, ohne sie zu entmutigen, ohne andere Aufgaben zu vernachlässigen, indem man an den Schwächen arbeitet, ferner ein möglichst breites Schulprogramm für alle Talente anbieten, das Curriculum individualisieren und im übrigen auch akzeptieren, dass es viele Arten und Weisen gebe, Entwicklungsaufgaben zu meistern (*there are many different satisfying and socially healthy ways of achieving some of the tasks*). HAVIGHURST empfiehlt standardisierte Tests und Ratings durch Mitschü-

---

[20] Zu dieser Gruppe gehören *games, home making und vocational skills*.
[21] Die Ratschläge für Lehrer schließen Lektürevorschläge für die Unterstützung der emotionalen Entwicklung und der Wertebildung ein, aber auch Einzelarbeit, Gruppenaktivitäten, Üben (*drill*), Schülerbeobachtung und reflexives Denken bei der Unterrichtsplanung.

ler, Lehrende oder sensible Erwachsene, um den Lern- und Entwicklungsstand festzustellen:

> The ideal teacher knows how each of her pupils is succeeding with each of his developmental tasks. Few of us are perfect, but many teachers can tell with surprising completeness and accuracy where most of their children stand on most of their developmental tasks. (a.a.O., S. 172)

Klar bleibt für HAVIGHURST auch, dass die Familie und andere Institutionen bei der Bewältigung bestimmter Entwicklungsaufgaben besonders hilfreich sind und sich die Schule auf einige andere spezialisiert. Welche, sagt er nicht. Allerdings kann in der Schule keine Entwicklungsaufgabe ignoriert werden, weil alle miteinander zusammenhängen und in der Schule auftauchende Probleme oft ihren Hintergrund in der unzureichenden Lösung von Entwicklungsaufgaben haben, für die die Schule wenig direkte Verantwortung trägt.

HAVIGHURST verwendet für die Analyse der einzelnen Aufgaben ein festes Schema, in dem er zunächst die Entwicklungsaufgabe kurz erläutert (1), dann ihre biologische (2), ihre psychologische (3) sowie ihre kulturelle Basis (4) diskutiert und schließlich nicht durchgängig, aber in den meisten Fällen mit pädagogischen Schlussfolgerungen endet. Dies soll an einem Beispiel aus der Adoleszenz, auf die ich mich jetzt konzentriere, verdeutlicht werden (vgl. a.a.O., S. 111-115):

Die erste Aufgabe der Adoleszenz besteht für HAVIGHURST in der Herstellung neuer und reiferer Beziehungen zu den Mitmenschen (*Achieving new and more mature relations with agemates of both sexes*). Was bedeutet das konkret?

(1) Man wird in neuer Weise auf das andere Geschlecht aufmerksam[22], wird ein Erwachsener unter Erwachsenen, lernt die Zusammenarbeit auf ein gemeinsames Ziel hin in sachlichen und universalen Strukturen (*disregarding personal feelings*) und lernt zu leiten, ohne zu dominieren.

(2) Die biologische Basis bilden die erreichte Geschlechtsreife und die allgemeine physische Entwicklung.

(3) Aus psychologischer Sicht notiert HAVIGHURST, dass es den Jungen und Mädchen in dieser Zeit hauptsächlich um soziale Aktivitäten und Experimente geht. Die Schule wird zum sozialen Labor der Schülerinnen und Schüler. Allmählich verkleinern sich die extrem wichtigen *peer groups*, bis sich erstmals

---

[22] Das heißt, dass die Unterscheidung schon bekannt ist (Vgl. die Aufgaben der *infancy und middle childhood*), aber jetzt sieht man allmählich Mädchen als Frauen und Jungen als Männer an. Offenbar handelt es sich um eine *recurrent task*.

auch Paare bilden. Mädchen werden schneller erwachsen bzw. suchen in ihrer Partnerwahl nach älteren Jungen. Die Kultur gibt die Muster der Beziehungen vor, wobei auch innerhalb der eigenen Kultur enorme Differenzen auftreten. HAVIGHURST erläutert dies für die amerikanische *middle class, upper class und lower class.*

(4) Wie sehen die Konsequenzen dieser Überlegungen für die Erziehung aus? Die Schule muss sich darauf einstellen, dass sie zum Labor für das Lernen sozialer Kompetenzen wird, was auch bedeutet, dass sie Schülerinnen und Schüler aus sozial schwachen Milieus gezielt fördern muss: Manieren, gutes Benehmen und soziale Einstellungen können diese, wenn sie sozial aufsteigen wollen, oft nur in der Schule lernen. HAVIGHURST denkt an Aktivitäten aller Art (Tanzstunden, Feste, Sport, Musikveranstaltungen, Schülerselbstverwaltung), um die sozialen Kompetenzen zu fördern.

Ich gebe wieder einen kurzen Kommentar:

- Für HAVIGHURST gibt es keinen Gegensatz zwischen Schul- und Entwicklungsaufgaben, aber auch keine Identität. Schule berücksichtigt mit den Entwicklungsaufgaben individuelle Bedürfnisse und gesellschaftliche Forderungen gleichermaßen. Diese Behauptung stützt sich nicht auf empirische Daten, sondern wird aus einem Vergleich mit der „alten Schule" idealtypisch abgeleitet.
- HAVIGHURSTs Rede von Schule und seine Diagnose bleiben unterbestimmt. Was Schulen leisten können und sollen, was Familie, wie Organisationsstruktur und Curriculum der Schule aussehen sollen, wird von ihm nur am Rande erwähnt. Der ganze Bereich des wissenschaftlichen Wissens, den DEWEY zentral behandelt hatte, wird ausgespart.
- Gleichzeitig liegt hier aber trotz seines recht starren Blicks auf Lebensverläufe die eigentliche reformerische Spitze des Ansatzes (aus heutiger Sicht). Denn HAVIGHURST lenkt die Aufmerksamkeit weg von den traditionellen Fächern hin zur psychologischen, sexuellen, sozialen, moralischen Entwicklung der Heranwachsenden.
- In dieser Sichtweise auf die Aufgaben der Schule nähert er sich der sogenannten *Life-Adjustment*-Bewegung, die das Curriculum so umkonstruieren wollte, dass jeder Jugendliche eine Erziehung erhält, die sich am Leben orientiert (*adjusted to life*).[23] Der amerikanische Curriculumhistoriker KLIE-

---

[23] Vgl. dazu RAVITCH 2000, S. 327-353. Hintergrund war die große Anzahl von Jugendlichen, die in die höheren Bildungseinrichtungen strömten und nach Ansicht einiger Reformer weder eine akademische Ausbildung benötigten noch auch dazu fähig waren.

BARD (1988, 28) spricht von *„learning the everyday tasks of life as the route to happy adjustment"*, um den damaligen Zeitgeist zu beschreiben.

- Das Problem besteht darin, dass HAVIGHURST faktisch den Lehrplan der traditionellen Schule nur gegen die sozialisatorischen Normen seiner Gesellschaft austauscht. Sehr früh ist diese unfreiwillige Pointe der *Life-Adjustment*-Bewegung kritisiert worden, was RAVITCH in ihrer Darstellung so zusammenfasst:

By midcentury, the public schools had become agencies dedicated to socializing students, teaching them proper attitudes and behaviors, and encouraging conformity to the norms of social life and the workplace (RAVITCH 2001, S. 343).

4 Was heißt: To achieve/learn a developmental task?

Was heißt es eigentlich, eine Entwicklungsaufgabe zu lösen (*achieve, learn*)? Auskunft geben erstens HAVIGHURSTs *Behavior Descriptions*, wie sie sich für einige Entwicklungsaufgaben in „Human Development and Education" finden und wie er sie seinen empirischen Arbeiten zugrunde legte. Man kann darin einen quantitativen Versuch erkennen, das Konzept der Entwicklungsaufgaben handhabbar zu machen. In der Art eines *rating manual* spezifiziert HAVIGHURST Anhaltspunkte, die zu einer Einschätzung der Lösung einer Aufgabe auf hohem, durchschnittlichem oder auf niedrigem Niveau anleiten. Ich zeige dies in Ausschnitten an der bereits oben näher ausgeführten Entwicklungsaufgabe *Achieving new and more mature relations with agemates of both sexes*:

Hohes Niveau der Lösung (*High Performance*)
- mindestens zwei gegenseitige Freundschaften auf der soziometrischen Skala[24]
- festes Mitglied einer gleichgeschlechtlichen Clique
- wird von *peers* in sozial anerkannte Positionen gewählt
- Beobachter berichten gute Sozialkompetenz
- verbringt meiste Zeit mit *peers*, geht zu und gibt Partys
- hat Kompetenz in den von der *peer group* als wichtig erachteten Bereichen, usw.

Mittleres Niveau (*Medium Performance*)
- mindestens einen gegenseitigen Freund

---

[24] Die Skala wird nicht näher erläutert.

- Mitglied einer Clique o.ä., aber nicht in auffälliger Weise (eher *follower*)
- durchschnittliche Sozialkompetenz
- geht manchmal zu Partys, bevorzugt eher einsame Tätigkeiten vor Gruppenaktivitäten
- nimmt kaum an gemischtgeschlechtlichen Partys teil, unsicher gegenüber dem anderen Geschlecht, usw.

Niedriges Niveau (*Low Performance*)
- keine gegenseitigen Freundschaften (Einzelgänger)
- wird nicht zu Partys eingeladen
- Mitschüler äußern sich abwertend, z.T. Sündenbock
- keine Kontakte zum anderen Geschlecht oder - bei Mädchen - Ruf der Promiskuität oder Schüchternheit und praktisch für Altersgenossen unsichtbar, usw.

Die *Developmental Task Study* (a.a.O., S. 287-327) gibt ebenfalls Auskunft über die Lösungskriterien von Aufgaben. Diese Längsschnittuntersuchung hat HA-VIGHURST als Bestätigung der Gültigkeit des Konzeptes angesehen. Besonders interessierte ihn,

- ob eine Lösung gemessen werden kann,
- ob Wechselbeziehungen zwischen den Lösungen bestehen und
- in welchem Maße Voraussagen für die Lösung zukünftiger Aufgaben aus der Lösung der gegenwärtigen Aufgaben getroffen werden können.

Die Studie fand über einen Zeitraum von sechs Jahren in einer amerikanischen Kleinstadt des Mittleren Westens (*Prairie City*, 7000 Einwohner) statt. Sie begann 1943. Aus einer Gruppe von 90 Zehnjährigen beiderlei Geschlechts, die über drei Jahre beobachtet wurden, wurden 15 Jungen und 15 Mädchen kontrastiv ausgewählt, die die beobachteten Aufgaben entweder besonders gut oder besonders schlecht gelöst zu haben schienen. Diese 30 (weißen, einheimischen) Jugendlichen wurden über weitere drei Jahre begleitet.[25] Zunächst wurde, nachdem Untersuchungsfeld und Design feststanden (die fünf untersuchten Entwicklungsaufgaben waren in der Zählung von S. 24f. die 1, 2, 4, 8, 10), ein Manual erstellt. Dieses spezifizierte nach einer allgemeinen Beschreibung von Erfolg und Misserfolg eine Zehnerskala für jeweils drei verschiedene Altersstufen (10-11, 13-14, 16-17). Die Skala wurde diskutiert, erprobt und verändert. Anschließend wurde jedes Kind anhand der Skala für jede Altersstufe und jede Entwick-

---

[25] Die Spanne von 10-16 stimmt nicht mit HAVIGHURSTs Alterseinteilung (12-18) überein.

lungsaufgabe eingeschätzt.[26] Daneben wurde eine Vielzahl anderer Methoden verwendet, deren Auswertung aber im Text nicht angegeben wird.[27] Als Ergebnisse werden angegeben: Erfolgreiche Lösung einer Aufgabe hänge mit der erfolgreichen Lösung anderer Aufgaben zusammen. Dieser Effekt sei am größten bei der Aufgabe: *Getting along with age-mates*. Wer hier gut abschneide, schneide auch bei der Entwicklung moralischer und intellektueller Kompetenz gut ab. Es lassen sich begrenzt Voraussagen vom gegenwärtigen auf den zukünftigen Erfolg machen, allerdings sei der Zusammenhang zwischen den Altersgruppen 13-14 und 16-17 besonders eng. Eine Kompensation einer weniger erfolgreichen Erfüllung einer Aufgabe durch eine bessere Erfüllung bei einer anderen Aufgabe lasse sich kaum feststellen. Ein weiterer Schluss des Teams bestand darin, dass die erfolgreiche Lösung von Entwicklungsaufgaben eher von emotionalen Faktoren als von anderen Faktoren abhänge.

Einen qualitativen Versuch, Lösungen von Entwicklungsaufgaben zu beschreiben, bieten HAVIGHURSTs Fallstudien zu ausgewählten Jugendlichen der *Developmental Task Study* (a.a.O., S. 177-253). Dabei handelt es sich um narrative Darstellungen (oder Porträts) der Entwicklung dreier Jugendlicher, die einige Entwicklungsaufgaben erfolgreich oder nicht erfolgreich lösten.

Beschrieben wird im ersten Beispiel das Leben von Jed, der einige seiner Entwicklungsaufgaben nicht lösen kann. Jeds Vater arbeitet in ständig wechselnden Jobs und verschwindet mehrmals im Jahr ohne Vorankündigung in den Süden. Seine Frau muss in dieser Zeit sehen, wie sie die Kinder durchbringt. Sie hat den Vater mit 18 geheiratet, einige Jahre als Kellnerin gearbeitet und insgesamt zehn Kinder zur Welt gebracht. Die Familie lebt in sehr bescheidenen Verhältnissen in einem heruntergekommenen Haus. Jeds Erziehung findet faktisch nur als Selbsterziehung statt. Er hat bis zu seinem 13. Lebensjahr noch eingenässt, wie die Mutter berichtet. Anfangs ein netter und guter Schüler, kommt er immer mehr mit einigen (autoritär auftretenden) Lehrerinnen in Schwierigkeiten.[28] Seine Schulleistungen verschlechtern sich allmählich ebenso wie seine

---

[26] Es fand auch eine Studie zur *interrater-reliability* statt, die zufriedenstellende Ergebnisse aufwies.

[27] Bei diesen Methoden handelte es sich um Interviews mit den Kindern und deren Eltern, (mehrmals) verschiedene Arten von Tests (Intelligenztests, *Thematic Apperception Test*, *Sentence Completion Test*), Befragungen von Lehrern, Arbeitgebern, anderen Erwachsenen, von den Jugendlichen verfasste Essays, Fragebögen, Körperwachstumsmessungen und die Auswertung einer medizinischen Konferenz. Wahrscheinlich sind diese Daten in ein gleichzeitig laufendes Projekt über die Moralentwicklung der Kinder und Jugendlichen eingeflossen.

[28] In einer Szene zieht die Lehrerin ihn am Ohr von seinem Sitzplatz, worauf er (als Zehnjähriger) ihr den Arm auf den Rücken dreht, bis sie zu schreien beginnt. Der Schulleiter gibt ihm später dafür eine Tracht Prügel, aber für seine Mitschüler ist er ein Held .

Reputation bei Lehrern und Mitschülerinnen und Mitschülern, weil er ständig Streit sucht und angeben will. Ihm fehlt der Vater, wie er selbst sagt, einzig die ständigen Kämpfe mit den Lehrerinnen verschaffen ihm noch so etwas wie Ansehen in der Schule. Er zeigt wenig Selbstkontrolle. Mit 16 hat er bereits zweimal die Schule für einige Zeit abgebrochen und sich mit Jobs selbst Geld verdient. Er berichtet dem Interviewer, dass einige Einbrüche auf sein Konto gehen. Sein Traumberuf ist Basketballspieler in einer der *major leagues*.

Die Forscher schätzen Jed auf der Skala von 1-10 ein.[29] Die Schule, so HAVIGHURSTs Kommentar, hat hier versagt, insofern Jed sicherlich unglücklich sein und ein schlechter Vater und Bürger werden wird. Die Ursachen seiner Probleme sehen die Wissenschaftler in den familiären Verhältnissen: wenig Erziehung, kaum explizite Zuneigung, fehlende Vaterfigur, fehlende stabile weibliche Bezugspersonen. Gleichwohl hätte die Schule schon bei den ersten Anzeichen von Problemen reagieren müssen: Lehrende finden, die Jed tolerieren können, eine stabile männliche Bezugsperson anbieten und einen persönlichen Berater engagieren, der sich um den unsicheren, mit Konflikten beladenen Jungen kümmert. Auch zu diesem Abschnitt gebe ich wieder einen Kommentar:

- HAVIGHURST sieht die Lösungsmöglichkeiten für Aufgaben hier offener. In den Manualen wird aber gleichzeitig noch einmal die Normativität seines Mittelklasse-Maßstabes deutlich. Wer wenig zu Partys geht, hat doch deshalb seine Entwicklungsaufgabe nicht schlechter gelöst? Außerdem wirken seine Kriterien willkürlich: Wieso stehen ausgerechnet zwei Freundschaften für ein hohes Lösungsniveau? Statt zu fragen, wie die Jugendlichen ihre Vorstellungen entwickeln, bewertet er deren Verhalten.
- Wird das Entwicklungsaufgaben-Konzept für die Fallstudien überhaupt benötigt? Viele Bemerkungen wirken oberflächlich. Ist Jed wirklich so unabhängig von Eltern und Erwachsenen wie von den Forschern eingeschätzt? Das Gegenteil ist mindestens ebenso plausibel.
- Man sieht an der Auswahl der Entwicklungsaufgaben, woran HAVIGHURST interessiert ist. Es geht ihm primär, in der Tradition ERIKSONs, um die sozialen und persönlichen Probleme von Heranwachsenden.

---

[29] Er bekommt für alle Altersbereiche (10/13/16) eher geringe Ratings für *Getting along with age-mates* (4) und *Developing conscience and a scale of values* (2.7) und eher hohe Ratings für *Achieving a masculine social role* (7.2) und *Achieving emotional independence of parents and other adults* (7.3). Die Werte sind von mir errechnete Durchschnittswerte.

5 Einschätzung und Ausblick

HAVIGHURST hat das Konzept der Entwicklungsaufgaben nur in seinen ersten Schriften ausführlich verwendet; später hat er sich anderen Forschungsbereichen zugewandt. Die genaue Rezeptionsgeschichte ist bis zum gegenwärtigen Zeitpunkt noch weitgehend unbekannt, was auch vor dem Hintergrund mehrerer Neuauflagen und Übersetzungen HAVIGHURSTs überrascht.[30] Handelt es sich also um ein Stück verloren gegangene Wissenschaftsgeschichte oder ist es - etwa im Vergleich zu KOHLBERGs Arbeiten - nach 1970 wegen mangelnder Tragweite in der Pädagogik eine Zeitlang ins Abseits geraten? Ich möchte, ohne die erste Möglichkeit gänzlich ausschließen zu wollen, für die letztere drei Gründe vorschlagen.

1. HAVIGHURST hat in einer späteren Veröffentlichung seine undynamische Auffassung von Gesellschaft und Jugendalter selbst kritisiert. Die Hippies passten wohl auch kaum in sein Schema. Für die 1970er Jahre stellt er fest, dass die Aufgaben des Erwachsenenwerdens viel komplexer sind und die sozialen Institutionen unzureichender scheinen im Hinblick auf ihren Zweck, Jugendliche in diesen Aufgaben zu unterstützen (1975, S. 145).
2. Die Zielsetzung der Schule änderte sich mit dem sogenannten Sputnik-Schock. Gefordert wurden nun wieder akademische Standards und intellektuelle Themen, „a hard education emphasizing academic rigor", wie KLIEBARD (1988, S. 28) formuliert. Diese Änderung des didaktischen Zeitgeistes war für HAVIGHURSTs Konzept sicher wenig günstig.
3. Möglicherweise erschien das Konzept zunehmend als nicht komplex genug, zu normativ, inkonsistent und leicht angreifbar. Auch in der Erziehungswissenschaft kam es schließlich zu Spezialisierungen auf einzelne Bereiche (wie Geschlecht, Moral); die „Grobheit" des Konzepts, einst von HAVIGHURST als Vorteil angesehen, wurde ihm nun zum Verhängnis.

Die folgenden vier Punkte sehe ich besonders kritisch:

▪ Das Vokabular von Aufgaben und Lösungen (*performance, achievement*) suggeriert eine mechanische Vorstellung vom Bildungsgang der Heranwachsenden.

---

[30] Einige kurze Hinweise finden sich bei DREHER/DREHER 1985 und REINDERS 2002. Erkennbar wird auch, dass das Konzept damals dazu benutzt worden ist, Curricula für Schulen zu konstruieren und zu evaluieren.

- HAVIGHURSTs Rede von der „modernen" Schule bleibt schematisch und abstrakt.
- Die Idee, dass Individuen Entwicklungsaufgaben für sich formulieren, und die Beobachterabhängigkeit der Aufgaben, die das objektivistische Konzept sprengen würden und nach Kategorien einer verstehenden Sozialwissenschaft verlangen, werden von HAVIGHURST nicht genügend ausgearbeitet.
- Es gibt keinen Generationenkonflikt, und Gesellschaft wie Individuum werden zu statisch gedacht.

Dass sich seit Ende der 1950er Jahre andere theoretische Bestimmungen durchgesetzt und praktische Verschiebungen stattgefunden haben (zum Beispiel Kinder und Jugendliche gesellschaftliche Trends setzen und Normen verändern und verändern sollen), verweist auf die Notwendigkeit einer Modernisierung des Konzepts. Trotz offensichtlicher Mängel bin ich aber der Meinung, dass es ein noch nicht ausgeschöpftes Potenzial für die Forschung sowie für die Ausbildung von Lehrpersonen bietet. Ich möchte deshalb mit einer Würdigung des Entwicklungsaufgaben-Konzeptes aus Sicht der Allgemeinen Didaktik abschließen:

- HAVIGHURSTs Darstellung durchzieht das Bewusstsein, dass Erziehung Hilfe beim Aufwachsen bedeutet. Das ist keine neue Erkenntnis, aber eine Auffassung, die immer wieder in Vergessenheit gerät und die er für seine Zeit neu formuliert hat. Mit seinen Entwicklungsaufgaben formuliert er die Forderung, die soziale und emotionale Entwicklung der Schüler in der Schule zu berücksichtigen. HAVIGHURSTs Vorschläge dafür müssen im Einzelnen diskutiert werden.
- Wegweisend finde ich seinen Versuch, verschiedene Disziplinen (Psychologie, Soziologie, Didaktik) für Anwendungszwecke miteinander zu verbinden. Das Konzept könnte von daher heute eine Brücke zwischen hochspezialisierten wissenschaftlichen Bereichen und dem schulischen und außerschulischen Alltag von Lehrenden und Lernenden bauen. Pointiert ausgedrückt: Es sichert Anschlussfähigkeit, indem es die Möglichkeit bietet, einzelne Themen/Entwicklungsaufgaben detaillierter zu erforschen, und gleichzeitig im Sinne einer „Alltagstheorie" auch Erfordernissen der (pädagogischen) Praxis gerecht wird, die mit Komplexitätsreduktionen arbeitet (und nicht gegen diese).[31] Für die Gegenwart wäre eine knappe Übersicht

---

[31] Dieses Argument setzt eine bestimmte Auffassung von Didaktik oder didaktischer Theorie voraus, auf die ich hier nicht eingehen kann. Ich weise auch darauf hin, dass die praktische Nützlichkeit des Entwicklungsaufgabenkonzepts momentan nicht viel mehr als eine Behauptung darstellt. Für die „Erfordernisse der Praxis" vgl. die klassische Darstellung bei JACKSON 1968.

über den Forschungsstand zu einzelnen Entwicklungsaufgaben, verbunden mit Handlungsempfehlungen, wünschenswert.

- Etabliert ist mittlerweile via Biographie- wie auch Bildungsgangforschung die Idee, den Lebenslauf als Bildungsgang zwischen gesellschaftlichen Anforderungen und der sich entwickelnden Subjektivität der Heranwachsenden zu beschreiben. Eine daraus erwachsende Stärke des Konzepts besteht - auch wenn HAVIGHURST dies selbst nicht gesehen hat[32] - in dessen schul- und curriculumkritischem Impuls, der die Frage zulässt, unter welchen Bedingungen sich Kindern und Jugendlichen eigentlich subjektiv bedeutsame Lerngelegenheiten erschließen. Was genau dies bedeutet und wie sich sich Lehren dazu verhalten soll und kann, ist an anderer Stelle zu klären.[33]

Literatur

DEWEY, J. (1902): The Child and the Curriculum, in: JOHN DEWEY. The Middle Works 1899-1924, Volume 2. Ed. by J. A. BOYDSTON; with an introduction by S. HOOK. – Carbondale and Edwardsville 1976, pp. 273-291.

DEWEY, J. (1916): Democracy and Education, in: JOHN DEWEY. The Middle Works 1899-1924, Volume 9. Ed. by J. A. BOYDSTON; with an introduction by S. HOOK. – Carbondale and Edwardsville 1980.

DREHER, E./DREHER, M. (1985): Wahrnehmung und Bewältigung von Entwicklungsaufgaben im Jugendalter: Fragen, Ergebnisse und Hypothesen zum Konzept einer Entwicklungs- und Pädagogischen Psychologie des Jugendalters, in: OERTER, R. (Hg.): Lebensbewältigung im Jugendalter. – Weinheim, S. 30-61.

ERIKSON, E. (1950): Childhood and Society. – New York.

HAVIGHURST, R. J. (1948): Developmental Tasks and Education. – New York.

HAVIGHURST, R. J. (1963): Human Development and Education. – New York (Reprint der Ausgabe von 1953).

HAVIGHURST, R. J. (1972): Developmental Tasks and Education. – New York.

HAVIGHURST, R. J./NEUGARTEN, B. L. (^{3}1967): Society and Education. – Boston.

HAVIGHURST, R. J./GOTTLIEB, D. (1975): Youth and the Meaning of Work, in: HAVIGHURST, R. J./DREYER, PH. H. (Eds.): Youth. The Seventy-fourth Yearbook of the National Society for the Study of Education. – Chicago, pp. 145-160.

JACKSON, Ph. (1968): Life in Classrooms. – New York.

---

[32] HAVIGHURST hat sich mit Kritik am traditionellem akademischen Curriculum offenbar zurückgehalten. Seine Kollegin CAROLINE B. ZACHRY, ist hier von Anfang an viel weiter gegangen, wie RAVITCH 2000, S. 274, zeigt. ZACHRYs Lehrer war WILLIAM KILPATRICK.

[33] Ich danke Mari-Annukka LECHTE für eine kritische Lektüre dieses Artikels und ihre ausführlichen Kommentare.

KLIEBARD, H. M. (1988): Fads, Fashions, and Rituals: The Instability of Curriculum Change, in: TANNER, L. N. (Ed.), Critical Issues in the Curriculum. – Chicago, pp. 16-34.

NEUGARTEN, B. L. (1993): Robert L. Havighurst (Obituary), in: American Psychologist 48 (12), pp. 1290-1291.

RAVITCH, D. (2000): Left Back. A Century of Battles over School Reform. – New York.

REINDERS, H. (2002): Entwicklungsaufgaben - Theoretische Positionen zu einem Klassiker, in: MERKENS, H./ZINNECKER, J. (Hg.), Jahrbuch Jugendforschung 2. – Opladen, S. 13-37.

THOMAS, R. M. (1979): Comparing Theories of Child Development. – Belmont/Cal.

Bildungsgang[1]

Barbara Schenk

1 Zum Begriff

Ein institutionalisiertes Bildungssystem, das auf eine nach Arbeitsgebieten und hierarchischen Positionen ausdifferenzierte Arbeitswelt vorbereitet, kanalisiert die Schülerströme durch die unterschiedlich normierten Eingangsbedingungen und Abschlussanforderungen der verschiedenen Schulformen in vielfältige Bildungswege. Innerhalb jeder einzelnen Schulart ist der entsprechende Abschnitt des Bildungsweges durch eine Rahmenstundentafel (Festlegung von Schulfächern und deren zeitlichem Umfang) und durch die schulformspezifischen Rahmenrichtlinien der Fächer bestimmt. Wenn in einer Schulart, wie der Gesamtschule oder der Kollegschule (vgl. SCHENK 1983), unterschiedliche Bildungswege möglich sind, so wird jeder einzelne durch Stundentafel und Rahmencurriculum fixierte Bildungsweg als Bildungsgang bezeichnet (vgl. z.B. FINGERLE 1983). Die Vielfalt der in einer Schule zu einer Zeit *de facto* angebotenen Bildungsgänge ist durch die Menge der in einem Bildungsgang versammelbaren Schüler begrenzt.

Die Bildungsgangplanung geht von Schülergruppen aus, die hinsichtlich der Eingangsvoraussetzungen und Abschlussaspirationen möglichst homogen sind. Diese Gruppen werden im Bildungsgang auf die Erfüllung gesellschaftlicher Anforderungen der Erwachsenenwelt vorbereitet. Bildung erscheint dabei als Prozess oder Produkt aktiven pädagogischen Handelns der Lehrer an den Schülern. Die aktive Leistung der Schüler in der Aneignung der dinglichen und sozialen Wirklichkeit ist in der Bildungsgangplanung nicht enthalten. Gleichwohl geschieht sie in jedem individuellen Bildungsgang, den ein Schüler, angeleitet und eingeengt durch den geplanten Bildungsgang, selber geht. Die eigene Kraft, eventuell auch Widerständigkeit des Schülers in der Gestaltung des eigenen Bildungsganges, ist ein selbstverständlicher Teil der schulischen Realität, wird aber nicht erst im Interesse administrativer Verwaltung und Steuerung von Bildungsprozessen aus der pädagogischen Theorie weithin ausgeblendet (vgl. S. BLANKERTZ 1986).

---

[1] Bisher nicht veröffentlichtes Grundlagenpapier zur Bildungsgangforschung von 1984.

2 Zur Geschichte

Die Denkfigur des aktiven Erziehers und des passiven *educandus* ist bereits in der geisteswissenschaftlichen Pädagogik angelegt. Im „pädagogischen Akt", in der „pädagogischen Begegnung" tritt zwar auch der *educandus* als Person auf, indessen wird systematisch nicht seine Person, sondern die „Bildsamkeit" der Person zum Begriff pädagogischer Theoriebildung. Abhängig von der Ausprägung des Bildungsbegriffes wird Bildsamkeit eher als anthropogen oder als kulturell determinierter Faktor außerhalb der Verantwortung des Erziehers oder als Aufgabe des Erziehers, der die Bildsamkeit des *educandus* erkennt und fördert, angesehen (vgl. LANGEWAND 1983).

Für eine effiziente, dem Steuerungsbedürfnis und der Steuerungskompetenz des Staates angepasste Curriculumplanung, wie sie in den 1960er Jahren, legitimiert durch den „Sputnikschock" oder die „nationale Bildungskatastrophe", notwendig schien, ist der Theoriebegriff der Bildsamkeit nicht hinreichend operationabel. Die in dieser Zeit aufblühende Curriculumtechnologie setzte auf die Vermittlung von Qualifikationen und Kompetenzen, die in Lebenssituationen (ROBINSOHN) verwertbar sein sollten. Der Schüler interessierte in diesem Zusammenhang hinsichtlich seiner allgemeinen Lernfähigkeit (z.B. hinsichtlich des alters- und kulturunabhängig postulierten Intelligenzquotienten) und hinsichtlich der Entwicklung allgemeiner Kompetenzen als den Erfolgsbedingungen schulischer Unterweisung. Die in einem ganz anderen (erkenntnistheoretischen) Zusammenhang gewonnenen Erkenntnisse von PIAGET über die Ontogenese mathematischen und physikalischen Denkens wurden als Theorie der Entwicklung kognitiver Kompetenz reformuliert. KOHLBERG lieferte eine Theorie der Entwicklung moralischer Kompetenz (vgl. z.B. DÖBERT et al. 1980). Diese Theorien heben eher auf die anthropologischen und kulturellen Bedingungen der Kompetenzentwicklung ab als auf den Prozess oder das Ergebnis erzieherischer Arbeit oder die Leistungen und Bedürfnisse der Schüler bei der Entwicklung der eigenen Identität und Kompetenz. Theorien der Kompetenzentwicklung als Prozesse oder Produkte erzieherischer Arbeit gibt es nicht. Curriculumevaluation bleibt in der Regel auf die Verbesserung von Curricula im Hinblick auf ein „Oberflächen- oder Inhaltslernen" (vgl. WULF 1975, S. 581) oder gar ein „Trimmen" der Schüler auf bestimmte Lernziele (vgl. KORDES 1982, S. 280) beschränkt.

Gegen diesen offiziösen Trend zur Curriculumtechnologie und zur institutionellen Verfügung über Erziehungsprozesse setzte die APO-Generation das Konzept der antiautoritären Erziehung, die die nachwachsende Generation durch gegensteuernde Erziehungsmaßnahmen vor der kulturell vermittelten Fixierung auf Autorität schützen wollte, und das Laissez-faire-Konzept, das durch Abschirmen der normalen sozialen Anforderungen ein natürliches Wachstum zu natürlichen Verhaltensformen ermöglichen sollte.

Zwischen diesen Positionen nun versuchte 1972 HAVIGHURST mit einem theoretisch eher anspruchslosen, gelassen auf reflektierter Alltagserfahrung beharrenden Konzept zu vermitteln: Lernen als Lösung von Entwicklungsaufgaben:

> The developmental-task concept occupies middle ground between the two opposed theories of education: the theory of freedom - that the child will develop best if left as free as possible, and the theory of constraint - that the child must learn to become a worthy, responsible adult through restraints imposed by his society. A developmental task is midway between an individual need and a societal demand. It assumes an active learner interacting with an active social environment. (HAVIGHURST 1972, S. VI).

> A developmental task is a task which arises at or about a certain period in the life of the individual, successful achievement of which leads to his happiness and to success with later tasks, while failure leads to unhappiness in the individual, disapproval by the society, and difficulty with later tasks. (HAVIGHURST 1972, S. 2).

HAVIGHURST beschreibt die Entwicklungsaufgaben in der amerikanischen Gesellschaft von der frühen Kindheit bis ins Alter mit ihrer biologischen, psychologischen und kulturellen Basis und - soweit die Zeit der Schulpflicht betroffen ist - die Möglichkeiten schulischer Förderung bei ihrer Lösung.

In der Bundesrepublik wurde dieser Ansatz von OERTER/MANDL (1977) aufgegriffen, um die Entwicklung kognitiver Kompetenzen als Lösung von Entwicklungsaufgaben im Spannungsfeld gesellschaftlich vermittelter, schulisch strukturierter Anforderungen und individueller Deutung der Anforderungen und kompetenzfördernder Anstrengung in ihrer Abarbeitung darzustellen.

3 Bildungsgangforschung

Das Konzept der Entwicklungsaufgabe ist für die Interpretation und Förderung schulischer Lernprozesse von entscheidendem Interesse, weil hier erstmals der Schüler als Subjekt seines Bildungsganges in einer empirisch falsifizierbaren Theorie des schulischen Lernens auftritt. Die eingegrenzte Schülerrolle überschreitend, sind Kinder und Jugendliche mit objektiven gesellschaftlichen Anforderungen konfrontiert, mit denen sie sich auseinandersetzen müssen. Wie sie aber diese Anforderungen deuten, welche „Deutungsmuster" sie gegenüber den Anforderungen entwickeln, hängt ab von der Persönlichkeitsstruktur (Identität), die sie in dieser Zeit besitzen. Und wie sie die Anforderungen abarbeiten, entscheidet sich sowohl aus dem Deutungsmuster der Anforderungen wie aus der Kompetenz, die sie zu Beginn aktualisieren und dann weiter entwickeln können. In der Lösung einer jeden Entwicklungsaufgabe werden Kompetenz und Identität weiterentwickelt. Die Lösung der Entwicklungsaufgabe ist subjektiv gelungen, wenn die gestellten Anforderungen objektiv angemessen und subjektiv identitätskonform bewältigt werden können und wenn die in ihr entwickelte Kompetenz und Identität tragfähig für die Lösung der folgenden Entwicklungsaufgaben sind. Da die Kinder und Jugendlichen aber nicht nur die Adressaten der objektiven gesellschaftlichen Anforderungen, sondern zugleich Mitglieder der Gesellschaft sind, die ihnen diese Anforderungen vorgibt, formen sie mit ihren subjektiven Lösungen zugleich die Dynamik der „objektiven" Anforderungen. Sie arbeiten mit an der Entwicklung der soziokulturellen Normen und Werte, mit denen sie anfangs von außen konfrontiert wurden. So sedimentieren die gelungenen Lösungen von Entwicklungsaufgaben in die gesellschaftlichen Anforderungen, mit denen die nachwachsenden Generationen konfrontiert werden.

In diesem Sinn kann die Sozialisationsforschung die Entwicklung von Kompetenz und Identität in jeder Entwicklungsphase des Menschen als Lösung seiner Entwicklungsaufgaben interpretieren. Die Bildungsgangforschung, die sich speziell mit den schulisch beeinflussten Lernprozessen von Kindern und Jugendlichen beschäftigt, ist dagegen besonders an dem Ausschnitt der Entwicklung interessiert, der ausweislich der Kriterien der Curriculumplanung durch Schule gefördert werden soll. Selbstverständlich sind die schulpflichtigen Kinder und Jugendlichen jeweils mit der Lösung all ihrer altersgemäßen Entwicklungsaufgaben beschäftigt, und diese werden alle von der „informellen" Schule (Mitschüler, Lehrer, heimlicher Lehrplan) beeinflusst (vgl. HAVIGHURST 1972, S. 38). Die didaktisch begründete Bildungsgangplanung indessen beschränkt sich in ihren Bildungszielen de facto auf wenige Entwicklungsaufgaben. So beziehen sich etwa die meisten Schulfächer implizit auf die Entwicklungsaufgabe der Heranwachsenden, ein Wertsystem und eine Weltanschauung zu entwickeln, dagegen legitimiert kein Fach seine Inhalte mit der Entwicklungsaufgabe, sich gefühlsmäßig von den Erwachsenen abzulösen, oder mit der Entwicklungsaufgabe, reife Beziehungen zu Altersgenossen beiderlei Geschlechts zu entwickeln (HAVIGHURST 1972, S. 43ff.). Bildungsgangforschung muss demnach, während sie sich auf die Beobachtung und Förderung schulisch gewollter Lernprozesse konzentriert, die Möglichkeit im Auge behal-

ten, dass Kinder und Jugendliche mit krisenhaften Lösungen „außerschulischer"
Entwicklungsaufgaben so intensiv beschäftigt sein können, dass sie „schulischen" Entwicklungsaufgaben nur wenig Aufmerksamkeit widmen können, dass
tragfähige Lösungen außerschulischer Entwicklungsaufgaben umgekehrt frei
machen können für die Zuwendung zu schulischen Entwicklungsaufgaben, aber
auch, dass Jugendliche in der Deutung ihrer schulischen Entwicklungsaufgaben
der Schule selber gar keine Förderungsperspektiven zuweisen. (Beispielhaft für
die Bedeutungslosigkeit der Schule bei der Lösung von Entwicklungsaufgaben
vgl. z.B. PROJEKTGRUPPE JUGENDBÜRO 1978, S. 81-87).

Da die Bildungsgangforschung im Grenzbereich zwischen Sozialisationsforschung und Didaktik einen neuen, integrativen Ansatz sucht, dürfte ein Beispiel informativer sein als programmatische Darstellung: Von den acht Entwicklungsaufgaben, die HAVIGHURST für Heranwachsende benennt, können drei
als schulische Entwicklungsaufgaben identifiziert werden:

- sich auf den Erwerb des eigenen Lebensunterhalts vorbereiten,
- eine Ethik und ein System von Werten erwerben, an denen sich das eigene
  Verhalten orientieren kann;
- eine Weltanschauung entwickeln,
- soziale Verantwortung suchen und übernehmen.

Im Rahmen der Evaluation des Kollegschulversuchs NW wurde das Lernen in
vier doppeltqualifizierenden Bildungsgängen als Lösung von schulischen Entwicklungsaufgaben rekonstruiert. Die Schüler haben mit dem Eintritt in die
Kollegschule einen Bildungsgang gewählt, in dem sie sich zugleich auf einen
Beruf und, mit dem Erwerb der Hochschulreife, auf ein weiterführendes Studium
vorbereiten (vgl. H. BLANKERTZ 1986). Die Entscheidung etwa für den Bildungsgang „Erzieher mit der allgemeinen Hochschulreife oder der Fachhochschulreife" (vgl. GRUSCHKA 1983) bedeutet eine besondere Auslegung der
Entwicklungsaufgabe, sich auf den Erwerb des eigenen Lebensunterhalts vorzubereiten. Mit der Entwicklungsaufgabe „Ich will Erzieher werden" ist nicht nur
ein besonderes berufliches Tätigkeitsfeld benannt, zugleich wird die Vorbereitung auf den Erwerb des eigenen Lebensunterhalts inhaltlich gefüllt durch die
Hoffnung, einen Beruf zu erwerben, in dem in spezifischer Weise soziale Verantwortung übernommen werden kann und muss und der eine inhaltliche Auslegung soziokultureller Werte fordert, die dem zukünftigen Erzieher erlaubt, in
Einklang mit den eigenen Zielen handeln zu können.

Entscheidend für das Konzept der Bildungsgangforschung ist nun, dass die
Schüler selber ihre allgemeine Entwicklungsaufgabe „Ich will mich auf eine

Arbeit im Bereich der erzieherischen Praxis vorbereiten" entsprechend den objektiven gesellschaftlichen Anforderungen sozialer Tätigkeit und mit der Perspektive einer dreijährigen Vorbereitungszeit in einzelne, zeitlich aufeinander folgende Entwicklungsaufgaben auflösen. Sie reduzieren die Komplexität der Anforderungen erzieherischer Arbeit mit einer eigenen Entwicklungspsychologie und schaffen sich so sukzessiv:

ein Modell der zukünftigen Berufsrolle,
ein Modell des Adressaten,
ein Modell pädagogischen Handelns und
ein Modell der Professionalisierung (vgl. GRUSCHKA et al. 1981, S. 279ff.).

In der Lösung dieser Entwicklungsaufgaben des Bildungsganges entwickeln die Jugendlichen schrittweise ihre berufliche Identität und die Fähigkeit zu angemessenem beruflichen Handeln. Die Schule vermag diesen Prozess zu fördern, wenn sie so auf die Entwicklungsaufgaben eingeht, dass sie die objektiven gesellschaftlichen Anforderungen direkt den Jugendlichen zugänglich macht (Betriebspraktika), dass sie, didaktisch reduziert auf die Entwicklungsaufgaben, curricular die Anforderungen des Berufes widerspiegelt und dass sie die für die Abarbeitung der Entwicklungsaufgaben produktiven Theorieangebote vermittelt.

Bildungsgangforschung kann als Versuch interpretiert werden, das Dilemma der Bildungsforschung zwischen deskriptiv-technischem, gegenüber Normen gleichgültigem und präskriptiv-pragmatischem, gegenüber Entscheidungsspielräumen blindem Vorgehen in einem „metaevaluativen Ansatz" aufzulösen. Die Reduktion der Komplexität der Bildungsgänge in Richtung auf eine technische oder pragmatische Auslegung der Begleitforschung wurde in den bisherigen Versuchen indessen eher durch reflektiertes solidarisches Handeln mit den Schülern erreicht. Eine wissenschaftsmethodologische Ausarbeitung des Forschungsansatzes steht noch aus (vgl. KORDES 1982, S. 291ff.).

Literatur

LANGEWAND, A. (1983): Bildsamkeit, in: LENZEN, D./SCHRÜNDER, A. (Hg.): Theorien und Grundbegriffe der Erziehung (Enzyklopädie Erziehungswissenschaft, Bd. 1). – Stuttgart, S. 347-350.
BLANKERTZ, H. (Hg.) (1986): Lernen und Kompetenzentwicklung in der Sekundarstufe II. Abschlußbericht der Wissenschaftlichen Begleitung Kollegstufe NW zur Evaluation der vier doppeltqualifizierenden Bildungsgänge des Kollegschulversuchs mit den Abschlüssen Fremdsprachenkorrespondent/Allgemeine Hochschulreife, Techni-

scher Assistent für Physik/Allgemeine Hochschulreife, Erzieher/Allgemeine Hochschulreife und Erzieher/Fachhochschulreife und Freizeitsportleiter/Allgemeine Hochschulreife. – Soest.

BLANKERTZ, S. (1986): Erziehung, anarchistische, in: HALLER, H.-D./MEYER, H. (Hg.): Ziele und Inhalte der Erziehung und des Unterrichts (Enzyklopädie Erziehungswissenschaft, Bd. 3). – Stuttgart, S. 416-418.

DÖBERT, R./HABERMAS, J./NUNNER-WINKLER, G. (1980; Hg.): Entwicklung des Ichs. Zweite Auflage. – Königstein.

FINGERLE, K. (1983): Bildungsgänge, doppeltqualifizierende, in: BLANKERTZ, H./DERBOLAV, J./KELL, A./KUTSCHA, G. (Hg.): Sekundarstufe II - Jugendbildung zwischen Schule und Beruf (Enzyklopädie Erziehungswissenschaft, Bd. 9.2). – Stuttgart, S. 198-201.

GRUSCHKA, A./PESCHKA, A./SCHLICHT, H.-J./DI CHIO, V. (1981): Kompetenzentwicklung in Bildungsgängen, Entwicklungsaufgaben, Deutungsmuster, in: Zeitschrift für Sozialisationsforschung und Erziehungssoziologie 1, S. 269-289.

GRUSCHKA, A. (1983): Wie Schüler Erzieher werden. Evaluation der Kompetenzentwicklung und fachlichen Identitätsbildung im doppeltqualifizierenden Bildungsgang „Erzieher in Verbindung mit der Allgemeinen Hochschulreife bzw. Fachhochschulreife" des Kollegschulversuchs NW. Habilitationsschrift. – Münster.

HAVIGHURST, R. (1972): Developmental Tasks and Education. – New York.

KORDES, H. (1982): Evaluation in Curriculumprozessen, in: HAMEYER, U./FREY, K./HAFT, H. (Hg.): Handbuch der Curriculumforschung. – Weinheim, S. 267-301.

OERTER, R./MANDL, H. (1977): Individuelle Leistungsfähigkeit und Entwicklungsnorm im Bereich des schulischen Lernens, in: Uw 5, S. 34-44.

PROJEKTGRUPPE JUGENDBÜRO (Hg.) (1978): Karin Q.: „Wahnsinn, das ganze Leben ist Wahnsinn". Ein Schülertagebuch. – Frankfurt.

SCHENK, B. (1983): Kollegschule, in: BLANKERTZ, H./DERBOLAV, J./KELL, A./KUTSCHA, G. (Hg.): Sekundarstufe II - Jugendbildung zwischen Schule und Beruf (Enzyklopädie Erziehungswissenschaft, Bd. 9.2). – Stuttgart, S. 378-381.

WULF, Ch. (1975): Funktionen und Paradigmen der Evaluation, in: FREY, K. et al. (Hg.): Curriculum Handbuch, Bd. 2. – München, S. 580-600.

Brauchen wir eine Bildungsgangforschung? Grundbegriffliche Klärungen

Arno Combe

1 Die Konstruktion der eigenen Biographie als Lernbiographie: Biographieforschung und Bildungsgangforschung

Die Bildungsgangforschung ist als Reaktion auf die Kontingenz moderner Biographien zu verstehen, in der sich auch Kontexte und Formen des Pädagogischen verändern (vgl. zu diesen Veränderungen: HELSPER/ HÖRSTER/ KADE 2003). Die Bildungsgangforschung interessiert sich für einen bestimmten, pädagogisch relevanten Aspekt von Biographieverläufen, nämlich für die Lern- und Bildungsbiographie eines Menschen. Anstelle von fraglos gültigen Mustern und Modellen gehört die Kompetenz, die eigene Biographie als Lernbiographie konstruieren und rekonstruieren zu können, angesichts der Enttraditionalisierung des gesellschaftlichen Lebens zum bedeutsamen Teil der Lebensführung des Einzelnen. Die Anforderung zur Konstruktion der eigenen Biographie als Lernbiographie heißt, diese in Form von sogenannten Entwicklungsaufgaben übernehmen, interpretieren, auszugestalten und immer wieder in Distanz nehmen zu können.

In Bezug auf das für die Bildungsgangforschung reklamierte Konzept von Entwicklungsaufgaben ist allerdings die Zeit von einheitlich aufgespannten Normenhorizonten vorbei. Insofern muss das Konzept der Entwicklungsaufgabe gegenüber den Ursprüngen bei HAVIGHURST „modernisiert" werden.

Die Moderne setzt an die Stelle der Tradition die Ich-Leistung (COMBE 1997, S. 172f.). Gerade auch die Anforderung zur Konstruktion der eigenen Biographie erreicht den Einzelnen heute vergleichsweise lebensgeschichtlich früh. Sie findet im Bereich der Schule und im Umgang mit fachlichen Lerngegenständen ihren Ausdruck in komplexen, „selbstregulativen" Handlungskompetenzen, in die kognitive, motivationale sowie Willensleistungen eingehen (vgl. hierzu BAUMERT 2004, S. 217f.).

Bildungsgangforschung ist in meinem Verständnis im Zuge der Enttraditionalisierung des gesellschaftlichen Lebens ein auf das Gesamt eines Lebenslaufs bezogenes Unternehmen. Die Nähe zur Biographieforschung birgt Probleme und Chancen. Zweifellos rücken individuelle Lerner - im Schulbereich etwa ihre Näherungsweisen an Gegenstände des Unterrichts und die Herausbildung diesbezüglicher Ziele und Interessen - in den Vordergrund. Aber die hier in der Bildungsgangforschung beabsichtigte Stärkung des Blicks auf das lernende Subjekt sollte nicht zur Vernachlässigung der Funktionsweise von Institutionen führen. Jede individuelle Lernbiographie steht in jeweils charakteristischer Weise in einer Spannung zu institutionell vorgeformten Laufbahnen, deren Normalitätserwartungen, Voraussetzungen und Rahmungen. Auf den Lebenslauf bezogen stehen so organisatorisch-institutionell eher gefestigte *Settings* wie die Schule neben institutionell relativ offenen Welten und Lernorten. Gerade das Zusammenspiel und das Zusammenwirken von Lernorten und Lernumwelten wäre ein zentrales Thema der Bildungsgangforschung.

Zunächst werden im Folgenden Probleme mit dem für die Bildungsgangforschung offenkundig zentralen Konzept der Entwicklungsaufgabe diskutiert. Dessen Aktualität wird in der schwieriger gewordenen Überbrückungsarbeit im Verhältnis von Individuum und Gesellschaft gesehen. Gefragt werden könnte, ob hierzu nicht das Habituskonzept von BOURDIEU ein plausibles, begrifflich-analytisches Instrumentarium anbietet. Das Entwicklungsaufgaben-Konzept, wie es noch von HAVIGHURST entfaltet wurde, ist jedenfalls angesichts der oben geschilderten Kontingenz moderner Biographien neu zu bestimmen. Der Einzelne kann sich heutzutage eigentlich nie als fertig betrachten. Heutige Generationen haben sich auf schnell wandelnde Verhältnisse, Anforderungen und kritische Ereignisse einzustellen. Was der Einzelne ausbilden muss, ist ein Gespür für vergangene und zukünftig noch anstehende Entwicklungen seiner Person.

Ein „modernisiertes" Entwicklungsaufgaben-Konzept knüpft daran an. Es befasst sich meines Erachtens mit der Frage der Aneignung und Umarbeitung von Entwicklungszielen der eigenen Lernbiographie. Das gilt auch für den Bereich der Schule. Denn das Verhältnis zur Schule, zu ihren fachlichen Anforderungen und auch zu den Lerngegenständen des Unterrichts ist unwiderruflich reflexiv geworden (COMBE 1997, S. 172f.). Schule ist erfahrbar als „hergestellte" Wirklichkeit, und auch die Plausibilitätsbasis für die Bearbeitung von fachlichen Anforderungen muss immer wieder neu hergestellt werden (ZIEHE 1996). Insofern beobachten wir beim schulischen Lernen auch nicht den alten Kampf gegen Repression, sondern den Versuch von Schülerinnen und Schülern, eigene Anschlusspunkte an die schulischen und fachlichen Angebote und Anforderungen zu finden. Der Einzelne, und das gilt schon für den Schulbereich, muss lernen, „sich selbst als Handlungszentrum, als Planungsbüro in Bezug auf seinen Lebenslauf, seine Fähigkeiten, Orientierungen, Partnerschaften usw. zu begreifen" (BECK 1986, S. 217), was zugleich die Abhängigkeit von Institutionen und deren Angeboten einschließt. Dies ist gleichzeitig ein Hinweis auf die Verschärfung der Spannungen zwischen Biographie und Institution (vgl. hierzu schon HELSPER/MÜLLER/NÖLKE/COMBE 1991).

Die Aneignung und Umarbeitung von Entwicklungszielen der eigenen Lernbiographie ist ein Vorgang, der zwar von außen angestoßen und auch sensibel bera-
ten werden kann, der aber vor allem auch als Resultat der eigenen Verarbeitung
von Erfahrung und Erfahrungskrisen gefasst werden muss. Vor diesem Hintergrund entwerfe ich als wesentlichen Teil dieses modernisierten Entwicklungs-
aufgaben-Konzepts eine Theorie des Lernens als Transformation von Erfahrung.
Leitend hierfür ist die Idee, dass die Konstruktion der eigenen Biographie als
Lernbiographie stets auch Rekonstruktionsanstrengungen und Artikulationsver-
suche der eigenen Erfahrung erfordert bzw. Resultat der Verarbeitung von Erfahrungskrisen ist.

Eine solche von der Erfahrung her bedachte Lerntheorie enthält auch Hinweise auf die Artikulationsformen der Erfahrung, in der diese auf unterschied-
lichste Weise organisiert und konstruiert werden. Die unterschiedlichen Organisationsformen der Erfahrung, auf die sich auch bestimmte soziale Praxen speziali-
lisiert haben (etwa die Kunst oder die Wissenschaft, usw.), könnten stärker zu-
einander in ein Wechselspiel gebracht werden: Menschliches Lernen als Erfahrungserweiterung in noch fremde und noch unbekannte Bereiche und Bezirke -
also Lernen in einer schon von der avancierten Romantik favorisierten Version
(COMBE 1992) - würde in seiner Vielfalt erkennbar.

2   Das Entwicklungsaufgaben-Konzept: Was heißt „Bearbeitung" von Entwicklungsaufgaben?

Die Bildungsgangforschung interessiert sich also für Lerngeschichten in Biographien. Der Begriff „Lerngeschichte" hat in der Bildungsgangforschung einen
spezifischen Sinn. Es gilt, so heißt es bei Uwe HERICKS, die Entfaltung von
Lerngeschichten „als Abfolgen von Entwicklungsaufgaben zu beschreiben und
zu konstruieren" (1998, S. 178). Fragen wir, was dies heißen könnte. Ich gehe
kurz auf die neuere Begriffsgeschichte des Terminus „Entwicklungsaufgaben"
ein.

Eine solche neuere Auslegung stammt von HERICKS und SPÖRLEIN (2001).
Sie lässt sich als Versuch einer Erweiterung und Dynamisierung des normorientierten Modells von HAVIGHURST verstehen. Was heißt das, „Erweiterung und
Dynamisierung des normorientierten Modells von HAVIGHURST"? Alle Gesellschaften kennen, so noch HAVIGHURST (1972), Entwicklungsnormen, die einen
übersubjektiven, verpflichtenden und zwingenden Charakter haben. Deren Nega-
tion ist selbstschädigend. Vor allem HERICKS betont im Zusammenhang mit
seiner Untersuchung über die Berufseingangsphase von Lehrern, dass solche
Entwicklungsnormen gleichsam subjektunabhängig in den einzelnen sozialen

Feldern im Sinne eines Kanons von Aufgaben bereitliegen (HERICKS 2004). Die Frage ist aber, wie diese subjektunabhängige Existenz von Entwicklungsanforderungen zu verstehen ist. Ich komme darauf zurück.

Nun steht ein solcher Kanon von Aufgaben und Musterlösungen aber nicht wie ein monolithischer Block da. Und HERICKS und SPÖRLEIN (2001) sind nicht so soziologisch naiv wie noch HAVIGHURST anzunehmen, dass Normen und Sollensforderungen das Handeln direkt hervorbrächten. Im Rückgriff auf eine Überlegung von SCHENK (1998) gehen HERICKS und SPÖRLEIN (2001) davon aus, dass Entwicklungsnormen seitens der Individuen höchst eigensinnig interpretiert und „bearbeitet" werden, was schließlich durchaus zu originellen Lösungen führen kann. Entwicklungsaufgaben verweisen also auf Umschlagpunkte, in denen sich eine Gesellschaft nicht nur reproduziert, sondern auch erneuert. Trotz dieses dynamisierenden Begriffs der „Bearbeitung" von Entwicklungsaufgaben bleibt systematisch noch relativ unklar, was sich zwischen den beiden entgegengesetzten Polen von Individuum und objektiven Anforderungen in einem Vermittlungsfeld konkret abspielt, wie sich jene ineinander verschränkenden Prozesse zwischen Individuum und gesellschaftlichen Anforderungen begrifflich fassen lassen und wie sich in Form von Entwicklungsaufgaben die Geschichte des Einzelnen mit der Geschichte der Gesellschaft verknüpft.

Es ist nun genau jene abstrakte Dichotomie zwischen Individuum und gesellschaftlichen Anforderungen, die REINDERS (2002) nach dem Studium der internationalen Literatur zu dem Vorschlag führt, konkrete Aushandlungsszenarien zwischen normsetzenden Akteuren von Sozialisationsinstanzen und den einzelnen Jugendlichen müssten zunächst einmal empirisch untersucht werden. Aber selbst dieser Konkretisierungsvorschlag ist noch unscharf. Ich gehe hier von der Annahme aus, dass wir Entwicklungsaufgaben empirisch als Teil von „Diskursformationen" untersuchen müssen, also als einen Raum, in dem ein differentielles Ensemble von möglichen Subjektpositionen im Verhältnis zum Thema „biographische Entwicklungsziele" kulturell repräsentiert ist (vgl. zur Untersuchung von Diskursformationen etwa REH 2002). Diese Subjektpositionen beziehen sich im Falle von Entwicklungsaufgaben in der allgemeinsten Form auf das Thema, was ein Individuum oder eine soziale Gruppe für die Gesellschaft und für sich selbst werden kann und soll. Angenommen werden kann weiter, dass sich Individuen jeweils mit bestimmten Positionen, Entwicklungs- und Bildungszielen identifizieren, und dass diese in starker Beziehung zu diesbezüglichen sozioökonomischen Existenzbeziehungen, Ressourcen, Orientierungen, Grunderfahrungen und verfügbaren Handlungsmustern stehen. Damit wäre aber das oben eingeführte Stichwort der „Bearbeitung" von Entwicklungsaufgaben im Sinne von Habitusträgern (s.u.) gefasst, die sich hinsichtlich ihrer Entwicklungsziele von Hinweisen leiten lassen, auf deren Entschlüsselung sie etwa qua sozia-

ler Herkunft schon eingestellt sich. Die Frage ist aber, ob mit dem Habituskonzept P. BOURDIEUs Passungs- und Abstimmungsprobleme, Kompatibilitätsprü-
fungen, Explorationsprozesse und vor allem auch Erfahrungsbewegungen, die
auf eine Um- und Neuinterpretation von Entwicklungszielen und der eigenen
Situation verweisen, Berücksichtigung finden.

3 Bietet das Habituskonzept eine ausreichende Erklärung für die Positionierung des Subjekts hinsichtlich seiner Entwicklungsziele?

Mit BOURDIEUs Habitusbegriff liegt ein Vermittlungskonzept vor. Gelingt es
dem Habituskonzept, das auszuführen, was eigentlich das Anliegen des Entwick-
lungsaufgaben-Konzepts ist: nämlich die Entwicklung des Individuums und der
gesellschaftlichen Anforderungen plausibel und biographisch prozesshaft aufeinander zu beziehen? Ein Blick auf BOURDIEUs Habituskonzept verspricht also
einen Einblick in die konstitutionelle Verflochtenheit individuellen Lernens mit
gesellschaftlichen Prozessen und Strukturen, als auch der Prozessmuster, die zur
Konstruktion von Entwicklungszielen im Zuge der eigenen Lernbiographie führen.

Im Habitus haben sich nun laut BOURDIEU frühe Erfahrungen des sozialen
Ortes eingelagert. Der Habitus ist sozusagen eine langfristig prägende Hypothek
der sozialen Herkunft, die ihren Ausdruck in einem spezifisch abgegrenzten
Horizont des Denkens, Fühlens und Handelns findet. Insofern schließt ein Habitus oft schon auf der Ebene der bloßen Denkbarkeit Optionen aus.

BOURDIEU selbst hebt die Trägheit dieses Habitus hervor (1992, S. 109;
1987, S. 113ff.; 1997, S.175ff.). Die BOURDIEU-Rezeption hat an diesem Träg-
heitsmoment angesetzt und gefragt, wie Veränderung und sozialer Wandel bei
BOURDIEU erklärt wird. Eine Seitenlinie ist dabei die sozialisatorische Frage, wie
Habitusformen weitervermittelt werden oder wie deren Genese vorzustellen ist.
So fragen GEBAUER und KRAIS, was man „aus der Funktionsweise des Habitus
über die Lernprozesse erschließen (kann), in denen ein Mensch im Laufe seines
Lebens seinen Habitus ausbildet, modifiziert, verfestigt, verändert?" (2002, S.
61). GEBAUER und KRAIS führen einige Vermutungen in Analogie zur Gehirnfor-
schung an. Sie sind allerdings von außen an das Habituskonzept BOURDIEUs
herangeführt. Das heißt aber: KRAIS/GEBAUER finden bei BOURDIEU selbst offenkundig wenig systematische Andockmöglichkeiten für diese Frage von Lernprozessen.

Nun lässt sich in BOURDIEUs „soziologischem Selbstversuch" nachlesen,
wie er sich, am Beispiel seiner Laufbahn als Wissenschaftler, die Angelegenheit
denkt:

Verstehen heißt zunächst das Feld zu verstehen, mit dem und gegen das man sich entwickelt. Deshalb muss ich auf die Gefahr hin, einen Leser zu überraschen, der vielleicht von mir erwartet, mich am Anfang beginnen zu sehen, also mit dem Blick auf meine ersten Jahre und die soziale Welt meiner Kindheit, zunächst sehr genau den Zustand jenes Feldes in Augenschein nehmen, in das ich um die 50er Jahre eintrat. (2002, S. 11).

D.h. mit anderen Worten: BOURDIEU beschreibt hier nicht, wie zu erwarten wäre, einen Lern- und Entwicklungsprozess. Vielmehr beschreibt er die institutionellen Riten, die Eigenlogik der Interaktionszüge, die Personen, wie sie bis in ihre Rhetorik hinein Wissenschaftlichkeit verkörpern, ja inszenieren, usw. Er beschreibt, mit anderen Worten, das Spiel um Macht, Einfluss und die Durchsetzung symbolischer Gewalt, worunter BOURDIEU bekanntlich die Durchsetzung von legitimen Sichtweisen versteht. Halten wir fest: BOURDIEU beschreibt aufs Subtilste die Handlungsgrammatik in sozialen Feldern. Er zeigt, wie sich die soziale Herrschaft in den Selbstverständlichkeitsannahmen und in den symbolischen Kämpfen um die legitimen Sichtweisen von Welt manifestiert und zugleich verbirgt. Aber BOURDIEU war kein Lerntheoretiker. Denn es fehlt bei BOURDIEU, so auch H.-Ch. KOLLER (2002, S. 190), „an systematischen Hinweisen, die es erlauben würden, symbolisch strukturierte, innovative und transformatorische Prozesse zu beschreiben" (2002, S. 190). In diese Richtung geht auch Judith BUTLERs Kritik an der mangelnden Durchlässigkeit des Habituskonzepts (1998). Denn die habituell eingespielten Normen dürften nicht substanzhaft verstanden werden. Vielmehr erführen sie ihre Aktualisierung ja in unseren „performances" - unter Beteiligung einer nicht bis ins letzte zu kontrollierenden Körperlichkeit, was die stete Möglichkeit der symbolischen Umdeutung und damit die Unterstreichung einer ganz anderen Sichtweise der Welt zur Folge haben kann.

Ich fasse zusammen: Man erfährt bei BOURDIEU außerordentlich viel über das Eingebundensein des Menschen in soziale Kontexte und damit verbundene Muster leitender Differenzen, die jeweils die gesellschaftliche Konstruktion der Wirklichkeit strukturieren. Zweifellos dürften die Einzelnen dazu neigen, sich hinsichtlich ihrer Entwicklungsziele mit bestimmten, dem Wahrnehmungsfeld ihrer sozialen Herkunft zugehörigen Themen zu identifizieren. Aber eine Reproduktionsthese würde der Komplexität der biographischen Lage nicht gerecht, in der sich Personen angesichts der Identifizierung mit Entwicklungszielen befinden. Entwicklungsziele präsentieren sich nicht einheitlich. Sie präsentieren sich in heterogenen kulturellen Kontexten und symbolischen Praktiken. Das heißt aber, dem unweigerlich zur Positionierung aufgerufenen Subjekt bieten sich instabile, ja hybride Identifikationspunkte. Und es ist immer „a temporary and unstable effect of relations which define identities by making differences" (GROSSBERG 1996, S. 89). Damit ist der Begriff „Entwicklungsaufgabe" in einem Konzept zu verorten, mit dem transformatorische Prozesse der Aneignung und Umarbeitung von Entwicklungszielen der eigenen Lernbiographie zu fassen sind. Und eine solche Möglichkeit bietet das Habituskonzept nicht.

4   Zum Begriff der Entwicklungsaufgabe: Zusammenfassende Positionsbestimmungen

An dieser Stelle lässt sich das Entwicklungsaufgaben-Konzept schon folgendermaßen skizzieren:

1. Der Begriff „Entwicklungsaufgabe" ist nicht nur auf die Adoleszenzkrisensituation bezogen, wenngleich hier ein Bestimmungsmerkmal klar hervortritt, nämlich die jeder individuellen Lebenspraxis aufgegebenen universalen Anforderungen: Der Einzelne hat eine eigene soziale Position im Beruf, im Bereich der privaten Lebensform sowie bzgl. der eigenen Rolle in Vergemeinschaftungen zu finden, ob er dies will oder nicht. Dabei ist diese soziale Positionierung in der Moderne ein unabschließbares Projekt, und es steht meist die über Zugehörigkeit konstruierte Identität zur Disposition.
2. Heutige Generationen haben sich im Zuge ihrer Vergesellschaftung auf schnell wandelnde Verhältnisse, Anforderungen, Ereignisse, ja auf neue Übergänge und Ungewissheiten einzustellen. Die Fahrpläne für einzelne Lebensphasen gerade auch für die relativ stark vorstrukturierte schulische Phase liegen keineswegs fest. Ihre konkrete Ausarbeitung verdankt sich den Ich-Leistungen der Einzelnen, mögen die Spielräume angesichts institutioneller Rahmungen und Normalitätserwartungen, sozialweltlicher Grenzen und auch habitueller Dispositionen auch nicht beliebig weit sein.
3. Genau in diesem Zusammenhang der Enttraditionalisierung des gesellschaftlichen Lebens hat ein modernisierter Begriff von Entwicklungsaufgaben, definiert als Aneignung und Umarbeitung von Entwicklungszielen der eigenen Lernbiographie, seinen Sinn. Die eigene Biographie als Lernbiographie konstruieren zu können, bezeichnet nunmehr die jeden Bildungsgang betreffende Anforderung. Und dies ist verbunden mit der Entwicklung eines Gespürs für vergangene und zukünftig noch anstehende Veränderungsnotwendigkeiten.
4. Entwicklungsziele der eigenen Lernbiographie werden nun, so eine weitere Grundannahme, auf der Basis einer Rekonstruktion von Erfahrungen und Erfahrungskrisen aus- und umgearbeitet. Angesichts der Komplexität und Pluralität der Lebensführung haben biographische Entwicklungsfragen dabei vermutlich stets das Format einer Erfahrungskrise und einer existenziel-

len Lernanforderung, einer Störerfahrung der Routine also, deren Kennzeichen die Wahrnehmung einer Grenze der eigenen Kompetenzen oder sonstige „Bruchlinien der Erfahrung" (WALDENFELS) sind. Der im Zusammenhang mit der Aus- und Umarbeitung von Entwicklungszielen der eigenen Biographie verbundene Lernprozess muss also als Erfahrungsprozess bzw. Erfahrungsbewegung konzipiert werden.

5. So folgt bspw. der Erfahrungskrise idealtypisch ein Explorationsprozess und eine experimentell-forschende Suche nach Lösungsmöglichkeiten. Hierbei werden, wie etwa bei der sogenannten Berufswahl, Wünsche, Ideen, Phantasien mobilisiert, aber auch handlungspraktisches Engagement sowie Realitätsprüfung gebraucht. Oft müssen Entscheidungen getroffen werden, die „Festlegungen auf eine offene Zukunft" (LUHMANN) sind und eine Art „point of no return" enthalten, obwohl es auch Schleifen von Revisionen geben dürfte, so dass sich Ziele im laufenden Explorationsprozess ändern können, vor allem, weil es etwa, wie bei der Berufsorientierung, gilt, Biographie und Chancenstrukturen zu vermitteln. Dieses Beispiel kann noch einmal verdeutlichen, dass auch jener praktische Sinn für vergangene und zukünftig noch anstehende Veränderungen und Veränderungsmöglichkeiten auf dem Boden der Verarbeitung und der Verarbeitungsmodi von Erfahrungen und Erfahrungskrisen entsteht. Damit zeichnet sich im Zusammenhang mit dem Entwicklungsaufgaben-Konzept eine Theorie des Lernens als verändernde Erfahrung ab.

6. Ein so verstandenes Entwicklungsaufgaben-Konzept korrespondiert nun im Bereich der Schule mit einer mehr und mehr ins Zentrum der Aufmerksamkeit rückenden „reflexiven" Dimension von (fachlicher) Kompetenz, die in Bezug auf die Schüler und Schülerinnen unter dem Titel „Lernstrategien" sowohl mit der Verfügbarkeit über ein flexibel einsetzbares Repertoire zur Wissensaufnahme, Wissensverarbeitung und der Gestaltung des eigenen Lernprozesses verbunden ist als auch im heutigen konstruktivistischen Verständnis von Wissensvermittlung eine Metakommunikation und Reflektion über die Näherungsweisen von Lernenden an Unterrichtsgegenstände einschließt.

7. Was es für Schüler und Schülerinnen heißt, in dieser Weise seine eigenen Lernprozesse, etwa in einem als schwierig geltenden Fach wie Chemie, bewusst gestalten und konstruieren zu können, hat A. BONNET (2004) gezeigt. Die reflexive Kompetenz im Zuge einer Annäherung von Lernenden an fachliche Gegenstände des Unterrichts kann dabei durch experimentell eingeführte Arrangements soweit entfaltet werden, dass schließlich die spezifischen Zugänge des fachspezifischen Weltverstehens von Schülern und Schülerinnen nachvollzogen werden können (BONNET 2004). Wie solche

reflexiven Kompetenzen, mittels derer Entwicklungsziele erkannt, verein-
bart und zu realisieren versucht werden, in unterschiedlichen Gelegenheitsstrukturen zum Zuge kommen, dürfte die Bildungsgangforschung bei der
Untersuchung von fachlichen Lernprozessen weiterhin interessieren (s.u.).

Ich gehe nun des Weiteren davon aus, dass die Transformation von Entwicklungszielen, die in die Konstruktion und Rekonstruktion der eigenen Biographie
als Lernbiographie eingebettet sind, auf Erfahrungsprozessen aufruht. Diese
Verbindung zwischen der Konstruktion von Entwicklungszielen und der Rekonstruktion der Erfahrung soll nun entfaltet werden.

5   Transformationsstufen der Erfahrung: Lernen als Wechselspiel von
Erfahrung und Sinnarbeit - Organisations- und Artikulationsformen
von Erfahrung und die Stufenleiter verschiedenartiger Lernprozesse

Erfahrung kann auf das mittelhochdeutsche *ervarn*, d.h. „reisend erkunden"
zurückgeführt werden. Hier ist schon eine Art aktive Kontaktaufnahme zu einer
dinglichen und kommunikativen fremden Welt impliziert, aus der man in einem
veränderten Zustand zurückkehrt. Lernen ist hier eine „immanente Konsequenz
der Erfahrung" (BUCK, 1989, S. 17), wie es in dem Satz ausgedrückt wird, man
sei um eine Erfahrung reicher bzw. „durch eine Erfahrung klug geworden". Man
zieht entsprechende Schlussfolgerungen aus seinen Erfahrungen.
      Zugleich betont das griechische *empeiria* im Sinne von „langjähriger Ü-
bung, Geschicklichkeit, Bewährung" jene Handlungen, die das Subjekt in Erinnerung behält, in denen es durch Speichern und Typisieren bedeutungsvoller
Situationen selbst gehandelt hat. Was in diesem Zusammenhang zur praktischen
Klugheit führt, ist dabei weniger die Belehrung. Vielmehr muss man die entsprechenden Erfahrungen selber machen (v. HENTIG, 1973, S. 22) und selber mit
einem Sachverhalt in Berührung kommen. Insofern ist ein Sachverhalt der eigenen Erfahrung zugänglich - oder auch weniger zugänglich und vertraut.
      Ich gehe davon aus, dass es unterschiedliche Organisations- und Artikulati-
onsformen der Erfahrung gibt und dass diese symbolischen Praktiken eine Stufenleiter sehr verschiedenartiger Lernprozesse beinhalten, wobei vor allem die
Vorgänge der Erfahrungserweiterung interessieren. Ich werde vier Organisati-
onsebenen der Erfahrung unterscheiden, gestützt auf Erörterungen im Bereich
der Philosophie, vor allem des Pragmatismus, sowie der Theorien der ästheti-
schen Erfahrung (vgl. zu diesem Zusammenhang schon: COMBE 1992).
      Lernen in einem biographiestrukturierenden Sinne also, wie es oben im Zusam-
menhang mit Erfahrungskrisen ausgeführt wurde, eine Erfahrung, die uns ver-

wandelt, greift dann Platz, wenn unser Eingespieltsein versagt und unsere Erwartungen durchkreuzt werden. Denn nicht jede belanglose Erfahrung setzt sich fest und verankert sich im Gedächtnis. Solche lebensweltlichen Krisen, Dissense, Diskrepanzerfahrungen und Irritationen scheinen zunächst zur reflexiven Problembewältigung zu zwingen. Dennoch bleibt festzuhalten, dass die sich ergebende krisenhafte Situation nicht unbedingt immer reflexiv-analytisch ausgeschöpft werden muss. Im Sinne des praktischen Zurechtkommens genügt ein sogenanntes Erfahrungswissen, für das eine schnelle gestalthafte Situationswahrnehmung in Bezug auf mögliche Handlungsoptionen charakteristisch ist. Hier ist im idealen Falle zunächst an ein zukunftsoffenes, selbstbezügliches Anwachsen der Kapazität unserer Wahrnehmung und unserer „habits" (DEWEY) zu denken. Dieses Erfahrungswissen steht, wie wir an anderer Stelle ausführlich dargestellt haben (COMBE/KOLBE 2004), also mit einem bildgebenden Wahrnehmungsapparat in engster Verbindung. Dessen Produkte werden auch als Phantasie bezeichnet, als die Fähigkeit nämlich, im szenischen Gedächtnis Situationen und Konstellationen sowohl erinnern als auch in die Zukunft projizieren zu können. Mag die Phantasie lebensgeschichtlich als frühe Reaktion des Menschen auf Versagungen eingespielt worden sein, wie die psychoanalytische Theorie behauptet, in den Explorations- und Entscheidungsphasen erscheint es wichtig, mit einer solchen Dynamik des Phantasieprozesses gleichsam spielerisch-experimentell in Berührung zu bleiben, sollen die Konstruktions- und Rekonstruktionsanstrengungen in Bezug auf die gemachten Erfahrungen nicht stecken bleiben. Die sinnliche Gestaltentfaltung, die für diese Ebene des Erfahrungswissens charakteristisch ist, kann sich auf sprachliche Entwürfe ausdehnen, im Medium des Umgangs mit sprachlichem Material ausdrücken, gleichsam als dem sprachlichen Ausdrucksmedium abgerungene konstruktive Idee, die eine Annäherung von Lebenserlebnis und Neues-sehen-lassender Formvision verspricht (vgl. zur Auseinandersetzung mit - um die Abarbeitung am Materialbestand verkürzten - Inspirationslehren künstlerischen Handelns: COMBE 1992, S. 119f.). Aber in der Kunst finden wir in der sinnlichen Präsenz eines Gemäldes auch eine eigenlogische Artikulationsebene des Erfahrungswissens, und zwar neben der sprachlichen.

Das lebensweltliche Erfahrungswissen ist zunächst nahe am konkreten Erfahrungssubjekt und dem situativen Handlungszusammenhang, in dem es entsteht. Es ist daher nicht vollständig übertragbar und bleibt immer mit der Person verbunden, die diese Erfahrung gemacht hat. Das Erfahrungswissen birgt Möglichkeiten zur spontanen, affektiv-evaluativen Bewertung von Situationen, die zweifellos einer ziemlichen Kultivierung zugänglich sind. Lernen ist auf der Ebene des Erfahrungswissens eine Schule der (Gestalt-)Wahrnehmung. „Denk nicht, sondern schau!", empfiehlt WITTGENSTEIN in diesem Zusammenhang

(COMBE/KOLBE 2004). Der Nachteil des Erfahrungswissens ist jedoch, dass es eingefleischten Vorurteilen gegenüber nicht immun ist. Dennoch ist, trotz dieser idiosynkratischen Momente des Erfahrungswissens, eine Rückübersetzbarkeit in eine gemeinsame, durch sprachliche Bedeutungen konstituierte Welt nicht grundsätzlich ausgeschlossen. Zum Machen der Erfahrung muss allerdings die Reflexion hinzukommen, welche Erfahrung man gemacht hat. Buck spricht in diesem Sinne von der „Rückbezüglichkeit" der Erfahrung (1989, S. 9).

Von hier aus ist der Schritt in die eigenlogischen Systeme des fachlich geordneten Wissens nicht weit, die in Form verallgemeinerter Erfahrung vorliegen, in einer Form also, in der ich mir die Erfahrungen anderer aneignen kann, ohne sie notwendig selber machen zu müssen. Die Speerspitze dieser verallgemeinerten Erfahrung und Feststellungen ist bekanntlich das wissenschaftliche Wissen, dem eine methodisierte Überprüfung der Geltung von Behauptungen über die erfahrbare Welt zugrunde liegt. Erfahrung wird also überführt in Wissen, das zeitlich stabil, verstetigt und vom konkreten Subjekt abgelöst ist. Dieses Wissen kann als eigenlogisches System aufbewahrt und als „Sockelwissen" zur Grundbildung immer wieder neu reflektiert, systematisch und „lehrbuchhaft" bearbeitet und wie in der Schule „didaktisiert" werden, d.h. es kann zum Zwecke des Lernens präpariert werden.

Diese Übersicht über die Transformationsstufen von Erfahrung wäre schließlich unvollständig, erwähnte man nicht jene „unterhalb" des Erfahrungswissens angesiedelte Ebene der emotional-affektuell aufgeladenen, leibnahen und habituellen Formen, die sich in sogenannten Überzeugungen auf der basalen Ebene der Ich-Genese und der sozialen Herkunft einspielen. In „Jenseits von Gut und Böse" heißt es dazu bei NIETZSCHE:

Das Lernen verwandelt uns (...) aber im Grunde von uns, ganz da unten, gibt es freilich etwas Unbelehrbares, einen Granit von geistigem Fatum von vorherbestimmter Antwort auf vorherbestimmte ausgelesene Fragen. (Aphorismus 231)

Solchen Erfahrungen, die als „Überzeugungen" fungieren, ist eine gewisse Unausdrücklichkeit eigen. Auf dieser auch sprachlich schwer einholbaren Ebene dürfte das Habituskonzept BOURDIEUs vornehmlich angesiedelt sein - Resultat der Tatsache, dass die Gesellschaft den Menschen von früh auf erreicht (vgl. hierzu eine interessante, aus dem Kulturvergleich gewonnene Begründungsfigur bei KOKEMOHR 2002, S. 112).

Was das Erfahrungskonzept für (schulisches) Lernen reizvoll machen dürfte, ist, dass der Rückgriff auf Erfahrungsräume die Hoffnung auf einen persönlichen Weltzugang eröffnet. Die Frage, die schon H. v. HENTIG (1973) in seiner Schrift „Schule als Erfahrungsraum" bewegt, ist, wie der ungeheure Überhang an Gedachtem und Gewusstem wieder der Korrektur durch die Wahrnehmung und Erfahrung ausgesetzt werden kann. Dieses Aufschließen der dinglich-materiellen und kommunikativen Welt über die eigene Erfahrung - ja durch die eigene Erfahrung hindurch - gilt nicht zuletzt für die Aufschließung des zunächst Fremden. „Das Prinzip der Erfahrung", so heißt es bei HEGEL, „enthält die unendlich wichtige Bestimmung, dass für das Annehmen und Führwahrhalten eines Inhalts der Mensch selbst dabei sein müsse ..." (1949, S. 38). Dennoch dürfen gerade an dieser zentralen Stelle nicht die bestehenden Schwierigkeiten geleugnet werden.

Die hier entworfene Theorie der Wissens- und Erfahrungsformen macht darüber hinaus sichtbar, dass eine Art Riss zwischen den Wissens- und Erfahrungsformen existiert. Die Naturwissenschaftsdidaktik hat einen Namen für diesen Riss: *conceptual change*. Worin besteht dieser Riss? Auf der einen Seite haben wir das Erfahrungswissen, das nahe am konkreten Erfahrungssubjekt ist. Auf der anderen Seite haben wir Formen des Theoriewissens mit ihren eigenlogischen, fachlichen Systemen und generalisierten Orientierungen und der Zusammenschau von Erkenntnissen im Sinne einer Theorie. So überschreitet etwa die Physik, um ein Beispiel zu nehmen, mit ihrem Typ der methodisch herbeigeführten, mathematisierbaren Gesetzmäßigkeiten den lebensweltlichen Horizont und die für diese typische - „lebensweltliche" - Bewährung von Erfahrung. Dennoch scheint die physikdidaktische Forschung, die hier als Beispiel gewählt wird, in variantenreichen Vorerfahrungen zu einem physikalischen Inhaltsbereich eine Möglichkeit zu sehen, physikalische Horizonte zu öffnen und die anschließenden physikalischen Erklärungen sinnhafter zu machen (vgl. etwa MURMANN 2003). So ergibt sich für die auf Schule bezogene Bildungsgangforschung die Frage, wie eine produktive Bewältigung des Konzeptwechsel zwischen den Wissensformen zu bewerkstelligen ist.

> Vor allem sind Lehrer (...) weniger als Vermittler von Wissen gefordert, sondern vor allem als diejenigen, die angesichts der Pluralisierungen und Unbestimmtheiten mit Heranwachsenden zusammen die Integration von Weltdeutungen, die Brückenschläge zwischen Wissensbeständen, die Verbindungsmöglichkeiten von disparaten Fachdisziplinen ausloten und versuchsweise konstruieren. (HELSPER 1996, S. 543)

6 „Kann man in der Schule Erfahrungen mit anderem als mit Schule machen?" (H. v. HENTIG) - Die Sensibilisierung für Kontexte der Erfahrungskonstitution

Ich hatte eingangs ausgeführt, dass das Entwicklungsaufgaben-Konzept im Grunde die schwieriger werdende Überbrückungsarbeit im Verhältnis von Individuum und Gesellschaft thematisiert. Zweifellos zeigt sich hier zunächst die Bedeutung des formalen und institutionell gebundenen Lernens, etwa in der Linie Schule, Betrieb und Weiterbildung, ermöglichen doch gerade die formalen Einrichtungen die Bündelung von Zielen und Verbindlichkeiten im Bereich des kulturell für notwendig erachteten Wissens. Institutionen scheinen also die Überbrückungsprobleme im Verhältnis Individuum und Gesellschaft abzufedern. Genau in diesem Zusammenhang könnte gefragt werden, von welchem Lernprozess und von welchem Kontext wir eigentlich reden, wenn es um das Lernen im Zuge der Bewältigung einer Entwicklungsaufgabe geht und dabei Stichworte wie Erfahrungskrise, Explorationsprozesse, Realitätsprüfung, Entscheidung, Zukunftsoffenheit und Bewährung fallen. Man mutet hier dem Lernenden offenkundig das ganze Gewicht von Erfahrungen zu, und man dürfte eher an ungewohnte Herausforderungen des Alltagslebens denken als an einen schulischen Kontext. In diesem Sinne sind Entwicklungsaufgaben als eigentätige Aneignung und Umarbeitung von Entwicklungszielen der Lernbiographie Reaktionen auf Erfahrung und Erfahrungskrisen. Die Frage ist hier etwa, aufgrund welcher Erfahrungen und in welchen Erfahrungs- und Ausdrucksformen Schüler und Schülerinnen die Entwicklungsziele ausbuchstabieren.

Der Schule kommt dabei eine spezifische Funktion im Bildungsgang des Subjekts zu, die vom alltäglichen Lernen durch „Langfristigkeit", „Systematik" und „Kumulativität" (BAUMERT 2002, S. 103) und durchaus auch durch „Fremdheitszumutungen (ZIEHE 1996) unterschieden sind. Dennoch muss kritisch gefragt werden, ob die Fächer und Fachkulturen mit ihren Systematiken und ihren verpflichtenden Lehrplänen und Unterrichtskonzepten nach innen offen genug und anschlussfähig sind, um von den Lernenden ausgehende Erfahrungen, Fragen und Vorhaben überhaupt aufnehmen zu können (HUBER 2001).

Gegenüber einer vorschnellen Informalisierung ist zunächst der schulische und formale Kontext mit seiner institutionellen Bündelung von Zielen und Verbindlichkeiten und in seiner Funktion der „Universalisierung gesellschaftlicher Kommunikationsvoraussetzungen" (BAUMERT 2004, S. 214) hervorzuheben. Aber das muss nicht heißen, beim schulischen Lernen einen krisenhaft-kreativen Prozess mit seinen Inkubationsphasen und seinen konstruktiven und rekonstruktiven hermeneutischen Anstrengungen, bei dem Lehrer wie Schüler in den Sog eines Problems und einer selbstbestimmten Lösungssuche kommen könnten, einfach wegzukürzen.

Hier liegen Hinweise für ein Forschungsprogramm unter dem Stichwort „Bildungsgang". Nach TIMSS und PISA müsste die Aufmerksamkeit auf eine inhalts- und zielbezogen variierte Vielfalt von Unterrichtsformen, auf ein differenzierendes Potential von Lernkontexten und auf Gelegenheitsstrukturen für verständnisintensives Lernen gerichtet sein (vgl. zum Begriff der Gelegenheitsstrukturen etwa BAUMERT/KÖLLER 2000, S. 229-270; SEIDEL/PRENZEL/DUIT u.a. 2002, S. 374f. usw.). Auch für Schüler müssten Transparenz und Kommunizierbarkeit des Unterrichts gewährleistet sein. Ihre Näherungsweisen an Gegenstände des Unterrichts wären *das* Zentralthema der Bildungsgangforschung, was einen in der Forschung durchaus unüblichen Blickwechsel zur Aneignungsperspektive von Lernenden, etwa in Form der Untersuchung von systematischem Feedback erforderte (BASTIAN/COMBE/LANGER 2001; HELMKE 2003). Hier liegen auch Herausforderungen zum Umbau der derzeitigen Organisationsformen schulischen Lernens, für die auch Forschungsbefunde unter dem Stichwort „Bildungsgang" und „Entwicklungsaufgaben" Orientierung bieten könnten, geht es doch in der Bildungsgangforschung um eine genauere Identifizierung der biographischen Kosten, aber auch der institutionell eröffneten Möglichkeiten von Schule.

In diesem Sinne „ergibt sich für die Bildungsgangforschung noch ein reichhaltiges Forschungsfeld über Arbeitsformen und didaktisch produktive Arrangements" (HAHN 2004), insbesondere auch im Bereich der Pluralität und des Mit- und Gegeneinanders von Lernorten und Lernumwelten. Vielleicht haben wir gerade als Schulpädagogen noch zu wenig Kenntnis von *Settings*, die aus dem Gewohnten herausrücken und etwa in Berührung bleiben mit der Dynamik der in der Phantasieform gebundenen Erfahrungen. Jedenfalls geht es in einer Theorie des Lernens als Transformation von Erfahrung z.B. um die weitere Auslegung und Konkretisierung der Annahme, dass Phantasien als der zentrale Austragungsort der Spannung zwischen Normen und leiblich-fundamentalen Wünschen nicht einfach befreit, sondern gebildet werden müssen (vgl. in einer ersten Annäherung COMBE 2001). Denn auch ein in der Phantasie sich artikulierender Widerstand bliebe in Hinsicht auf eine Veränderung stumm, solange der Einzelne nicht auf kollektive und überindividuell kommunizierbare Symbole zurückzugreifen vermag und diesen zugleich den Ausdruck seiner eigenen Erfahrung aufprägte.

Literatur

BAUMERT, J./KÖLLER, O. (2000): Unterrichtsgestaltung, verständnisvolles Lernen und multiple Zielerreichung mit Mathematik- und Physikunterricht der gymnasialen Obenstufe, in: BAUMERT, J./BOS, W./LEHMANN, R. (2000; Hg.): TIMSS/III. Dritte Internationale Mathematik- und Naturwissenschaftsstudie - mathematische und naturwissenschaftliche Bildung am Ende der Schullaufbahn. Band 2. – Opladen, S. 229-270.

BAUMERT, J. (2004): Transparenz und Verantwortung, in: KILLIUS, N./KLUGE, J./REISCH, L. (Hg.): Die Bildung der Zukunft. – Frankfurt, S. 213-228.

BECK, U. (1986): Risikogesellschaft. Auf dem Weg in eine andere Moderne. – Frankfurt.

BONNET, A. (2004): Chemie im bilingualen Unterricht. Kompetenzerwerb und Interaktion. – Opladen.

BOURDIEU, P. (1987): Die feinen Unterschiede. Kritik der gesellschaftlichen Urteilskraft. – Frankfurt a. Main.

BOURDIEU, P. (1987): Sozialer Sinn: Kritik der theoretischen Vernunft. – Frankfurt am Main.

BOURDIEU, P. (1992): Rede und Antwort. – Frankfurt am Main.

BOURDIEU, P. (1997): Méditations pascaliennes. – Paris: Seuil.

BUTLER, J. (1998): Hass spricht: Zur Politik des Performativen. – Berlin.

COMBE, A. (1992): Bilder des Fremden. Romantische Kunst und Erziehungskultur. – Opladen.

COMBE, A./HELSPER, W. (1996; Hg.): Pädagogische Professionalität. Zum Typus pädagogischen Handelns. – Frankfurt am Main.

COMBE, A. (1997): Der Lehrer als Sisyphos, in: BUCHEN, S. u.a. (Hg.): Jahrbuch für Lehrerforschung Bd. 1. – Weinheim und München, S. 165-178.

COMBE, A. (2001): Fallgeschichten in der universitären Lehrerbildung und die Rolle der Einbildungskraft, in: HERICKS, U. u.a. (Hg.), S. 19-32.

GOFFMAN, E. (1977): Rahmen-Analyse: ein Versuch über die Organisation von Alltagserfahrungen. – Frankfurt am Main.

GROSSBERG, L. (1996): Identity und Cultural Studies - Is That All There Is?, in: HALL, S./DU GAY, P. (Ed.): Questions of Cultural Identity. – London, S. 87-107.

HAHN, S. (2004): Bildungsgangforschung - Pädagogische Mythenjagd. – Hamburg (im Manuskript).

HAVIGHURST, R. J. (1972): Developmental Tasks und Education. – New York: Longman Inc.

HEGEL, G. W. F. (1969): Enzyklopädie der philosophischen Wissenschaften im Grundrisse, hrsg. von J. HOFFMEISTER. – Leipzig.

HELMKE, A. (2003): Unterrichtsqualität erfassen, bewerten, verbessern. – Seelze.

HELSPER, W./MÜLLER, H./NÖLKE, E./COMBE, A. (1991): Jugendliche Außenseiter. Zur Rekonstruktion gescheiterter Bildungs- und Ausbildungsverläufe. – Opladen.

HELSPER, W. (1996): Antinomien des Lehrerhandelns in modernisierten pädagogischen Kulturen. Paradoxe Verwendungsweisen von Autonomie und Selbstverantwortlichkeit, in: COMBE, A./HELSPER. W. (Hg.), S. 521-569.

HELSPER, W./HÖRSTER, R./KADE, J. (2003; Hg.): Ungewissheit. Pädagogische Felder im Modernisierungsprozess. – Weilerswist.

HENTIG, H. v. (1973): Schule als Erfahrungsraum? Eine Übung im Konkretisieren einer pädagogischen Idee. – Stuttgart.

HERICKS, U. (1998): Der Ansatz der Bildungsgangforschung und seine didaktischen Konsequenzen - Darlegungen zum Stand der Forschung, in: MEYER, M. A./REINARTZ, A. (Hg.), S. 173-188.

HERICKS, U. u.a. (2001): Bildungsgangdidaktik - Perspektiven für Fachunterricht und Lehrerbildung. – Opladen.

HERICKS, U./SPÖRLEIN, E. (2001): Entwicklungsaufgaben in Fachunterricht und Lehrerbildung - Eine Auseinandersetzung mit einem Zentralbegriff der Bildungsgangdidaktik, in: HERICKS, U. u.a. (Hg.), S. 33-50.

HÖRSTER, R./Müller, B. (1996): Zur Struktur sozialpädagogischer Kompetenz. Oder: Wo
bleibt das Pädagogische der Sozialpädagogik?, in: COMBE, A./HELSPER. W. (Hg.), S.
614-648.

HUBER, L. (2001): Fachliches Lernen. Das Fachprinzip in der Kritik, in: Zeitschrift für
Erziehungswissenschaft, 3, S. 307-331.

KOKEMOHR, R. (2002): Die Not der Selbstverbürgung in der gegenwärtigen Gesellschaft,
in: FRIEDRICH, W./SANDERS, O. (Hg.): Bildung/Transformation. Kulturelle und gesellschaftliche Umbrüche aus bildungstheoretischer Perspektive. – Bielefeld, S. 111-
127.

KOLLER, H.-Chr. (2002): Bildung und Migration. Bildungstheoretische Überlegungen im
Anschluss an Bourdieu und Cultural Studies, in: FRIEDRICH, W./SANDERS, O. (Hg.):
Bildung/Transformation. Kulturelle und gesellschaftliche Umbrüche aus bildungs-
theoretischer Perspektive. – Bielefeld, S. 181-200.

KRAIS, B./GEBAUER, G. (2002): Habitus. – Bielefeld.

MEYER, M. A./REINARTZ, A. (1998; Hg.): Bildungsgangdidaktik. Denkanstöße für pädagogische Forschung und schulische Praxis. – Opladen.

MURMANN, L. (2002): Physiklernen zu Licht, Schatten und Sehen. Eine phänome-
nographische Untersuchung in der Primarstufe. – Berlin.

REH, S. (2001): Bilder über Schule und Unterricht. Berufsbiographische Texte ostdeut-
scher Lehrerinnen und Lehrer als „Bekenntnisse". – Hamburg, Habilitationsschrift
im Fachbereich Erziehungswissenschaft.

REINDERS, H. (2002): Entwicklungsaufgaben - Theoretische Positionen zu einem Klassiker, in: MERKENS, H./ZINNECKER, J. (Hg.): Jahrbuch Jugendforschung 2. – Opladen,
S. 13-37.

SCHENK, B. (1998): Bildungsgangdidaktik als Arbeit mit den Akteuren des Bildungsprozesses, in: MEYER, M. A./REINARTZ, A. (Hg.), S. 261-270.

SEIDEL, T./PRENZEL, M./DUIT, R. u.a. (2002): „Jetzt bitte alle nach vorne schauen!" Lehr-
Lernskripts im Physikunterricht und damit verbundene Bedingungen für individuelle
Lernprozesse, in: PRENZEL, M./DOLL, J.: Bildungsqualität von Schule: Schulische
und außerschulische Bedingungen mathematischer, naturwissenschaftlicher und
überfachlicher Kompetenzen (=Zeitschrift für Pädagogik, 45. Beiheft), S. 374-389.

ZIEHE, T. (1996): Vom Preis selbstbezüglichen Wissens, in: COMBE, A./HELSPER, W.
(Hg.), S. 924-942.

Entwicklungsaufgaben in der Bildungsgangtheorie

Mari-Annukka Lechte/Matthias Trautmann

Die Bildungsgangtheorie ist auf der Suche nach einem theoretischen Rahmen, der es erlaubt, Bildungsprozesse in institutionellen Kontexten zu beschreiben, sie empirisch zu erforschen und zugleich schulische Lernprozesse praktisch zu unterstützen und zu verbessern. Seit den 1980er Jahren wird dafür vor allem das Konzept der Entwicklungsaufgaben diskutiert, wobei umstritten ist, ob es die genannten Anforderungen erfüllen kann, ja ob der Anspruch der Bildungsgangtheorie, eine Handlungswissenschaft und eine reflexive Wissenschaft zugleich zu sein, überhaupt einlösbar ist (vgl. HELSPER 1998).

Das Konzept der Entwicklungsaufgaben nimmt auch im Antragstext zum Graduiertenkolleg „Bildungsgangforschung" (Hamburg) eine zentralen Platz ein. Dort wird davon ausgegangen, dass der Bildungsgang von Heranwachsenden als Bearbeitung von Entwicklungsaufgaben konstruiert werden kann. Diese werden als Entwicklungsziele gefasst, welche Lernende unter Bezug auf subjektive wie gesellschaftliche Rahmenbedingungen bestimmen und bearbeiten. Aufgabe der Schule sei es, „die Lernenden in der Bearbeitung ihrer Entwicklungsaufgaben zu unterstützen." (vgl. BASTIAN u.a. 2001, S. 5f.)

Im Rahmen des Kollegs wurde allerdings deutlich, dass keine dieser Bestimmungen unumstritten ist, vielmehr unterschiedliche Beschreibungen und Definitionen von Entwicklungsaufgaben „im Umlauf" sind. Das Konzept stößt entweder auf spontane Abwehr oder wird relativ umstandslos in den Sprachgebrauch integriert oder, was der am meisten verbreitete Fall ist, beim Versuch einer präziseren Bestimmung gerät man an zahlreiche ungeklärte Fragen und Probleme: Was sind Entwicklungsaufgaben? Stellen sie eher gesellschaftliche Anforderungen oder subjektive Bedürfnisse und Ziele dar? Wer bestimmt, was eine Entwicklungsaufgabe ist und was nicht? Inwiefern hilft Lehrenden das Wissen um Entwicklungsaufgaben bei der Gestaltung von Unterricht?

Im ersten Teil dieses Artikels stellen wir unterschiedliche Explikationen des Konzepts vor und zeichnen seine Entwicklung im Rahmen der Bildungsgangtheorie nach. In einem zweiten Schritt setzen wir uns kritisch mit dem Aufgabenkatalog für das Jugendalter auseinander und diskutieren drittens die didaktische Tragweite des Konzepts. Abschließend stellen wir einige weiterführende Überlegungen zur Diskussion.

1 Was sind Entwicklungsaufgaben?

1.1 Der Ursprung

HAVIGHURST lieferte 1948 mit seinem Buch „Developmental Tasks and Education" den Ausgangspunkt aller nachfolgenden Diskussionen. Er beschrieb den Ursprung von Entwicklungsaufgaben als ein Zusammenspiel zwischen physischer Reife, kulturellem Druck und individuellen Zielsetzungen und Werten. HAVIGHURST versuchte mit dieser Bestimmung auch, die kontroverse Diskussion um das Ziel der Erziehung - ausgerichtet an Bedürfnissen des Kindes oder an gesellschaftlichen Anforderungen des Erwachsenwerdens - in einem Kompromiss zu bündeln (siehe TRAUTMANN in diesem Band). Die Entwicklungsaufgaben finden sich zwischen (*midway*) subjektiven Bedürfnissen und gesellschaftlichen Anforderungen und sind für persönliches Wohlbefinden und gesellschaftliche Anerkennung des Individuums zentral.

Anfang der 1980er Jahre stieß das Konzept im deutschsprachigen Raum auf erneutes Interesse und wurde wiederholt in Lehrbüchern der Entwicklungspsychologie tradiert.[1] Die folgende rasche Verbreitung in Psychologie, Pädagogik und Soziologie wurde unterstützt durch die Arbeiten einiger Entwicklungspsychologinnen und -psychologen am Münchner Department für Psychologie, vor allem durch Rolf OERTER sowie Eva und Michael DREHER.

1.2 Entwicklungsaufgaben in der deutschsprachigen Entwicklungspsychologie

OERTER hebt wie HAVIGHURST die dialektische Struktur des Konzepts hervor, bei der biologische, soziologische und psychologische Aspekte verbunden werden. Die drei Quellen der Entwicklungsaufgaben nennt er angelehnt an HAVIGHURST: individuelle Leistungsfähigkeit, soziokulturelle Entwicklungsnorm und individuelle Zielsetzung in einzelnen Lebensregionen. Als zentral betrachtet er den Einbezug zukünftiger Geschehnisse:

> Im Gegensatz zu den meisten Entwicklungsbegriffen (...) erklärt sie [die Entwicklungsaufgabe, Anm. d. A.] Entwicklung nicht nur als Resultat vergangener Ereignisse, sondern aus vorweggenommenen zukünftigen Geschehnissen. (...) Die Vorwegnahme zukünftiger Ereignisse, auch solcher in ferner Zukunft, ist ein entscheidender Motor menschlicher Entwicklung. (OERTER 1998, S. 121)

---

[1] z.B. OERTER/MONTADA in fünf Auflagen (1982, 1987, 1995, 1998, 2002).

Gesellschaftliche Anforderungen bündeln sich in der soziokulturellen Entwicklungsnorm, zu der sich das Individuum verhält und verhalten muss. Es verfügt über eine wahrgenommene Leistungsfähigkeit und setzt seine Entwicklungsaufgabe ins Verhältnis zur Entwicklungsnorm. Von der objektiven Struktur gehen die gesellschaftlichen Anforderungen bzw. geht die Entwicklungsnorm aus. Das Individuum entwirft daraufhin ein Entwicklungsziel und wirkt mit seiner Konzeption rückkoppelnd und verändernd auf die objektive Struktur ein. Entwicklungsziel und Entwicklungsaufgabe sind Synonyme:

> Als Entwicklungsaufgabe wird demnach eine individuelle Setzung festgelegt, die sich sowohl auf die soziokulturelle Entwicklungsnorm wie auf die wahrgenommene eigene Leistungsfähigkeit bezieht. (OERTER 1978, S. 74)

Bei einem als positiv bezeichnetem Niveau liegt die wahrgenommene Leistungsfähigkeit unter der Entwicklungsnorm. Diese Spannung führt zu einer Veränderung: Das Individuum ist motiviert, sich in Richtung Norm zu entwickeln und setzt seine Entwicklungsaufgabe zwischen wahrgenommener Leistungsfähigkeit und Entwicklungsnorm fest. Befinden sich wahrgenommene Leistungsfähigkeit und Entwicklungsnorm auf gleicher Höhe, herrscht Entwicklungsstillstand. Liegt aber die wahrgenommene Leistungsfähigkeit über der Entwicklungsnorm - hier spricht OERTER von einem negativen Niveau - wird Energie für die Bearbeitung anderer Entwicklungsaufgaben freigesetzt.

OERTER/DREHER verstehen Entwicklungsaufgaben auch als Lernaufgaben, die sich über das gesamte Leben erstrecken:

> Die zentrale Idee des Konzepts beruht darauf, dass Entwicklungsaufgaben im Grunde Lernaufgaben darstellen, d.h. Entwicklung wird als Lernprozess aufgefasst, der sich über die gesamte Lebensspanne erstreckt, und im Kontext realer Anforderungen zum Erwerb von Fertigkeiten und Kompetenzen führt, die zur konstruktiven und zufriedenstellenden Bewältigung des Lebens in einer Gesellschaft notwendig sind. (OERTER/DREHER 2002, S. 268)

DREHER/DREHER definieren Entwicklungsaufgaben als „Bereiche und Zielstellungen, die zu verschiedenen Lebensabschnitten die Entwicklung innerhalb einer bestimmten Gesellschaft regulieren" (1985a, S. 31). Übergreifende Entwicklungsnormen für das Jugendalter seien Vorstellungen über das Erwachsensein:

> Vorstellungen über Erwachsensein können als übergreifende Entwicklungsnormen aufgefasst werden, bereits vollzogene Entwicklungsschritte markieren vorhandene

Kompetenzen und individuell gesetzte Ziele definieren wahrgenommene Entwicklungsaufgaben. (DREHER/DREHER 1985a, S. 35)

Die Bewältigung einer Entwicklungsaufgabe sei ein Entwicklungsfortschritt im Sinne der Erweiterung von Handlungsmöglichkeiten und der Steigerung von Handlungskompetenz. Auf den von DREHER/DREHER überarbeiteten Aufgabenkatalog für das Jugendalter gehen wir später genauer ein.

1.3 Entwicklungsaufgaben im Beruf - der Kollegschulversuch NRW

Der Begriff der Entwicklungsaufgabe erhält seine ersten bildungsgangtheoretischen Konturen innerhalb des Kollegschulversuches (siehe Einleitung in diesem Band). Die Autorinnen und Autoren greifen auf das Konzept HAVIGHURSTs zurück, Leben als „inhaltlich variantenreiche Lösung einer Reihe von Entwicklungsaufgaben zu verstehen" (BLANKERTZ 1986, S. 32). Dieses Prinzip wird auf institutionelle Lernprozesse übertragen. Als allgemeinste Entwicklungsaufgabe wird das Erwachsenwerden genannt (LANDESINSTITUT 1988, S. 17f.); des Weiteren wird von den drei Aufgaben Berufsbildung, politische Bildung und Identitätsbildung für die untersuchten jugendlichen Schülerinnen und Schüler gesprochen (BLANKERTZ 1986, S. 27). Daneben wird der jeweilige Bildungsgang (z.B. der Erzieherin/des Erziehers) als Bewältigung von speziellen oder berufsspezifischen Entwicklungsaufgaben beschrieben.[2] Charakteristisch für den Schulversuch ist die Kritik an typischen didaktischen Kategorien wie Fach, Lehrplan, Allgemeinbildung zugunsten eines Unterrichts, welcher sich stärker an den beruflichen und allgemeinen Entwicklungsaufgaben der Lernenden orientiert.[3]

Die Autoren und Autorinnen unterscheiden zwischen einem objektiven und einem subjektiven „Moment" (a.a.O., S. 657) einer Entwicklungsaufgabe. Von der Gesellschaft her gesehen (objektiv) sind Entwicklungsaufgaben eine thematische Zusammenfassung der mittels Schule und Beruf an die Subjekte herangetragenen gesellschaftlichen Anforderungen. In den Worten GRUSCHKAs und KUTSCHAs (1983, S. 883) handelt es sich um die „latente Sinnstruktur" des objektiven Bildungsganges. Vom Lernenden her gesehen (subjektiv) sind Entwicklungsaufgaben diejenigen Problembereiche oder Themen, an denen eine Schülerin oder ein Schüler wissentlich oder unbewusst arbeitet:

---

[2] Von den vier Teilstudien sind GRUSCHKA 1985 und MEYER 1986 erschienen; die Arbeiten von SCHENK und KORDES liegen nur in Manuskriptform vor.

[3] OELKERS 1996, S. 132-190, zeigt, dass dieses Programm eine lange Geschichte hat.

Entwicklungsaufgaben sind Aufgaben, denen sich der Schüler im Prozeß seines Bildungsganges gegenübersieht und die er als Aufgaben seiner eigenen Entwicklung zu strukturieren versucht. (BLANKERTZ 1986, S. 657)

Gesellschaftliche Anforderungen werden demnach erst dann zu Entwicklungsaufgaben, wenn das Individuum sie sich zu eigen macht, wenn es sie als Aufgaben akzeptiert und in individueller Weise definiert und bearbeitet (a.a.O., S. 30). Alle Aufgaben, die Schüler und Schülerinnen nicht bzw. nicht als eigene bearbeiten, sind demnach keine Entwicklungsaufgaben. Diese Definition ist allerdings nicht trennscharf, weil sie Entwicklungsaufgaben von anderen Aufgaben nicht abzugrenzen vermag.[4]

Die Unterscheidung eines objektiven und eines subjektiven „Moments" von Entwicklungsaufgaben wird in den Teilstudien zum Schulversuch jedoch in unterschiedliche Richtungen aufgelöst. Dies lässt sich exemplarisch an GRUSCH-KA und KORDES verdeutlichen. Sie befinden sich mit ihrem Verständnis an unterschiedlichen Enden des Kontinuums zwischen subjektivem und objektivem Moment der Entwicklungsaufgabe.

GRUSCHKA, der die Erzieherstudie betreute, versteht Entwicklungsaufgaben als „Reflex der gesellschaftlichen Wirklichkeit des Sozialberufs in der Ausbildung" (GRUSCHKA 1985, S. 51) und lokalisiert sie damit auf der Seite der gesellschaftlichen Anforderungen. Der subjektive Spielraum des Schülers oder der Schülerin besteht in der individuellen „Akzentuierung" der jeweiligen (objektiven) Aufgabe, wobei fremde Erwartungen und eigene Aufgaben gleichsam von selbst zusammentreffen:

> Der Schüler nimmt dabei Rollen- und Kompetenzerwartungen der Schule und Praxis auf, vollzieht deswegen aber nicht einen fremdbestimmten Aufgabenkatalog, sondern definiert für sich das als seine spezifisch akzentuierte Aufgabe, was als Erwartung von ihm wahrgenommen wird (a.a.O., S. 49)

Aus der Perspektive des Beobachters betrachtet, formuliert GRUSCHKA ein neues Curriculum, welches sich an den Problemen des Berufs und nicht an wissenschaftlichen Theorienbeständen orientiert.

KORDES, der die Französischstudie durchführte, verschiebt den Begriff der Aufgabe auf die subjektive Seite. Er kritisiert die Vorstellung, Entwicklungsauf-

---

[4] Lernen unter Notendruck erfüllt ebenfalls beide Anforderungen an eine Entwicklungsaufgabe: Gut in Mathematik zu sein ist eine gesellschaftliche Anforderung und zugleich qua Noten für viele Schüler und Schülerinnen subjektiv höchst bedeutsam.

gaben ließen sich ein für allemal festlegen, gleichsam in einem Katalog oder Kanon inventarisieren, und betont,

> daß sich Entwicklungsaufgaben letztlich nicht als Inhalte, Kategorien oder gar als Perspektiv-Ziele der Institutionen definieren, sondern zuallererst als Deutungen, O-rientierungen und Leistungen der Subjekte verstehen lassen. (KORDES 1996, S. 40)

Er polemisiert wiederholt gegen eine „objektivistische" Auffassung der Entwicklungsaufgaben, die diese als gesellschaftlich vorgegebene, dem Individuum aufgegebene Aufgaben begreift, und betont, dass ein objektiver Katalog wie bei GRUSCHKA oder HAVIGHURST heute weniger denn je angegeben werden könne:

> Die Entwicklungsaufgabe als soziokulturelle Rollenvorgabe oder als sozialpädagogisches Tugendinventar war das Selbst-Mißverständnis von Pädagogen und Sozialwissenschaftlern einer Epoche, als die objektive Seite der Lebensgeschichte noch relativ eindeutig bestimmbar - und nur die Frage nach ihrer subjektiv-variablen, biographischen Aneignung interessant schien. (a.a.O., S. 76)

Entwicklungsaufgaben sind für KORDES nicht mehr ein für allemal vorgegeben (Universalitätsannahme), sie sind nicht für alle Menschen gegeben (Homogenitätsannahme) und sie bilden keine Stufen oder nacheinanderfolgenden Phasen mehr (Kontinuitätsannahme). KORDES setzt ein „dynamisches" Verständnis von Entwicklungsaufgaben dagegen, bei dem die Aufgaben von den Lernenden selbst formuliert werden:

> An die Stelle der vornormierten Abfolge und stationären Wachstums- und Rollenaufgaben tritt jetzt die selbst zu entwerfende und zu realisierende Erzeugung, Bearbeitung und Veränderung von Entwicklungsaufgaben (a.a.O., S. 45)

Es gehe nicht um die Reaktion der Heranwachsenden auf gesellschaftliche Tatbestände, sondern zunächst müsse von noch zögerlichen, tastenden Suchbewegungen der Lernenden ausgegangen werden, auf deren Grundlagen individuelle Entwicklungsaufgaben generiert und bearbeitet werden (a.a.O., S. 58f.). Entwicklungsaufgaben sind also eigene Aufgaben, die die Heranwachsenden als lohnenswert ansehen, „statt isolierter, abstrakter und fragmentierter Lern-, Schul- und Hausaufgaben" (a.a.O., S. 89). Da diese Aufgaben nicht vorab festgelegt werden können, fordert KORDES eine Entstandardisierung der Oberstufe im Sinne einer weiteren Freigabe der Kurswahlen sowie als Ermutigung zu eigenen Schwerpunktsetzungen, „in denen sie [die Schüler und Schülerinnen; Anm. d.

A.] Aufgaben eigener Entwicklung, Aufgaben, die ihnen auf der Seele brennen oder am Herzen liegen, gründlich durcharbeiten" (a.a.O., S. 83).

Der Unterschied zwischen GRUSCHKAs und KORDES' Explikation des Konzepts der Entwicklungsaufgaben ist womöglich auch auf den Untersuchungsgegenstand zurückführen. In GRUSCHKAs Erzieherstudie hatten die Schüler und Schülerinnen bereits ihre Berufsperspektive im Blick und konnten sich mit den Bedingungen des Berufs auseinandersetzen, während bei KORDES in der Französischstudie das Berufsbild noch heterogen und unklar und für die Beteiligten nicht voraussehbar war, welchen Anforderungen sie sich später zu stellen haben würden. Insofern ist - in diesem Stadium der Ausbildung - der Bezug auf die eigenen Interessen und Fragen naheliegend.

1.4 Weiterentwicklung in der Hamburger Bildungsgangtheorie

Die Hamburger Bildungsgangtheoretikerinnen und -theoretiker[5] begreifen Entwicklungsaufgaben als unhintergehbare gesellschaftliche Anforderungen (vgl. die Zusammenfassung in HERICKS/SPÖRLEIN 2001, S. 34), die vom Individuum gedeutet und bearbeitet werden müssen. Die Aufgaben „an sich" werden also von ihrer Wahrnehmung, Deutung und Bearbeitung abgesetzt. Neben dieser Gemeinsamkeit gibt es wichtige Unterschiede: Die Objektivität der Aufgaben wird bei MEYER und HERICKS/SPÖRLEIN vorausgesetzt, während SCHENK wissenschaftstheoretisch ihren Konstruktcharakter als Beobachterzuschreibung betont.

> Empirisch sind Entwicklungsaufgaben also nur insofern, als sie mit Betroffenen kommunizierbar sind. (...) Das heißt, der Begriff Entwicklungsaufgabe ist ein theoretisches Konstrukt, mit dessen Hilfe die individuelle Deutungen von Anforderungen (...) und damit zusammenhängende Kompetenzentwicklungen (...) rekonstruiert werden können. (SCHENK 2003, S. 1)

Entwicklungsaufgaben können demnach von Soziolog(inn)en, Erziehungswissenschaftler(inne)n, Psycholog(inn)en - von all denjenigen, die systematisch Individuen in der Gesellschaft beobachten, beschrieben werden. Es handelt sich um ein theoretisches Konstrukt, welches nur begrenzt empirisch überprüfbar ist: Die Betroffenen können über die Aufgaben kommunizieren, ohne sie jedoch als Entwicklungsaufgabe identifizieren oder formulieren zu müssen.

---

[5] Damit bezeichnen wir Wissenschaftler und Wissenschaftlerinnen aus dem Arbeitsfeld um Barbara SCHENK und Meinert A. MEYER, die schon vor Beginn des Graduiertenkollegs „Bildungsgangforschung" an bildungsgangtheoretischen Fragestellungen gearbeitet haben.

MEYER betont in seinen Texten insbesondere die Deutungsbedürftigkeit von gesellschaftlichen Anforderungen durch die Schüler(innen). Die Spannung zwischen gesellschaftlichen Anforderungen und subjektiven Ansprüchen wird transformiert in das Dual von gesellschaftlichen Anforderungen und „'ihrer subjektiven Deutung'" (MEYER 2003, S. 19).

> Entwicklungsaufgaben formulieren in einem bottom up-Verfahren gesellschaftliche Schlüsselprobleme aus der Perspektive des Bildungsgangs der Heranwachsenden. (a.a.O., S. 21)

Ähnlich wie GRUSCHKA geht MEYER davon aus, dass die gesellschaftlichen Probleme mit der Schüler(innen-)perspektive zusammenfallen. Der Spielraum der Heranwachsenden liegt in der subjektiven Deutung und Bearbeitung vorgegebener (aber zugleich als bedeutsam erfahrener) Aufgaben. Es greift allerdings für MEYER zu kurz, die Leistung der Subjekte nur in der „Erfüllung" von vorgegebenen Anforderungen zu sehen. Die Tätigkeit der Subjekte verändert in einem „transformatorischen Erziehungsprozess" (MEYER 2003a, S. 19) die Entwicklungsaufgaben bzw. deren offene Lösungsmengen. In didaktischen Kontexten sollte die Verhandlung zwischen Lehrer(in) und Schüler(in) um bedeutsame Themen zum Regelfall werden:

> Entwicklungsaufgaben müssen in der intergenerationellen Interaktion ausgehandelt werden, zwischen den Heranwachsenden und uns als Repräsentanten der Gesellschaft. Als praktizierende Lehrer müssen wir deshalb zunächst verallgemeinern und kurzschließen, indem wir unterstellen, dass sich unseren Schülerinnen und Schülern bestimmte Entwicklungsaufgaben stellen. Sonst könnten wir gar nicht mit dem Unterrichten beginnen. Wir müssen dann aber versuchen, in der Interaktion mit den Schülern die tatsächlichen Entwicklungsaufgaben ans Licht zu bringen und Raum für deren individuelle wie gemeinschaftliche Bearbeitung zu schaffen (MEYER/REINARTZ 1998, S. 309).

Im Kern geht es MEYER um die Frage, ob Entwicklungsaufgaben eine Erwachsenenzuschreibung sind und der Begründung bzw. der Aushandlung bedürfen, oder ob es sich um die „tatsächlichen" Wünsche und Interessen der Lernenden handelt. Letztere Position ist pädagogisch einfacher zu handhaben, weil sie das Problem der Fremdbestimmung vermeidet, Interesse und Motivation garantiert und für eine Handlungstheorie direkt anschlussfähig ist.

SCHENK bringt das Entwicklungsaufgaben-Konzept in der Kollegschultradition mit der Entwicklung fachlicher Kompetenzen und der Identitätsbildung von Jugendlichen zusammen. Entwicklungsaufgaben bestehen ihrer Definition nach aus Bündelungen von gesellschaftlichen Anforderungen, für deren Deutung und Bearbeitung eine offene Menge an Lösungen zur Verfügung steht. Die Entwicklungsaufgaben fassen viele einzelne Teilaufgaben in einem Begriff, einem theoretischen Konstrukt, zusammen, welches als solches nicht empirisch beobachtbar ist. Direkt beobachtbar und empirisch erforschbar sind die Aufgaben nur, wenn die Heranwachsenden über diesen Begriff bewusst verfügen. Forscher und Forscherinnen erschließen die jeweilige Aufgabe ansonsten indirekt aus den Handlungen der Jugendlichen. Die Entwicklungsaufgaben bilden einen „Sinnzusammenhang", mit dem sich die unterschiedlichen subjektiven Deutungen aus einem gemeinsamen Prinzip erklären lassen.

SCHENK unterscheidet im Gegensatz zu MEYER zwischen schulischen Lernaufgaben und Entwicklungsaufgaben. Gleichwohl bettet sie das Konzept in den Kontext des Schulunterrichts ein: Wenn ein Schüler oder eine Schülerin Interesse an einem Gegenstand entwickelt, ist dies ein Anzeichen dafür, dass eine Entwicklungsaufgabe bearbeitet wird. Aber nicht alle Interessen sind gleich ursprünglich, z.B. ist das Interesse, einen Abschluss zu erwerben, nach SCHENK nicht authentisch, sondern instrumentell ausgerichtet. Wer einen guten Schulabschluss zu erreichen sucht, handelt gezwungenermaßen um eines anderen Zweckes willen, und nur dieser andere Endzweck kann als eigenes oder authentisches Interesse gelten.

SCHENK sieht, ähnlich wie HAVIGHURST, über die Lebensspanne einen zunehmenden Einfluss der Jugendlichen auf die gesellschaftlichen Anforderungen und ihre Lösungen. Die Heranwachsenden

arbeiten mit an der Entwicklung der soziokulturellen Normen und Werte, mit denen sie anfangs von außen konfrontiert wurden. (SCHENK 1999, S. 7)

Die gesellschaftlichen Vorstellungen über gelungene oder weniger gelungene Lösungen verändern sich, insofern Lösungsmengen sich ausweiten oder verengen, neue Lösungen toleriert werden und alte Lösungen unter Umständen an Akzeptanz einbüßen.

SCHENK verbindet mit dem Konzept der Entwicklungsaufgaben Vorschläge zur Verbesserung des schulischen Unterrichts. Der herkömmliche Unterricht ist zu einseitig fachsystematisch ausgerichtet und orientiert sich zu wenig an der Welt der Kinder und Jugendlichen. Schüler und Schülerinnen entdecken daher kaum einen Sinn in den Schulinhalten (von Zertifikaten einmal abgesehen) (1999, S. 2). SCHENKs Vorschlag besteht ähnlich wie bei KORDES darin, die Schüler im Unterricht ihre Entwicklungsaufgaben wahrnehmen und bearbeiten zu lassen, weil diese den „Motor" ihres Lernens bilden, also die vorwärts- und entwicklungstreibende Kraft sind:

> Bildungsgangforschung geht vom Konstrukt der „Entwicklungsaufgaben" als dem „Motor" des Lernens aus. Entwicklungsaufgaben entstehen auf Grund nicht hintergehbarer gesellschaftlicher Anforderungen, mit denen sich Menschen auseinandersetzen müssen, die sie aber eigen-sinnig oder vorgegebenen Mustern folgend deuten und bearbeiten können und in deren Bearbeitung sie sich entwickeln. (SCHENK 2001, S. 263)

Dazu muss die Lehrperson einen Deutungs- und Entwicklungsspielraum für die Lernenden zulassen, damit diese ihre Interessen und Bedürfnisse einbringen können. Die pädagogische Vision setzt auf Handlungs-, Projekt- und Schülerorientierung (1998, S. 269) sowie auf Kooperation und Abstimmung:

> In einem bildungsgangdidaktisch gestalteten Unterricht dagegen sollen Lehrerinnen und Lehrer in Kenntnis der allgemeinen Entwicklungsaufgaben der Kindheit und des Jugendalters fachliche und fächerübergreifende Themen so planen und gemeinsam mit den Schülerinnen und Schülern gestalten, dass die Jugendlichen selbst (...) innerhalb der vom Lehrer bzw. dem Bildungsplan vorgegebenen thematischen Rahmung eigene Deutungen, Bearbeitungswege und Ziele entwickeln, miteinander aushandeln und gemeinsam, ggf. auch kontrovers, bearbeiten können. (SCHENK 2001, S. 267)

Der „thematische Rahmen" des herkömmlichen Lehrplans bleibt aber erhalten, und auch die Fachlichkeit wird keineswegs abgeschafft, sondern bleibt als Anforderung an die Schüler weiter erhalten. Gesucht wird die Anschlussfähigkeit der curricularen Themen an die Interessen und den Horizont der Schülerinnen und Schüler.

HERICKS/SPÖRLEIN (2001) machen den praktischen Hintergrund der Diskussionen um die Entwicklungsaufgaben besonders deutlich. Sie drehen die Argumentation um, indem sie die Bedingungen festlegen, unter denen das Konzept für sie als Didaktiker und Didaktikerinnen überhaupt sinnvoll ist. Davon ausgehend beantworten sie die umstrittene Frage nach der Subjektivität oder Objektivität der Entwicklungsaufgaben. Eine individualistische (subjektive) Fassung im Sinne von KORDES wird aus forschungs- und handlungspraktischen Gründen abgelehnt. Die Entwicklungsaufgaben verschmelzen mit den gesellschaftlichen Anforderungen, welche aber vom Individuum gedeutet und ausgeformt werden müssen (vgl. HERICKS/SPÖRLEIN 2001, S. 34).

Zwar sind Entwicklungsaufgaben immer schon gedeutete gesellschaftliche Anforderungen an Menschen in jeweils ähnlichen biographischen Lebenssituationen (ebd.), es gibt sie sozusagen nicht in Reinform, die Aufgaben können aber - analytisch - von ihren Deutungen getrennt und in einen begrenzten Kanon von Aufgaben gefasst werden, die in einer gegebenen Gesellschaft für alle Heranwachsenden als mehr oder weniger verbindlich angenommen werden (a.a.O., S. 36).[6] Die Verschiebung in Richtung gesellschaftlicher Anforderungen geschieht nicht zuletzt, um „die biographische Fülle individueller Lerngeschichten zum Zwecke der Theoriebildung zu reduzieren" (ebd., S. 35). Ein Kanon von allgemeingültigen Entwicklungsaufgaben ist ihrer Ansicht nach notwendig, um das Konzept handlungspraktisch nutzbar zu machen. Denn wenn es ebenso viele Entwicklungsaufgaben wie Subjekte gibt, helfe die Kenntnis des Konzepts z.B. einem Lehrer nicht in seinem Versuch, seine Schüler und Schülerinnen besser zu verstehen und auf sie angemessener einzugehen. Die Entwicklungsaufgaben sollen dagegen einen Minimalkonsens verbürgen, an dem alle interessiert sind:

> Die zehn beschriebenen Entwicklungsaufgaben des Jugendalters, denen sich alle Jugendliche, mit welchen subjektiven Deutungen auch immer, stellen müssen, können als Eckpfeiler für Lernangebote im Chemieunterricht aufgefasst werden, von denen unterstellt werden kann, dass sie von den Jugendlichen bei der Herauskristallisierung und Bearbeitung eigener Entwicklungsziele als hilfreich empfunden werden können. (a.a.O., S. 40)

Das Konzept kann also für Lehrer und Lehrerinnen in der Schule handlungsweisend sein, indem sie den Entwicklungsaufgabenkanon als Hintergrundfolie für die Gestaltung des Unterrichtes nutzen. Entscheidende Ausgangsthese ist, dass die Bearbeitung von Entwicklungsaufgaben Motor kompetenztreibenden Lernens ist. Mit anderen Worten: Wenn Schülern und Schülerinnen innerhalb des Unterrichts die Möglichkeit geboten wird, Entwicklungsaufgaben zu bearbeiten, indem die fachlichen Inhalte mit den zu bearbeitenden und drängenden Themen der Jugendlichen verknüpft werden, entsteht ein motivierter und produktiver Lernprozess.

HERICKS/SPÖRLEINs Verständnis von Entwicklungsaufgabe deckt sich damit mit dem, was OERTER (1978) Entwicklungsnorm nennt, während die subjektive Deutung und Bearbeitung begrifflich mit der Entwicklungsaufgabe, wie sie im Modell der Entwicklungsaufgabe als Niveausetzung (OERTER) beschrieben wird, zusammenfällt.

---

[6] Der Kanon bezieht sich auf die Aufgaben nach DREHER/DREHER 1985a.

1.5 Entwicklungsaufgaben zwischen Mikro- und Makroebene

REINDERS und BUTZ (2001) untersuchen die Entwicklungswege Jugendlicher zwischen „Transition" und „Moratorium". Jugendliche Entwicklungswege können ihrer Ansicht nach als Entscheidungen der Heranwachsenden zwischen einem relativ raschen Übergang in das Erwachsenenalter und dem möglichst langfristigen Verweilen in der Jugendphase beschrieben werden. Dies führt zu der Frage, ob das Konzept der Entwicklungsaufgaben die Jugendphase lediglich als Übergang zum Erwachsensein versteht. Gegenüber dieser transitorischen Sichtweise kann die Jugendphase auch als Moratorium mit soziokulturellem Eigenwert betrachtet werden, in dem Jugendliche verweilen können und dürfen.

REINDERS und BUTZ stellen in einer Sekundäranalyse von Daten eines DFG-Projekts, in dem Berliner Jugendliche 1991-1996 zu ihrer Freizeit, ihrer familialen und schulischen Situation sowie zu ihren Wertvorstellungen befragt wurden, Zukunftsorientiertheit und gegenwartsorientierte Entfaltung einander gegenüber und teilten die Jugendlichen anhand theoretischer Annahmen in vier Gruppen ein (Assimilation, Integration, Marginalisierung und Segregation). Sie können empirisch zeigen, dass optimistische vs. pessimistische Zukunftsperspektiven sowie Konzentration auf Alltagsbewältigung vs. Zukunftsorientiertheit sich auf die Bearbeitung von Entwicklungsaufgaben auswirken.

REINDERS (2002) nimmt die Rahmenbedingungen der Setzung von Entwicklungsaufgaben mit in den Blick und diskutiert, welche Ressourcen zur Bearbeitung von Entwicklungsaufgaben zur Verfügung stehen bzw. gestellt werden. In der Bearbeitung von Entwicklungsaufgaben unterscheidet er zwischen Mikro- und Makroebene: Zukunftsorientierte Entwicklungsaufgaben wie z.B. BERUF[7] siedelt er in der Makroebene an. Diese werden überwiegend von Eltern und Schule an Jugendliche herangetragen und im günstigen Fall mit ihrer Unterstützung bearbeitet. Andere Aufgaben versteht er gegenwartsorientierter, wie z. B. den Aufbau eines Freundeskreis (PEER). Diese Entwicklungsaufgaben werden vor allem von der Peergruppe der Gleichaltrigen geformt und in diesen Gruppen (der Mikroebene) bearbeitet. Das Subjekt verfügt dabei über personale Ressourcen (wie z. B. eine bestimmte psychische Befindlichkeit), die bei der Bearbeitung von Entwicklungsaufgaben förderlich oder hemmend wirken. REINDERS diskutiert, was das Wirken von Entwicklungsnormen bei gleichzeitigem Bestehen von Entwicklungsrestriktionen, z.B. die gesellschaftliche Forderung nach gelungener Berufsorientierung bei bestehendem Mangel an Ausbildungsplätzen, für Jugendliche bedeutet.

---

[7] Entwicklungsaufgabe BERUF = Wissen, was man werden will und was man dafür können (lernen) muß. (DREHER/DREHER 1985a, S. 61)

Die Aufteilung in gegenwartsorientiertere und zukunftsorientiertere Entwicklungsaufgaben eröffnet den Blick für die Ebenen, in den die Aufgaben normiert und bearbeitet werden. Der Aufbau eines Freundeskreises wird z.b. vor allem durch die Normen und Werte der Mikroebene beeinflusst. Aber nicht alle Entwicklungsaufgaben lassen sich in dieses Schema einfügen, und letztlich kann die Bearbeitung und Deutung immer nur in der Gegenwart geschehen, auch wenn sie zukünftige Geschehnisse antizipiert.

Die Hervorhebung der zur Verfügung stehenden Ressourcen angesichts bestehender Entwicklungsrestriktionen sowie angesichts des unterschiedlichen Umgangs der Jugendlichen mit den gesellschaftlichen Anforderungen sind wichtige Ergänzungen des Konzepts. Es ist nicht nur maßgeblich, welche Normen oder Entwicklungsaufgaben es gibt, sondern auch welche Ressourcen und Restriktionen damit einhergehen und auf welche Persönlichkeiten diese Anforderungen treffen. Durch den Einbezug der sozialen Herkunft lässt sich eine Brücke zum Habituskonzept P. BOURDIEUs (1987) bauen.

1.6 Zusammenfassung

Den verschiedenen Explikationen des Konzepts der Entwicklungsaufgaben ist die Thematisierung der Wechselwirkung von individueller Bedeutsamkeit und gesellschaftlichen Anforderungen in Lern- und Entwicklungsprozessen während des gesamten Lebens mit seinen unterschiedlichen Phasen gemein. Unterschiede findet man im Sprachgebrauch und in der Verortung der Entwicklungsaufgabe zwischen subjektiver und objektiver Struktur. Versucht wird, Subjektorientierung mit gesellschaftlichen Anforderungen zu verbinden. Dieser Brückenschlag schwenkt in der Konkretisierung jedoch in die eine oder andere Richtung aus; die Entwicklungsaufgaben benennen entweder individuelle Bedürfnisse oder werden mit Bündelungen gesellschaftlicher Anforderungen gleichgesetzt.

In allen Definitionen werden gesellschaftliche Normen und individuelle Ziele voneinander unterschieden, dabei aber unterschiedliche Begrifflichkeiten verwendet. Während die Münchner Entwicklungspsychologen und -psychologinnen einerseits von (Entwicklungs-)Normen (gesellschaftlichen Anforderungen) und andererseits von persönlichen Zielen (bzw. Entwicklungsaufgaben) sprechen, verwenden die Didaktiker uneinheitlich das Vokabular von:

- Anforderungen (Entwicklungsaufgaben) vs. deren Deutung/Bearbeitung oder
- Anforderungen vs. Entwicklungsaufgaben (Deutung und Bearbeitung der wahrgenommenen Anforderungen).

2 Der Entwicklungsaufgaben-Katalog für die Jugendphase

Bei HAVIGHURST findet sich für die von ihm unterschiedenen Lebensphasen jeweils eine Beschreibung der zugehörigen Entwicklungsaufgaben (vgl. dazu TRAUTMANN in diesem Band). DREHER/DREHER haben, ausgehend von einer empirischen Studie, die Aufgaben für das Jugendalter in den 1980er Jahren reformuliert und ergänzt. Dieser Katalog wurde von den Hamburger Bildungsgangtheoretikern und -theoretikerinnen übernommen (vgl. Abb. 1).

Beziehung: (Intim)	engere Beziehung zu einem Freund bzw. zu einer Freundin aufnehmen
Peer:	den Freundeskreis aufbauen, d.h. zu Altersgenossen beiderlei Geschlechts neue, tiefere Bindung herstellen
Beruf:	sich über Ausbildung und Beruf Gedanken machen, überlegen, was man werden will und was man dafür können bzw. lernen muss
Körper:	Veränderung des Körpers und des eigenen Aussehens akzeptieren
Zukunft:	eine Zukunftsperspektive entwickeln, sein Leben planen und Ziele ansteuern, von denen man annimmt, dass man sie erreichen könnte
Selbst:	sich selbst kennen lernen und wissen, wie andere einen sehen, das heißt, Klarheit über sich selbst gewinnen
Ablösung:	sich von Eltern loslösen, d. h. von den Eltern unabhängig werden
Werte:	eine eigene Weltanschauung entwickeln, sich darüber klar werden, welche Werte man vertritt und an welchen Prinzipien man das eigene Handeln ausrichten will
Rolle:	sich Verhaltensweisen aneignen, die in unserer Gesellschaft zur Rolle eines Mannes bzw. zur Rolle einer Frau gehören
Partner/ Familie:	Vorstellung entwickeln, wie man die eigene zukünftige Familie bzw. Partnerschaft gestalten möchte

Abbildung 1: Entwicklungsaufgaben in der Reihenfolge der Bedeutsamkeitseinschätzungen weiblicher (15-18-jähriger) Jugendlicher 1997 (vgl. OERTER/DREHER 2002, S. 272)

Die Untersuchung setzte sich aus Interviews, in denen Erwachsensein und die persönliche Entwicklung thematisiert wurden, sowie einer Befragung zu speziellen Entwicklungsaufgaben anhand eines Fragebogens zusammen. In der ersten Erhebungsphase 1982 und 1983 wurden die ausformulierten Entwicklungsaufgaben (s.o.) in einem Fragebogen von den Jugendlichen nach persönlicher Bedeutsamkeit bewertet („Kreuze bitte bei jedem Thema an, wie *wichtig* es Dir erscheint!"). Des Weiteren wurde nach weiteren Entwicklungsaufgaben und Bewältigungsstrategien gefragt sowie der Stand der Bewältigung prozentual erfasst. Die in den 1980er Jahren verwendete Skala zur Bedeutsamkeitseinschätzung war jedoch inkonsistent aufgebaut und hatte lediglich Nominalskalenniveau.[8] In der Auswertung der Bedeutsamkeit der Entwicklungsaufgaben für Jugendliche fassten DREHER/DREHER (1985a, 1985b) die Antwortmöglichkeiten „sehr wichtig" und „wichtig" zusammen und konnten für alle Entwicklungsaufgaben Bedeutsamkeit postulieren, wobei die Unterschiede zwischen den einzelnen Entwicklungsaufgaben massiv waren. Spitzenreiter bei Jungen wie Mädchen war in den 1980ern BERUF; 94% der Antwortkreuze fielen auf die ersten beiden Kategorien. Nur 46% der befragten männlichen Jugendlichen bewerteten die Aufgabe PARTNERSCHAFT/FAMILIE mit wichtig bzw. sehr wichtig, bei den Mädchen war die Aufgabe ROLLE mit 42% Schlusslicht. DREHER/DREHER stellten fest, dass die älteren Jugendlichen sich in der Bewältigung der einzelnen Aufgaben als weiter fortgeschritten wahrnahmen. Es konnte ein positiver Zusammenhang zwischen Bedeutsamkeit und Bewältigungsfortschritt bei neun von zehn Entwicklungsaufgaben nachgewiesen werden, den sie folgendermaßen interpretierten: Jugendliche erkennen die Bedeutung von Entwicklungsaufgaben umso mehr an, je intensiver sie sich mit ihnen auseinandersetzen bzw. je weiter sie in der Bewältigung vorangeschritten sind.

Entwicklungsaufgabenvorschläge der Jugendlichen, wie „Bewusstsein für Umwelt entwickeln" oder „Aufbau sozialer Kompetenzen", wurden in der Replizierung 1996/97 leider nicht aufgegriffen, obwohl DREHER/DREHER selbst schreiben:

Andererseits zeigen die Ergebnisse (...), daß aus der Sicht der Jugendlichen der Katalog der Entwicklungsaufgaben durch eine Reihe von Themen erweitert werden muß. (1985b, S. 64)

---

[8] Die Skala war vierstufig und umfasste die Antwortwortmöglichkeiten: sehr wichtig - wichtig - nicht wichtig - trifft für mich nicht zu. Damit lässt sich keine gleichmäßige und quantifizierbare Rangfolge zwischen den Antwortmöglichkeiten ausmachen. Die Antwortmöglichkeit „trifft für mich nicht zu" fällt aus der Reihe der abnehmenden Bedeutung (Wichtigkeit) heraus, und es ist nicht die Möglichkeit gegeben, eine Entwicklungsaufgabe mit „etwas wichtig" zu bewerten.

Im Fragebogen der Replizierung findet sich eine Erweiterung um die antizipierte Einschätzung der Eltern durch die Jugendlichen sowie eine veränderte Skalierung[9] bei der Einschätzung der Bedeutsamkeit. Die neuen Antwortkategorien unterstellen aber die Bedeutsamkeit der einzelnen Entwicklungsaufgaben und erfragen eher den Aktualitätsgrad in der Bearbeitung der Aufgaben. Eine Entwicklungsaufgabe kann lediglich mit der Antwort „für mich kein Thema" kategorisch abgelehnt werden. Im Vergleich zu den Ergebnissen aus den 1980er Jahren finden sich Unterschiede in der Bedeutsamkeits-Rangfolge, z.B. überholt die Entwicklungsaufgabe PEER die Aufgabe BERUF bei Jungen wie Mädchen in ihrer Einschätzung. Bei nahezu allen Aufgaben nimmt die Bedeutsamkeitseinschätzung durch die Jugendlichen ab. PARTNERSCHAFT/FAMILIE wird lediglich von 20% der männlichen Jugendlichen als wichtig bzw. sehr wichtig eingestuft (vgl. OERTER/DREHER 2002, S. 274).[10]

Leider fehlt es an Veröffentlichungen der Replizierung; lediglich im Lehrbuch Entwicklungspsychologie (OERTER/MONTADA 2002) findet sich eine Zusammenfassung der Ergebnisse. Ein interessanter Schluss, der dort gezogen wird, ist, dass die Beschäftigung mit Entwicklungsaufgaben nicht nur hohes Interesse bei den Jugendlichen findet, sondern als Bereich des Lernens in eigner Sache aktiv verfolgt wird (OERTER/DREHER 2002, S. 273).

Kommentar

Definitionen von Entwicklungsaufgaben bleiben Leerformeln, solange sie nicht mit Inhalt gefüllt werden. Auffällig bei der Sichtung der neueren Literatur zu Entwicklungsaufgaben ist der Verweis auf den Katalog nach DREHER und DREHER ohne den ausführlichen Einbezug der einzelnen Entwicklungsaufgaben. Das verwundert, denn eine didaktische Nutzung der Entwicklungsaufgaben kommt ohne eine inhaltliche Auseinandersetzung mit den einzelnen Aufgaben nicht aus. Bisher wurde die Relevanz des Konzeptes für die Schule nur ansatzweise an den Aufgaben BERUF und GESCHLECHT ausformuliert.

Bei näherer Betrachtung scheint der Katalog nach DREHER/DREHER nur *eine* Möglichkeit darzustellen, der zudem durch die Empirie in seiner Gültigkeit nicht als uneingeschränkt bewiesen gelten kann: (1) Andere plausible Entwicklungsaufgaben können formuliert werden, z.B. die Entwicklung eines eigenen

---

[9] Mit den Antwortmöglichkeiten: „noch nicht wichtig", „zunehmend wichtig", „wichtig", „sehr wichtig", „abnehmend wichtig", „nicht mehr wichtig" und „für mich kein Thema".

[10] Unterschiede in der Bedeutsamkeitseinschätzung (sehr wichtig + wichtig) der Jugendlichen zwischen 1985 und 1997 können jedoch durch die veränderte Skalierung bedingt sein (Vergleich der Ergebnisse der ehemals vierstufigen mit denen der sechs- bzw. siebenstufigen Skala).

Stils, und würden einer Fragebogenuntersuchung voraussichtlich stand halten. (2) Entwicklungsaufgaben, die die Jugendlichen einbrachten, wurden nicht aufgegriffen. (3) Aufgaben, denen weniger als die Hälfte der Jugendlichen Bedeutsamkeit zumaß, blieben im Katalog enthalten. Den Jugendlichen wird also nicht die Kompetenz zugesprochen, über ihre Entwicklungsaufgaben zu urteilen. Welche Rolle spielen dann aber die Ergebnisse der Fragebogenuntersuchung?

Eine weitere Schwierigkeit besteht in den unterschiedlichen Ebenen, auf denen sich die Entwicklungsaufgaben bewegen und die sich nicht trennscharf voneinander abgrenzen lassen. Aufgaben wie SELBST, WERTE oder ZUKUNFT besitzen zum Beispiel einen höheren Abstraktionsgrad, insofern sie bei (z.b.) BERUF oder INTIM immer mit angesprochen sind (und umgekehrt). Und die Entwicklungsaufgaben ZUKUNFT und ROLLE lassen sich schwerlich ohne den Einbezug anderer Themenbereiche mit Inhalt füllen.

Vor kurzem hat Jürgen ZINNECKER (2004) noch einmal einige Schwierigkeiten des Entwicklungsaufgaben-Kataloges resümiert. Danach muss ein solcher Katalog in der Lage sein, den Wandel der Werte und Normen des Aufwachsens in modernen Gesellschaften zu berücksichtigen; er muss also flexibel sein. Ferner kann heute nur noch begrenzt von altersspezifischen Aufgaben gesprochen werden. Fraglich ist, welche Normen Jugendliche überhaupt wahrnehmen, wie sie diese interpretieren und wie verbindlich sie in ihren Augen sind.

3   Entwicklungsaufgaben als Motor kompetenztreibenden Lernens

In der Bildungsgangtheorie wird das Entwicklungsaufgabenkonzept zentraler Bestandteil einer Lehr- und Lerntheorie. Entwicklungsziele werden als Motor jedes subjektiv als sinnvoll erlebten Lernens beschrieben. Es wird davon ausgegangen, dass Jugendliche immer dann, wenn ihnen die Möglichkeit gegeben wird, an der Bewältigung von Entwicklungsaufgaben zu arbeiten, Sinn entdecken und motiviert und ertragreich lernen. Als Aufgabe der Schule wird u.a. formuliert, die Lernenden in der Bearbeitung ihrer Entwicklungsaufgaben zu unterstützen (vgl. BASTIAN u.a. 2001, S. 5f). Hier findet sich eine Parallele zu HAVIGHURST, der von den Lehrern und Lehrerinnen erwartete, die erfolgreiche Bearbeitung der Entwicklungsaufgaben neben der Vermittlung der Lehrinhalte im Blick zu haben. Der neue Gedanke der Bildungsgangtheorie ist, dass die Bearbeitung von Entwicklungsaufgaben als Motor genutzt werden kann, um curriculare Inhalte erfolgreich vermitteln zu können.

Empirisch ist die motivierende Kraft der Entwicklungsaufgaben bisher nicht bewiesen. Für eine Bildungsgangdidaktik, die die Entwicklungsaufgaben als Grundlage nutzt, fehlt es noch an konkreten Ausformulierungen. HE-

RICKS/SPÖRLEIN haben mit ihrem Kanon-Modell einen ersten Vorstoß gewagt, um Entwicklungsaufgaben als didaktisches Instrumentarium zu verstehen. In ihren Ausführungen bleiben sie jedoch beispielhaft, und an konkreten Umsetzungsvorschlägen mangelt es noch.

Die Hoffnung der Bildungsgangdidaktiker besteht darin, über eine Bezugnahme auf Entwicklungsaufgaben schulische (besonders curriculare) Lernprozesse unterstützen zu können und zugleich bessere Bedingungen für die Persönlichkeitsentwicklung zu schaffen.[11] Dahinter verbergen sich die klassischen Aufgaben der Schule: Bildung und Erziehung. Entwicklungsaufgaben als zwingend für alle bedeutsame oder individuell bedeutsam werdende Aufgaben sollen eine didaktische Neuorientierung von Schule, Lehrplan und Lehrpersonen auf den Weg bringen, sprich: Unterricht der Sek I und II reformieren helfen[12]. Aber wie soll das gehen? Mit welchen Vorschlägen für die Veränderung von Unterricht kann eine Bildungsgangdidaktik, die sich des Entwicklungsaufgabenkonzepts bedient, zum gegenwärtigen Zeitpunkt aufwarten? Welche Möglichkeiten der „Anwendung" des Konzepts sind denkbar? Wir möchten einige Vorschläge beispielhaft nennen, die im Sinne von tastenden Versuchen schon gemacht worden sind:

- Supervision oder kollegiale Beratung bei Problemen mit Schülerinnen und Schülern (HERICKS),
- Schaffung authentischer Situationen (HERICKS),
- Neustrukturierung des Curriculums (GRUSCHKA),
- Exemplarisches Lernen aus selbstgesetzten, eigenen Aufgaben (KORDES),
- Aushandlung des Unterrichts (MEYER), Lernverträge (HERICKS),
- Handlungs-, Projekt- und Schülerorientierung (SCHENK),
- Projektcurriculum (Bruno-Tesch-Gesamtschule Hamburg),
- Curriculare Bezugnahme auf Entwicklungsaufgaben (HERICKS/SPÖRLEIN, SCHENK),
- Rekonstruktion von Lernerbiographien - Sensibilisierung der Lehrenden (HERICKS),
- Lehrer als Bildungsgangforscher (KORDES),
- Korrelation der allgemeinen Entwicklungsaufgaben der Lernenden mit den beruflichen Entwicklungsaufgaben der Lehrenden (MEYER).

---

[11] HAVIGHURST hatte vor allem den Erziehungsaspekt betont.
[12] In der Bildungsgangtheorie findet sich bisher ausschließlich der Bezug auf die Jugendphase, obwohl damit höchstens die Hälfte der schulischen Lernerfahrung abgedeckt wird.

Fraglich bleibt, ob Fachinhalte beliebig mit Entwicklungsaufgaben verknüpfbar sind und ob diesem didaktischen Versuch nicht etwas Künstliches anhaftet, wenn die Entwicklungsaufgaben lediglich als Motivierungstrick genutzt werden, um die als langweilig und sinnlos empfundenen Fachinhalte schmackhaft zu machen. Die Integration eines „allgemeingültigen" Katalogs von Entwicklungsaufgaben in den Unterricht kann zudem die Bezugnahme auf individuelle Interessen und Vorstellungen der Jugendlichen nicht ersetzen. Entwicklungsaufgaben mögen *eine* Folie sein, auf der sich Sinn entfaltet; sie sind aber sicher nicht der alleinige Auslöser von Lernprozessen.

4 Zusammenfassende und weiterführende Gedanken

4.1 Themen statt Aufgaben

Dem Begriff „Aufgabe" haftet an, dass sie von jemanden gestellt wird und es eine erwünschte Lösung gibt. Menschliche Entwicklung in Aufgaben mit vorgegebener Entwicklungsrichtung zu beschreiben, betrachten wir kritisch, weil es die vielfältigen Möglichkeiten von Entwicklungsprozessen ungerechtfertigterweise reduziert und als besser oder schlechter vorstrukturiert. Wir bevorzugen eine offenere Formulierung im Sinne von WATERMANs (1985) *developmental concerns*: Im Lebenslauf von Heranwachsenden in unserer Kultur werden mit einiger Regelmäßigkeit/Wahrscheinlichkeit bestimmte Themen oder Probleme bedeutsam. Wie diese von Erwachsenen stellvertretend als besonders relevant beurteilten Themen von Kindern und Jugendlichen bearbeitet werden, zu welchem Zeitpunkt sie sich entwickeln und was als gesellschaftlich oder individuell akzeptierte (vorläufige) Lösung gelten kann, erklärt sich aus einem nur analytisch trennbaren Konglomerat aus biologischen (Wachstum), sozialen (Habitus) und individuellen (Biographie) Bedingungen. Entwicklungsthemen beschreiben also inhaltliche Bereiche, mit deren Deutung und Bearbeitung sich die überwiegende Anzahl einer gesellschaftlichen Gruppe, zum Teil besonders oder ausschließlich in bestimmten Lebensphasen, beschäftigt. Sie thematisieren objektiv wie subjektiv wichtige lebensgeschichtliche Themen im Prozess des Aufwachsens in unserer Gesellschaft. Diese Themen formulieren sich aus physischen Bedingungen, gesellschaftlichen Anforderungen und individuellen Bedürfnissen, wobei die einzelnen Bedingungsstrukturen schwer voneinander zu trennen sind.

Normen, die scheinbar von außen an das Individuum herangetragen werden, finden sich verinnerlicht und verändert in der Subjektstruktur wieder.[13]
Schulische Anforderungen bzw. Lernaufgaben (KORDES) unterscheiden wir terminologisch von den Entwicklungsthemen und markieren sie beispielsweise als institutionelle Anforderungen (z.B. Schülerrolle). Entwicklungsthemen werden von Wissenschaftlern und Wissenschaftlerinnen, die sich mit der Entwicklung von Individuen in gesellschaftlichen Kontexten beschäftigen, aus der Beobachtung und Deutung des Feldes beschrieben bzw. postuliert. Zudem wird beobachtet, welche Konsequenzen neue und/oder sanktionierte Bearbeitungsstrategien oder ein Nicht-Bearbeiten von einzelnen Themenbereichen nach sich ziehen. Die Ausprägung und Qualität des Katalogs hängt vom theoretischen Hintergrund und Blickwinkel der jeweiligen Forscherin (des jeweiligen Forschers) ab. Ein Zusammenspiel verschiedener Disziplinen und Wissenschaftler(innen) im Deutungsprozess erscheint uns angebracht, um relevante Themen für den Großteil einer gesellschaftlichen Gruppe zu einer Phase oder mehreren Phasen des Lebens erfassen zu können. Die Geltung derartiger Postulate bleibt umstritten; der Katalog stellt immer nur eine Auswahl dar. Aufgrund der unausweichlichen Normativität in handlungspraktischen Zusammenhängen bedarf er aber der ständigen Reflexion.

4.2 Entwicklungsthemen des Jugendalters

Wir möchten an dieser Stelle den Beginn eines Diskurses über zentrale Entwicklungsthemen des Jugendalters eröffnen. Zunächst haben wir uns gefragt, was Grundbedingungen sind, auf die ein Individuum in seiner Entwicklung in der europäisch geprägten Kultur trifft. Wir sind dabei auf vier große Themenkomplexe gestoßen:

1. An Jugendliche wird die Erwartung herangetragen, erwachsen zu werden. Damit geht die Vorstellung einher, auf eigenen Beinen zu stehen, selbständig zu werden (SELBSTÄNDIGKEIT). Daran knüpfen sich existentielle Fragen: Wie und wovon werde ich leben? Wann verlasse ich das Elternhaus?

2. Jugendliche befinden sich in einem sozialen Umfeld, in dem sie Nähe und Distanz zu Menschen aushandeln müssen (MITMENSCHEN).

---

[13] Der Trennung zwischen subjektiver und objektiver Struktur wohnt etwas Künstliches inne. Sie findet aber ihre Berechtigung nicht nur im Versuch der Strukturierung, sondern entspricht auch unserer alltäglichen Wahrnehmung.

3. Jugendliche sind mit körperlichen Veränderungen konfrontiert und setzen sich mit ihren sinnlichen Bedürfnisse auseinander (KÖRPERLICH-KEIT/SINNLICHKEIT).
4. Jugendliche sind Teil der „Weltgemeinschaft" mit ihren politischen, ökonomischen und ökologischen Strukturen (GESELLSCHAFT).

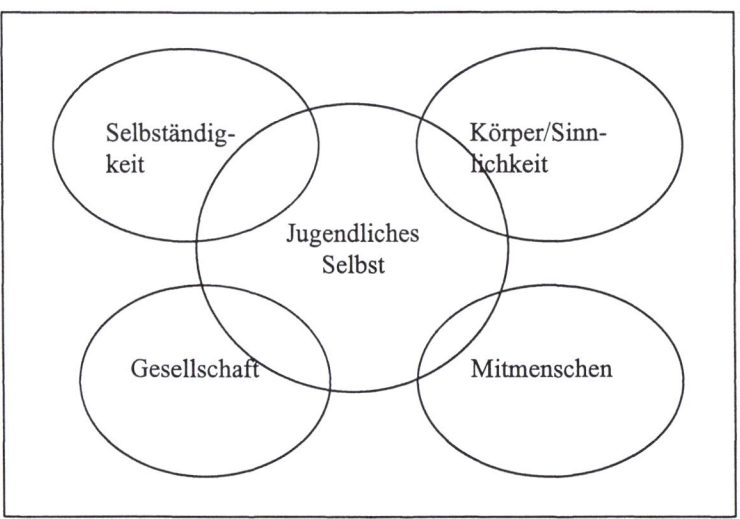

Abbildung 2:   Entwicklungsthemen im Jugendalter

Eine andere Herangehensweise ist, sich zu fragen, in welche Lebensbereiche sich „erwachsenes Leben" in europäischen Ländern idealtypisch aufgliedert. Zentrale Bereiche sind Beruf, Freizeit, Familie, Partnerschaft und Freunde. Von Jugendlichen wird erwartet, diese Bereiche des Erwachsenseins auszufüllen und ihnen entsprechend dem menschlichen Bedürfnis nach Sinn individuelle Bedeutsamkeit zu verleihen. Das Ausfüllen der Bereiche mit Inhalt und deren Bewertung sind interindividuell unterschiedlich, beeinflusst von der sozialen Herkunft und gehen einher mit der Ausformung von Identität.

4.3 Deutung und Bearbeitung von Entwicklungsthemen

Für den Umgang mit Entwicklungsthemen gibt es vorgelebte und normierte Deutungen und Bearbeitungen im sozialen Umfeld des Individuums. Diese akzeptierten und präferierten Bewältigungsstrategien oder -muster werden in verschiedenen gesellschaftlichen Gruppen unterschiedlich beschrieben und bewertet. Die gewählten Deutungen und Bearbeitungen unterliegen vielfältigen und komplexen Anerkennungs-, Unterstützungs- und Sanktionssystemen und geben Aufschluss über die in einer gesellschaftlichen Gruppe vorherrschenden Normen und Werte. Gesellschaftliche Strukturen unterstützen meist Anpassung an bestehende Lebensentwürfe; Veränderungen erfahren erst im Rückblick Anerkennung. Nichtsdestotrotz kann die Einzelne/der Einzelne nach neuen Deutungs- und Bearbeitungsformen suchen und neue Wege beschreiten. Die Bewältigung solcher als krisenhaft erlebter Situationen birgt hohes Entwicklung- und Lernpotential. Die Möglichkeiten der Deutung und Bearbeitung von Entwicklungsthemen sind dementsprechend mehr oder weniger offen. Ehemals unbekannte oder abgelehnte Bewältigungsmuster können einen anerkannten Status erlangen. Während zum Beispiel in den 1960er Jahren die Ehe in Deutschland noch Voraussetzung war, um gemeinsam eine Wohnung zu beziehen, sind heutzutage Wohngemeinschaften in Großstädten eine anerkannte Lebensform.

Das Verlassen eines sozialen Umfeldes mit seinen vorherrschenden Normen und Werten kann das Entfaltungsspektrum bei der Bearbeitung zentraler Entwicklungsthemen verändern. Ein junger Mann oder eine junge Frau könnte zum Beispiel ihre Homosexualität in einer Großstadt offener leben als in der Kleinstadt, in der sie geboren und aufgewachsen sind. Entwicklungsthemen und ihr Bearbeitungsspektrum sind insofern nicht nur dem dynamischen Wandel auf einer Zeitachse unterworfen, sondern auch in ihrer Verortung in sozialen Feldern.

4.4 Entwicklungsthemen als Element einer Lerntheorie

Eine Theorie zentraler Entwicklungsthemen über das gesamte Leben hinweg dient zunächst dem besseren Verständnis menschlicher Entwicklungsprozesse. Diese Fragerichtung ist in der deutschsprachigen Didaktikdiskussion bisher nicht ausreichend verfolgt worden; statt dessen dominierten bildungstheoretische Überlegungen zum Bildungswert und zu Zielen allgemeiner Bildung (vgl. TENORTH 2004).

In der Bildungsgangtheorie wird das Entwicklungsaufgabenkonzept zum zentralen Bestandteil einer Lerntheorie. Entwicklungsziele werden als Motor jedes subjektiv als sinnvoll erlebten Lernens beschrieben. Immer dann, wenn Jugendlichen die Möglichkeit gegeben wird, an der Bewältigung ihrer Entwicklungsaufgaben zu arbeiten, generieren sie Sinn und lernen sie motiviert und ertragreich.

Es ist nachvollziehbar, dass die Möglichkeit, sich mit persönlich bedeutsamen Themen zu beschäftigen, Aufmerksamkeit und Interesse erhöhen kann. Fraglich ist jedoch, ob Entwicklungsthemen die einzige Fläche sind, auf der sich Sinn entfaltet. Sie können sicher Erklärungsansätze für einige Lernprozesse liefern. Unberücksichtigt bleibt aber ein Lernen, welches sich nicht aus der Nützlichkeit durch Bearbeitung zentraler Entwicklungsthemen speist: die vorhandene Neugierde, die Wissbegier und der Genuss beim Entdecken und Verstehen. Wie ist zum Beispiel erklärbar, dass sich jemand begeistert und ausdauernd mit Spielzeugeisenbahnen beschäftigt? Eine Bearbeitung von Entwicklungsthemen ist hier schwerlich konstruierbar; der Rückschluss auf menschliche Grundbedürfnisse könnte stattdessen Antworten liefern. Die Bedeutsamkeit von Affekten im Lernprozess, wie Freude, aber auch Trauer und Zorn, bietet eine weitere Interpretationsfläche.

Entwicklungsthemen mögen deshalb *ein* wertvolles Element einer Lerntheorie sein, deren Ausformulierung noch bevor steht. Lehrende wie Lernende können davon profitieren, diese Entwicklungsthemen im Blick zu haben und in diesem Bedeutungsverhältnis die fachlichen Inhalte zu betrachten. Das Angebot, sich mit zentralen Entwicklungsthemen auseinander zu setzen, bietet einen Zugang zu der bedeutsamen Welt der Jugendlichen. Damit ist allerdings nicht gemeint, dass die Kinder und Jugendlichen nicht mehr nach ihren Interessen und Vorstellungen gefragt werden müssen: Die Entwicklungsthemen bieten lediglich eine Fläche, auf der die Vermittlung, die Brückenbildung zwischen subjektiver Erfahrungswelt und Fachwissenschaft im diskursiven Austausch stattfinden kann.

5   Ausblick

Die Allgemeine Didaktik hat in den letzten Jahren eine Wendung weg von Lehr-Lern-Modellen zu den Lernenden und zu konkreten Problemen der Profession vollzogen, deren Reichweite zum gegenwärtigen Zeitpunkt noch nicht abzusehen ist. Die Ermöglichung subjektiv bedeutsamen Lernens (*insightful, meaningful learning*) steht im Zentrum dieser Bemühungen, wobei allmählich über diesen Begriff auch Verbindungen zwischen der geisteswissenschaftlichen und reformpädagogischen Sprache der Bildungsgangtheorie und den von PISA ausgelösten Debatten über Bildungsstandards und Lehrerprofessionalisierung sichtbar werden.[14] Kann dem Konzept der Entwicklungsaufgaben oder -themen eine Brückenfunktion zukommen, indem es den Dialog zwischen den Subdisziplinen

---

[14] Vgl. BAUMERT/BLUM/NEUBRAND 2004.

der Erziehungswissenschaft fördert und gleichzeitig Schule und Lehrerhandeln nicht aus dem Blick verliert? Grundlagenforscher(innen) wie Didaktiker(innen) würden sich aneinander abarbeiten; erstere müssten den Ruf nach mehr Berufsfeldbezug ernst nehmen, letztere offen bleiben für neue wissenschaftliche Erkenntnisse. Ob dies möglich ist oder ob Bildungsgangdidaktik/-theorie eine „unmögliche Disziplin" ist, entscheidet sich nicht zuletzt in den Arbeiten des Graduiertenkollegs.

Literatur

BASTIAN, J. u.a. (2001): Antrag auf Einrichtung und Förderung eines Graduiertenkollegs zur Bildungsgangforschung. – Ms. Hamburg.

BAUMERT, J./BLUM, W./NEUBRAND, M. (2004): Drawing the lessons from PISA 2000, in: Zeitschrift für Erziehungswissenschaft, Beiheft 3, S. 143-157.

BLANKERTZ, H. (1986; Hg.): Lernen und Kompetenzentwicklung in der Sekundarstufe II, 2 Bände. – Soest: Soester Verlagskontor.

BOURDIEU, P. (1987): Sozialer Sinn: Kritik der theoretischen Vernunft. – Frankfurt a. M.: Suhrkamp [Original 1980].

DREHER, E./DREHER, M. (1985a): Entwicklungsaufgaben im Jugendalter: Bedeutsamkeit und Bewältigungskonzepte, in: LIEPMANN, D./STICKSRUD A. (Hg.): Entwicklungsaufgaben und Bewältigungsprobleme in der Adoleszenz. – Göttingen: Hogrefe, S. 56-70.

DREHER, E./DREHER, M. (1985b): Wahrnehmung und Bewältigung von Entwicklungsaufgaben im Jugendalter: Fragen, Ergebnisse und Hypothesen zum Konzept einer Entwicklungs- und Pädagogischen Psychologie des Jugendalters, in: OERTER, R. (Hg.): Lebensbewältigung im Jugendalter. – Weinheim: Juventa, S. 30-61.

GRUSCHKA, A. (1985): Wie Schüler Erzieher werden. Studie zur Kompetenzentwicklung und fachlichen Identitätsbildung in einem doppeltqualifizierenden Bildungsgang des Kollegschulversuchs NW. – Wetzlar: Büchse der Pandora.

GRUSCHKA, A./KUTSCHA, G. (1983): Berufsorientierung als „Entwicklungsaufgabe" der Berufsausbildung - Thesen und Forschungsbefunde zur beruflichen Identitätsbildung und Kompetenzentwicklung in der Sekundarstufe II, in: Zeitschrift für Pädagogik 6, 29. Jg., S. 877-891.

HAVIGHURST, R. J. (1948): Developmental Tasks and Education. – New York (im Reprint von 1952: David McKay Company, Inc.)

HELSPER, W. (2001): Antinomien des Lehrerhandelns - Anfragen an die Bildungsgangdidaktik, in: HERICKS, U. u.a. (Hg.): Bildungsgangdidaktik. Perspektiven für Fachunterricht und Lehrerbildung. – Opladen: Leske+Budrich, S. 83-103.

HERICKS, U./SPÖRLEIN, E. (2001): Entwicklungsaufgaben in Fachunterricht und Lehrerbildung - Eine Auseinandersetzung mit einem Zentralbegriff der Bildungsgangdidaktik, in: HERICKS, U. u.a. (Hg.): Bildungsgangdidaktik - Perspektiven für Fachunterricht und Lehrerbildung. – Opladen: Leske+Budrich, S. 290-302.

KORDES, H. (1996): Entwicklungsaufgabe und Bildungsgang. – Münster: Lit.

LANDESINSTITUT FÜR SCHULE UND WEITERBILDUNG/BREMER, R. (1988; Hg.): Wie Kolleg-
schüler lernen. Zusammenfassung von Bildungsgangstudien der wissenschaftlichen
Begleitung Kollegstufe - NW. – Soest: Soester Verlagskontor.
MEYER, M. A./REINARTZ, A. (1998): Abschließende Bemerkung: „Es nimmt kein Ende
mit dem vielen Bücherschreiben", in: diess. (Hg.): Bildungsgangdidaktik. Denkan-
stöße für pädagogische Forschung und schulische Praxis. – Opladen:
Leske+Budrich, S. 303-310.
MEYER, M. A. (2003): Bildungsgangdidaktik. Vortrag am Zentrum für Kindheits-, Ju-
gend- und Biographieforschung am 30.3.2003 an der Universität Siegen. – Ms.
Hamburg.
OELKERS, J. (1996): Reformpädagogik. Eine kritische Dogmengeschichte. – Weinheim
und München: Juventa-Verlag.
OERTER R. (1978): Zur Dynamik von Entwicklungsaufgaben im menschlichen Lebens-
lauf, in: OERTER, R. (Hg.): Entwicklung als lebenslanger Prozeß. – Hamburg: Hof-
mann & Campe, S. 66-110.
OERTER R. (1998): Kultur, Ökologie und Entwicklung, in: OERTER, R./MONTADA, L.
(Hg.): Entwicklungspsychologie. – Weinheim: PVU Beltz, S. 84-127.
OERTER, R./DREHER, E. (2002): Jugendalter, in: OERTER, R./MONTADA, L. (Hg.): Ent-
wicklungspsychologie. 5., vollständig überarbeitete Auflage. – Wein-
heim/Basel/Berlin [1982], S. 258-318.
OERTER, R./MONTADA, L. (2002; Hg.): Entwicklungspsychologie. – Weinheim: PVU
Beltz.
REINDERS, H. (2002): Entwicklungsaufgaben - Theoretische Positionen zu einem Klassi-
ker, in: MERKENS, H./ZINNECKER, J. (Hg.): Jahrbuch Jugendforschung 2. – Opladen:
Leske+Budrich, S. 13-37.
REINDERS, H./BUTZ, P. (2001): Entwicklungswege Jugendlicher zwischen Transition und
Moratorium, in: Zeitschrift für Pädagogik 6, S. 913-928.
SCHENK, B. (1999): Bildungsgangdidaktik - dem Lernen Sinn geben. Vortrag beim LIS
Bremen am 11.03. 1999. – Unveröff. Ms. Hamburg.
SCHENK, B. (2001): Perspektiven für Bildungsgangdidaktik und Bildungsgangforschung,
in: HERICKS, U. u.a. (Hg.): Bildungsgangdidaktik - Perspektiven für Fachunterricht
und Lehrerbildung. – Opladen, S. 263-268.
SCHENK, B. (2003): Entwicklungsaufgaben und Schule - eine Skizze. – Unveröff. Ms.
Hamburg.
TENORTH, H.-E. (2004): Stichwort: „Grundbildung" und „Basiskompetenzen": Herkunft,
Bedeutung und Probleme im Kontext allgemeiner Bildung, in: Zeitschrift für Erzie-
hungswissenschaft 7, Heft 2, S. 169-182 .
WATERMAN, A. S. (1985): Identity in adolescence. Processes and contents. – San Fran-
cisco: Jossey-Bass.
ZINNECKER, J. (2004): Diskussionsbeitrag zum Vortrag von Meinert A. Meyer: Bildungs-
gangforschung. – Ms. Zürich.

Was ist Bildungsgangdidaktik?

Meinert A. Meyer

1 Einführung in die Thematik

Ich versuche mit diesem Text meine Sicht auf die Allgemeine Didaktik als Bildungsgangdidaktik zu entwickeln. Ich analysiere und zergliedere zunächst mit Hilfe der Wortbildungslehre den Begriff „Bildungsgangdidaktik": Bildungsgangdidaktik ist substantiell *Didaktik*. Ich verstehe Didaktik als eine Handlungswissenschaft, deren Objektbereich das Lehren und Lernen ist. Damit beziehe ich Position gegen alle Versuche, Didaktik bloß als Lehre, als vorwissenschaftliches Element der Lehrerausbildung oder als mehr oder weniger reflektierte Normensetzung zu begreifen (Vgl. z.B. TERHART 2002a, HELSPER 2001)

Bildungsgangdidaktik beschäftigt sich mit dem bildenden *Gang* von Kindern und Jugendlichen. Sie interessiert sich für die Heranwachsenden in ihrer Familie, in den schulischen Institutionen, in der außerschulischen Lebenswelt; sie fragt, wie sie zu mündigen, verantwortlichen Menschen werden können. Da es sich hierbei immer um Veränderungen in der Zeit handelt, ist die Bildungsgangdidaktik bestrebt, Entwicklungsprozesse zu beschreiben, was bekanntlich ein schwieriges Unterfangen ist.

Bildungsgangdidaktik hat es mit *Bildung* zu tun, mit etwas typisch Deutschem, das man schwer in andere Sprachen übersetzen kann. Bildung ist mehr als breites Grundlagenwissen. Bildung ist etwas anderes als Lateinisch und Griechisch können. Sie hat mit Persönlichkeitsentwicklung, mit Reflexionsfähigkeit zu tun und auch mit dem aufgeklärten Bewusstsein der Subjektivität der je eigenen Weltansicht. Ganz wie die platonische Idee des Guten entzieht sie sich Definitionsversuchen, leitet aber - gewollt oder ungewollt - unsere Vorstellungen darüber, was gelungene Sozialisation und was ein ertragreicher Lernprozess sein kann.

Ich subsumiere jetzt die Bildungsgangdidaktik unter die Bildungsgangforschung (vgl. BASTIAN u.a. 2002):

Bildungsgangforschung ist zunächst Lehr-Lern-Forschung und damit in der Institution Schule Unterrichtsforschung. Sie betont dabei mit der Konzentration auf den

Gang der Bildung die Perspektive der Lernenden. Bildung ist ein sozialisatorischer Prozess, in dem sich das Selbst entwickelt, mit Krisen, Regressionen, Brüchen, Entwicklungsschüben und Aufbrüchen. Die Förderung von Bildung bedarf daher einer Kultur, die nicht nur die Reproduktion der Gesellschaft sichert, sondern zugleich gesellschaftliche Transformation ermöglicht. Wir erforschen, wie sich Heranwachsende und junge Erwachsene in Lehr-Lern-Situationen verhalten, wie sie ihre Lernaufgaben deuten und was getan werden kann, um die Bildungsprozesse der Heranwachsenden und jungen Erwachsenen zu fördern. Uns interessiert, wie sie nicht nur Wissen und Können, sondern zugleich auch die Fähigkeit zur Selbstbestimmung und zu verantwortlichem Handeln in einer Welt entwickeln, die zunehmend komplexer und schwieriger wird. (BASTIAN u.a., S. 3f.)

Ich führe das Verhältnis von Forschung und Didaktik im Hinblick auf meine Zielsetzung, den Ausweis von Bildungsgangdidaktik als Entwicklungsperspektive für die Allgemeine Didaktik, im Anschluss näher aus. Zunächst liegt mir dabei an einer systematischen Verknüpfung der Bildungsgangdidaktik mit einer Vielzahl anderer Teildisziplinen, ohne dass ich für jede einzelne dieser Teildisziplinen jetzt den Konnex und die Problematik andeuten kann:

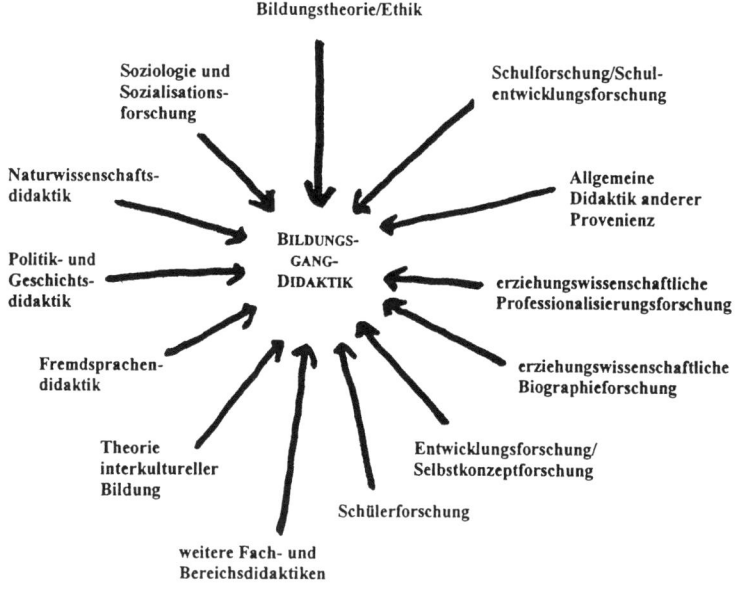

Abbildung 1:   Bezugsdisziplinen der Bildungsgangdidaktik

Eine einzige Veranschaulichung des Beziehungsgeflechts sei gegeben. Wenn Gerd HEURSEN fragt, ob es eine allgemeine Fachdidaktik geben müsse und ob diese allgemeine Fachdidaktik nicht die Allgemeine Didaktik entbehrlich mache (HEURSEN 1994), oder wenn Ewald TERHART fordert, dass erziehungswissenschaftliche Fragestellungen direkt mit fachdidaktischen Fragestellungen in den neuen Kerncurricula für die Lehrerbildung verknüpft werden sollten (TERHART 2002b), dann steckt hinter meinem Schaubild gegen derartige Überlegungen der Anspruch auf Beibehaltung einer Allgemeinen Didaktik, und zwar als Bildungsgangdidaktik, weil die Fachdidaktiken aus meiner Sicht die Bildungsgangperspektive nicht von sich aus angemessen entwickeln können. In der Allgemeinen Didaktik konzipieren und erforschen Wissenschaftler Lehr-Lern-Prozesse unter der Perspektive von Bildungsprozessen (vgl. auch HERICKS u.a. 2001).

Meinem Schaubild lässt sich zugleich eine Forderung entnehmen. Die Allgemeine Didaktik sollte stärker, als dies bis jetzt der Fall war, Synergieeffekte der Teildisziplinen anstreben und in der Forschung aufeinander beziehen. So wie Andreas GRUSCHKA eine empirische Bildungsforschung anstrebt, so sollte auch Bildungsgangdidaktik empirische Forschung integrieren. Bildungsgangdidaktik wird dann zu einem Erfolg, wenn es uns gelingt, die fachdidaktischen Problemfelder mit den allgemeindidaktisch-erziehungswissenschaftlich-psychologischen und mit den sozialisationstheoretischen Feldern zu verbinden. Ich komme darauf in meiner Schlussbemerkung zurück.

Jetzt beginne ich mit dem klassischen didaktischen Dreieck, der Gegenüberstellung und Inbezugsetzung von Lehrer, Schüler und Stoff. Danach versuche ich, diese Dreiteilung der Vermittlungsaufgabe im Lehr-Lern-Prozess jeweils auf Bildungsgangforschung hin auszulegen. Ich beschäftige mich dazu im dritten Abschnitt - mit Bezug vor allem auf John DEWEY - mit der Frage, wie sich das Verhältnis der Schüler (der Kinder) zum „Stoff", zu den Unterrichtsinhalten, zum Curriculum bestimmen lässt. Dann setze ich mich mit dem Verhältnis der Lehrenden zu den Lernenden auseinander. Es folgt ein Abschnitt, in dem es um die Frage geht, wie die Bearbeitung von Entwicklungsaufgaben auf Schule und Unterricht bezogen werden kann. Die dann folgende Problematisierung ist die für mich schwierigste: der Bezug der gesellschaftswissenschaftlichen Dimension auf die Bildungsgangforschung. Ich gehe danach auf eine Anwendungsebene und beschäftige mich mit der Frage, wie Lehrer den Lehr-Lern-Prozess planen, gestalten und verantworten können, ich versuche also, in aller Kürze Allgemeine Didaktik und Unterrichtsplanung aus der Perspektive der Bildungsgangforschung zu skizzieren. Wenn Didaktik und Unterrichtsplanung bildungsgangdidaktisch inspiriert sein sollen, dann sollten sie die Fragestellungen der Abschnitte 2, 3 und 4 konstruktiv aufnehmen. Ich schließe mit Bemerkungen zur interdisziplinären Anerkennung von Schulpädagogik und Allgemeiner Didaktik

2   Lehrer - Schüler - Stoff

Das nachfolgende Schaubild ist nach den jetzt in der Einleitung eingebrachten Problematisierungen mit Absicht simpel, fast naiv. Ich möchte verdeutlichen, wie problematisch und ertragreich zugleich Bildungsgangdidaktik wird, wenn man die dem Schaubild innewohnenden Präsuppositionen expliziert und verschiedene Betrachtungsweisen konkurrierender Disziplinen und Wissenschaften aufeinander bezieht:

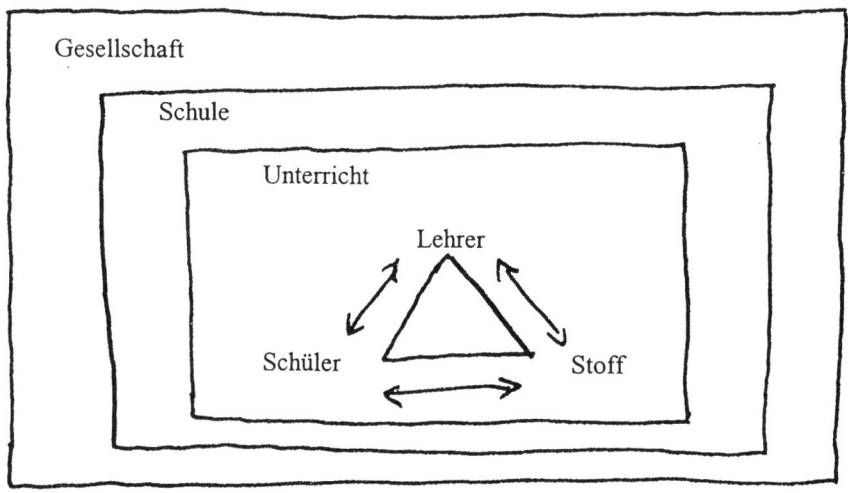

Abbildung 2:   Didaktisches Dreieck

Im Rahmen der Bestimmung des Dreiecksverhältnisses zwischen dem Lehrer, den Schülern und dem Stoff, das schon seit Ende des 19. Jahrhunderts als „didaktisches Dreieck" bezeichnet wird, geht es in der Bildungsgangdidaktik um die *Fokussierung auf die Schüler,* auf die Lernenden als sich Bildende. Dabei gibt es qua Perspektive der (Schul-)Didaktik schon eine erste, nicht unproblematische Eingrenzung. Die Heranwachsenden sind von Interesse, insofern und weil sie Schülerinnen und Schüler sind. Natürlich findet Lernen auch in ganz anderen Zusammenhängen und Kontexten statt; Bildungsgangdidaktik kommt aber immer wieder auf die Institutionen der Bildung zurück, auch wenn sie informelle Lernprozesse nicht vernachlässigen will.

Zugleich liegt mir an einer ersten Präzisierung oder Korrektur. Da die Schule für die Schüler und nicht für die Lehrer da ist, muss das Dreieck vom Kopf auf die Füße gestellt werden:

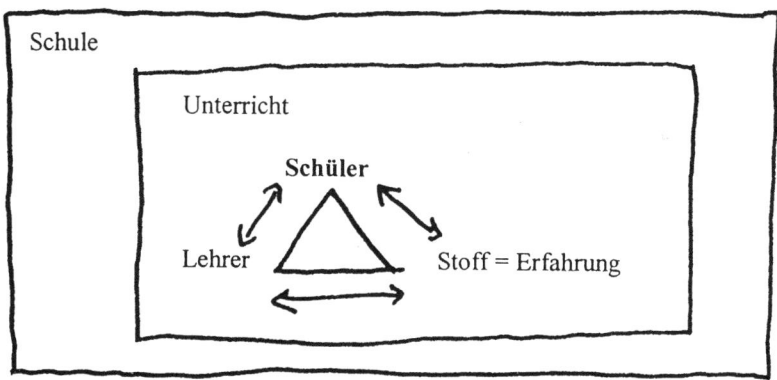

Abbildung 3:   Schülerorientierung

Es geht um die Schüler. Dennoch ist Schule eine Einrichtung der Gesellschaft, die für mehr als nur für subjektives Wohlbefinden sorgen soll und muss. Zwischen kind- und curriculumzentrierten Entwürfen der Schule versuchte bereits der US-amerikanische Philosoph und Pädagoge John DEWEY zu vermitteln. Auf ihn gehe ich gleich näher ein, kommentiere aber zunächst das Didaktik-Konzept von Andreas GRUSCHKA.

3   John DEWEY: „The child and the curriculum"

Lehren und Lernen heißt, etwas zu vermitteln, Wissen und Können zu erweitern, Einstellungen zu stabilisieren oder auch zu ändern. Weil man als Lehrer gefordert ist, die Vermittlung von Fähigkeiten und Kenntnissen für die Schülerinnen und Schüler ertragreich zu gestalten, sollte man in der schulpädagogisch-allgemeindidaktischen und in der fachdidaktischen Forschung den Fokus auf den Stoff, auf die Unterrichtsinhalte und ihre didaktische Struktur nicht vergessen. Dies war in der bildungstheoretischen Didaktik selbstverständlich, ist aber in den methodenfokussierten Diskussionen eines pädagogischen Konstruktivismus in Vergessenheit geraten. Matthias TRAUTMANN schreibt dazu:

> Kern des schulischen Angebots ist nach wie vor der Unterricht. Hier entscheidet sich die Qualität der didaktischen Prozesse. In der Forschung sind in den letzten Jahren vor allem soziale Fähigkeiten und Fertigkeiten und Fragen der Unterrichts-methode in den Mittelpunkt gerückt worden. Schulischer Unterricht, so meine The-se, ist jedoch in der Hauptsache auf *Wissen* bezogen. Damit richtet sich mein Ansatz gegen eine reine „Tätigkeitsdidaktik" (J. OELKERS), der es egal ist, woran gelernt wird, solange dies aktiv und selbstorganisiert erfolgt. Den vernachlässigten Aspekt des Schulwissens will ich aufgreifen. Unter Schulwissen sollen dabei nicht die staat-lichen Lehrpläne (oder Rahmenrichtlinien) allein verstanden werden, auch nicht nur die Lehrmittel, sondern dasjenige Angebot, das im Klassenzimmer verwirklicht wird. Schulwissen ist auch nicht wissenschaftliches Wissen. Es ist eher beeinflusst durch eine Zusammensetzung aus dem Fachwissen von einzelnen Lehrkräften, dem Wissen von Fachschaften, dem Lehrplan- und Lehrmittelwissen sowie steuernden Erwartungen aus dem Schulumfeld. Schulwissen ist daher keine feste Entität, son-dern wird im Klassenzimmer konstruiert. (TRAUTMANN 2002, S. 1)

Schulwissen zu erforschen, ist zentrales Element der Bildungsgangdidaktik, wie ich meine. Wir sollten uns fragen, wie es *aus Schülerperspektive* bestimmt wer-den kann. Ich kann dies mit Bezug auf Andreas GRUSCHKAs Didaktik verdeutli-chen. Er beginnt mit der Opposition von Subjekt und Objekt, die ich eben als Opposition von Schüler und Curriculum gekennzeichnet habe, und hebt diese Opposition von der Didaktik ab, die in meinem Dreieck durch den unterrichten-den Lehrer besetzt ist und bei GRUSCHKA als „angewandte Didaktik" oder als „praktische Didaktik" zu verstehen ist:

> Während ohne Didaktik das Objekt sich entweder vielfach dem Subjekt verschließt oder es erst gar nicht in den Bildungshorizont gerät, sorgt Didaktik dafür, dass der Schüler vor das Objekt gestellt wird und es zwecks seiner Aneignung bearbeitet.
> Didaktische Theorie hätte als reflektierte und geplante Vermittlung darin zu be-stehen, im einzelnen diesen Transformationsprozess als plausibel nachzuweisen. Die Prüfkriterien dafür, ob ihr das gelingt, wären denkbar einfach:
> Erfährt es das Subjekt als Erleichterung, den Umweg über die Didaktik zu gehen, um zum Objekt zu kommen? Kommen die Subjekte schneller beim Objekt an, auch

wenn sie diesen Umweg gehen? Kommen sie wirklich beim Objekt an, wenn sie diesen Umweg gehen? Kurz: Wie erfolgt die Erschließung so, dass das durch sie zu Erschließende wirklich angeeignet wird?

Mit diesen Fragen werden die didaktischen Konstruktionen unter einen entscheidenden Vorbehalt gestellt. Sie gelten nicht schon mit den versprochenen Wirkungen als notwendige und legitime Hilfsmittel. Gegen die Postulate wäre auf ihre realen Funktionen bzw. Funktionsweisen zu blicken sowie auf das reflexive Verhältnis der Didaktik zur Vermittlung, die Differenz zwischen den Ansprüchen und ihrer Verwirklichung. Das Dreieck zwingt dazu, die Vermittlung des zu Vermittelnden nicht schon mit der Setzung des Didaktischen als gegeben zu betrachten. (GRUSCHKA 2002, S. 99)

In Frage steht also die Legitimation didaktischer Bemühungen im Detail, wenn nicht sogar die Legitimation der Didaktik insgesamt. Freilich würde GRUSCHKA wohl nicht behaupten, dass die Ausgliederung des Lernens aus dem Leben, mit den Theoremen der Aufklärung im 19. Jahrhundert institutionalisiert, gesellschaftlich keine Erfolgsgeschichte wäre. Im Mikroskop des Forschers sieht man indes: Didaktik behindert manchmal Lernen und behauptet doch immer dessen Erleichterung. Es sollte deshalb mit Andreas GRUSCHKA (2001), mit Tilman GRAMMES (1998) und anderen, wenn Bildungsgangforschung betrieben und Bildungsgangdidaktik als Handlungswissenchaft von Lehrern konzipiert werden soll, sorgfältig untersucht werden, wie das Verhältnis der Schüler zum Curriculum zu bestimmen ist, wie man dieses Verhältnis erforschen kann, wie sich die Welt des Wissbaren zu *Schulwissen* verfestigt und wie es sich dabei verändert. Dabei sollte deutlich werden, dass der institutionalisierte Lernprozess wesentlich dafür da ist, dass das, was sich *noch nicht im Horizont der Heranwachsenden* befindet, in diesen Horizont gelangen kann. GRUSCHKAs Frage, wie schnell die „Subjekte" beim „Objekt" ankommen, greift deshalb zu kurz. Man sollte nicht voraussetzen, dass automatisch *der Lehrer/die Lehrerin* hilfreich und notwendig für den Wissensaufbau ist. Man sollte aber auch nicht annehmen, dass die Lehrperson grundsätzlich lernbehindernd wirkt.[1]

Für die inhaltliche Entfaltung des Spannungsverhältnisses Schüler - Curriculum stütze ich mich jetzt auf den amerikanischen Philosophen, Psychologen und Pädagogen John DEWEY (1856-1952), der lange vor TRAUTMANN und GRUSCHKA dargestellt hat, dass die Auseinandersetzung mit den Unterrichtsinhalten ein Standardproblem der Didaktik darstellt. Er hat dafür ein anspruchsvolles und bis heute richtungsweisendes Konzept entwickelt. Möglich wurde dies, weil DEWEY eine konsequent experimentelle Haltung eingenommen hat. Er

---

[1] Zur komplexen Einbettung des Wissensaufbaus im Rahmen des Lernens durch Erfahrung sei auf den Beitrag von Arno COMBE in diesem Band hingewiesen.

versteht die Schule als Experiment der Gesellschaft mit der nachwachsenden Generation. In „The child and the curriculum" schreibt er:

> The fundamental factors in the educative process are an immature, undeveloped being, and certain social aims, meanings, values incarnate in the matured experience of the adult. The educative process is the due interaction of these forces. Such a conception of each in relation to the other as it facilitates completest and freest interaction is the essence of educational theory. (DEWEY 1902, S. 273)

DEWEY äußert sich hier zur erziehungswissenschaftlichen Theorie: Erziehung besteht in der „möglichst vollständigen und möglichst freien" Wechselwirkung zwischen Kind und Erwachsenenwelt. DEWEY verflüssigt damit das, was landläufig als Unterrichtsinhalt, als „Objekt" des Unterrichtsprozesses, bezeichnet wird, zur „*interaction*" in HEGELscher Manier:

> The child lives in a somewhat narrow world of personal contacts. Things hardly come within his experience unless they touch, intimately and obviously, his own well-being, or that of his family and friends. His world is a world of persons with their personal interests, rather than a realm of facts and laws. Not truth, in the sense of conformity to external fact, but affection and sympathy, is its keynote. As against this, the course of study met in the school presents material stretching back indefinitely in time, and extending outward indefinitely into space. The child is taken out of his familiar physical environment, hardly more than a square mile or so in area, into the wide world - yes, and even to the bounds of the solar system. His little span of personal memory and tradition is overlaid with the long centuries of the history of all peoples. (a.a.O., S. 274)

Trotz der - für uns heute wohl zu strikten - Differenz zwischen der Lebenswelt und Weltsicht der Heranwachsenden auf der einen Seite und der Wissenschaftswelt und dem Weltverständnis der Erwachsenen auf der anderen Seite wäre es mit John DEWEY wenig sinnvoll, sie als unvermittelbar zu bezeichnen.[2] Beide Seiten sind im Fluss:

> Abandon the notion of subject-matter as something fixed and ready-made in itself, outside the child's experience; cease thinking of the child's experience as also something hard and fast; see it as something fluent, embryonic, vital; and we realize that the child and the curriculum are simply two limits which define a single process. Just as two points define a straight line, so the present standpoint of the child

---

[2] Die Differenz ist immer noch vorhanden, wenngleich sie von beiden Seiten in Frage gestellt wurde und wird. Auch die Medienwelt von heute, die in die Kinderzimmer und in den Wahrnehmungshorizont der Kinder dringt, hebt die These von DEWEY nicht auf.

and the facts and truths of studies define instruction. It is continuous reconstruction, moving from the child's present experience out into that represented by the organized bodies of truth that we call studies. (a.a.O., S. 278)

Im Schaubild:

Wissenschaft / das Fremde/   eigene (vertraute) Lebenswelt
das Neue / die Lernaufgaben

Ich verkürze die komplexe Argumentation DEWEYs jetzt thesenartig und übertrage sie in die heutige Problemsituation:

- In der Schule wird gesellschaftliches Wissen selegiert, rekonstruiert und zerteilt: in Mathematik und Naturwissenschaften, Deutsch und Fremdsprachen, Geschichte, Kunst, Musik und so weiter und so weiter. Ist ein solches ‚Korsett' eine *notwendige* Bedingung für Lernprozesse? Ich meine, ja. DEWEY konstruiert das Curriculum im Bezug auf die Lebenswelt der Heranwachsenden, überschreitet diese Welt dann aber systematisch. Die Schule soll Lernumwelten schaffen, die diese Überschreitungen erleichtern.

- Die Rekonstruktion des Wissens orientiert sich an Idealen, an wissenschaftlichen Methoden, an Objektivität, nicht nur an der Lebenswelt der Kinder und an dem, was für sie bedeutsam ist.

- Die Affekte, die Emotionen, die ethischen Fragen, die das Kind in seiner Lebenswelt mit allem verbindet, was es wahrnimmt und tut, werden in der Schule zunehmend durch Erwachsenen-Rationalität ersetzt. Schule gestaltet den Abschied von der Kindheit.

- Bildungsgangdidaktisch betrachtet ist das Lernen ein *Ausbau* der Erfahrung *(experience)*, die das Kind schon gemacht hat. Die direkte Erfahrung der Lebenswelt wird in Schule und Unterricht transformiert, aber sie bleibt Erfahrung.

- Die Lehrerinnen und Lehrer sind oftmals die Repräsentanten und Impulsgeber dieser Transformation, aber die Schüler sind und bleiben die Akteure.

Wenn DEWEY Erfahrung zum Schlüsselbegriff erhebt, präzisiert er also, wie der „Stoff", die Unterrichtsinhalte, aus Schüler- und aus Lehrerperspektive in den didaktischen Blick kommen sollten. Ich kann das auch als Appell formulieren: Entdecken wir die Welt der Erziehung und der Bildung aus Schülerperspektive.

Dass die Gegenstände des Unterrichts für Schüler etwas anderes darstellen als für Lehrer, ist eine didaktische Herausforderung, bei der nicht stehen geblieben werden kann. Wie lässt sich aber verhindern, dass die Erwachsenengenerationen bloß den Nürnberger Trichter füllen?

4 Lehrer und Schüler - mit Bezug auf Lothar KLINGBERG: Zur „Subjektposition" der Lernenden und der Lehrenden

Wenn man von objektiven und subjektiven Bildungsgängen spricht, verwendet man eine Begrifflichkeit, die im Neuhumanismus und in der Subjektphilosophie Ende des 18. und zu Beginn des 19. Jahrhunderts üblich war und die dann über Wolfgang KLAFKI bis in die pädagogischen Diskussionen der zweiten Hälfte des 20. Jahrhunderts gekommen ist. Der Grund für die Beibehaltung der traditionellen Terminologie liegt wesentlich in ihrer Komplexität und zugleich in ihrer Verständlichkeit. Dies mag paradox klingen, aber es sichert für eine Didaktik als Handlungswissenschaft Anschlussfähigkeit nach beiden Seiten. Von Interesse ist - ich wiederhole mich -, wie sich die Lernenden im bildenden Gang durch die Schule entwickeln, wie die Lehrer die Schüler wahrnehmen, wie die Eltern mit den Kindern kommunizieren, wie diese sich als Heranwachsende an den „objektiv vorgegebenen Strukturen" unserer Gesellschaft abarbeiten; es interessiert, wie sich im Bildungsprozess gesellschaftliche Ungleichheit reproduziert oder vielleicht auch transformiert; es interessiert nicht nur die Wechselwirkung von Kind und Curriculum, sondern auch das spannungsgeladene Verhältnis der Lernenden zu den Lehrenden, die „intergenerationelle Kommunikation", um einen Begriff von Helmut PEUKERT zu verwenden, auf den ich gleich noch zurückkomme (PEUKERT 1998).

Ich zitiere für die Bestimmung des Lehrer-Schüler-Verhältnisses aus einer Arbeit von Lothar KLINGBERG, in der er das Subjekt-Objekt-Verhältnis in einer Art und Weise definiert hat, die mir bis heute vorbildlich erscheint. KLINGBERG schreibt in „Überlegungen zur Dialektik von Lehrer-Schüler-Tätigkeit im Unterricht der sozialistischen Schule":

> Im Unterricht agieren Lehrende und Lernende in einem spezifischen - pädagogisch intendierten und didaktisch instrumentierten - Bedingungs- und Faktorengefüge, in einer pädagogisch hochkomprimierten Konstellation. Der hier wirkende Grundwiderspruch besteht darin, daß *einerseits* pädagogisch intendierte, didaktisch instrumentierte (oft organisierte) Prozesse auf den (die) Lernenden einwirken, daß pädagogisch legitimierte Ziele, Inhalte, Methoden und Organisationsformen intentional auf Bildung und Erziehung (und damit auf Veränderung und Entwicklung) der Ler-

nenden gerichtet sind, Lernende sich also in einer pädagogisch und didaktisch intendierten Objektposition befinden - und *andererseits* dieser Prozeß nur vollzogen werden kann, wenn diese „pädagogischen Objekte" gleichzeitig in eine Subjektposition treten, eine Subjektposition einnehmen.

Die pädagogische Logik besteht offenbar in der permanenten Vermittlung dieser gleichzeitigen, wechselnden, sich überlagernden Subjekt- und Objektposition(en) der Lernenden und einer Verschränkung von Subjekt- und Objektpositionen der Lehrenden. (...)

Lernende sind weder nur Subjekte pädagogisch intendierter Unterrichtsprozesse, vielmehr sind sie gleichzeitig (ob direkt oder indirekt) Objekte und Subjekte eines Prozesses, dem sie einerseits „ausgesetzt" sind und den sie andererseits mitgestalten." (KLINGBERG 1987, S. 8f.)

Offenbar bedeutet dies, das Verhältnis der Lehrer zu den Schülern komplex zu denken, als *dialektisches Verhältnis* und damit voller Widersprüche, womit sich die Frage stellt, in welchem Sinne sich dieses Verständnis der Lehrer-Schüler-Interaktion für die Präzisierung der Aufgabe der Bildungsgangdidaktik verwenden lässt. Ich meine, dass es hier zu einer Entlastung kommen kann: Auch die Schüler tragen zu ihrem Teil Verantwortung für die Planung und Gestaltung des Unterrichts (vgl. MEYER/SCHMIDT 2000, KUNZE 2004 und MEYER/KUNZE 2004, in Vorbereitung).

Die Lehrer-Schüler-Interaktion verweist auf eine ihr zugrundeliegende ethische Dimension. Dafür beziehe ich mich auf die Bildungstheorie, die Helmut PEUKERT entwickelt hat. Er schreibt:

Eine (...) pädagogische Kultur, die Leben und transformierende Entwicklung aus Kommunikation ermöglichen will und deren Konzeption den Ansatzpunkt für eine Bildungsgangdidaktik bietet, hat zweifellos ethische Implikationen, die nicht einfach die eines übernommenen Normensystems sind, sondern die in der Struktur pädagogischer Interaktion liegen und erst die Voraussetzung dafür bieten, daß in freier Übereinkunft zustimmungsfähige Normen gefunden werden können. (...) Ich möchte die Ethik einer solchen wechselseitigen Anerkennung von Freiheit, die auf einer Symmetrie eines asymmetrischen Vorrangs des jeweils anderen beruht, eine Ethik intersubjektiver Kreativität nennen, die im Prinzip von der Anerkennung niemanden ausschließen kann und deshalb nur im Horizont einer universalen Solidarität, die Leben für alle ermöglichen will, verstanden werden kann. (PEUKERT 1998, S. 26f.)

Lehrende müssen so tun, als ob sie die Zukunft der Heranwachsenden und ihre Entwicklungsaufgaben antizipieren könnten, obwohl sie immer nur auf das verweisen können, was ihrem jetzigen Denkhorizont als notwendig, als bedeutsam, als „epochaltypisch" erscheint, um Wolfgang KLAFKIs Denkfigur heranzuziehen.

Ich verdeutliche die didaktische, als solche zugleich dialektische Lehrer-Lerner-Beziehung auf der Basis einer Ethik wechselseitiger Anerkennung mit einer Erinnerung einer Studentin an ihre eigene Schulzeit. Sie erläutert, was sie unter Lehr-Lern-Prozessen versteht, und schreibt dann:

> Dabei denke ich vor allem an meine eigene Schulzeit zurück, denn der beste Unterricht, den ich je erlebt, und auch der einzige Aha-Effekt, der mich auf Dauer beeinflusst hat, fand in einer Projektwoche statt, in der ich als Thema die Relativitätstheorie von Albert Einstein wählte. In einer Gruppe von 10 Schülern arbeiteten wir sie aus, fragten unseren Lehrer nach Hilfe, wenn wir welche benötigten, die er oft und in Form von Frontalunterricht leistete, der uns allen sehr viel Freude bereitete und schließlich auch zu meiner Erkenntnis führte, als er eine Zeichnung an die Tafel malte und mir ein Licht aufging. Seit diesem Tag weiß ich, was es mit der Relativitätstheorie auf sich hat, kann sogar Formeln selbstständig wieder herleiten. Kein anderes Erlebnis ist in meinem Kopf so stark haften geblieben, es führte im Endeffekt sogar dazu, dass ich mich stark mit der Astrophysik auseinander setzte, obgleich mir der Physikunterricht in der Schule nie wieder etwas vermitteln konnte. (Lilit T., Wintersemester 2001/02)

Ich meine, dass man an dieser rückblickenden Beschreibung eines Lernprozesses gut nachvollziehen kann, was unter Sinnkonstruktion zu verstehen ist, wie die Schülerin im schulischen Angebot etwas für sie selbst Sinnvolles, Motivierendes entdeckt hat, wie sie das Wechselspiel von Verobjektivierung und subjektiver Selbstbestimmung erlebt hat. Man kann erkennen, was die Bildungsgangdidaktik interessiert: das spannungsreiche Zusammenspiel von subjektivem Bildungsgang und schulischem Unterricht. Was aber bedeutet „Zusammenspiel" genau? Die Bildungsgangdidaktik bemüht an dieser Stelle eine Vermittlungsfigur: die Entwicklungsaufgabe.

5   Entwicklungsaufgaben, Schule und Unterricht - Robert J. HAVIGHURST: „Developmental tasks and education"

Entwicklungsaufgaben fokussieren auf die Schüler als diejenigen, die sich selbst in ihrem objektiv vorgegebenen und doch subjektiv gestalteten Lernprozess bilden. Der Begriff geht auf Robert J. HAVIGHURST (1948/1972) zurück, auch wenn wir uns heute von seinen Ausführungen im Detail teilweise distanzieren.[3] Die Nähe zu John DEWEY ist offenkundig. HAVIGHURST schreibt:

---

[3] Ich verweise auf den Beitrag von Matthias TRAUTMANN in diesem Band.

The developmental-task concept occupies middle ground between the two opposed theories of education: the theory of freedom - that the child will develop best if left as free as possible, and the theory of constraint - that the child must learn to become a worthy, responsible adult through restraints imposed by his society. A developmental task is midway between an individual need and a societal demand. It assumes an active learner interacting with an active social environment. (HAVIGHURST 1972, S. VI)

HAVIGHURST definiert dann:

A developmental task is a task which arises at or about a certain period in the life of the individual, successful achievement of which leads to his happiness and to success with later tasks, while failure leads to unhappiness in the individual, disapproval by the society, and difficulty with later tasks. (a.a.O., S. 2)

Er wendet viel Energie für die Frage auf, wie Entwicklungsaufgaben entstehen. Das Kind wächst heran. Schon das produziert Erwartungen seiner Umwelt. Offensichtlich gibt es auch „sensible" oder - mit ERIKSON - „kritische" Phasen, in denen Kompetenzen besonders gut erworben werden können, was in Umkehrung heißt, dass zu spät erworbene Kompetenzen unter Umständen nicht mehr gut erworben werden. Andere Aufgaben kann man am besten als kulturelle Anforderungen auffassen, von Kultur zu Kultur andersartig gestaltet. Noch andere beziehen sich auf die Persönlichkeitsentwicklung, auf Werte und Normen zwischen Individualität und Gesellschaft.

Aus didaktischer Perspektive am interessantesten ist die Einbettung der Schule und des Unterrichts in dieses Modell:

When the body is ripe, and society requires, and the self is ready to achieve a certain task, the teachable moment has come. (a.a.O., S. 7)

Barbara SCHENK hat mit Bezug auf diesen Ansatz und seine Rezeption in der Entwicklungspsychologie und der Naturwissenschaftsdidaktik die These vertreten, die Entwicklungsaufgaben, wie sie von den Lernenden wahrgenommen werden, seien Motor ihres Lernens. Wenn wir diese These als Hypothese verstehen, dann finde ich das perspektivenreich. Eingegrenzt auf die Schule ergibt sich das nachfolgende einfache Schaubild für die Zeit der Adoleszenz (vgl. HERICKS/SPÖRLEIN 2001, S. 36; Abbildung nächste Seite):

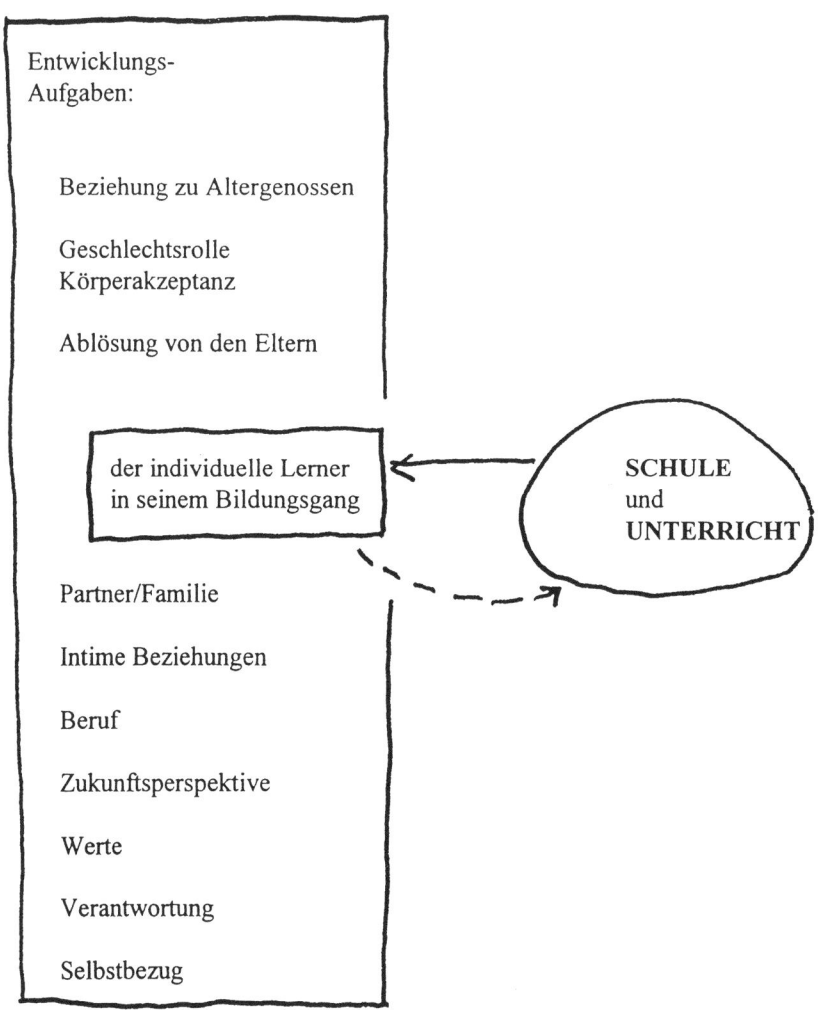

Abbildung 4:   Entwicklungsaufgaben

Das Schaubild soll andeuten, dass die lernenden Individuen in ihrem Bildungsgang ihr Lernen an den von ihnen wahrgenommenen Entwicklungsaufgaben
festmachen und dass sie deshalb die schulischen Lernangebote in ihrer Sinnstruktur subjektiv deuten, variantenreich und nicht immer so, wie die Lehrer es

sich denken. Es kommt also zu einem spannungsvollen Wechselspiel, zu einer Interaktion voller Missverständnisse auf beiden Seiten und nur, wenn es gut läuft, zu einer längerfristig perspektivenreichen Bedeutungsaushandlung (*negotiation of meaning*). Angemerkt sei, dass das Entwicklungsaufgabenkonzept in konflikthafter Spannung zu BOURDIEUs Konzept des „Habitus" zu denken ist. Während das Entwicklungsaufgabenkonzept die Perspektive des Machbaren betont und noch einmal die Didaktik als Handlungswissenschaft ins Spiel bringt, ist das Habitus-Konzept stärker sozialisatorisch zu denken. Es ist eher deskriptiv. Es akzeptiert eher, dass das sich in die Gesellschaft hinein entwickelnde Individuum in vielfacher Hinsicht nur „Objekt" dieser Entwicklung ist, sie nicht autonom gestalten kann, in ihr nicht Selbsttätigkeit und Selbständigkeit realisiert (vgl. Arno COMBE und Simone TOSANA in diesem Band).

Es ist umstritten, welchen Status die Entwicklungsaufgaben im Rahmen der Entwicklungspsychologie und der Selbstkonzeptforschung haben können. Ohne Frage wirken „objektive" gesellschaftliche Anforderungen auf die „Subjekte". Zugleich werden die Entwicklungsaufgaben im transformatorischen Erziehungsprozess verändert. Man muss deshalb weiter darüber diskutieren, was man heute unter Entwicklungsaufgaben verstehen kann. Einer gründlichen Klärung bedarf dabei m.E. vor allem der Anspruch, dass durch das Entwicklungsaufgabenkonzept eine Spannung zwischen „objektiven" gesellschaftlichen Anforderungen und ihrer „subjektiven" Deutung beschrieben wird. Dieses Spannungsverhältnis muss mit Lothar KLINGBERG als dialektisch und damit als widersprüchlich bestimmt werden. Ich nenne drei Problembezüge, die mich besonders interessieren:

(1) Methodisch ist zu fragen, in welchen Sinne die Entwicklungsaufgaben *objektiv* sein können. Als Aufgaben haben sie normative Qualität. Soll der Bildungsgangforscher diese Normativität voraussetzen? Oder gibt es die Möglichkeit, wie das DREHER/DREHER (1985) versucht haben, Entwicklungsaufgaben empirisch zu bestimmen? Die Objektivität, der sich die Heranwachsenden aussetzen, ist meiner Ansicht nach eine von ihnen und von der Gesellschaft konstruierte „subjektive Objektivität". Sprachanalytisch betrachtet heißt dies, dass die zunächst sehr allgemein formulierten Entwicklungsaufgaben von den einzelnen Subjekten gedeutet und so inhaltlich lebendig gemacht werden. Zu wünschen wäre eine empirische Erhebung zu der Frage, welche Entwicklungsaufgaben Jugendliche heute akzeptieren.

(2) Das Entwicklungsaufgaben-Konzept ist nicht einfach nur eine Variante des *Schlüsselproblem-Ansatzes*, den Wolfgang KLAFKI mit sehr breiter Wirkung in die Diskussionen in der Allgemeinen Didaktik eingebracht hat (KLAFKI 1985/1991). Schlüsselprobleme sind nach KLAFKIs Definition gesellschaftliche Probleme der Gegenwart und der vorsehbaren Zukunft, die als solche von

den Heranwachsenden bearbeitet werden sollten, wenn sie sich allgemein bilden wollen.[4] Ein Beispiel dafür ist etwa die Umweltthematik; ein anderes Beispiel wäre die interkulturelle Problematik. Mein Problem mit diesen Schlüsselproblemen ist, dass in ihnen die Subjektposition der Lernenden nicht angemessen berücksichtigt wird: Obwohl wir Erwachsene davon überzeugt sind, dass die Umweltproblematik für unsere Lebenswelt ungeheuer bedeutsam ist, muss man feststellen, dass das Thema in den Schulen in gewisser Weise „ausgelutscht" ist. Schüler nehmen das Thema nicht mehr in der gleichen Art und Weise als ein sie bewegendes Problem an, wie dies vor zehn oder zwanzig Jahren der Fall war. Die Frage ist natürlich, ob deshalb jetzt keine Umwelterziehung mehr stattfinden soll.

(3) Wichtig ist der Hinweis, dass sich die Schwierigkeit mit den Schlüsselproblemen in seiner normativen Gestalt für den Entwicklungsaufgabenansatz wiederholt. Wer definiert, was Entwicklungsaufgaben sind? Auf der Basis welcher vernünftigen Argumentation wird dann ein Katalog von Entwicklungsaufgaben entwickelt? Und was ist eine angemessene Lösung? Man könnte angesichts dieser Probleme die Position vertreten, Entwicklungsaufgaben seien Phantome, die sich wenig eignen, Allgemeine Didaktik als Handlungswissenschaft voranzubringen.[5] Ich möchte dem entgegenhalten, dass sie nicht einfach im Unterricht und in der Schule beobachtet werden können. Dafür sind sie zu „abstrakt", zu abgehoben von den Unterrichtsinhalten der Fächer. Ich meine aber, dass man sozusagen analytisch aus der nicht bestreitbaren *Diskrepanz* der Sinnstruktur, die Lehrer im Unterricht erkennen, und der Sinnstruktur, die die Schülerinnen und Schüler realisieren, auf die Entwicklungsaufgaben verwiesen wird. Wie sonst sollte man erklären, dass Schüler manchmal im Unterricht mitarbeiten, manchmal nicht? Wie sonst soll man erklären, dass Unterricht, der alle Gütekriterien erfüllt, immer wieder an (einzelnen) Schülerinnen und Schülern vorbeigeht? Ich formuliere deshalb als Hypothese:

Entwicklungsaufgaben vermitteln in einem bottom up-Verfahren gesellschaftliche Schlüsselprobleme mit der Perspektive der Heranwachsenden.

---

[4] Dass die Heranwachsenden das Allgemeinbildungsprogramm ablehnen könnten, ist nicht vorgesehen.

[5] Ich kann mein Problem mit Karl POPPER auch wissenschaftstheoretisch formulieren: Theorie ist dann schlecht, wenn man sie durch Empirie nicht verbessern kann, wenn man also durch Falsifikation von Elementen der Theorie keine Fortentwicklung des Theoriegebäudes denken kann. Ich hoffe, dass wir in der Bildungsgangforschung nicht eine solche immunisierende Theoriebildung praktizieren.

Welche Form nimmt diese Perspektive der Heranwachsenden in der Spät- oder Postmoderne an? Darauf gehe ich jetzt unter Bezug auf Niklas LUHMANN näher ein.

6 Lebenslauf und Gesellschaft - zu Niklas Luhmann: „Das Erziehungssystem der Gesellschaft"

Ich konzentriere mich in diesem Abschnitt auf die posthum von Dieter LENZEN herausgegebene Schrift von Niklas LUHMANN: „Das Erziehungssystem der Gesellschaft" (2002). LUHMANN bewegt sich in einem Denkrahmen (*frame*), der zunächst ganz ähnlich wie der von DEWEY und HAVIGHURST oder der von KLINGBERG und GRUSCHKA ist. Er vertritt die These, dass das Erziehungssystem als ein gesellschaftliches Funktionssystem in einer innergesellschaftlichen Umwelt existiert und dass es in diesem Umfeld in gewisser Weise autonom ist. Es ist durch Selbsreferenz bestimmt, autopoietisch, es ist für sich selbst intransparent und es operiert in einem Raum selbsterzeugter Ungewissheit (LUHMANN 2002, S. 14).

Mehr als spannend finde ich in diesem Rahmen die Bestimmung des alltäglichen Sinnverstehens. LUHMANN fragt nicht, wie wir als Menschen in einer Welt leben, die für uns sinnvoll ist. Er setzt nicht bei der Hermeneutik an.[6] Vielmehr fragt er, wie in einem gesellschaftlichen System, das hochgradig ausdifferenziert und zugleich durch Kontingenz bestimmt ist, mit Sinnfragen umgegangen werden kann, wie also die Gesellschaft den Rahmen für Sinngebungsprozesse erzeugt. Zur Veranschaulichung zitiere ich die zwei letzten von insgesamt acht Thesen, mit denen LUHMANN sein Buch über das Erziehungssystem der Gesellschaft beginnt:

(7) Auf den Überschuss an Möglichkeiten sinnvoller Erziehung reagiert das System durch Selbstorganisation auf operativer und auf semantischer Ebene. Selbstorganisation setzt ihrerseits Mikrodiversität voraus, setzt also voraus, daß es eine große Zahl von verschiedenartigen Erziehungs- und Unterrichtssituationen gibt.
(8) Das Gesellschaftssystem mit samt allen durch Differenzierung erzeugten Subsystemen repräsentiert sich diese selbsterzeugte Ungewißheit in der Form des Mediums Sinn. (LUHMANN 2002, S. 14f.)

Die Unterscheidung zwischen *Form* und *Medium* ist kompliziert und vielleicht sogar etwas gewaltsam. LUHMANN braucht für seine soziologische Betrachtung

---

[6] So hätte das Martin HEIDEGGER in seiner Daseinsanalytik gemacht.

der Erziehung etwas, das es ihm erlaubt, gleichzeitig *Bestimmtheit* und *Unbestimmtheit* zu denken. „Unbestimmtheit" wird mit Form und „Bestimmtheit" mit Medium gleichgesetzt. Das Zusammenspiel von Form und Medium ermöglicht es, die selbsterzeugte Ungewissheit, durch die der Erziehungsprozess bestimmt ist, auszuhalten. Bestimmt ist, dass Kinder anders als erwachsene Menschen behandelt werden sollen; bestimmt ist, dass die Kinder „denaturiert" werden sollen (LUHMANN 2002, S. 87). Unbestimmt ist, wie das passieren kann. LUHMANN schreibt deshalb, die Erziehung definiere „mit der Semantik des unfertigen Kindes" ihr „eigenes Spiel" (a. a. O., S. 89); und er kann pathetisch rückblickend definieren, „das Medium Kind" sei „kein Kind". Es sei „eine soziale Konstruktion, die es dem Erzieher ermöglicht, daran zu glauben, man könne Kinder erziehen" (a. a. O., S. 91). Ich vermute, dass wir LUHMANN zustimmen müssen. Die Geschichte der Kindheit stützt seine Behauptung.

Jetzt kommt die für die Bildungsgangdidaktik provokative Denkfigur. LUHMANN vertritt die These, dass das Kind durch „die Vorstellung des Lebenslaufs ersetzt worden ist" (a. a. O., S. 93). Ich zitiere, wie er den Lebenslauf definiert:

Ein Lebenslauf ist eine Verkettung von nicht selbstverständlichen, kontingenten Ereignissen, die am Individuum aufgefädelt werden können. Am unwahrscheinlichsten ist die Geburt, mit der der Lebenslauf beginnt und die deshalb genannt werden muß. Wenn man aber einmal als Mädchen oder als Junge geboren ist (wie immer es dazu gekommen sein mag), sind die weiteren Möglichkeiten durch das Faktum des Existierens eingeschränkt. Alles, was dem Lebenslauf Form gibt, ist durch ihn selbst (auch zumindest durch die Geburt) konditioniert und wirkt zugleich als Bedingung für das, was daraufhin geschehen kann. Der Lebenslauf ist insofern ein Paradefall für die kybernetische These, daß in geschlossenen Systemen nur Konditioniertes konditionieren kann. Nichts wird dadurch selbstverständlich, aber alles erhält seinen Platz in der Sequenz, die den Lebenslauf konkretisiert. Alle beitragenden Ereignisse schränken weitere Möglichkeiten ein, können sie aber auch ausweiten. Eben das macht den Lebenslauf, um es in einem Begriff des 18. Jahrhunderts zu formulieren „interessant", spannend, literaturfähig. Kein Lebenslauf ist wie der andere, aber jeder ist eine im Medium des Lebenslaufs gewonnene Form. (...) Deshalb kann ein Lebenslauf weder erklärt noch begründet werden, aber er kann erzählt werden. Erzählung ist ein funktionales Äquivalent für Argumentation. (LUHMANN 2002, S. 93f.)

Ich möchte mich LUHMANN darin anschließen, dass der Lebenslauf in der Spannung von Bestimmtheit und Unbestimmtheit steht. Ich möchte zugleich verdeutlichen, dass die Zusammenschau der Beiträge, die die verschiedenen wissenschaftlichen Disziplinen für die Bildungsgangforschung liefern können, nicht eine einfache additive Angelegenheit ist. Trotz aller formalen Nähe zu dem, was HAVIGHURST über Entwicklungsaufgaben schreibt: LUHMANN bewegt sich in einer ganz anders konstruierten Denkwelt der Erziehung als DEWEY und HAVIGHURST. Ich wiederhole mein Schaubild aus der Einleitung:

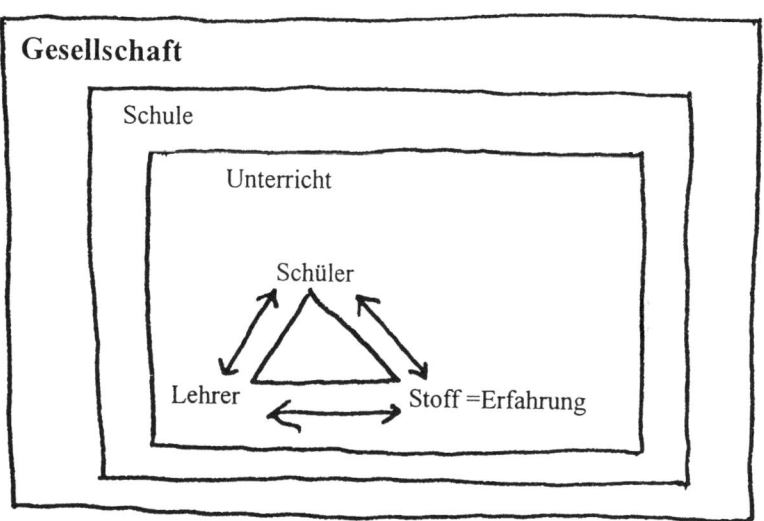

Abbildung 5: Gesellschaft und Schule

LUHMANN konstruiert - wenn ich das richtig deute - mit seinem „Lebenslauf" als Ersatz-Konzept für „Kindheit" in einem gestuften Denkprozess das (allgemeine) *Medium*, in das hinein ich den individuellen, aber über Entwicklungsaufgaben auf eine gesellschaftliche Struktur bezogenen Bildungsgang der Heranwachsenden als (spezifische) *Form* - in der Fülle sinnvoller Realisierungen - denken kann. Die Art und Weise, in der Schule und Unterricht gestaltet werden, entscheidet über die spezifische Form des Lebenslaufs der Heranwachsenden mit. Diese Formgebung durch Schule wird wichtiger und unwichtiger zugleich: wichtiger, weil Abschlüsse und Bildung zur unverzichtbaren Voraussetzung der Karriereplanung werden; unwichtiger, weil die Formgebung in spät- oder postmodernen Gesellschaften zunehmend an die Individuen zurückverlagert wird und sich als neue „allgemeine" Norm etabliert.

7   Allgemeine Didaktik und Unterrichtsplanung

Didaktiker neigen dazu, den Lehrern Unterricht aus Lehrersicht zu verdeutlichen. Dies schließt nicht aus, dass Lehrende die Fähigkeit entwickeln sollten, aus
Schülersicht zu denken. Das nachfolgende Schaubild soll die Problemstellung
verdeutlichen:

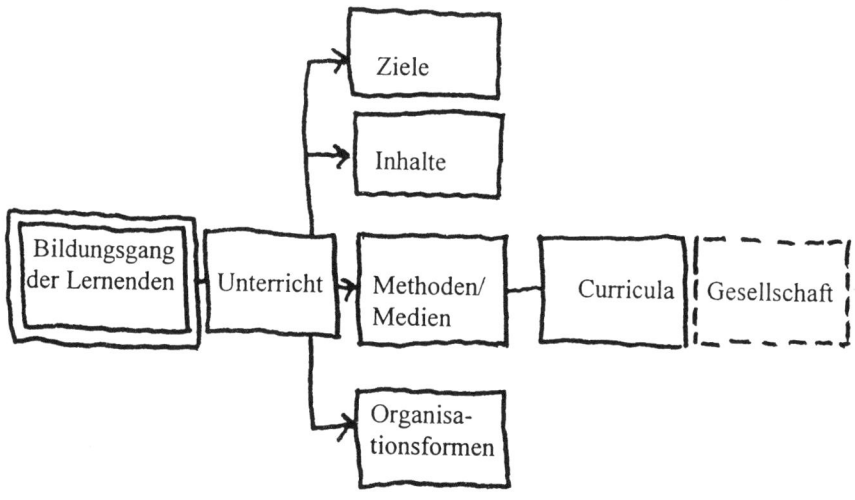

Abbildung 6:   Unterrichtsplanung

Schülerinnen und Schüler erwerben im Laufe ihrer Schulzeit beträchtliche didaktische Kompetenz. Sie wissen, wie Unterricht abläuft. Sie kennen unterrichtliche Methoden, sie können über Zielsetzungen des Unterrichts nachdenken und
das Beziehungsgefüge zwischen Lehrerschaft und Schülerschaft beschreiben. Sie
können den Unterricht bezüglich seiner Lehr-Lern-Struktur analysieren. Erstaun-
licherweise wird von diesem Wissen aber nur wenig Gebrauch gemacht, wenn es
um die Unterrichtsplanung, -gestaltung und -auswertung geht. Das Wissen und
Können der Schüler wird nicht ausreichend für die Unterrichtsgestaltung genutzt
(vgl. MEYER/SCHMIDT 2000, MEYER/JESSEN 2000, MEYER/KUNZE 2004 in Vorbereitung). Ich meine deshalb, dass es durch die Fokussierung auf den subjektiven Bildungsgang der Lernenden für die Allgemeine Didaktik und für die Fachdidaktiken viel zu gewinnen gibt. Ich deute das jetzt nur knapp an:

- In der bildungstheoretischen Didaktik (KLAFKI 1957/1963 und 1985/1991) ist *die thematische Struktur* des Unterrichts substanziell aus der Perspektive der Lehrenden und aus der Perspektive des Curriculums heraus entwickelt worden. Es ist an der Zeit, diese wieder aus der Schülerperspektive heraus zu entfalten. Deshalb fokussiert eine Didaktik des Bildungsgangs auf die Frage, wie die *Sinnstruktur*, die die Lernenden im Unterricht sehen, mit ihren Entwicklungsaufgaben zusammenhängt.

- Man kann an Hilbert MEYERS Didaktik (MEYER 1987) loben, dass der *Unterrichtsprozess* in seiner Komplexität deutlich wird. Mein Bruder fokussiert aber aus meiner Sicht zu stark auf den Unterrichtserfolg. Unterricht muss Spaß machen? Die Schüler müssen handeln? Sie müssen Handlungsprodukte erstellen? Demgegenüber fragt die Bildungsgangforschung, wie der Unterrichtsprozess auf den Bildungsgang, auf den Lernprozess der Schülerinnen und Schüler wirkt und welche Rolle die Schüler im Unterrichtsprozess haben. Manchmal kann Unterricht, der nicht Spaß macht und in dem nicht „gehandelt" wird (in Hilbert MEYERS Sinn), sehr ertragreich und bildend sein.

- Mit Bezug auf John DEWEY lässt sich fragen, welche Lernertheorien die Schülerinnen und Schüler im Laufe ihrer Schulzeit entwickeln und wie es Lehrerenden gelingen kann, mit Bezug auf diese Lernertheorien, die gegenüber der voll entwickelten wissenschaftlichen Theorie different sind, den Lernprozess als Bedeutungsaushandlung *(negotiation of* meaning) zu gestalten. Deshalb ist es wichtig, die Frage zu klären, wie sich die Partizipation der Schülerinnen und Schüler am Unterrichtsprozess beschreiben lässt, wie die Lehrenden die Lernenden am Unterricht beteiligen und wie sich diese selbst in den Unterricht einbringen (vgl. MEYER/SCHMIDT 2000; MEYER/KUNZE 2004, in Vorbereitung). Partizipation ist deshalb m.E. wichtiger als „Lernerautonomie", auch wenn letztlich das Ziel der Erziehung in der Selbständigkeit der Zöglinge liegen muss.

- Das Lernen ist, wie Joachim LOMPSCHER formuliert hat, ein „Aufstieg vom Abstrakten zum Konkreten" (LOMPSCHER 1990). Man kann deshalb mit Lew S. WYGOTSKI (1997) fragen, ob sich Zonen der nächsten Entwicklung ausweisen lassen, in denen die Lernenden mit Hilfe anderer, nicht zuletzt der Lehrenden, zunehmend sicherer im Erkennen und Handeln werden.

- Mit LUHMANN machen die sich bildenden Heranwachsenden die Erfahrung, dass sie mit ihrem „objektiven Bildungsgang" konfrontiert werden, ob sie wollen oder nicht, mit dem Curriculum und den von ihnen nicht gewählten Lehrern. Die Schüler erfahren die Kontingenz ihres Bildungsgangs.

Zugleich erfahren die Lehrer, dass sie der Wirkungen ihres Unterrichts nicht mächtig sind. Auch sie erfahren die Kontingenz ihres Handelns.

8 Schlussbemerkung zu allgemeiner Didaktik, allgemeiner Erziehungswissenschaft und empirischer Bildungsforschung

Aus der Sicht vieler disziplinär orientierter Wissenschaftler haben die Schulpädagogik und die Didaktik wenig mit Wissenschaft zu tun, sind schmuddelig, doktrinär, normativ. Ich erinnere an die These Ewald TERHARTs, dass Didaktik Element der Lehrerbildung und nicht Forschungsdisziplin sei.[7]

Das nachfolgende Schaubild kann verdeutlichen, in welcher Art und Weise Bildungsgangdidaktik einen Akzent in der erziehungswissenschaftlichen, sozialisationstheoretischen und psychologischen Diskussion setzen kann: indem gefragt wird, welche Beiträge Schulpädagogik, Allgemeine Didaktik und Fachdidaktik *für die empirische Bildungsforschung* leisten können.

Zu fragen ist nicht nur, wie Bildungsprozesse ablaufen, sondern immer auch, welche Handlungsmaximen sich aufgrund der Forschungsergebnisse für professionelle Lehrer anbieten. Wie nehmen Schüler und Lehrer den Unterricht wahr? Was ist guter Unterricht, gut im Sinne eines biographisch bedeutsamen Lernens?

Ich argumentiere für eine reflektierte Kopplung von Erkenntnis und Interesse in Didaktik *und* allgemeiner Erziehungswissenschaft, Erziehungssoziologie, Erziehungspsychologie, etc.

---

[7] TERHART (2002b) kritisiert an der traditionellen (bildungstheoretischen, lehrtheoretischen, kommunikativ-interaktionstheoretischen oder konstruktiven) Didaktik ihre Forschungsferne. Leider geht er nicht genügend auf die oft genug selbstreferenziellen Begriffsdiskussionen der Disziplin ein. Vielleicht gelingt es ja der Bildungsgangdidaktik, Profession und Disziplin zusammen zu bringen?

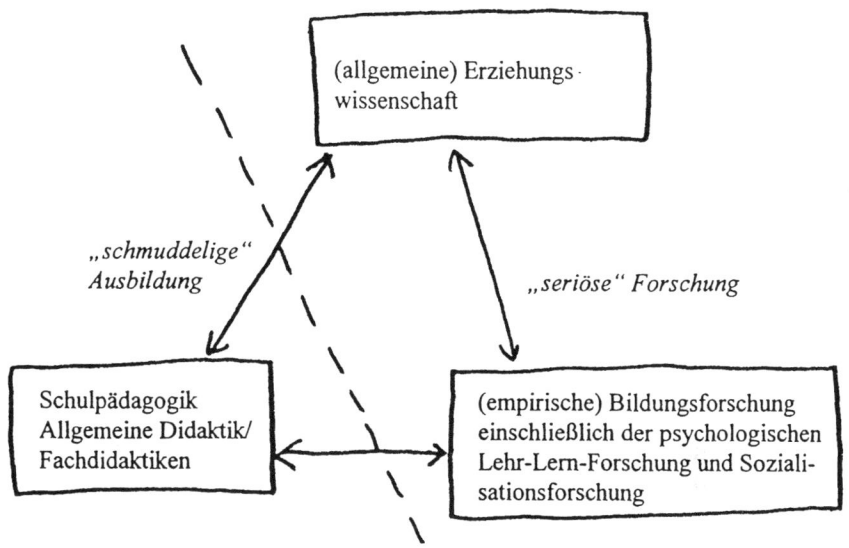

Abbildung 7: Lehrerbildung und wissenschaftliche Disziplinen

Ich meine, dass diese Qualität einer Didaktik als Handlungswissenschaft die wissenschaftliche Arbeit erschwert, sie zugleich aber auch bedeutsamer als die „reine" Empirie und die „reine" Theorie macht. Ich erwarte für die Allgemeine Didaktik als Bildungsgangforschung also einen komplexeren Problemhorizont, als er sich zunächst aus der Gegenüberstellung der „theoretischen" Erziehungswissenschaft und der „empirischen" Bildungsforschung ergibt. Bildungsgangdidaktikerinnen und -didaktiker sollten sich bemühen, handlungsorientiert und trotzdem empirisch zu arbeiten.

Literatur

BOURDIEU, P. (2002): Ein soziologischer Selbstversuch. – Frankfurt a.M.: Suhrkamp Verlag.

DEWEY, J. (1976): The Child and the Curriculum, in: The Middle Works of John DEWEY, edited by Jo Ann BOYDSTON, vol. 2, Southern Illinois University Press, Carbondale and Edwardsville, S. 273-291 [1902].

DREHER, E./M. DREHER (1985): Wahrnehmung und Bewältigung von Entwicklungsaufgaben im Jugendalter: Fragen, Ergebnisse und Hypothesen zum Konzept einer Entwicklungs- und Pädagogischen Psychologie des Jugendalters, in: OERTER, R., (Hg.): Lebensbewältigung im Jugendalter. VCH Verlagsgesellschaft. – Weinheim: Beltz, S. 30-61.

GRAMMES, T. (1998): Kommunikative Fachdidaktik. Politik – Geschichte – Recht - Wirtschaft. Opladen: Leske+Budrich.

GRUSCHKA, A. (1985): Wie Schüler Erzieher werden. Band 1 und 2. – Wetzlar: Verlag Büchse der Pandora.

GRUSCHKA, A. (2002): Didaktik. Das Kreuz mit der Vermittlung. Elf Einsprüche gegen den didaktischen Betrieb. – Wetzlar: Verlag Büchse der Pandora.

HAVIGHURST, R. J. (1972): Developmental tasks and education. 3. Aufl. – New York: David McKay Company. [1948]

HELSPER, W. (2001): Antinomien des Lehrerhandelns - Anfragen an die Bildungsgangdidaktik, in: HERICKS, U. u.a. (Hg.), S. 83-103.

HERICKS, U. (1993): Über das Verstehen von Physik. Physikalische Theoriebildung bei Schülern der Sekundarstufe II. – Münster: Waxmann.

HERICKS, U. u.a. (2001; Hg.): Bildungsgangdidaktik. Perspektiven für Fachunterricht und Lehrerbildung. – Opladen: Leske+Budrich.

HERICKS, U./SPÖRLEIN, E. (2001) Entwicklungsaufgaben in Fachunterricht und Lehrerbildung - Eine Auseinandersetzung mit einem Zentralbegriff der Bildungsgangdidaktik, in: HERICKS, U. u.a. (Hg.), S. 33-50.

HERICKS, U./KUNZE, I. (2002): Entwicklungsaufgaben von Lehramtsstudierenden, Referendaren und Berufseinsteigern. Ein Beitrag zur Professionalisierungsforschung, in: Zeitschrift für Erziehungswissenschaft, 5. Jg., Heft 3, 401-116.

HEURSEN, G. (1994): Das Allgemeine, das Fach und der Unterricht. Anmerkungen zur Konvergenz von Allgemeiner und fachgebundener Didaktik unter den Ansprüchen des Unterrichts, in: MEYER, M. A./PLÖGER, W. (Hg.): Allgemeine Didaktik, Fachdidaktik und Fachunterricht. – Weinheim und Basel: Beltz, S. 125-137.

KLAFKI, W. (1963): Das pädagogische Problem des Elementaren und die Theorie der kategorialen Bildung. – Weinheim und Basel: Beltz [1957].

KLAFKI, W. (1991): Neue Studien zur Bildungstheorie und Didaktik. – Weinheim und Basel: Beltz [1985].

KLINGBERG, L. (1987): Überlegungen zur Dialektik von Lehrer- und Schülertätigkeit im Unterricht der sozialistischen Schule. – Potsdam (Potsdamer Forschungen, Reihe 10, Heft 74).

KUNZE, I. (2004): Individuelle didaktische Theorien von Deutschlehrerinnen und Deutschlehrern. – Wiesbaden: VS Verlag für Sozialwissenschaften (im Druck).

LOMPSCHER, J. (1990): Aufsteigen von Abstrakten zum Konkreten im Unterricht, Versuche zu einer alternativen Lehrstrategie. – Berlin: Akademie der pädagogischen Wissenschaften der DDR (Fortschrittsberichte und Studien).

LUHMANN, N. (2002): Das Erziehungssystem der Gesellschaft, hg. von D. LENZEN. – Frankfurt am Main: Suhrkamp Verlag.

MEYER, H. (1987): UnterrichtsMethoden, Band 1 und 2. – Frankfurt a.M./Berlin: Cornelsen – Scriptor.

MEYER, M. A./SCHMIDT, R. (2000; Hg.): Schülermitbeteiligung im Fachunterricht. Englisch, Geschichte, Physik und Chemie im Blickfeld von Lehrern, Schülern und Unterrichtsforschung. – Opladen: Leske+Budrich (Reihe Schule und Gesellschaft, Band 22).

MEYER, M. A./JESSEN, S. (2000): Schülerinnen und Schüler als Konstrukteure ihres Unterrichts, in: Zeitschrift für Pädagogik, Heft 5, S. 711-730.

MEYER, M. A./Kunze, I. (2004, Hg.): Schülerpartizipation im Fachunterricht. Englisch. – Wiesbaden: VS Verlag für Sozialwissenschaften (in Vorbereitung).

OTTO, G. (1998): Lehren und Lernen zwischen Didaktik und Ästhetik, Band 1: Ästhetische Erfahrung und Lernen. – Seelze: Kallmeyersche Verlagsbuchhandlung.

PEUKERT, H. (1998): Zur Neubestimmung des Bildungsbegriffs, in: MEYER, M. A./REINARTZ, A. (Hg.): Bildungsgangdidaktik. Denkanstöße für pädagogische Forchung und schulische Praxis. – Opladen: Leske+Budrich, S. 17-29.

TERHART, E. (2002a): Fremde Schwestern. Zum Verhältnis von Allgemeiner Didaktik und empirischer Lehr-Lern-Forschung, in: Zeitschrift für Pädagogische Psychologie/German Journal of Educational Psychology, 16 (2), S. 77-86.

TERHART, E. (2002b): Standards für die Lehrerbildung. Eine Expertise für die Kultusministerkonferenz. – Ms. Münster.

TRAUTMANN, M. (2002): Exposé zur Wissensanalyse. – Ms. Magdeburg.

WYGOTSKI, L. S. (1987): Ausgewählte Schriften, hg. von J. LOMPSCHER, Band 2: Arbeiten zur psychischen Entwicklung der Persönlichkeit. – Berlin: Volk und Wissen.

Teil 2

Variationen

und

Konfrontationen

Entwicklungsaufgaben, Habitus und Professionalisierung von Lehrerinnen und Lehrern

Uwe Hericks

Der vorliegende Beitrag enthält einen Vorschlag, das Entwicklungsaufgaben-Modell der Bildungsgangforschung mit dem Habitusbegriff Pierre BOURDIEUs zu vermitteln. Dazu gehe ich in einem ersten Schritt vom sogenannten „Kanon-Modell" der Entwicklungsaufgabe aus, welches mit der Annahme offener proto-typischer Lösungsmengen operiert. In einem zweiten Schritt möchte ich zeigen, dass und warum sich in meinen Augen *Entwicklungsaufgaben* und *Habitus* nicht ausschließen, sondern im Gegenteil beide zusammen erst die Rekonstruktion von Entwicklungs- und Bildungsprozessen im Rahmen der Bildungsgangforschung ermöglichen. Dazu werde ich ein beide Konzepte integrierendes heuristisches Modell vorschlagen. Das vorgeschlagene Modell dient als Rahmen für ein empi-risches Forschungsprojekt zur Berufseingangsphase von Lehrerinnen und Leh-rern. In einem dritten Schritt werde ich daher, in Anlehnung an OEVERMANN (1996), noch das Konzept der *Professionalität* bzw. der *Professionalisierung* mit ins Kalkül ziehen. Abschließend werde ich meine theoretischen Überlegungen auf eine im Rahmen dieses Forschungsprojektes entstandene Fallstudie beziehen, nämlich auf den Fall der Lehrerin *Martina Watermann*.[1]

1 Entwicklungsaufgaben

Zur Klärung meines Verständnisses des Begriffs *Entwicklungsaufgabe* beginne ich mit einer Definition:

> *Entwicklungsaufgaben* sind gesellschaftliche Anforderungen an Menschen in je spe-zifischen Lebenssituationen, die individuell als Aufgaben eigener Entwicklung ge-deutet werden (können). Entwicklungsaufgaben müssen wahrgenommen und bear-beitet werden, wenn es zu einer Progression von Kompetenz und Stabilisierung von Identität kommen soll.

---

[1] Der vorliegende Beitrag stellt die ausgearbeitete Fassung eines am 1. Dezember 2003 im Rahmen der Ringvorlesung des Graduiertenkollegs Bildungsgangforschung an der Universität Hamburg ge-haltenen Vortrages dar.

Entwicklungsaufgaben stellen im ersten Zugriff also Anforderungen der Gesellschaft an ihre Mitglieder dar; sie sind insofern „objektiv"; sie beziehen sich, wie Arno COMBE sagt, „auf jene Bereiche, in denen eine eigene Position von jedem erwachsenen Individuum einzunehmen ist: auf die Berufs- und Erwerbstätigkeit, die Wahl einer privaten Lebensform und die Klärung der Rolle als Bürger." COMBE weist auch darauf hin, dass Entwicklungsaufgaben zunächst einmal Transformationen in die Erwachsenheit sind. Doch auch als Erwachsene - „in Transformationen des Erwachsenenlebens" - werden wir noch mit dem Grundmuster der Bewältigung von Entwicklungsaufgaben konfrontiert (COMBE 2003).

Zur Veranschaulichung der Wirkungsweise von Entwicklungsaufgaben haben Eva SPÖRLEIN und ich an anderer Stelle die folgende Graphik vorgeschlagen (HERICKS/SPÖRLEIN 2001):

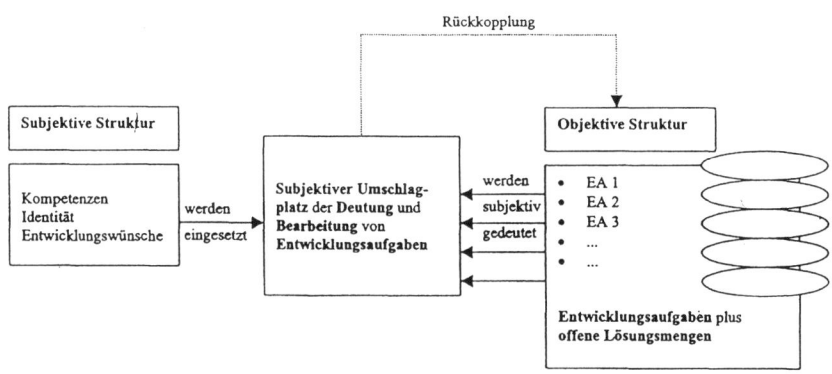

Abbildung 1:   Das Kanon-Modell der Entwicklungsaufgaben

Entwicklungsaufgaben werden in diesem Modell der Seite der „objektiven Struktur" zugeordnet. Sie erscheinen als ein begrenzter „Kanon" von Aufgaben, die innerhalb einer gegebenen Gesellschaft für alle ihre Mitglieder oder innerhalb eines begrenzten beruflichen Handlungsfeldes (wie der Schule) für alle dort beruflich Tätigen als mehr oder weniger verbindlich angenommen werden können. Sie werden unter Einsatz je vorhandener Kompetenzen und Entwicklungswünsche sowie nach Maßgabe einer je bestehenden Identität subjektiv gedeutet und bearbeitet. Der mittlere Kasten der Skizze stellt den *Umschlagplatz* dar, der aus objektiven Anforderungen und subjektiven Dispositionen konkrete subjektive Deutungen und Bearbeitungsstrategien von Entwicklungsaufgaben entstehen lässt.

Im Rahmen des Graduiertenkollegs Bildungsgangforschung der Universität Hamburg ist das vorliegende Modell in unterschiedlichen Zusammenhängen intensiv diskutiert und kritisiert worden; verschiedentlich sind Vorschläge für eine alternative Beschriftung oder Anordnung der Kästen gemacht worden. Christian WELNIAK und Andreas PETRIK haben beispielsweise angeregt, den linken und mittleren Kasten in der Abbildung 1 gewissermaßen zu verschmelzen. Dies würde die Suggestion und Illusion von Identität als einer quasi feststehenden Größe aufheben und den Gedanken stärken, dass Identität überhaupt erst in der Dialektik von objektiven Anforderungen und eigenen Entwicklungswünschen entsteht - der Modus dieses Entstehungsprozesses aber wäre die Wahrnehmung, Deutung und Bearbeitung von Entwicklungsaufgaben.

Auch bezüglich der „objektiven Struktur" scheint eine Klarstellung notwendig. Es ist unbestritten, dass „das" Objektive (einschließlich der dort angesiedelten Entwicklungsaufgaben) stets etwas subjektiv Konstruiertes darstellt. Unsere je subjektiven Konstruktionen des Objektiven weisen aber ohne Frage intersubjektive Gemeinsamkeiten und Stabilitäten auf - sonst könnten wir über diesen Bereich gar reden -, so dass man im Sinne einer pragmatisch-abkürzenden Sprechweise durchaus von „der" objektiven Struktur sprechen kann. Die Aufgabe, diesen subjektiv-objektiven Bereich über das Kanon-Modell hinaus theoretisch genauer zu fassen, steht noch aus. Indes ist festzuhalten: Die objektive Struktur durch Entwicklungsaufgaben strukturiert zu denken, bringt pointiert den Anforderungscharakter zum Ausdruck, mit dem Gesellschaft oder spezifische Handlungsfelder subjektiv immer auch wahrgenommen und erfahren werden. Es gibt etwas, mit dem „man" sich auseinandersetzen muss, das „es" zu bewältigen gilt. Darüber hinaus stellt das Kanon-Modell zugleich den Angebotscharakter von Entwicklungsaufgaben heraus. Jeder Aufgabe wird eine offene, jedoch nicht unbegrenzte Menge der gesellschaftlich bekannten Lösungen dieser Aufgabe zugeordnet, die dem oder der Einzelnen bei seinen bzw. ihren Deutungen und Bearbeitungen gewissermaßen prototypisch vor Augen stehen. Das Subjekt findet m.a.W. immer schon mehr oder minder fortgeschrittene Bearbeitungen von Entwicklungsaufgaben durch andere vor. Dahinter steht die Erfahrung, dass gesellschaftliche Anforderungen sich einem Menschen nicht selten zuallererst in Form attraktiver „Angebote" seiner sozialen Umwelt erschließen. Ein Beispiel hierfür wäre eine Jugendliche, die miterlebt, wie ihre beste Freundin mit 17 Jahren schon eine eigene Wohnung bezieht und die von ihr das Angebot erhält, zu ihr zu ziehen. In dem Moment, wo die Jugendliche sich damit auseinandersetzt (und z.B. mit ihren Eltern zu entsprechenden Aushandlungen kommt), bearbeitet sie zugleich die Entwicklungsaufgabe *Ablösung* (in der Bezeichnung von DREHER/DREHER 1985), ohne dass ihr diese überhaupt als Aufgabe zu Bewusstsein gekommen wäre.

Ein weiterer Aspekt des Kanon-Modells betrifft die historische Wandelbarkeit von Entwicklungsaufgaben. Im Prozess der subjektiven Deutung und Bearbeitung von Entwicklungsaufgaben werden stets auch neue und originelle Lösungen generiert, die den Rahmen des gesellschaftlich Bekannten und Anerkannten sprengen. Solche Lösungen werden den bestehenden Lösungsmengen hinzugefügt und können für nachfolgende „Bearbeiter" von Entwicklungsaufgaben Vorbildcharakter erlangen, während umgekehrt Lösungen, die lange Zeit als angemessen und „normal" galten, ihnen gegenüber an Attraktivität verlieren. Demzufolge wird sich der Inhalt der Mengen, d.h. der Gehalt dessen, was eine bestimmte Entwicklungsaufgabe ausmacht, mit der Zeit verändern und verschieben. Auf diese Weise wirken die Subjekte an der künftigen Struktur der objektiven Anforderungen mit. Dies ist mit dem Rückkopplungs-Pfeil in der Graphik angedeutet.

Im Rahmen eines laufenden Projektes zur Professionalisierung in der Berufseingangsphase (vgl. HERICKS 2003) wird das Modell auf berufliche Entwicklungsaufgaben von Lehrerinnen und Lehrern hin zugespitzt. Im Zuge der Bearbeitung beruflicher Entwicklungsaufgaben, dies ist die Grundthese, entwickelt sich die berufliche Kompetenz und stabilisiert sich die berufliche Identität des einzelnen Lehrers/der einzelnen Lehrerin. Aufgrund theoretischer Vorarbeiten - insbesondere einer kritischen Rezeption verschiedener Professionalisierungsansätze und anderer Bezugstheorien - gehe ich von einem Kanon aus vier beruflichen Entwicklungsaufgaben aus. Als heuristischer Ausgangspunkt kann das bekannte *didaktische Dreieck* (Lehrer - Schüler - Stoff) angesehen werden, das in den Rahmen der Institution Schule hineingestellt gedacht wird. Spezifische Anforderungen des Lehrerhandelns zeigen sich dann in vier Teilbereiche aufgegliedert. Diese beziehen sich auf die eigene *Person* des Lehrers (1), die Aufgabe der *Sach- und Fachvermittlung* (2), die *Adressaten* (3) und die *Institution* (4). Dementsprechend gehe ich von den folgenden beruflichen Entwicklungsaufgaben aus:

(1) Entwicklungsaufgabe *Kompetenz*:
Die eigenen Kompetenzen zur Bewältigung beruflicher Anforderungen einsetzen und ausweiten. Mit den eigenen Ressourcen haushalten, mit Schwächen und Grenzen umgehen können. Zwischen den eigenen Handlungskompetenzen und erfahrenen Handlungsnotwendigkeiten vermitteln können. Einen persönlichen Unterrichtsstil und Stil des Umgangs mit den Schülern kultivieren.

(2) Entwicklungsaufgabe *Vermittlung*:
Ein Konzept der eigenen Rolle als Vermittler von kulturellen Sachverhalten und Fachinhalten entwickeln.

(3) Entwicklungsaufgabe *Anerkennung*:
Ein Konzept der pädagogischen (Fremd-)Wahrnehmung der Schülerinnen und Schüler als der entwicklungsbedürftigen Anderen entwickeln.

(4) Entwicklungsaufgabe *Institution*:
Möglichkeiten und Grenzen der institutionellen Rahmenbedingungen erkennen und mitgestalten; ein Konzept der Kooperation mit Kollegen entwickeln. (vgl. HERICKS/KUNZE 2002, S. 405)

Die zugehörigen offenen Lösungsmengen dieser Entwicklungsaufgaben enthalten beispielsweise prototypische Lehrerbilder, die die Novizen aus ihrer eigenen Schulzeit mitbringen und die sich z.B. in Wendungen wie „vor der Klasse stehen" oder „Unterricht machen" oder „durchnehmen" widerspiegeln können. Selbst erlebte Lehrer, die von den Novizen als Vorbilder angeführt werden, können als Verkörperungen gelungener Lösungsmodelle für berufliche Entwicklungsaufgaben aufgefasst werden. Doch was macht nun eigentlich das Typische solcher Lehrerbilder aus? Zur Klärung dieser Frage werde ich mich nun dem Habitusbegriff zuwenden.

2 Entwicklungsaufgaben und Habitus

Ich beginne mit zwei begriffsbestimmenden Zitaten von Pierre BOURDIEU. *Habitusformen* sind zu verstehen

> als Systeme dauerhafter und übertragbarer Dispositionen, als *strukturierte Strukturen*, die wie geschaffen sind, als *strukturierende Strukturen* zu fungieren, d.h. als Erzeugungs- und Ordnungsgrundlagen für Praktiken und Vorstellungen, die objektiv an ihr Ziel angepaßt sein können, ohne jedoch bewußtes Anstreben von Zwecken und ausdrückliche Beherrschung der zu deren Erreichung erforderlichen Operationen vorauszusetzen. (BOURDIEU 1987, S. 98 f.; Hervorhebungen U.H.)[2]

---

[2] KRAIS/GEBAUER 2002, S. 7, weisen auf die Problematik des hier in der deutschen Übersetzung verwendeten Plurals „Habitusformen" für „Habitus" hin. Damit werde suggeriert, es gebe verschiedene *Formen* des Habitus, während tatsächlich nichts anderes als die Mehrzahl von Habitus gemeint sei, z.B. wenn von mehreren Menschen und ihren Habitus die Rede ist. Der korrekte Plural des lateinischen Wortes „Habitus" ist die „Habitus", gesprochen mit einem langen „u". Dieser Plural wird im Folgenden verwendet.

Und an späterer Stelle:

> Als Produkt der Geschichte produziert der Habitus individuelle und kollektive Prak-
> tiken, also Geschichte, nach den von der Geschichte erzeugten Schemata; er gewähr-
> leistet die aktive Präsenz früherer Erfahrungen, die sich in jedem Organismus in
> Gestalt von *Wahrnehmungs-, Denk- und Handlungsschemata* niederschlagen.
> (a.a.O., S. 101; Hervorhebung U.H.)

Mit anderen Worten: der Habitus ist eine (handlungs)generierende Kategorie, die
Struktur und *Handeln* verknüpft; er wirkt als *modus operandi* der Erzeugung von
Praktiken und Vorstellungen, hebt also auf das „Wie" (und nicht allein auf das
„Was") dieser Praktiken und Vorstellungen ab; er ist die im Individuum verin-
nerlichte Gesellschaft und das Erzeugungsprinzip gesellschaftlicher Praxis in einem. Der Habitus ist inkorporierte Struktur, inkorporierte Geschichte; er prägt
die Wahrnehmung und die Praxis einer Person; er produziert bis ins Körperliche
hinein Geschmacksvorlieben, Gewohnheiten, Handlungsweisen, Praxen, die dem
Milieu, aus der die Person hervorgegangen ist, im Vorhinein angepasst sind. Er
bewirkt, dass man genau das hat, was man mag, und genau das mag, was man
hat - ein Umstand, den BOURDIEU (a.a.O., S. 117) als ‚*amor fati*' bezeichnet, als
Wahl oder Annehmen des Schicksals (vgl. KRAIS/GEBAUER 2002, S. 43).

Wie kann man diese Vorstellung von Habitus nun mit Entwicklungsaufgaben in Beziehung setzen? Ein Zitat aus dem lesenswerten Habitus-Buch von
KRAIS und GEBAUER zeigt eine Spur auf:

> Die Gesellschaft nimmt in den sozialen Subjekten Gestalt an, sie wird von den Indi-
> viduen angeeignet, in sie hineingenommen und gestaltet. Gesellschaft wiederum
> konstituiert sich über die Praxis der Subjekte, indem diese dem *Möglichkeitsraum*,
> den sie vorfinden, durch ihr Handeln - ihr soziales Spiel - eine konkrete Struktur und
> Gestalt geben. (KRAIS/GEBAUER 2002, S. 81; Hervorhebung U.H.)

Das Stichwort, auf das es mir in diesem Zitat ankommt, ist der Begriff des *Mög-
lichkeitsraums*. Im Kanon-Modell wurde die objektive Struktur durch Entwicklungsaufgaben und durch die zugeordneten offenen Mengen gesellschaftlich bekannter Lösungen charakterisiert. Der Habitus, so meine Vorstellung, bestimmt
nun darüber, *wie* diese objektive Struktur wahrgenommen wird - mehr noch: was
diese Struktur für das Subjekt „ist" und wie es sich zu dieser handelnd verhält.
Dieser Grundgedanke soll im Folgenden in zwei Schritten in eine Graphik umge-
setzt werden. Ich gehe dazu, den Vorschlag von WELNIAK und PETRIK (s.o.) auf-
nehmend, von dem mittleren und rechten Kasten des Kanon-Modells aus:

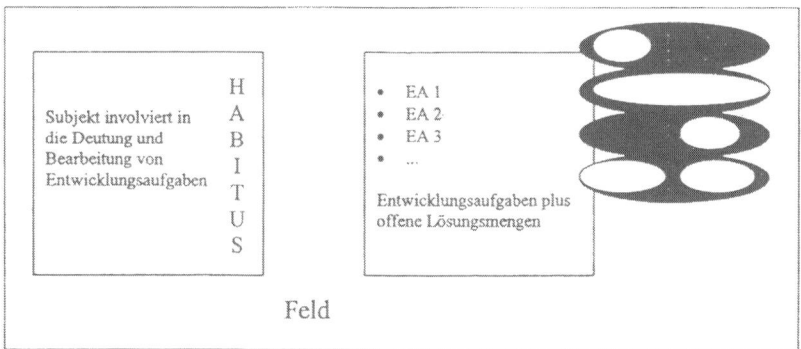

Abbildung 2:   Der Zusammenhang von Habitus und Entwicklungsaufgaben, I

Auf der einen Seite steht das Entwicklungsaufgaben deutende und bearbeitende Subjekt mit seinem Habitus, d.h. mit einem spezifischen *modus operandi* der Erzeugung von Praktiken und Vorstellungen. Präziser müsste man sagen, dass das Subjekt dieser Habitus *ist*. Ihm steht die objektive Struktur, repräsentiert durch Entwicklungsaufgaben und offene Lösungsmengen gegenüber, wobei beide, subjektive und objektive Struktur, eingebettet sind in ein Feld, dessen Teil sie sind. Das Subjekt ist auf diese einbettenden Strukturen kraft Habitus in spezifischer Weise bezogen, es prägt sie und gestaltet sie. Das ist gemeint, wenn vom Habitus als den „Ordnungs- und Erzeugungsgrundlagen für Praktiken" gesprochen wird. Anders gesagt: Das, was das Subjekt als „objektive" Struktur vorfindet, die konkrete Gestalt, in der ihm Entwicklungsaufgaben und offene Lösungsmengen erscheinen, ist immer schon Ergebnis seiner je spezifischen (habituell bestimmten) Praxis. Vermöge des Habitus sind die Angebote der Gesellschaft bzw. des Feldes zur Bearbeitung und Lösung von Entwicklungsaufgaben nicht jedem Menschen in gleicher Weise zugänglich. Kraft Habitus ist der Bezug des Subjektes auf das Feld vielmehr immer schon ein spezifischer und begrenzter; graphisch wird dies durch das Einzeichnen einer bestimmten Struktur in die offenen Lösungsmengen zum Ausdruck gebracht. Das Subjekt geht mit der Welt in einer spezifischen Weise um, gibt ihr durch ihr Handeln eine „konkrete Struktur und Gestalt" (das ist der Aspekt der *Praxis*) und nimmt infolgedessen die Welt auch in einer spezifischen Weise wahr (das ist der Aspekt der *Wahrnehmung*). Durch den Habitus werden das Feld, die Welt, die Gesellschaft immer schon als eine spezifisch strukturierte Struktur wahrgenommen und bearbeitet. Die „subjektiv-objektive" Anforderungsstruktur ist also nicht für alle Menschen einer Gesellschaft gleich, sondern ist für einen Menschen immer schon in spezifischer Weise zugerichtet. Umgekehrt stellt aber die spezifische Strukturierung der offenen Lösungsmengen ihrerseits ein (quasi nach außen gewendetes) Modell des Habitus dar. Ein bestimmtes soziales Feld, ein bestimmtes Milieu, in dem habituell ähnlich gestrickte Subjekte handeln, ist also selbst Modell und Ausdruck des Habitus - und wirkt kraft dessen auf das Subjekt zurück (darum ist diese Subjekt-Objekt-Trennung als solche auch problematisch).

Man kann nun fragen, ob und inwiefern die beiden Habitus rechts und links ein- und dasselbe sind? In der Mathematik gibt es zur Beschreibung einer solchen Situation den Begriff der *Isomorphie*. Isomorphie meint *Strukturgleichheit*, was bedeutet, dass es eine eineindeutige Abbildung von der einen auf die andere Seite gibt. Habitus als Ausdruck von Identität (links), und Habitus als Ausdruck einer je konkreten welt- oder milieugestaltenden Praxis (rechts) sind strukturgleich, d.h. sie spiegeln einander getreulich wider. Sie sind, wie Arno COMBE (mündliche Mitteilung) es formuliert hat, „gleich ursprünglich". Der Habitus als Identität (links) wirkt in dieser Deutung als eine „strukturierende Struktur" (nämlich: als eine Wirklichkeit bzw. Milieu strukturierende Struktur). Umgekehrt: Durch den Habitus als Praxis ist dieses Milieu (rechts) immer schon eine spezifisch „strukturierte Struktur".

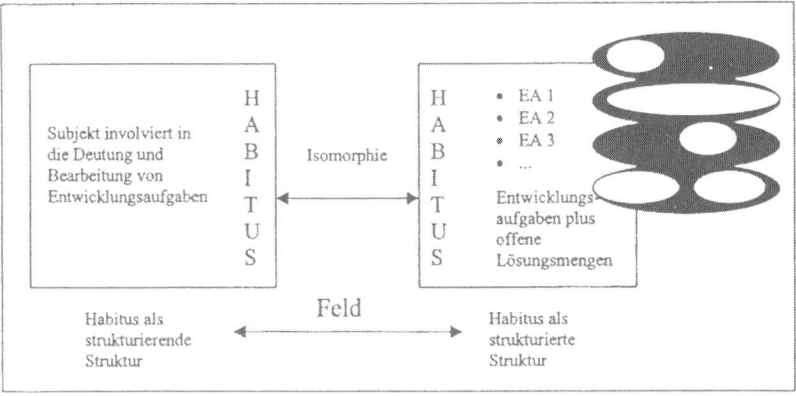

Abbildung 3:   Der Zusammenhang von Habitus und Entwicklungsaufgaben, II

Die rechte Seite der Graphik könnte in einem weiteren Schritt noch um die Kapitalbedingungen im Feld erweitert werden. Nach BOURDIEU legen vor allem die ungleich verteilten Chancen, über die verschiedenen Kapitalformen zu verfügen, den Freiheitsspielraum für Variationen und Innovationen fest (vgl. SCHWINGEL 1995, S. 64). Akzeptiert man die These von der Strukturgleichheit zwischen *individuellem Habitus* und den durch ihn vorstrukturierten *Lösungsmengen für Entwicklungsaufgaben*, so stellt sich die Frage, ob und wieso man eigentlich beide Konzepte braucht, um im Rahmen der Bildungsgangforschung Bildungs- und Entwicklungsprozesse von Menschen zu beschreiben. Reicht nicht vielleicht eines der beiden Konzepte aus? Meine These lautet: Nein.

Das Wissen um die Wirksamkeit des Habitus stellt sicher, dass Bildungsgangforschung bzw. Bildungsgangdidaktik nicht verkürzt als eine naiv intentionalistische Handlungstheorie missverstanden werden, die nicht darum wüsste, dass Menschen in ihrem Handeln immer schon gesellschaftliche Prägung (und gesellschaftlich Ungleichheit) leben und fortschreiben. Umgekehrt aber pointiert das Entwicklungsaufgaben-Konzept, dass Menschen auch ihres Glückes Schmied sind. Es hebt hervor, dass soziale Wirklichkeit als etwas wahrgenommen wird, zu dem man sich individuell verhalten kann, als etwas, das zu individuellen Auseinandersetzungen herausfordert und zugleich Neues und Interessantes bereithält.

BOURDIEU versteht den Habitus als eine „unbegrenzte Freiheit" zur Erzeugung von Gedanken, Wahrnehmungen, Äußerungen und Handlungen, die „stets in den historischen und sozialen Grenzen seiner (des Habitus, U.H.) eigenen Erzeugung liegen" (BOURDIEU 1987, S. 103). Die unbegrenzte Freiheit ist insofern zugleich eine „kontrollierte Freiheit" (ebd.). In der Sprache des genetischen Strukturalismus Ulrich OEVERMANNs (1991) ist damit (ausgedrückt durch das Wort „stets") die Situation der *Reproduktion* einer Fallstrukturgesetzlichkeit beschrieben: Bestimmte Klassen von Handlungsoptionen werden systematisch nicht angewählt. Es stellt sich von daher die Frage nach der Entstehung des Neuen, nach der *Transformation* externer und interner Strukturen, nach der Veränderbarkeit des Habitus.

In BOURDIEUs Theorie sind Habitusveränderungen mit Bewegungen des Subjektes im sozialen Feld verbunden. Wieso aber bewegt ein Subjekt sich überhaupt durch das Feld, wo liegen die Antriebskräfte dafür? Die Antwort lautet: Diese liegen im Habitus selbst; der Habitus des „aufstrebenden Kleinbürgers" ist dafür das Paradigma. Letzterer illustriert zugleich das komplexe (und schulpädagogisch relevante) Wechselspiel zwischen individuellem Habitus und sozialem Feld:

> Indem der aufstrebende Kleinbürger sein Handeln auf die Möglichkeit des Aufstiegs ausrichtet, die ja in seinem Falle eine Möglichkeit von hoher Wahrscheinlichkeit ist, realisiert er seine ‚wahrscheinliche Zukunft' durch sein eigenes Handeln. Andere soziale Akteure, mit denen er auf seinem Weg nach oben zu tun hat, tragen dazu bei, seinen möglichen Aufstieg Wirklichkeit werden zu lassen, antizipieren doch auch sie

seine ‚wahrscheinliche Zukunft' als solche und handeln entsprechend - so schätzt die Lehrerin seine Anerkennung der schulischen Werte, der Chef seine Tüchtigkeit und seine schier grenzenlose Leistungsbereitschaft. (...) Die objektive Wahrscheinlichkeit des Aufstiegs wird ‚kausal', indem sie einen Habitus hervorbringt, der seinerseits die ‚wahrscheinliche Zukunft' antizipiert und ein entsprechendes Handeln antizipiert. (KRAIS/GEBAUER 2002, S. 46)

Die objektiv vorgegebenen materiellen und kulturellen Existenzbedingungen des aufstrebenden „Kleinbürgers" prägen über die sozialisatorische Praxis der Herkunftsfamilie auch dessen „Drang" nach oben. Dabei werden den früheren Prägungen zugleich neue, den Habitus mehr oder weniger modifizierende Erfahrungen hinzugefügt (vgl. SCHWINGEL 1995, S. 60). Der Habitus trägt insofern tatsächlich die Ursache und Antriebskraft seiner eigenen Veränderung in sich. Dennoch ist zu konstatieren, dass die konkrete Gestalt dieser Veränderungen im BOURDIEUschen Ansatz eher passiv „erlitten" als aktiv gestaltet erscheint. Auch im Falle des sozialen Aufstiegs gilt, „daß die ökonomisch oder kulturell verfügbaren Ressourcen und Bedingungen die Handlungs- und damit Erfahrungsgrenzen, die einem Akteur bzw. einer Gruppe von Akteuren gezogen sind, weitgehend festlegen" (a.a.O.). Dies ist durchaus konsistent mit dem primären Erkenntnisinteresse BOURDIEUs. Als Soziologe war dieser primär an den „Strukturen sozialer Relationen" und an den „Prozessen gesellschaftlicher Reproduktionen innerhalb sozialer Felder" interessiert und um die „Erklärung nicht individueller, sondern gesellschaftlicher, d.h. gruppen- bzw. klassenspezifischer Praxisformen" bemüht (a.a.O., S. 65). Der Fokus seiner Untersuchungen lag auf den sozialen Feldern und Praxisformen, nicht auf den individuellen Praxisformen und deren Entwicklung.

Habitus mit Entwicklungsaufgaben zusammen zu denken, kann demgegenüber Entwicklung und Habitusveränderungen *aus der Sicht des Subjekts* reformulieren und auf diese Weise die bis hierhin suspendierte Sicht des Subjekts wieder einführen, was im Übrigen mit dem praxeologischen Ansatz BOURDIEUs im Einklang steht.[3] Die Vorstellung ist, dass sich im Vollzug der Bearbeitung von Entwicklungsaufgaben der Blick eines Menschen für das Mögliche weitet.[4] Gesellschaftlich bereits bekannte Lösungen von Entwicklungsaufgaben, d.h. Lösungen, die das epistemische Subjekt, nicht aber das habituell partiell blinde Individuum kennt - Lösungen, die bisher gewissermaßen am Rande oder jenseits des Horizontes lagen -, können plötzlich

---

[3] Siehe BOURDIEU 1976, S. 147f., vgl. auch SCHWINGEL 1995, S. 37ff.
[4] Die wissenschaftliche Operation, den „Moment" der Emergenz des Neuen in Protokollen der Wirklichkeit zu identifizieren, entspricht dabei der praktischen Operation der Aneignung des Neuen durch die Lebenspraxis selbst, z.B. wenn diese sich selbst Rechenschaft über die Gründe ihres neuen Denkens und Handelns abzulegen vermag (vgl. OEVERMANN 1991, S. 328ff.).

als individuelle Möglichkeit gesehen werden, was Handlungsspielräume erweitert. Ich gehe wiederum mit OEVERMANN (1991) davon aus, dass so etwas vor allem in *Erfahrungskrisen* (z.b. im Rahmen von Lebensumbrüchen) geschieht, wenn eingeschliffene Handlungsroutinen versagen oder noch gar nicht zur Verfügung stehen, wie dies in der Berufseingangsphase von Lehrkräften der Fall ist. Die Wirklichkeit ändert für den betreffenden Menschen ihr Gesicht, was man auch als Ausdruck eines veränderten Habitus beschreiben kann. Damit wende ich mich nun meinem dritten Zentralbegriff - dem der Professionalisierung von Lehrerinnen und Lehrern - zu.

3 Professionalisierung von Lehrerinnen und Lehrern in der Berufseingangsphase

Professionalisiertes Handeln hat seinen Bezugspunkt grundsätzlich in der *Autonomie* einer Lebenspraxis, insbesondere in der Wahrung, Sicherung oder Wiederherstellung von Autonomie. In ihren klientenbezogenen Formen haben es Professionelle mit Lebenspraxen zu tun, die in eine *Krise* geraten sind, deren Autonomie akut gefährdet, in Frage gestellt oder außer Kraft gesetzt ist. Professionelle verfügen zur Bearbeitung und Lösung solcher Krisen über *Routinen*, die in konkreten Fällen aber versagen können. (Eine routiniert durchgeführte Behandlung einer Blinddarmentzündung kann zu medizinischen Komplikationen führen.) Der Professionelle kann in solchen Situationen nicht einfach nichts tun. Er muss handeln, selbst und gerade dann, wenn seine Routinen versagen und sein professionelles Handeln, das ja selbst auch eine Lebenspraxis darstellt, in die Krise gerät. Professionelle sind insofern stets als ganze Personen eingestrickt in ihr professionelles Tun und darin auch als ganze Person potentiell gefährdet. Professionalisiertes Handeln ist unhintergehbar strukturell geprägt durch die *widersprüchliche Einheit von Rollenhandeln und Handeln als ganzer Person* (vgl. OEVERMANN 1996, S. 105f.). Die latente Selbstbezüglichkeit der Handlungsstruktur - die Arbeit an Krisen fremder Lebenspraxen kann sich prinzipiell immer zu einer Selbstkrise des Professionellen ausweiten -, verbunden mit der Daueranforderung, Rollenhandeln und Handeln als ganze Person angemessen auszubalancieren, ist der strukturelle Grund für die Herausbildung von Professionen. Auf der Makroebene sind Professionen durch ein ganzes Bündel von Schutzmechanismen und Zugangserschwerungen gekennzeichnet, die in der Strukturlogik der von ihnen zu lösenden Handlungsprobleme ihren Grund und ihre Berechtigung haben. Dazu gehören z.B. eine wissenschaftliche Ausbildung, die Bedeutung von Fallbezug, kollegiale Beratung und Supervision, die Autonomie der Standesorganisationen in der Regelung des Berufszugangs, berufsethische Kodizes usw. Nach OEVERMANN ist auch das Handeln von Lehrern in diesem Sinne *professionalisierungsbedürftig*. Es ist professionalisierungsbedürftig, weil mit den primären Funktionen des Lehrerhandelns - der Wissens- und Normenvermittlung - unhintergehbar stets eine *therapeutische Funktion* verbunden ist. Diese kommt dem pädagogischen Handeln (zumindest bei Kindern und Jugendlichen bis zum Abschluss der Pubertät) deshalb zu, weil „die anläßlich der Wissens- und Normenvermittlung notwendig werdenden Lehrer-Schüler-Beziehungen (...) immer auch folgenreich sind *für die Entwicklung des Schülers als ganzer Person*" (OEVERMANN 1996, S. 147). Dieser Umstand erfordert es, die Beziehung zu den Schülern als ein sogenanntes *pädagogisches Arbeitsbündnis* zu gestalten. Hier liegt der Grund für die Professionalisierungsbedürftigkeit des Lehrerhandelns.

In OEVERMANNs Konzeption stellt die therapeutische Funktion des Lehrerhandelns lediglich ein notwendiges Neben- und Begleitprodukt der (primären) Vermittlungstätigkeit dar. Arno COMBE und Sylvia BUCHEN (1996) heben demgegenüber hervor, dass schon die Vermittlungstätigkeit als solche einer professionellen Gestaltung bedarf, wenn Entwicklung und Bildung der Schüler nicht aus dem Blick geraten sollen. Schon dies, Schüler in der Schule mit für sie zunächst fremden kulturellen Sachverhalten zu konfrontieren, ist objektiv folgenreich für sie als ganze Personen und bedarf der professionellen Handhabung und Kontrolle. Schon die Vermittlungstätigkeit an sich ist *professionalisierungsbedürftig*, d.h. einer wissenschaftlichen Wissensbasis und der Ausbildung und Kultivierung elaborierter Formen von Praxisreflexion, kollegialer Beratung und Fallarbeit bedürftig. Was aber kann das konkret heißen?

Mein Vorschlag zur Beantwortung dieser Frage lautet, die beruflichen Entwicklungsaufgaben der Lehrerinnen und Lehrer zum Ausgangspunkt zu nehmen und ihnen *normativ* bestimmte Bearbeitungs- und Lösungsstrategien zuzuordnen, die als *professionell* definiert werden. Dies liefert ein heuristisches Modell pädagogischer Professionalität, mit dem ich im Rahmen meines Forschungsprojektes meine angemessen arbeiten zu können.

Professionelles Lehrerhandeln wäre demnach unter anderem dadurch ausgezeichnet, dass Rückmeldungen von Schülern und Kollegen angemessen aufgenommen und vorhandene Hilfesysteme genutzt werden; ferner dadurch, dass die Differenz von Expertenperspektive und Laienperspektive, von Vermittlungslogik und Aneignungslogik angemessen berücksichtigt wird; ferner dadurch, dass zwischen Rolle und Person der Schüler unterschieden und das eigene Handeln am Ziel der Bildung und Entwicklung von Schülern ausgerichtet wird; schließlich dadurch, dass das eigene Handeln in kollegiale und kooperative Zusammenhänge eingerückt wird. Berufliche Entwicklungsaufgaben in dieser Form zu deuten und entsprechende Angebote der schulischen Wirklichkeit als Anregung dafür wahrzunehmen, wären in meinen Augen also Kennzeichen von Professionalität.[5] Solche Kennzeichen zu entwickeln, kann wiederum als Resultat von *Erfahrungskrisen* gedeutet werden. Die folgende Skizze zeigt im inneren Kreis die Entwicklungsaufgaben und im äußeren Kreis die als professionell ausgezeichneten Lösungen dieser Aufgaben:

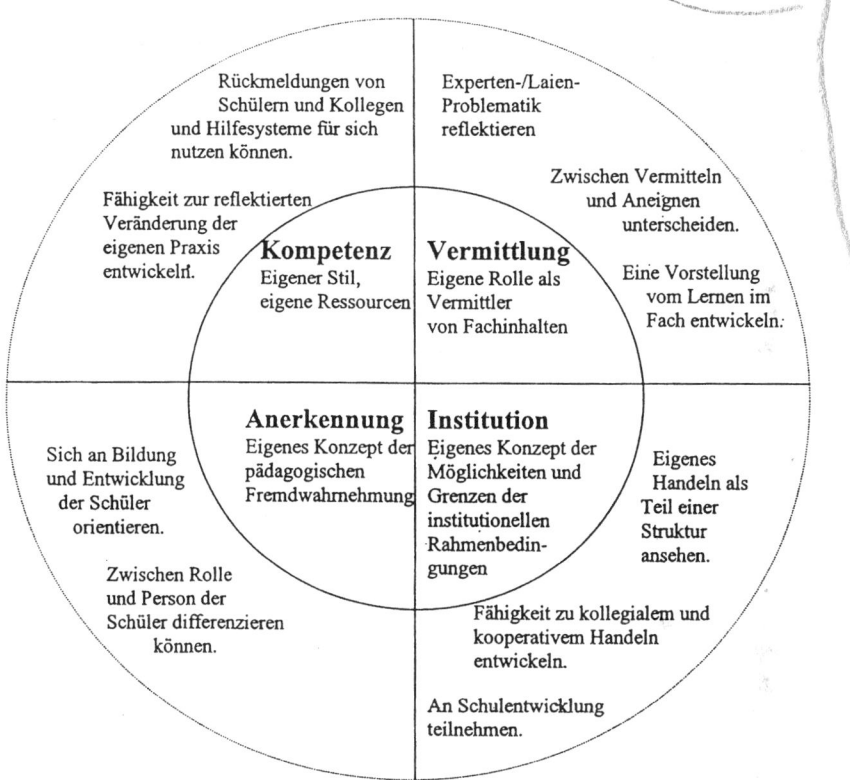

Abbildung 4:   Zusammenhang zwischen beruflichen Entwicklungsaufgaben und Professionalisierung

---

[5] Mit Ewald TERHART könnte man in diesem Zusammenhang auch von der Etablierung einer *professionellen Berufskultur* sprechen, wobei ihm darin zuzustimmen ist, dass der Begriff allein die dahinterliegende normative Problematik eher verdeckt. Es bedarf inhaltlich überzeugender wie sachlich präziser Kriterien für die Zumessung von Eigenschaften wie „gut" oder „professionell" (vgl. TERHART 1996, S. 460). Das von mir vorgeschlagene Modell hat zunächst heuristischen Charakter. Die inhaltliche Präzisierung seiner Merkmale, also z.B. eine genauere Explikation dessen, was „angemessen" meint, wäre noch zu leisten.

Damit stellt sich die Frage, wie sich im beruflichen Feld Professionalität entwickeln kann. Diese Frage ist verwickelt. Ein Habitus ist das Produkt der ganzen Lebensgeschichte, insbesondere der primären Sozialisation eines Menschen in seiner Herkunftsfamilie. Dessen Umstrukturierung in Richtung auf eine professionelle Wahrnehmung und Bearbeitung der beruflichen Entwicklungsaufgaben müsste aber im und durch das Handlungsfeld Schule selbst erfolgen. So ist zunächst einmal zu fragen, ob dieses Handlungsfeld überhaupt so „wirkungsmächtig" ist, um den lebensgeschichtlich tiefverwurzelten Habitus eines Menschen verändern zu können. Ich vermute jedoch, dass dies der Fall ist: Biographisch angelegte Lehrerstudien (z.B. SIKES et al. 1985; 1991) belegen, dass die Schule für junge Lehrkräfte in den ersten Berufsjahren in der Tat häufig die zentrierende und prägende Mitte der eigenen Existenz ist. Ich kann die Frage nach der Veränderung des Habitus in Richtung eines professionellen Habitus und der dabei wirkenden institutionsspezifischen Faktoren zur Zeit noch nicht allgemein beantworten, mögliche Mechanismen aber an einem Fall exemplifizieren.

4   Ausschnitt aus einer Fallstudie - der Fall der Lehrerin Martina Watermann[6]

Martina Watermann ist Lehrerin für die Fächer Mathematik und Chemie an einem Hamburger Gymnasium. Im berufsbiographischen Interview noch während ihres Referendariats präsentiert sie sich als eine Person, die immer schon „zu höheren Ansprüchen" berufen schien. Mehrfach hebt sie hervor, dass sie ihre Fächer - Mathematik und Chemie - in der eigenen Schulzeit aus Interesse und nicht aus irgendwelchen strategischen Erwägungen heraus gewählt habe. Den anfänglichen Habitus der Lehrerin vor Berufsantritt habe ich auf der Basis einer sequenzanalytischen Interpretation ihrer Eingangserzählung als einen von mir sogenannten *Aneignungshabitus* rekonstruiert.

---

[6] Die folgende Ausschnitt aus einer Fallstudie entstammt einem Forschungsprojekt zur Berufseingangsphase von Lehrerinnen und Lehrern mit einem mathematisch-naturwissenschaftlichen Fächerprofil (vgl. HERICKS 2003). Mit den 20 Teilnehmerinnen und Teilnehmern des Projektes wurden gegen Ende ihres Referendariats zunächst narrative berufsbiographische Einzelinterviews durchgeführt; sie wurden anschließend in die Berufseingangsphase hinein begleitet, d.h. mit ihnen wurden über anderthalb Jahre hinweg halbjährlich berufsbegleitende Anschlussinterviews geführt, die u.a. ihre subjektiv wahrgenommenen Berufsanforderungen, Bewältigungsstrategien und Vorstellungen von gutem Unterricht zum Thema hatten. Die Auswertung der auf diese Weise entstandenen Interviewreihen von jeweils etwa 70 bis 100 Seiten transkribierten Textes erfolgte mittels einer Methodentriangulation aus Objektiver Hermeneutik (vgl. OEVERMANN 2000) und Dokumentarischer Methode (vgl. BOHNSACK 2000).

Mehrfach ist in den Interviews mit Martina Watermann (und den dort sich ereignenden Selbstpräsentationen) eine bestimmte Struktur des Umgehens mit neuen, fremden Situationen zu finden, die ich der Wirkung dieses speziellen Habitus zuschreiben würde. Martina Watermann scheint demnach neue, zunächst mit Fremdbestimmung verbundene Situationen (wie Studium und Referendariat) in ihrer anfänglichen Fremdheit, Fremdbestimmtheit und latenten Bedrohlichkeit sehr sensibel wahrzunehmen. Die erhöhte Sensibilität versetzt sie aber zugleich in die Lage, auch die darin angelegten neuen Möglichkeiten und Chancen geradezu schlafwandlerisch sicher zu ergreifen. Wir finden bei Martina Watermann die Struktur eines vorsichtigen Sich-Herantastens, eines Sich-Einfädelns in eine neue Situation, die es ihr erlaubt, die fremde Situation mehr und mehr zu einer eigenen zu machen, sie quasi umzudefinieren zu einer Wirkungs- und Darstellungsmöglichkeit für das eigene Selbst. Diese Struktur, diese Sensibilität für das Schwierige wie für die Chancen einer neuen Situation, nenne ich *Aneignungshabitus*.

Der Aneignungshabitus scheint im Fachstudium der Informantin wirksam gewesen zu sein: Am Anfang standen fachliche Schwierigkeiten vor allem in Mathematik; in der Rückschau steht das beglückende Gefühl, sich durchgekämpft, und am Ende, beim Lernen fürs Examen, plötzlich ein *Konstrukt im Kopf* gehabt zu haben. Das Fachstudium wird insoweit zu einer Bestätigung für eine bestimmte Grundeinstellung zur Welt, nämlich dass man durch „Dranbleiben" Erfolg haben kann.

Im Referendariat durchlebt Martina Watermann eine Krise, die, wie sie erzählt, fast zum frühen Ausstieg aus dem Beruf geführt hätte:

> Ich hatte Schwierigkeiten mit dem Desinteresse der Schüler. Für mich sind diese beiden Fächer einfach sehr interessant und ich versuche auch immer noch mich zumindest in Chemie, also in Mathe nicht wirklich fachlich, sondern eher schulpraktisch, ich sag mal fortzubilden. (...) Und fand das sehr schwierig oder musste das akzeptieren, dass es Schüler gibt, die es einfach nicht interessiert.

Nicht mangelnde Disziplin der Schüler, nicht übermäßige Arbeitsbelastung oder schwierige Ausbilder werden als Grund für die anfänglichen Schwierigkeiten im Referendariat benannt, sondern das *Desinteresse der Schüler*. Das fachliche Interesse der Lehrerin bildet dazu den Gegenhorizont. In dieser Passage wird eine *implizite Anforderung des Lehrerberufs* pointiert auf den Punkt gebracht. Die Lehrerin, die sich deutlich über ihre Unterrichtsfächer definiert, diesen Fächern gegenüber ein starkes Interesse, eine starke Faszination entwickelt, muss damit umgehen lernen, dass ihre Schülerinnen und Schüler ein solch intensives Fachinteresse nicht notwendig teilen. Diese objektive Anforderungsstruktur ist Teil der Entwicklungsaufgabe *Vermittlung*.

Martina Watermann löst die beschriebene Krise vorläufig durch eine Reformulierung ihrer Aufgabe als Lehrerin. Der mit ihrem Aneignungshabitus verbundene „wache Instinkt" für das in einer neuen Situation Gebotene kommt ihr jetzt zugute. Ihr ist klar, dass von ihr etwas anderes gefordert ist, als sie bis dahin dachte:

> Und dass ich da nicht beleidigt sagen kann: Dann eben nicht. Sondern dass es einfach meine Aufgabe ist, da irgendwie weiter zu machen und versuchen, sie irgendwie dafür irgendwie zu interessieren, und aber auch, im schlimmsten Fall sozusagen, mich damit irgendwie abzufinden und mit dem Schüler zu arrangieren.

In der Folgezeit entwickelt Martina Watermann einen Unterrichtsstil, den man (mit Einschränkungen) als offen und entdeckend bezeichnen kann. Auf Nachfrage erklärt sie, die zur Umsetzung eines solchen Unterrichts erforderlichen Kompetenzen im Referendariat vermittelt bekommen zu haben:

> Also Schüler ganz viel machen lassen. Das hab ich sozusagen mitgenommen. Das war auch was ich im Anfang vom Referendariat immer in Hospitationen gehört habe: Nehm' Sie sich mehr zurück. Lassen Sie die Schüler mehr machen. Was ich am Anfang ziemlich quatschig fand (..). Ehm. Aber das, was mir ganz klar hilft. Dass ich Schüler arbeiten lassen kann und nicht (..) immer nur doziere (....) und mich selbst auch wirklich zurücknehmen kann (....) und Schüler machen lassen kann.

Wie also entwickelt sich Professionalität? Was trägt die Institution dazu bei? Hier, im Fall Martina Watermann, ist es ein überraschend schlichter Impuls der Ausbildungseinrichtung. So muss man unterrichten, um in Vorführstunden eine gute Note zu bekommen, und viele Referendare stellen sich strategisch darauf ein. Martina Watermann aber realisiert die darin liegenden Chancen: Als Lehrerin sich zurücknehmen zu können, erlaubt es den Schülern, ihre Art und Intensität der Auseinandersetzung mit der Sache selbst bestimmen zu können. Die Lehrerin muss nicht immerzu danebenstehen, gewichten, beurteilen und bewerten. Sie muss nicht in jeder Situation fragen, ob das Interesse der Schüler mit ihrem eigenen Schritt hält. Sie vermag sich in der Gestaltung von Unterricht als erfolgreich zu erfahren. Ob dabei „Bildung" im schlichten Sinne einer Aneignung der Sache auf Seiten der Schüler sich ereignet, ist eine andere Frage, die die Lehrerin einstweilen offen lassen kann. Mit anderen Worten: die Lehrerin realisiert ein Unterrichtsbild, das von seiner Strukturlogik her die angemessene Antwort auf das Problem des Schülerdesinteresses ist. Die Lehrerin kann Unterricht gestalten, ohne die Frage nach dem Interesse der Schüler zu einer sie blockierenden Einstiegshürde werden zu lassen (vgl. genauer dazu HERICKS 2004).

Zugleich realisiert sie ein Unterrichtsbild, das - obwohl für eine überzeugte Fachfrau überraschend - passgenau auf ihre Person zugeschnitten scheint. Sie ist im Referendariat auf eine Spur gekommen, die ihr im Sinne einer „glücklichen Fügung" genau entspricht. Es ist als eine hohe Kunst der Individualisierung zu werten, die eigene Fachkompetenz einzusetzen, um Schüler in dieser Weise freizugeben und arbeiten zu lassen. Man sieht die Rolle der Institution darin, doch ist es die habituelle Sensibilität für die latente Bedrohlichkeit wie für die Möglichkeiten der neuen Situation, die die Lehrerin zur Aneignung dieser Möglichkeiten befähigt.

5 Schluss

Ich muss an dieser Stelle abbrechen. Der weitere Verlauf des Falles Martina Watermann zeigt, dass die Lehrerin mit ihrem innovativen Unterrichtsbild noch lange nicht „über den Berg" ist. Ihr Unterrichtsbild setzt voraus, dass nicht nur sie, die Lehrerin, die Frage nach dem Interesse zunächst einmal außen vor lässt und einfach Unterricht „macht", sondern auch die Schüler. So wie die Lehrerin Unterricht gestaltet, *als ob* die Schüler sich für die Sache interessierten, so müssen die Schüler in diesem Unterricht „mitmachen", *als ob* sie sich interessierten. Wo die Schüler die ihnen zukommende Rolle nicht annehmen, bricht das Konzept zusammen. Dies ist der Fall in der Oberstufe. Über die Oberstufenschüler sagt Martina Watermann:

> Aber wenn ich mir dann im Gegensatz dazu die Oberstufenkurse anguck', denk ich: Ja, die=da geht alles verloren. Irgendwie. Die sind auch so abgestumpft auf dieses: Unterricht. Klausur. Nächstes Thema. Da geht's überhaupt nicht mehr um die Sache.

Für dieses oberstufenspezifische Lernproblem hat Martina Watermann zur Zeit meiner Interviews noch keine Lösung. Sie ist hier auf ein Problem gestoßen, das zur Institution als solcher gehört. Das *Arbeitsbündnis* mit den Schülern ist als Programm formuliert, es gibt erste Erfahrungen, doch die pragmatische Umsetzung steht noch aus. Die weitere Arbeit an ihrem Unterrichtsbild wird Martina Watermann den Bereich der Entwicklungsaufgabe *Vermittlung* überschreiten lassen und sie in die Entwicklungsaufgabe *Institution* hineinführen.

Diesen Faden kann ich an dieser Stelle nicht weiter verfolgen. Mein Anliegen war es, ein theoretisches Modell zur Integration der drei Konzepte *Entwicklungsaufgaben*, *Habitus* und *Professionalisierung* vorzustellen und die Tauglichkeit dieses Modells zur empirischen Rekonstruktion von Bildungs- und Entwicklungsprozessen im Rahmen der Bildungsgangforschung zur Diskussion zu stellen. Diese Diskussion wäre nun zu führen.

Literatur

BOHNSACK, R. (2000): Rekonstruktive Sozialforschung. Einführung in Methodologie und Praxis qualitativer Forschung. 4. Aufl. – Opladen.

BOURDIEU, P. (1987): Sozialer Sinn. Kritik der theoretischen Vernunft. – Frankfurt/M.

COMBE A. (2003): Professionalisierung in pädagogischen Berufen. Vortrag auf der Jahrestagung der „Österreichischen Gesellschaft für Forschung und Entwicklung im Bildungswesen" vom 06.-08.11.2003 in Wien.

COMBE, A./BUCHEN, S. (1996): Belastung von Lehrerinnen und Lehrern. Fallstudien zur Bedeutung alltäglicher Handlungsabläufe an unterschiedlichen Schulformen. – Weinheim.

DREHER, E./DREHER, M. (1985): Wahrnehmung und Bewältigung von Entwicklungsaufgaben im Jugendalter: Fragen, Ergebnisse und Hypothesen zum Konzept einer Entwicklungs- und Pädagogischen Psychologie des Jugendalters, in: OERTER, R. (Hg.): Lebensbewältigung im Jugendalter. – Weinheim, Deerfield Beach, Fl., S. 30-61.

HERICKS, U. (2003): Über die Entwicklung von Professionalität im Lehrerberuf. Projektskizze. Untersuchungen zur Berufseingangsphase von Lehrerinnen und Lehrern mit mathematisch-naturwissenschaftlichen Fächern. URL: www.erzwiss.uni-hamburg.de/personal/hericks/projektskizze.pdf [19.04.2004]

HERICKS, U. (2004): Grundbildung, Allgemeinbildung und Fachunterricht, in: Zeitschrift für Erziehungswissenschaft, 7, Heft 2, S. 192-206.

HERICKS, U./KUNZE, I. (2002): Entwicklungsaufgaben von Lehramtsstudierenden, Referendaren und Berufseinsteigern. Ein Beitrag zur Professionalisierungsforschung, in: Zeitschrift für Erziehungswissenschaft, 5, Heft 3, S. 401-416.

HERICKS, U./SPÖRLEIN, E. (2001): Entwicklungsaufgaben in Fachunterricht und Lehrerbildung. Eine Auseinandersetzung mit einem Zentralbegriff der Bildungsgangdidaktik, in: HERICKS, U. u.a. (Hg.): Bildungsgangdidaktik. Perspektiven für Fachunterricht und Lehrerbildung. – Opladen, S. 33-50.

KRAIS, B./GEBAUER, G. (2002): Habitus. – Bielefeld.

OEVERMANN, U. (1991): Genetischer Strukturalismus und das sozialwissenschaftliche Problem der Erklärung der Entstehung des Neuen, in: MÜLLER-DOOHM, St. (Hg.): Jenseits der Utopie - Theoriekritik der Gegenwart. – Frankfurt/M., S. 267 - 336.

OEVERMANN, U. (1996): Theoretische Skizze einer revidierten Theorie professionalisierten Handelns, in: COMBE, A./HELSPER, W. (Hg.): Pädagogische Professionalität. Untersuchungen zum Typus pädagogischen Handelns. – Frankfurt/M., S. 70-182.

OEVERMANN, U. (2000): Die Methode der Fallrekonstruktion in der Grundlagenforschung sowie der klinischen und pädagogischen Praxis, in: KRAIMER, K. (Hg.): Die Fallrekonstruktion. Sinnverstehen in der sozialwissenschaftlichen Forschung. – Frankfurt/M., S. 58-156.

SCHWINGEL, M. (1995): Bourdieu zur Einführung. – Hamburg.

SIKES, P. J./MEASOR, L./WOODS, P. (1985): Teacher Careers. Crises and continuities. – London.

SIKES, P. J./MEASOR, L./WOODS, P. (1991): Berufslaufbahn und Identität im Lehrerberuf, in: TERHART, E. (Hg.): Unterrichten als Beruf. Neuere amerikanische und englische Arbeiten zur Berufskultur und Berufsbiographie von Lehrern und Lehrerinnen. – Köln, Wien, S. 231-248 (= übersetztes Schlusskapitel aus Sikes et al. 1985).

TERHART, E. (1996): Berufskultur und professionelles Handeln bei Lehrern, in: COMBE, A./HELSPER, W. (Hg.): Pädagogische Professionalität. Untersuchungen zum Typus pädagogischen Handelns. – Frankfurt/M., S. 448-471.

Der Bildungsgang als Doppelte Statuspassage

Simone Tosana

Ziel der Bildungsgangforschung ist es, die Grundlage dafür zu schaffen, die Lernenden im Kontext ihrer Bildungsgänge in den Blick nehmen zu können. Dies bedeutet m.E., sie in ihrer zeitlichen und räumlichen Kontextualität als gestaltende und gestaltete Akteure wahrzunehmen. Hierfür bedarf es einer systematischen Beschreibung von Bildungsgängen, die noch zu leisten ist. Der Bildungsgang wird dabei aufgefasst als Verhältnis zwischen Biographie und den Vorgaben durch das Bildungssystem. Dieses Verhältnis vollzieht sich, so meine These, in der aktuellen Lebenswelt in einer Auseinandersetzung des Akteurs mit dem Kontext Schule und den aktuellen und potentiell-künftigen Fragen seiner sozialen Positionierung in einem synchronen wie diachronen Prozess. Dabei sind auch die vom Feld Schule wie von den anderen Kontexten an den Akteur herangetragenen Zuschreibungen und Anforderungen in den Blick zu nehmen.

Fragt man sich, wie der Bildungsgang der Akteure in die Schule hineingenommen werden kann, greift es zu kurz, die Akteure nur als Gestalter wahrzunehmen. Sie sind auch gestaltet: durch ihre persönliche wie soziokulturelle Vergangenheit, aber auch durch die Zuschreibungen im Kontext Schule. Die Schule kann sich dabei nicht allein auf eine Vermittlungsfunktion zwischen Gesellschaft und Individuum zurückziehen, sondern ist selbst Teil des Bildungsgangs der Akteure und ebenso wie diese Gestalter von Bildungsgängen.

Es mag verwundern, dass in diesem Artikel bisher der Begriff „Entwicklungsaufgabe" nicht benutzt wurde. Dies ist kein Zufall, denn ich gehe davon aus, dass man für die Beschreibung von Bildungsgängen auf den Begriff der Entwicklungsaufgabe verzichten kann. In Zentrum meiner Arbeit steht das Anliegen, eine Systematik zu entwickeln, die den Bildungsgang in seiner zeitlichen und lebensweltlichen Dynamik sichtbar macht. Hierzu gehören auch Vergangenheit und aktuelle Lebenswelt, die mit dem Begriff „Entwicklungsaufgabe" nicht gefasst werden. Als mögliche Beschreibung für die prozessuale Dynamik des Bildungsgangs möchte ich das im Rahmen meines Promotionsprojektes entwickelte Konzept der Doppelten Statuspassage einführen.

Der Begriff der Entwicklungsaufgabe ist m.E. bisher kein deskriptives Konzept zur Beschreibung von Bildungsgängen, sondern in seiner jetzigen Form ein didaktischer Ansatz. Er stellt den Versuch dar, den Bildungsgang für den Unterricht thematisierbar zu machen. Hier kommt die Frage ins Spiel, wie und ob der

Bildungsgang Teil von Schule und Unterricht werden kann bzw. schon ist. Für die Beschreibung von Bildungsgängen sind beim Konzept der Entwicklungsaufgabe zwei Problembereiche ungelöst: Zum einen lehnen sich Didaktik und Forschung anhand des Konzepts der Entwicklungsaufgabe nicht an eine systematische Beschreibung von Bildungsgängen an und lassen dadurch wesentliche Problembereiche beim Einbezug des Bildungsgangs in die Schule außen vor. Zum anderen steckt der Begriff der Entwicklungsaufgabe selbst in einem konstruktivistisch-strukturalistischen Dilemma, für das ich keine Lösung sehe.

Auf beide Problembereiche gehe ich im Abschnitt „Bildungsgang und Schule" näher ein. Zunächst möchte ich den Bildungsgang als komplexes Geschehen in den Blick rücken und nach den Anforderungen an die Beschreibung von Bildungsgängen fragen.

1 Die Beschreibung von Bildungsgängen

Der Begriff des Bildungsgangs erinnert zunächst an institutionell vorgegebene Bildungswege. So spricht Barbara SCHENK (1998, S. 261) auch davon, dass „ein Gang (...) ein wohldefinierter Weg zu einem Ziel" sei. Diese erste Assoziation, bei der sich SCHENK auf den Gang als Raum in einem Gebäude bezieht, verweist auf den Ursprung der „Bildungsgangforschung" in der Untersuchung institutioneller Bildungswege in verschiedenen Kontexten (vgl. die Einleitung von TRAUTMANN in diesem Band). Fokussiert man dabei allerdings auf einzelne Akteure und ihren jeweiligen Bildungsweg, dann ist dieser Weg nicht mehr per se „wohldefiniert" - auch Abweichungen und untypische Bildungsgänge sind denkbar. Hier tritt der Bildungsgang als Teil der eigenen Biographie in Erscheinung, der im Kontext individueller biographischer Auseinandersetzungen steht. Jürgen ZINNECKER (2004) hat vorgeschlagen, diese Doppelperspektive des Bildungsgangs als Verhältnis zwischen Biographie und den Vorgaben durch das Bildungssystem zu begreifen. Zentral ist dabei für die Bildungsgangforschung die Doppelperspektive, im Rahmen des innerhalb des Schulsystems institutionell Möglichen den biographischen Lebensweg in den Blick zu nehmen.

Ist man auf der Suche nach der möglichen weiteren Ausdifferenzierung des Wechselverhältnisses zwischen Biographie und strukturellen Vorgaben im Bereich der institutionellen Bildung, bietet sich zunächst ein Blick in andere Forschungskontexte an. Im Kontext der Berufsbiographie wird dieses Wechselverhältnis in der Diskussion um das Konzept der „Normalbiographie" thematisiert und kritisch reflektiert. Diese Diskussion möchte ich zunächst aufzeigen, um dann zu fragen, was sich hieraus für die Erfassung von Bildungsgängen ergibt.

1.1 „Jenseits der Normalbiographie"- drei Schwierigkeiten bei der Erfassung von Bildungsgängen

Setzt man sich mit dem Konzept der Normalbiographie auseinander, so steht zunächst die Frage im Vordergrund, ob es eine „Normalbiographie" je gegeben hat und wenn ja, für welchen Zeitraum. Als zentraler Faktor der Biographie wird dabei die kontinuierliche Erwerbsarbeit angesehen. Axel BOLDER spricht in diesem Kontext von dem „Missverständnis der Normbiographie der Nachkriegszeit als Normalbiographie kapitalistischer Gesellschaften" (2002, S. 40). Was oft unter dem Konzept der Normalbiographie verstanden wird, eine kontinuierliche Erwerbsarbeit mit Arbeitsplatzsicherheit und relativ wenigen Arbeitsplatzwechseln, wird dabei eher als die Norm einer bestimmten historischen Phase als als langfristige gesellschaftliche Realität aufgefasst. Die Dominanz des kontinuierlichen „Normalarbeitsverhältnisses" und seine entsprechende Auswirkung auf die Biographien der Einzelnen galt auch in dieser Periode innerhalb Westdeutschlands als „Norm" nur für Männer. Für Frauen war in dieser Phase kontinuierliche Erwerbsarbeit nicht unbedingt die Regel (vgl. GEISSLER/OECHSLE 2001).

Problematisch ist zudem die Frage, inwieweit es sich beim Ende der Normalarbeit um „Mythos oder Wirklichkeit" handelt (JANN/DIEKMANN 2003). Untersuchungen wie das *Globalife Project - Life Courses in the Globalization Process* (vgl. BLOSSFELD 2004) legen die Vermutung nahe, dass von der Veränderung der Lebensverläufe unterschiedliche Gruppen verschieden betroffen sind. Für Männer in der mittleren Lebensspanne kommt es demnach für die Bundesrepublik kaum zu einer Veränderung der kontinuierlichen Erwerbsbiographie, während Frauen und BerufseinsteigerInnen stark von Unsicherheiten betroffen sind. Hieraus ist ableitbar, dass die Frage nach einer Zunahme von Diskontinuität nicht allgemein zu beantworten ist.

Der hier nur kurz angerissene Diskurs um das Konzept der Normalbiographie macht unterschiedliche Probleme deutlich, die mit der Bestimmung des Wechselverhältnisses zwischen Biographie und strukturellen Vorgaben einhergehen. So spielt soziokulturelle Differenz bei der Bestimmung dieses Wechselverhältnisses eine große Rolle. Es besteht die Gefahr, den Werdegang einer bestimmten Gruppe zu verallgemeinern und damit andere Möglichkeiten des Wechselverhältnisses aus dem Blick zu verlieren. Gleichzeitig zeigt sich auch, dass im Diskurs die Frage der „Normalität", die Frage also, was in diesem Wechselverhältnis die Regel ausmacht und was die Abweichung darstellt, sowie die Frage, was einzelne Akteure brauchen, um ihre individuelle Biographie sinnvoll gestalten zu können, eine große Rolle spielen. Es ist daher wichtig, Normativität und Deskriptivität zu trennen. Zudem unterliegt das Wechselverhältnis zwischen Biographie und strukturellen Vorgaben gesellschaftlichen Veränderungen, die im Fluss sind und somit nicht einfach zu bestimmen und zu beschreiben sind.

Für den Bildungsgang als Wechselverhältnis zwischen Biographie und den strukturellen Vorgaben durch das Bildungssystem kann man annehmen, dass die drei beschriebenen Schwierigkeiten bei der Diskussion um „Normalbiographie" - zu bestimmende soziokulturelle Differenz der Bildungsgänge, die Gefahr der Normativität und ein sich wandelnder und mit komplexen gesellschaftlichen Strukturen verbundener Gegenstand - auch hier zutreffen. Die Beschreibung von Bildungsgängen ist somit elementar mit der Forderung verknüpft, auch soziokulturelle Differenz und strukturelle Wandlungsprozesse bzw. Kontinuitäten sichtbar zu machen. Außerdem sollte eine Sensibilität gegenüber normativen Wunschvorstellungen gewahrt bleiben, um nicht durch diese den Blick auf den Gegenstand zu verstellen.

Strebt man die Beschreibung von Bildungsgängen an, ist somit in den Blick zu nehmen, dass beide Seiten - sowohl Biographie wie institutionelle Vorgaben - auch geprägt sind durch soziokulturelle Bedingungen, strukturelle Vorgaben und durch die konkrete Situation der Lebenswelt. Für den Bildungsgang wird dies u.a. anhand des starken Einflusses von soziokulturellen Bedingungen, z.B. des Berufs der Eltern oder der ökonomischen Verhältnisse, auf die Bildungsmöglichkeiten der Kinder deutlich. So hat der soziokulturelle Status der Eltern beispielsweise einen entscheidenden Einfluss darauf, welche Leistungen Kinder erbringen müssen, um eine Gymnasialempfehlung zu bekommen. Auch alle in den letzten Jahren durchgeführten großen quantitativen Untersuchungen zeigen die enorme Bedeutung, die soziokulturelle Faktoren auf allen Ebenen des Bildungswesens in Deutschland spielen. Von daher kann man soziokulturelle Faktoren als eine bedeutende grundlegende Variable fassen, die bei der Erforschung von Bildungsgängen berücksichtigt werden muss. FAULSTICH-WIELAND (2001) hat dies im Kontext der Bildungsgangforschung schon näher ausgeführt, so dass ich an dieser Stelle nur auf ihren Beitrag verweisen möchte.

Die Frage der strukturellen Wandlungsprozesse ist neben den Schwierigkeiten, die sie für die Erfassung des Gegenstandes bedeuten, auch von Akteursseite her bedeutsam. Aus diesem Blickwinkel ist der Bildungsgang alles andere als eine vorgegebener Weg zu einem klaren Ziel. Er ist vielmehr mit vielfältigen Entscheidungen verbunden, die im Kontext gesellschaftlicher Wandlungsprozesse schwer zu treffen sind. Diese Planungsunsicherheit hat im Diskurs der Biographieforschung zu verschiedenen Konzepten geführt. Im Folgenden möchte ich nun kurz das Konzept der „Biographisierung" von MAROTZKI (1999) aufgreifen um anschließend zu fragen, was es für die Bildungsgangforschung bedeutet.

1.2 Ein Blick in die Biographieforschung - und neue Fragen für die Beschreibung von Bildungsgängen

Im Konzept der „Biographisierung" steht die Frage der Planbarkeit als Frage der „zentralen reflexiven Verortung des Menschen in der Welt" im Zentrum. Die Auseinandersetzung mit dieser Frage wird als Kern des Bildungsprozesses aufgefasst, bei dem es um „Selbstvergewisserung und Orientierung in den gesellschaftlichen Verhältnissen" (MAROTZKI 1999) geht. MAROTZKI nimmt zwei Vorgänge als zentral an: die logisch-intellektuelle Ordnungsleistung der Zusammenhangsbildung und eine wertende Ordnungsleistung des Aufbaus einer subjektiven Werthierarchie. Für diese Form der bedeutungs- und sinnstiftenden Leistung des Subjekts wird, so MAROTZKI, der Begriff der „Biographisierung" verwendet. Ein „Biographisierungsprozess" kann dabei als eine implizite oder explizite Antwort auf die zentralen Fragen ausgelegt werden: Woher komme ich? Wohin gehe ich? und Wer bin ich?

Dabei unterscheidet MAROTZKI zwei Aspekte von Biographisierungsprozessen. Unter dem diachronen Reflexionsformat versteht er die „Initiierung historischer Sinnbildungsprozesse". Dabei geht es um die Auseinandersetzung mit der eigenen Lebensgeschichte. Beim synchronen Reflexionsformat geht es MAROTZKI zufolge um die Frage der übergeordneten Zusammenhänge in den subjektiven Entscheidungs- und Sinnfindungsprozessen. Der Prozess der Biographisierung umfasst somit sowohl die Frage nach dem Zusammenhang der eigenen Geschichte als auch die Frage nach dem Eingebundensein in größere Zusammenhänge. Diese Frage nach Zusammenhängen wird nicht nur in einer rein logisch-intellektuellen Ordnungsleistung, sondern auch wertend bewerkstelligt.

Was bedeutet dies nun für die Erfassung von Bildungsgängen? Beim Konzept der „Biographisierung" ist deutlich geworden, dass bei den Auseinandersetzungen der einzelnen Akteure mit ihrem Bildungsgang, von MAROTZKI als Ordnungsleistungen benannt, einerseits kurzfristige, aktuelle lebensweltliche Faktoren eine Rolle spielen, andererseits auch langfristige und gesellschaftliche Zusammenhänge. Der Bildungsgang hat somit auch eine zeitliche Achse zwischen Vergangenheit und Zukunft. Im Kontext der aktuellen Lebenswelt nimmt der Akteur hier Ordnungs- und Orientierungsleistungen vor, vor deren Hintergrund er sich selbst und das Geschehen einordnet. Neben dem Einbezug soziokultureller und struktureller Bedingungen bedarf die Erfassung von Bildungsgängen somit auch eines zeitliche Formats, das die Auseinandersetzungen in der aktuellen Lebenswelt als Auseinandersetzungen der Akteure in ihrem Spannungsverhältnis zwischen Vergangenheit und Zukunft, langfristigen und kurzfristigen Fragen sichtbar machen kann.

2 Das Konzept der Doppelten Statuspassage als Möglichkeit der Beschreibung von Bildungsgängen

Ich möchte nun das im Kontext meines Promotionsprojektes in Auseinandersetzung mit Interviews entwickelte Konzept der Doppelten Statuspassage anhand eines Einzelfalls vorstellen. Ich denke, dass die in dem Fall zutage tretende doppelte Bewegung, einerseits im Aktuellen, andererseits im Potentiellen, Angestrebten, ein Ansatzpunkt für die Systematisierung von Bildungsgängen darstellt. Gleichzeitig werden an der Frage des „Status" auch soziokulturelle Bedingungen mit in den Blick genommen. Nun zunächst die Falldarstellung:

Markus ist Mitte 30 und stammt aus einer traditionellen Handwerkerfamilie, die seit Generationen als Meister eine Schreinerei in Markus' Herkunftsort führen. Der Besuch der Hauptschule auf dem ersten Bildungsweg entsprach nicht Markus' persönlichen Wünschen, Abitur zu machen. Markus besucht nun ein Abendgymnasium in einer deutschen Großstadt. Er arbeitet neben der Schule als Erzieher in einem Wohnprojekt für psychisch Kranke und lebt in einer Lebensgemeinschaft mit einem Akademiker. Zum Zeitpunkt des Interviews befindet sich Markus im 1. Studienjahr, was Klasse 12 der Regelschule entspricht, und ist das dritte Jahr an der Schule. Er erlebt im Moment seine bisher schwerste Schulkrise. Im Rückblick beschreibt er die Zeit vor dem Eintritt ins Abendgymnasium. Mit dem Abitur verbindet er die Überwindung der Verhinderung persönlicher Entfaltungswünsche durch die traditionelle Herkunftsfamilie. Er hatte immer das Gefühl, dass „mehr in ihm steckt":

> Und wusste aber es steckt mehr in mir, es steckt einfach mehr in mir.

Dieses „mehr", mit dem er sowohl „Selbstverwirklichung" wie berufliche Möglichkeiten fasst, war aufgrund des in seinen eigenen Worten „vorgezeichneten Weges" für ihn bisher nicht erreichbar. Bei der Entscheidung für das Abendgymnasium erfährt er sowohl von seinem sozialem Umfeld, vor allem von seinem Lebenspartner, als auch in seinem beruflichen Kontext Unterstützung.

Zum jetzigen Zeitpunkt, drei Jahre nach Schuleintritt, ist Markus einer von fünf noch verbliebenen SchülerInnen von ehemals dreißig des Vorbereitungsjahrs. Er fühlt sich in mehrfacher Hinsicht „desillusioniert": Er hat die Doppelbelastung Schule-Beruf unterschätzt. Er war davon ausgegangen:

> Mein Ehrgeiz wird diese Doppelbelastung einfach ausgleichen.

Die Beziehung zu seinem Lebenspartner steckt in der Krise, seine Mutter ist schwer erkrankt, Markus fühlt sich erschöpft.

Desillusionierung beschreibt Markus auch in Bezug auf die Schule. Seine Erwartung ans Abendgymnasium, eigene Wünsche einbringen zu können, hat sich im Nachhinein nach seiner eigenen Einschätzung als „idealistisch" herausgestellt. Auf seine momentane Situation im Kurssystem fühlt er sich durch den bisherigen Unterricht nicht vorbereitet. Wie von Seiten der Schule zum Schulbeginn vorhergesagt, hat er sich im Kurssystem im Vergleich zu den ersten beiden Jahren an der Schule um eine bis zwei Noten verschlechtert, was seine Selbstlegitimation an der Schule für ihn in Frage stellt. Markus Wissen bewährt sich im momentanen Schulkontext nicht.

> Ich hatte ganz oft zuvor den Gedanken gehabt, wenn ich jetzt noch mal zur Schule gehen würde, das würdest Du mit Bravour bestehen, das wäre gar kein Problem mehr. Aufgrund Deines Allgemeinwissens. Aber es ist ja ein sehr spezielles Wissen [was] auch vermittelt wird.

Für die aktuelle Unterrichtssituation benennt Markus Schwierigkeiten in unterschiedlichen Bereichen, von denen ich exemplarisch zwei nennen möchte: Im Bereich „Kompetenzen" problematisiert er die Art zu Fragen, in Frage stellen zu können, aber auch wie Fragen gestellt werden müssen, um nicht von einzelnen Lehrern ignoriert zu werden. Außerdem schildert er Schwierigkeiten mit einzelnen Lehrern, die er einerseits von seiner Seite als „Autoritätsproblematik" beschreibt, andererseits macht ihn - selbst im sozialen Bereich tätig - die Unprofessionalität mancher Lehrer fassungslos. Der Unterricht bietet für Markus somit kaum die Möglichkeit, anerkannt zu werden. Er fühlt sich von einem Teil der Lehrer mit seinen Fragen gezielt ignoriert, durch die vorherigen beiden Jahre am Abendgymnasium unzureichend vorbereitet und erhält für seine Vorbereitung nicht die angestrebten Noten.

Während der Wunsch, das Abitur zu machen und zu studieren, vor dem Schulbesuch zum größten Teil positiv beschrieben wird, sind nun auf verschiedenen Ebenen Zweifel und Infragestellungen aufgetaucht: Bezogen auf sein eigenes Können, bezogen auf seinen Wunsch zu studieren, insbesondere seine Studienfächer, aber auch bezüglich des „Akademiker" - Werdens an sich und der damit verbundenen Kosten. Im Gegensatz zu dem „Da steckt einfach mehr in Dir" ist nun der Wunsch in den Vordergrund getreten, einfach in seinem Menschsein anerkannt zu werden:

> Ähm, und das sind Sachen, also ich möchte mich nicht darüber definieren, was ich gemacht habe, welchen Werdegang ich vorzuweisen habe, sondern ich möchte mein Menschsein, dass das akzeptiert wird.

Im Interview mit Markus wird deutlich, dass es sich bei der Auseinandersetzung mit dem aktuellen Schulbesuch und den damit einhergehenden Praktiken um eine komplexe Auseinandersetzung mit dem eigenen Sein im konkreten Feld Schule, seiner sonstigen Lebenswelt, seinen Zukunftswünschen und der damit einhergehenden soziokulturellen Verortung handelt. Individuelle Erfahrungen sind nicht von den strukturellen und soziokulturellen Bedingungen zu trennen und gehen mit diesen Hand in Hand. Dabei spielt sowohl Vergangenheit, Aktuelles wie auch Zukunft eine Rolle. Im Versuch, dies auch in Hinblick auf die anderen Fälle zu systematisieren, habe ich das Konzept der Doppelten Statuspassage entwickelt, das ich nun vorstellen möchte:

Der Blick der Interpretation richtet sich darauf, wie in Schule und Unterricht „soziale Positionierung" einerseits als Selbstverortung, andererseits als durch andere im Feld Verortet-Werden vorgenommen wird. Dabei ist - so die These - die Frage des Status im Feld, mit BOURDIEU (1982, 1985, 1992, 1998, 1999) die Frage des symbolischen Kapitals, mitentscheidend. Es soll nun anhand des Einzelfalls ausgeführt werden, in welcher Weise Status im Feld zum Tragen kommt und welche Ebenen dabei zentral thematisiert werden. Der Begriff der Statuspassage verdeutlicht dabei, dass es sich bei dem Eintritt in das Feld Schule unter biographischer Perspektive auch um Auseinandersetzungen mit Statusübergängen zwischen der bisherigen Lebenswelt und dem Feld Schule innerhalb der Schule selbst sowie im gesamtgesellschaftlichen Raum handelt.

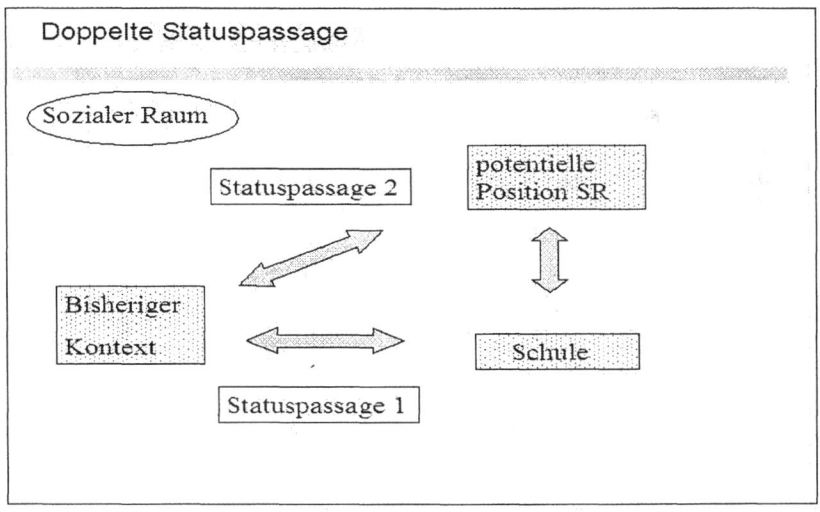

Abbildung 1: Doppelte Statuspassage

Bei der ersten beschriebenen Statuspassage, der Passage als Übergang zwischen lebensweltlichen Bereichen, die ich vorläufig horizontale nennen möchte, lehne ich mich an das Konzept von FRIEBERTSHÄUSER (1992) an. Bei der zweiten Statuspassage als Spannung zwischen soziokultureller Herkunft und angestrebtem Ziel, von mir als vertikale Statuspassage benannt, beziehe ich mich auf ein Konzept von SIARRA (1986).

Mit dem Eintritt in die Schule als Eintritt in einen neuen Handlungsraum findet eine Auseinandersetzung mit dem zugewiesenen Status des Schülers statt. Der Akteur trifft vor dem Hintergrund seiner Vergangenheit und seiner Erwartungen auf das Feld und entwickelt darin seine Haltung in Auseinandersetzung mit dem erlebten Status. Im Kontext des Abendgymnasiums entsteht eine zusätzliche Spannung, da der Status des Schülers im Kontrast zum eigenen Erwachsensein und der eigenen Kompetenz im Beruf erlebt und bewertet wird. So tritt Markus in das Feld Abendgymnasium mit Zuversicht ein. Innerhalb seines bisherigen Lebenskontextes hat er sich aus den rigiden Strukturen seiner Herkunftsfamilie gelöst und sich sowohl privat als auch beruflich Kontexte geschaffen, in denen er sich anerkannt fühlt. Im Gegensatz zur Betonung des ökonomischen Kapitals in seiner Herkunftsfamilie steht für ihn dabei eine Ausrichtung am kulturellen Kapital im Vordergrund.

Als ehemaliger Hauptschüler kann er nun in der Studienstufe den gewünschten Habitus des kritischen Fragens und Infragestellens nicht oder nur mit Mühe erreichen. Sein Bemühen, durch Nachfragen den Anschluss im Unterricht zu behalten, trifft nicht auf Anerkennung. Er kann sich unter diesen neuen Feldbedingungen nicht etablieren, was zu einer permanenten Reibung führt. Deuten möchte ich dies folgendermaßen: Der im Feld erlebte Status ist für Markus nicht kompatibel mit dem im sozialen Umfeld und im Beruf erarbeiteten und dem im Feld gewünschten Status. Durch diese permanente Reibung wird der Schulbesuch zusätzlich zur sonstigen Belastung in Frage gestellt. Gleichzeitig wird der Schulbesuch auch als soziokulturelle Statuspassage thematisiert, bei der über das Abitur die eigene Position im sozialen Netzwerk sowie die Berufsposition verändert werden sollen. Diese Statuspassage ist zunächst potentiell, das heißt angestrebt und mit Zukunftswünschen für sich selbst verbunden. Bei Markus zeigt sich dies in einer Auseinandersetzung mit dem angestrebten Berufsziel und dem Status des Akademikers. Während der Passage, so meine Deutung, kommt die eigene Kopplung des Selbstbewusstseins an den Status im sozialen Raum ins Schwanken. Markus formuliert nun als Wunsch, nicht mehr über seinen Status im sozialen Raum anerkannt zu werden, sondern per se in seinem Status als Mensch.

Beide Statuspassagen finden aktuell statt und stehen - so die These - miteinander im Wechselverhältnis. Gleichzeitig wirken sie auch auf seine sonstige

Lebenswelt zurück. Für den Fall Markus deute ich dieses Wechselverhältnis so: Die erlebte Infragestellung seines Status im Feld führt zu einer generellen Auseinandersetzung, wie er für sich seinen Status herstellt. Diese Infragestellung wirkt sich auch auf seine potentielle Selbstverortung im sozialen Raum aus. Gleichzeitig besteht auch ein Wechselverhältnis mit seinem bisherigen sozialen Umfeld: Die Unzufriedenheit in der Schule tritt in Wechselwirkung mit der beruflichen Belastung. Die generelle Auseinandersetzung mit Akademikern zeigt sich auch in der Beziehungsdynamik mit seinem Lebenspartner, bei der dessen Wertorientierung zum Kritikpunkt wird. Es kommt, so meine These, zu einer Dynamik der gegenseitigen Potenzierung von Stressfaktoren zwischen Schule und sonstiger Lebenswelt, bei der die Frage des Status einen zentralen Stellenwert einnimmt.

In den Interviews wird die Auseinandersetzung mit beiden Statuspassagen zentral anhand der Fragen von Zugehörigkeit und Macht thematisiert. Die Frage der Zugehörigkeit zeigt sich dabei in Darstellung und Herstellung von Nähe-Distanz, in Distinktionen und in emotionalen Begriffen und Färbungen. Die Frage der Macht wird u.a. in Autoritätskonflikten und Anpassungsstrategien im Kontext der Schule deutlich und in der Frage der Möglichkeit und Vorstellbarkeit der eigenen Wünsche, aber auch in der Auseinandersetzung mit diesen Wünschen selbst und dem Kontext, auf den diese Wünsche bezogen sind.

Bei der Frage der Zugehörigkeit und möglichen Zugehörigkeit stellt somit das in den Feldern für den eigenen Habitus mögliche symbolische Kapital eine entscheidende Frage dar. Dabei treten verschiedene Felder, für den Fall Schule Herkunftsfeld und aktuelle Lebenswelt, die Schule selbst sowie die potentielle Verortung im sozialen Raum, in Wechselwirkung.

Im Aktuellen kommt somit auch die Vergangenheit des Akteurs zum Tragen, einerseits die selbst erlebte Vergangenheit, andererseits über die soziokulturelle Position auch die familiäre Vergangenheit. Vor dem Hintergrund des damit verbundenen sozialen Gewordenseins, mit BOURDIEU (1999) der strukturierten Struktur des Habitus, vollzieht sich die soziale Positionierung im konkreten Feld sowie die Auseinandersetzung mit der eigenen potentiellen Position im sozialen Raum. Im Aktuellen hat somit, durch die Auseinandersetzung mit den eigenen Wünschen und Möglichkeiten und deren Bedingungen, auch Zukünftiges in Form der Vorwegnahme von Möglichkeitsräumen Bedeutung. Das Konzept der Doppelten Statuspassage zielt darauf, diese Dynamiken sichtbar zu machen. Dabei bleiben soziokulturelle und strukturelle Fragen sowie die aktuelle Lebenswelt im Blick.

3 Bildungsgang und Schule

Möchte die Bildungsgangforschung einen Beitrag zur Schulentwicklung leisten, steht sie vor der Frage, wie und in welcher Form der Einbezug von „Bildungsgängen" für das Konzeptualisieren des Unterrichts, die Lern- und Bildungsprozesse von Lehrern und Schülern sowie für das Lehrer-Schüler-Verhältnis hilfreich sein kann. Als bisheriges zentrales Ziel der Bildungsgangforschung ist im Kontext der Entwicklungsaufgabe formuliert worden, „Lernende als Gestalter ihrer eigenen subjektiven Bildungsgänge" zu betrachten (HERICKS 2001, S. 9). Hierfür wurde von HERICKS ein Modell entwickelt, wie die objektive Anforderungsstruktur der Gesellschaft von den Einzelnen mit ihrer subjektiven Struktur in Einklang gebracht wird. Als Bindeglied wird dabei - wie in vielen Beiträgen zur Bildungsgangforschung - auch von HERICKS/SPÖRLEIN das Konzept der Entwicklungsaufgabe eingeführt, was in einem „Synthese-Modell" oder in einem „Kanon-Modell" veranschaulicht wird. Das Konzept der Entwicklungsaufgabe dient dazu, „die biographische Fülle individueller Lerngeschichten zum Zwecke der Theoriebildung zu reduzieren" (HERICKS/SPÖRLEIN 2001, S. 35).

Aus meinem Blickwinkel, der die Beschreibung von Bildungsgängen wie im Bisherigen dargelegt mit den Forderungen nach Einbezug soziokultureller Differenz, Einbezug struktureller Bedingungen, kritischem Umgang mit der Gefahr der Normativität, Einbezug der Auseinandersetzungen der Akteure in ihrem zeitlichen und lebensweltlichen Kontext verknüpft, ist dies in doppelter Hinsicht problematisch: Einerseits führt die bisherige Fassung von Entwicklungsaufgaben zu einer Verkürzung von Bildungsgängen, bei der wesentliche Bereiche des Bildungsganges außen vor bleiben. Der Bildungsgang ist dabei nicht auf sein Wesentliches reduziert worden, was ja zunächst eine Systematisierung voraussetzt, sondern um wesentliche Aspekte verkürzt. Andererseits ist der Gebrauch des Begriffs Entwicklungsaufgabe unklar umrissen und legt keinen kritischen Umgang mit der Gefahr der Normativität nahe, sondern verstärkt diese meines Erachtens zusätzlich.

3.1 Die Notwendigkeit einer weitreichenderen Systematik des Bildungsgang

Die Bildungsgangforschung an der Hamburger Universität ist gekoppelt an Forschung zu Bildungsgangdidaktik, die darauf zielt, aus dem Wissen über Bildungsgänge Unterrichtsansätze zu entwickeln. Dabei werden unter der Perspektive der Entwicklungsaufgabe mit dem Bildungsgang bisher allein Entwicklungsziele verbunden. Es fehlt ein prozessual-zeitlicher Blick, der auch Vergangenheit und aktuelle Lebensumstände explizit mit einbezieht und nach ihrem Verhältnis zum potentiell Künftigen fragt. Um diese Lücke zu schließen, wurde von mir das Konzept der Doppelten Statuspassage entwickelt. Aus dieser Perspektive möchte ich nun verschiedene Aspekte des Bildungsgangs in Schule und Unterricht beschreiben.

Auf Grundlage der Auseinandersetzung mit meinen Schülerinterviews denke ich, dass es für die Beschreibung von Bildungsgängen notwendig ist, von der Dopplung SchülerIn und aktuelle soziale Positionierung im Feld Schule sowie SchülerIn und angestrebte potentielle soziale Positionierung auszugehen. In der konkreten Lebenswelt der Schule treffen die SchülerInnen auf die weiteren Akteure des Feldes. Diese Gleichzeitigkeit von Vergangenem und Künftigem in den aktuellen Aushandlungen kann man mit BOURDIEU (1982, 1985, 1999) als Dopplung zwischen strukturierter Struktur und strukturierender Struktur fassen. Die Akteure wie das Feld selbst werden dabei gleichzeitig in ihrer Dopplung als gestaltet und gestaltend in den Blick genommen. Die Bildungsgangforschung im Rahmen des Konzepts der Entwicklungsaufgabe thematisiert im Moment nur Lernende als Gestalter (HERICKS 2001, S. 9) in Hinblick auf Ziele.

Mit dem Blick auf die Akteure als Gestalter ist es aber zudem wichtig, nicht nur Ziele und Interessen, sondern auch das Geschehen innerhalb der Schule selbst sowie die Stellung der Akteure im sozialen Raum im Blick zu haben. Dabei stellen rationale Auseinandersetzungen, die in der Forschung zu Entwicklungsaufgaben bisher fokussiert werden, nur einen Aspekt dar. Auch Praktiken zur „Gestaltung" der Lebenswelt und der Lebensrealität haben hieran wesentlich Anteil. In der aktuellen Lebenswelt vollzieht sich also der „subjektive" Bildungsgang vor dem Hintergrund der persönlichen und soziokulturellen Vergangenheit als eine praktische und intellektuelle Auseinandersetzung mit der Lebenswelt Schule im Wechselverhältnis mit der eigenen aktuellen Lebenswelt sowie mit der angestrebten zukünftigen sozialen Verortung. Das Künftige ist somit nur unter Einbezug des Vergangenen der Akteure überhaupt adäquat zu erfassen. Dies macht es notwendig, sie als „Gestaltete" wahrzunehmen und ihrer soziokulturelle Vielfalt gewahr zu werden. Hier möchte ich auf das Habituskonzept von BOURDIEU (1970, 1982, 1999) verweisen, das ich an dieser Stelle nicht weiter ausführen möchte.

Gleichzeitig erfordert eine Systematik des Bildungsganges der Akteure auch, Schule als Gestalter von Bildungsgängen zumindest mit im Blick zu behalten. Ansonsten besteht die Gefahr, dass die Gestaltungsräume der Schülerinnen zu einer Fiktion werden, die nicht mit den realen Gestaltungsmöglichkeiten an der Schule rückgekoppelt werden. Dies zu verhindern, bedeutet auch im Auge zu behalten, auf welche Grenzen und Bedingungen Schüler als Gestalter in der Schule stoßen. Nicht nur durch seine institutionalisierten Vorgaben in Bezug auf Bildungsgänge und möglichen Übergänge zwischen Schulformen, die stark einer soziokulturellen Zuschreibung unterliegen, tritt Schule somit als Gestalter von

Bildungsgängen in Erscheinung. Auch im konkreten Schulkontext gibt es eigene
Spielregeln, die das Verhalten der Akteure bestimmen. Unterricht ist dabei nicht
nur die Vermittlung von Stoff, sondern auch ein komplexes psychosoziales Geschehen, bei dem machtstrukturelle und soziokulturelle Variablen zum Tragen
kommen. Somit ist der Unterricht selbst Teil des Bildungsgangs. Im aktuellen
Unterricht werden Weichen für den Bildungsgang der einzelnen Akteure gestellt,
beispielsweise bestimmt ihre Versetzung oder ihr potentieller Schulabschluss
ihre weiteren beruflichen Möglichkeiten. Der Unterricht ist, wie im Beispiel von
Markus deutlich wurde, Teil der Zusammenhänge, mit denen Schülerinnen in
Auseinandersetzung treten.

Der Blick auf den Bildungsgang unter der Perspektive der Entwicklungs-
aufgabe, der allein den Schüler als „Deuter" ins Zentrum rückt, stellt also in
mehrfacher Hinsicht eine Verkürzung dar: Praktiken sowie das „Gestaltetsein"
wurden ausgeklammert, ebenso werden die Rolle der Schule als Gestalter und
Möglichkeiten und Grenzen innerhalb des Schulkontextes kaum thematisiert. Im
Vergleich mit dem Konzept der Doppelten Statuspassage nimmt der Begriff der
Entwicklungsaufgabe nur das Potentiell-Künftige in den Blick, ohne es an das
Vergangene, wie im Konzept der vertikalen Statuspassage (Statuspassage 2)
beschrieben, rückzukoppeln. Die Auseinandersetzungen mit dem aktuellen Kontext Schule (als Statuspassage 1 beschrieben) und ihre Wechselwirkungen bleiben weitgehend außen vor. Nimmt man allerdings diesen weiteren Rahmen des
Bildungsgangs an, steht man nun vor der Frage, inwieweit der Begriff der Entwicklungsaufgabe etwas zur Beschreibung des Potentiell-Künftigen des Bildungsgangs beitragen kann. Hierauf möchte ich nun im folgenden Abschnitt
näher eingehen.

3.2 Das generelle Dilemma des Begriffs „Entwicklungsaufgabe"

In den Modellen im Kontext der Entwicklungsaufgabe wird von der Notwendigkeit der Vermittlung zwischen objektiver und subjektiver Struktur (HE-
RICKS/SPÖRLEIN) ausgegangen. Dies ist nur möglich, wenn man zunächst etwas
„Subjektives" annimmt, was sich außerhalb von etwas „Objektivem" entwickelt
hat. Unter dieser Vorgabe steht man aber vor einem konstruktivistisch-
strukturalistischen Dilemma.

Beschreibt man die Entwicklungsaufgabe als „subjektive Deutung", muss
man sie unter Maßgabe dieser Trennung als subjektive Konstruktion auffassen.
Unter dieser Perspektive ist es unerheblich, was gesellschaftliche Anforderungen
sind, sondern allein die Entfaltungswünsche und Vorstellungen des Einzelnen
stehen dabei im Vordergrund. Nimmt man an, dass Entwicklungsaufgaben gesellschaftliche Anforderungen repräsentieren, was mit dem Begriff durch seine

Konnotation in der Psychologie auch eher verbunden wird, ist unklar, in welchen Zusammenhang sie überhaupt mit etwas „Objektivem" stehen. Hier wird in den Theorien meist das Konstrukt gewählt, dass die objektiven Entwicklungsaufgaben „unhintergehbar" seien, von den Einzelnen aber subjektiv gedeutet würden.

Sind „Entwicklungsaufgaben" aber unhintergehbar, dann ist die Idee der Vermittlung eigentlich absurd: Sie wären dann per se in den subjektiven Entfaltungswünschen enthalten. Unter dieser Perspektive ist die aufgemachte Trennung zwischen subjektiv und objektiv künstlich, das heißt, man braucht auch keinen Vermittler zwischen beiden. Somit entsteht das Paradox, dass die scheinbare Betonung des Subjektiven gegenüber dem Objektiven zu einer potentiellen Negierung des Subjektiven führt. Durch die Dekontextualisierung, die vorgenommen wird, um das Subjektive dem Objektiven gegenüber zu stellen (vgl. BOURDIEU 1998, 1999), wird das Objektive aus dem Raum der Akteure als etwas Substantielles herausgelöst. Das Objektive, Gesellschaftliche wird - so die Gefahr - zu etwas Allgemeinem und Statischem, das nicht mehr auf spezifische Interessen von Akteuren hinterfragt wird. Im Kontext soziokultureller Pluralität und gesellschaftlichen Wandels besteht dadurch die Gefahr, „Normalbiographien" zu konstruieren, bei denen, wie im Kontext der Erwerbsbiographie geschehen, der Lebensentwurf einer bestimmten Gruppe und eines bestimmten Zeitraums als allgemein eingeführt wird. Das Gesellschaftliche erscheint nicht als Ergebnis diskursiver Aushandlung und gesellschaftlicher Geschichte.

Als Begriff zur Deskription persönlicher Deutungen ist der Begriff der Entwicklungsaufgabe m.E. daher nur schwer geeignet und als Begriff ungenügend geklärt. Seine normative Konnotation im Kontext der Entwicklungspsychologie und das wenig „Diskursive" des Begriffsteils „Aufgabe", der eher Erfüllung oder Scheitern nahe legt und nicht subjektive Deutung, erschweren m.E. eine potentielle Umdeutung des Begriffs zusätzlich. Auf Grund dieser Problematik würde ich bei der Beschreibung von Bildungsgängen von dem Begriff „Entwicklungsaufgabe" eher Abstand nehmen und für das „Potentiell-Künftige" des Bildungsgangs nach einer anderen Begrifflichkeit suchen.

Mit der Theorie BOURDIEUs ist der Begriff der Entwicklungsaufgabe m.E. aus zwei Gründen nicht kompatibel. Zum einen widerspricht die mit dem Begriff Entwicklungsaufgabe verbundene, bereits ausgeführte Dekontextualisierung des Subjektiven wie des Objektiven der Theorie BOURDIEUs, der von einer radikalen Relationalität des Sozialen ausgeht (vgl. 1998, S. 8). Zum anderen beinhaltet das Konzept des Habitus als Praxissinn ein In-den-Blick-Nehmen des Einzelnen, das über „Deutung" des Gesellschaftlichen weit hinausgeht (1998, S.41ff; 1999).

Auch als didaktischer Begriff ist das Konzept nicht unproblematisch. Es besteht die Gefahr, dass gesellschaftliche Anforderungen nur als zu lösende Aufgaben eingeführt werden und nicht als komplexes diskursives Gefüge, das Teil

subjektiver Auseinandersetzungen und sozialer Positionierung ist. „Unhintergeh-
bares" wird so leicht zu „Nicht-Hinterfragbarem".

Literatur

BOLDER, A. (2002): Diskontinuierliche Erwerbsbiographien. Realität oder Konstrukt?, in:
    ISO-Information 12, 2002, S. 39-41.
BOURDIEU, P. (1970): Der Habitus als Vermittler zwischen Struktur und Praxis, in: ders.,
    Zur Soziologie der symbolischen Formen. – Frankfurt a. M, S. 125-158.
BOURDIEU, P. (1982): Die feinen Unterschiede. Kritik der gesellschaftlichen Urteilskraft.
    – Frankfurt a. M.
BOURDIEU, P. (1999): Sozialer Sinn. Kritik der theoretischen Vernunft. – Frankfurt a. M.
    (Originalausgabe 1980: Le sense pratique, Paris).
BOURDIEU, P. (1985): Sozialer Raum und „Klassen". Lecon sur la lecon. Zwei Vorlesun-
    gen. – Frankfurt a. M.
BOURDIEU, P. (1992): Ökonomisches Kapital - kulturelles Kapital - soziales Kapital, in:
    ders., Die verborgenen Mechanismen der Macht. – Hamburg, S. 49-79.
BOURDIEU, P. (1998): Praktische Vernunft. Zur Theorie des Handelns. – Frankfurt a. M.
BOURDIEU, P. (2001): Wie die Kultur zum Bauer kommt. Über Bildung, Schule und Poli-
    tik. – Hamburg.
BLOSSFELD, H.-P. (2004): Globalisierung und Veränderung über die Lebensspanne in
    modernen Gesellschaften. Vortrag auf dem internationalem Kongress „Bildung über
    die Lebenszeit" am 23.03.04 in Zürich. Weitere Informationen: www.uni-
    bamberg.de/sowi/soziologie-i/globalife [12. Juli 2004].
FAULSTICH-WIELAND, H. (2001): Bildungsgangdidaktik - Ergänzungen aus einer gesell-
    schaftswissenschaftlichen Perspektive, in: HERICKS, U. u.a. (Hg.), S. 68-82.
FRIEBERTSHÄUSER, B. (1992): Übergangsphase Studienbeginn. Eine Feldstudie über Riten
    der Initiation in eine studentische Fachkultur. – Weinheim/München.
GEISSLER, B./OECHSLE, M. (2001): Zeitordnung des Erwerbssystems und biographische
    Bindungen an Andere: Verflechtungen und Entkopplungen, in: BORN, C./KRÜGER,
    H. (Hg.): Individualisierung und Verflechtung. – Weinheim.
HERICKS, U. u.a. (2001; Hg.): Bildungsgangdidaktik - Perspektiven für Fachunterricht und
    Lehrerbildung. – Opladen.
HERICKS, U u.a. (2001): Einleitung, in: HERICKS, U. u.a. (Hg.), S. 9-16.
HERICKS, U./Spörlein, E. (2001): Entwicklungsaufgaben in Fachunterricht und Lehrerbil-
    dung - Eine Auseinandersetzung mit einem Zentralbegriff der Bildungsgangdidak-
    tik, in: HERICKS, U. u.a. (Hg.), S. 33-50.
JANN, B./DIEKMANN, A. (2003): Das Ende der Normalarbeit: Mythos oder Wirklichkeit?,
    in: ALLMENDINGER, J. (Hg.): Entstaatlichung und soziale Sicherheit. Verhandlungen
    des 31. Kongresses der Deutschen Gesellschaft für Soziologie in Leipzig 2002. –
    Opladen.

MAROTZKI, W. (1999): Bildungstheorie und Allgemeine Biographieforschung, in: KRÜGER, H-H./MAROTZKI, W. (Hg.): Handbuch Erziehungswissenschaftliche Biographieforschung. – Opladen, S. 58-68.

SCHENK, B. (1998): Bildungsgangdidaktik als Arbeit mit den Akteuren des Bildungsprozesses, in: MEYER, M. A./REINARTZ, A. (Hg.): Bildungsgangdidaktik. Denkanstöße für pädagogische Forschung und schulische Praxis. – Opladen, S. 261-270.

SIARRA, Chr. S. (1986): Untypische Statuspassagen. Bildungs- und Berufsfindungsprozesse im Zweiten Bildungsweg. – Frankfurt a. M./New York.

ZINNECKER, J. (2004): Diskussionsbeitrag zum Vortrag von Meinert A. Meyer: Bildungsgangforschung. – Ms. Zürich.

Lernen in Lebenswelten - für eine Reorganisation der Bildungsgangtheorie

Wilfried Kossen

Bereits im Antrag auf Einrichtung eines Graduiertenkollegs Bildungsgangforschung an der Universität Hamburg wird „Bildungsgang" als „Bearbeitung von Entwicklungsaufgaben" (BASTIAN u.a. 2001) bestimmt. Er lässt sich auf dieser Basis als zeitliche Abfolge der Konfrontation mit und Bearbeitung von Entwicklungsaufgaben definieren. Diese Konstruktion verspricht einiges für die Bildungsgangtheorie, für eine von ihr angeleitete Forschung und für eine auf ihr basierende Didaktik. Die Entwicklungsaufgabe stellt ein Modell für die Verknüpfung gesellschaftlicher Anforderungen und individueller Sinnsetzung in der Entwicklung des Subjekts dar. Sie will erklären, wie und wann Lernen subjektiv bedeutsam wird. Sie verheißt eine Didaktik, die Momente subjektiver Bedeutsamkeit mit der Vermittlung von Lehrinhalten verbindet.

Hier soll überprüft werden, ob die Entwicklungsaufgabe diese zentrale Rolle, die ihr in der Theorie des Bildungsganges zugedacht wird, ausfüllen kann. Die Zweifel hieran sind theoretischer Natur und werden durch Blicke in die Teilprojekte des Kollegs verstärkt. Soll die Entwicklungsaufgabe eine Rolle spielen bei der Erforschung von Bildungsgängen und dem Entwurf einer Bildungsgangdidaktik, dann muss sie die Verlaufslogik des individuellen Umgangs mit gesellschaftlichen Anforderungen aufzeigen. Nur so kann auch der bislang ausstehende Nachweis geleistet werden, dass Entwicklungsaufgaben stets als bedeutsam erlebt werden. Dann aber zeigt sich, dass neben sie weitere mögliche Verläufe zu stellen sind. Widersprüchlichkeiten, Feld- und Akteursabhängigkeit äußerer Anforderungen ermöglichen auch andere Umgangsweisen als deren Aneignung nach dem Muster der Entwicklungsaufgabe.

Nachdem das Verlaufsmuster Entwicklungsaufgabe in biografisch bedeutsamen Lernprozessen relativiert ist, verlangt die Bildungsgangforschung nach einer lebenslauf- und felderbezogenen Lerntheorie. Es bietet sich die auf Alfred SCHÜTZ zurückgehende Theorie des Lebensweltlichen Handelns an. Sie soll zum Schluss des Beitrages für die Bildungsgangtheorie nutzbar gemacht werden.

1   Entwicklungsaufgaben, Stufen im Bildungsgang

Das Verständnis des Bildungsganges, das zu Beginn des Graduiertenkollegs der ersten Generation von Promovierenden vorgestellt wurde, basiert auf dem Konzept der Entwicklungsaufgabe von Robert J. HAVIGHURST (1948). Entwicklungsaufgaben entstehen demnach aus einem Zusammentreffen von psychischphysiologischer Reifung, gesellschaftlichen Forderungen und persönlichen Werten und Zielsetzungen (HAVIGHURST 1948, S. 4). Die einzelnen Faktoren spielen dabei in unterschiedlichen Gewichtungen eine Rolle. Manche Entwicklungsaufgaben sind daher für alle Menschen gleichermaßen gültig, andere für die Teilhaber einer Kultur.

Dem Individuum stellen sich Entwicklungsaufgaben zu bestimmten biografischen Zeitpunkten. Mit dem Zusammentreffen der drei Faktoren öffnet sich ein Zeitfenster für die erfolgreiche Bewältigung einer Entwicklungsaufgabe, das sich später wieder schließt. Erfolgt die Bearbeitung in diesem Zeitrahmen nicht, kann sie später nicht oder nur unvollständig nachgeholt werden (HAVIGHURST 1948, S. 2ff). Die Entwicklungsaufgaben bauen zum Teil aufeinander auf. Die versäumte oder nicht erfolgreiche Bearbeitung einer Entwicklungsaufgabe führt daher dazu, dass andere ebenfalls nicht erfolgreich oder nicht vollständig bearbeitet werden können (HAVIGHURST 1948, S. 2ff). Gelingt die Bearbeitung der Entwicklungsaufgaben nicht, so wird dies vom Betroffenen als Unglück erlebt und von der Gesellschaft missbilligt. - Anzunehmen ist, dass in vielen Fällen letzteres ersteres herbeiführt.

Der Bildungsgang eines Individuums stellt sich somit dar als Abfolge von teilweise aufeinander aufbauenden Entwicklungsaufgaben. Die Erforschung biografisch bedeutsamen Lernens kann sich auf diese Elemente konzentrieren und aus diesen ein Stufenmodell konstruieren. Festzustellen wäre, in welchen Phasen des Lebenslaufes welche Entwicklungsaufgaben auftreten, wie das Individuum mit ihnen konfrontiert wird, wie es sie sich zu Eigen macht, unter welchen Umständen es ihm gelingt, sie erfolgreich zu bearbeiten. Mit der Erfüllung dieses Programms wäre eine Erforschung der Biografien des Lernens vollständig geleistet.

Didaktisch lässt sich an einen solcherart erforschten Bildungsgang direkt anknüpfen. Es ließe sich vorhersagen, wann etwa welches Thema für Heranwachsende subjektiv bedeutsam wird. In einem bildungsgangdidaktisch orientierten Curriculum ließe sich festlegen, was Anknüpfungspunkt und zum Teil auch was Gegenstand schulischer Vermittlung sein soll, sowie wann der geeignete Zeitpunkt hierfür gegeben ist. HAVIGHURST bestimmt in diesem Sinne die institutionalisierte (Aus-)Bildung als die Bemühungen der Gesellschaft, dem

Individuum beim Erreichen bestimmter Entwicklungsaufgaben zu helfen (HA-
VIGHURST 1948, S. 5, S. 29).

2 Das Stufenmodell in der Forschungspraxis

Ein Stufenmodell wird in dieser Form im Kolleg nicht mehr vertreten. Das mag
zum einen darin begründet sein, dass sich ein Aufbauen einer Entwicklungsaufgabe auf einer anderen nicht immer inhaltlich begründen lässt. Der vorgestellten
zeitlichen Abfolge liegt damit keine logisch zwingende Reihe zu Grunde. Zum
anderen und noch mehr scheint mir das Aufgeben dieses Modells in der Ar-
beitsweise des Kollegs begründet zu liegen. Um eine Anknüpfung an das Konzept der Entwicklungsaufgabe zu erreichen, suchen die Teilprojekte nach Lernprozessen, die sich als solche fassen lassen. Dieses Vorgehen führt zu dem Ergebnis, dass die Entwicklungsaufgaben eher als Bearbeitung von Erfordernissen
der jeweiligen Felder erscheinen. Statt einer Stufenfolge ergibt sich ein Satz von
Entwicklungsaufgaben, die neben- und nacheinander bearbeitet werden, aber
meist keinen Bezug aufeinander haben.

Die Versuche, die Forschungsergebnisse aus den Teilprojekten mit dem
Konzept Entwicklungsaufgabe in Beziehung zu bringen, wurden in den Projekten selbst, ebenso aber auch in den Kolloquien des Graduiertenkollegs unternommen. Es wurde überprüft, ob sich Merkmale einer Entwicklungsaufgabe im
fraglichen Lernprozess auffinden ließen oder nicht. Je nachdem, ob diese Suche
erfolgreich war, wurde der Lernprozess unter die Kategorie „Bearbeitung einer
Entwicklungsaufgabe" subsumiert. Neben dem Fall, dass sich eine solche Passung problemlos erreichen ließ, traten zwei weitere, gleichermaßen unbefriedi-
gende Formen auf:

Einerseits wurden immer neue Lernprozesse als Entwicklungsaufgabe interpretiert. Die Zahl der Entwicklungsaufgaben wird dadurch weiter erhöht und
gleichzeitig das Konzept immer unspezifischer. Die Merkmale „äußere Anforderung" und „subjektive Bearbeitung" wurden bereits als Hinweis auf mögliche
Entwicklungsaufgaben verstanden. Diese Merkmale sind jedoch jedem Lernen in
Institutionen eigen. Stets hat sich ein Lerner mit Anforderungen auseinanderzu-
setzen, die an ihn herangetragen werden. Der Begriff der Entwicklungsaufgabe
verliert hier seine Unterscheidbarkeit. Indem er inflationär verwendet wird - die
Zahl möglicher Entwicklungsaufgaben wäre tatsächlich unbegrenzt - wird er
belanglos.

Andererseits wurde in manchen Teilprojekten festgestellt, Entwicklungsaufgaben seien dort nicht aufzufinden. Der „mündige Bürger" etwa scheint keine

Entwicklungsaufgabe zu sein, da die Nicht-Teilhabe am politischen Geschehen nicht gesellschaftlich sanktioniert wird.

Das Anlegen eines strengen Maßstabes bei der Bestimmung von Entwicklungsaufgaben sichert die Klarheit und Eindeutigkeit in der Verwendung des Begriffs. Die Zahl möglicher Entwicklungsaufgaben bleibt begrenzt. Sie ließen sich, wie bei HAVIGHURST (1948), DREHER/DREHER (1985) und OERTER/MONTADA (1995), in Katalogen zusammenfassen. Gleichzeitig aber wird deutlich, dass viele Formen des Lernens sich nicht mit diesem Begriff erfassen lassen. Wenn der Nachweis nicht gelingt, dass nur solche Lernprozesse biografisch bedeutsam werden, die sich als Entwicklungsaufgaben greifen lassen, dann ist es notwendig, neben dieses Konzept noch weitere zu stellen. Die Entwicklungsaufgabe wäre demnach nicht alleiniges Grundelement, aus dem sich Bildungsgänge konstituieren.

3   Grundelemente von Bildungsgängen

3.1   Gelegenheiten zum subjektiv bedeutsamen Lernen

Die zentrale Rolle der Entwicklungsaufgabe für den Bildungsgang beruht auf der Annahme, in ihrer Bearbeitung finde biografisch bedeutsames Lernen statt.

Die Begründung hierfür ist aus HAVIGHURSTs Konzeption leicht abzuleiten. In der Bearbeitung von Entwicklungsaufgaben erwirbt das Individuum Fähigkeiten und Einstellungen, die für sein Erwachsenenleben zentral sind. Von ihnen hängt ab, ob sich das Subjekt in seiner Umwelt zurechtfindet, ob es mit dieser vereinbare Ziele hat und ob es sie erfolgreich verfolgen kann. Es hängt sein Glück daran. Insofern sind die Entwicklungsaufgaben objektiv biografisch bedeutsam. Die subjektive Bedeutsamkeit der Entwicklungsaufgabe wird von HAVIGHURST zwar behauptet, aber nicht begründet. Diese Seite ist es aber gerade, durch die das Konzept für die Bildungsgangforschung reizvoll wird. Die These, dass subjektiv bedeutsames Lernen in der Bearbeitung von Entwicklungsaufgaben stattfindet, macht diese zum möglichen Grundelement von Bildungsgängen. Sie wird darüber begründet, dass die Entwicklungsaufgabe jeweils subjektiv interpretiert wird. Das Subjekt verknüpft seine eigenen Wünsche und Bedürfnisse mit der von außen herangetragenen Forderung und macht sich diese so zueigen.

In der Entwicklungsaufgabe bringt demnach das Individuum gesellschaftliche Forderungen mit den eigenen Vorstellungen und Wünschen in Einklang. Hierzu deutet es zunächst die gesellschaftlichen Forderungen. Die Forderung der Gesellschaft, die an jedes Individuum gestellt wird, wandelt es so um zur Aufgabe, die es sich nun selbst stellt. Diese zu bearbeiten, bedeutet, die eigenen Fähigkeiten und Einstellungen zu verändern (vgl. HERICKS/SPÖRLEIN 2001). Die Bearbeitung der Aufgabe besteht somit in der Entwicklung des Subjekts selbst.

In diesem Entwurf dürfte sich subjektive Bedeutsamkeit sowohl dann einstellen, wenn das Individuum sich eine Passung von eigenen Zielen und Bedürfnissen mit den äußeren Anforderungen erarbeitet, als auch wenn beide Seiten konflikthaft gegeneinander stehen bleiben. Als nicht bedeutsam kann die Situation dann erlebt werden, wenn es dem Individuum leicht fällt, sich der Forderung zu entziehen. Die Unausweichlichkeit wird somit zum Abgrenzungskriterium der Entwicklungsaufgabe.

Ein weiteres Abgrenzungskriterium ergibt sich über die Folgen, die verschiedene Umgangsweisen mit der Anforderung mit sich bringen. Treten keine Folgen auf, dann kann das Individuum sich gleichgültig zu ihr stellen. Subjektive Bedeutsamkeit stellt sich nicht notwendig ein.

Gesellschaftliche Forderungen sind nicht in jedem Falle sanktionsbewehrt. „Wählen gehen!" ist eine Forderung, die wiederkehrend vor Urnengängen von Politikern und der medialen Öffentlichkeit verbreitet wird. Geht jemand aber nicht wählen, dann hat er keine Sanktionierung zu befürchten. Wenn ihm der Ausgang der Wahl gleichgültig ist, dann fällt auch die wahlimmanente positive Sanktionierung weg, dass die eigene Stimmabgabe den Erfolg der präferierten Partei wahrscheinlicher macht. Auf der anderen Seite mag es Bereiche geben, in denen niemandem offen eine Verhaltensweise angetragen wird, in der durch institutionelle Setzungen jedoch bestimmtes Verhalten deutlich positivere Folgen hat als ein anderes. So werden abhängig Beschäftigte normalerweise nicht dazu aufgefordert, eine Steuererklärung zu machen, und dennoch ist es meistens lohnend. Forderung und Sanktionierung sind also nicht zwingend miteinander verbunden.

Es lässt sich festhalten, dass eine Anforderung, mit der ein Individuum konfrontiert wird, für es zwangsläufig bedeutsam wird, wenn es ihr nicht ausweichen kann und wenn sie für es folgenreich ist. Dass eine äußere Forderung eine subjektiv bedeutsame Lernsituation herbeiführt, lässt sich also nur dann mit einiger Sicherheit vorhersagen, wenn diese objektiven Kriterien erfüllt sind.

Umgekehrt sind diese Kriterien keine ausschließenden. Es ist nicht gesagt, dass in Situationen, in denen solche Anforderungen nicht wirksam sind, keine subjektiv bedeutsamen Lernerlebnisse stattfinden können. Sie sind nicht gebunden an Situationen, in denen ein Zwang wirksam ist. Das Angebot mag ausreichen zum Entwurf individueller Entwicklungsziele. Anforderungen und Gelegenheiten definieren den Raum für subjektiv bedeutsame Lernprozesse innerhalb eines Feldes.

3.2 Die Relativität von Entwicklungsnormen

Es wurde oben gezeigt, dass Entwicklungsforderungen, mit denen ein Individuum konfrontiert wird, bestimmte Kriterien erfüllen müssen, damit aus ihnen Entwicklungsaufgaben erwachsen können. Sie müssen unausweichlich sein und der Umgang mit ihnen folgenreich. Normen sind jedoch immer an einen sozialen Raum gebunden. Auch wenn sie in ihm strikt gelten, reichen sie nicht über dessen Grenzen hinaus.

Bereits HAVIGHURST (1948, S. 30) ist deutlich, dass einige Entwicklungsaufgaben kulturell oder schichtbezogen unterschiedlich auftreten. In seiner Darstellung von Entwicklungsaufgaben versucht er daher, neben der US-amerikanischen Mittelschicht, der er selbst angehört, Hinweise auf Unterschiede zur Ober- und Unterschicht zu geben. Die Milieutheorie berücksichtigt neben ökonomischem Status und Prestige auch die Dimensionen der Wertprioritäten und der Lebensstile (UELTZHÖFFER/FLAIG 1980, 1993). Sie lehnt sich hierbei an das Habituskonzept Pierre BOURDIEUs an. Für Forderungen, die das soziale Umfeld an ein Individuum heranträgt, dürften diese Dimensionen entscheidend sein.[1] Es erscheint daher gut möglich, dass Entwicklungsnormen entsprechend der Zahl der definierten Milieus in zehn oder mehr verschiedenen Ausprägungen vorkommen. Je nach Unterschiedlichkeit ist die Frage, ob von Varianten derselben Norm die Rede sein sollte oder von unterschiedlichen Normen.

Hiermit ist zunächst nur die Reichweite dieser Entwicklungsnormen eingeschränkt. Sie sind keine allgemeinen gesellschaftlichen Forderungen, sondern milieuspezifische. Ihnen auszuweichen ist möglich, jedoch schwierig und aufwändig, da ein Wechsel von Milieus mit ihrem spezifischen Habitus nur als langwieriger Transformationsprozess möglich ist.

Nach der Gliederung der Gesamtgesellschaft in soziale Milieus muss noch eine weitere Aufgliederung in Lebensumwelten vorgenommen werden, um die Bandbreite von Entwicklungsnormen zu erfassen. Uwe HERICKS und Ingrid KUNZE (2002; vgl. HERICKS/SPÖRLEIN 2001) zeigen, dass Einsteiger in den Lehrerberuf sich mit beruflichen Anforderungen auseinandersetzen müssen. Diese bestimmen die Autoren als Entwicklungsaufgaben. Gelingt es dem Berufseinsteiger nicht, diese Entwicklungsaufgaben erfolgreich zu bewältigen, dann wird er in seinem Beruf scheitern.[2]

---

[1] Die Arbeiten von Julia HELLMER und Elisabeth EMIG im Graduiertenkolleg beschäftigen sich mit den Prozessen der Berufswahl Jugendlicher. Die Rolle, die die Herkunftsfamilie hierbei spielt, wird immer wieder deutlich.

[2] Was ein Scheitern in einem Berufsfeld oder überhaupt in einem Feld ausmacht, wäre noch zu bestimmen. Scheitert jemand, der kein „guter" Lehrer wird? Oder erst jemand, dem der Beruf so unerträglich wird, dass er ihn aufgeben muss?

Neben gesellschaftlichen Forderungen und neben milieuspezifischen Forderungen sind also auch Entwicklungsnormen aufzufinden, die für bestimmte (hier: Berufs-)Felder spezifisch sind. Entlang der vorgestellten Reihung sozialer Räume nimmt die Reichweite der Normen ab. Gleichzeitig gewinnt das Individuum ihnen gegenüber an Entscheidungsmöglichkeit. Anforderungen, die für ein Berufsfeld spezifisch sind, mögen zwar für jemanden, der sich innerhalb dieses Feldes bewegt, unausweichlich sein. Es steht ihm aber die Möglichkeit offen, es zu verlassen oder gar nicht erst in es einzutreten.

Individuen, die sich zwischen verschiedenen Lebensumwelten bewegen, werden mit verschiedenen Entwicklungsnormen konfrontiert. Engagement für die eigene Bildung zu entwickeln, könnte eine Forderung der Schule sein, gegenüber der ein soziales Umfeld unterstützend sein kann (Akademikerhaushalt), gegnerisch (Peers), indifferent (Sportverein) oder mit der es konkurriert (Arbeitermilieu mit der Forderung, früh einen Beruf zu ergreifen).

3.3 Vom Umgang mit feldspezifischen Entwicklungsnormen

Solche Fälle, in denen in unterschiedlichen Sozialräumen unterschiedliche, konkurrierende oder opponierende Forderungen an das Subjekt gestellt werden, dürften mit zunehmender Individualisierung von Lebensläufen häufiger auftreten. Der Begriff der „Patchworkidentität" drückt die Notwendigkeit aus, unterschiedlichen Anforderungen in verschiedenen Lebensbereichen gerecht zu werden und diese dennoch integrieren zu können.

Diese Situation ist für das Individuum konfliktträchtig. Gleichzeitig sich widersprechenden Forderungen gerecht zu werden, ist nicht möglich. Mindestens eine Forderung muss unerfüllt bleiben. Hieraus ergibt sich die Konsequenz, dass auch die erfolgreiche Bearbeitung von in dieser Situation gesetzten Entwicklungszielen negative Folgen mit sich bringt. Die Veränderung von Kompetenzen und Einstellungen kann etwa mit sich bringen, dass das Individuum sich seinem Herkunftsmilieu entfremdet. Eine Erweiterung von Kompetenzen kann so eine Einschränkung tatsächlicher Handlungsmöglichkeiten bedeuten. Phänomene sozialer Isolierung und des Gefühls, sich nirgends wirklich heimisch zu fühlen, sind aus Biografien bekannt, in denen eine Migration oder ein intergenerativer sozialer Aufstieg bedeutsam ist. Zugleich eröffnet die Widersprüchlichkeit solcher Forderungen eine Spannbreite von Entwicklungsmöglichkeiten. Da es nicht möglich ist, widersprüchliche Forderungen gleichzeitig zu erfüllen, muss und kann das Individuum sich entscheiden.

3.4 Forderungen und Anforderungen

In den bisherigen Ausführungen wurden solche Entwicklungsnormen betrachtet, die zumindest innerhalb eines sozialen Raumes unveränderlich sind. Ihnen innerhalb des Raumes auszuweichen, ist nicht möglich. Möglich ist allerdings in manchen Fällen, das Feld zu verlassen bzw. es nicht zu betreten. Unter Umständen kann jedoch eine Entwicklungsnorm auch verändert werden. Wahrscheinlich lässt sich sagen, dass eine Entwicklungsforderung umso eher veränderbar ist, je weniger sie institutionell verfestigt ist und je übersichtlicher das soziale Feld ist, in dem sie gilt. So mögen sich Schüler mit der Forderung konfrontiert sehen, während des Unterrichts nicht miteinander zu reden und aufmerksam zu folgen. Lehrer tragen sie als Akteure des sozialen Feldes an sie heran. Die Forderung ist zumindest prinzipiell verhandelbar. Die Akteure können miteinander in Aushandlungsprozesse treten und gemeinsam unter Berücksichtigung der jeweiligen Interessen die geltenden Verhaltensnormen verändern. Möglich ist jedoch auch, dass die Schüler die Forderung akzeptieren und das fünfundvierzigminütige „Stillsitzen" als Entwicklungsaufgabe annehmen. Wandelbare Normen ermöglichen offenbar neben der individuellen Bearbeitung von Entwicklungsaufgaben auch eine soziale Lösung, nämlich den Aushandlungsprozess. Der Umgang mit ihnen besteht dann nicht darin, sie sich anzueignen, sondern sie miteinander zu verändern.

Andere Anforderungen besitzen Gültigkeit als strukturelle Bedingungen des Feldes. So rühren aus der Selektionsfunktion der Schule Prüfungen und Noten. Sie sind zwischen Schülern und Lehrern nicht verhandelbar. Die Schüler müssen Strategien entwickeln und Kompetenzen erwerben, mit denen sie derartige Anforderungen ausreichend erfüllen können. Hier ist nicht die soziale, sondern nur die individuelle Form des Umgangs mit der Forderung gegeben.

4 Scheitern an der Entwicklungsaufgabe

In der Beschäftigung mit verschiedenen Eigenarten von Entwicklungsnormen konnten Bedingungen präzisiert werden, unter denen sinnvoll von einer Entwicklungsaufgabe gesprochen werden kann. Entwicklungsnormen, die nicht unausweichlich, nicht folgenbewehrt und nicht unveränderlich sind, macht das Individuum sich nicht notwendig in Form einer Entwicklungsaufgabe zu Eigen. Es zeigte sich zudem, dass subjektive Bedeutsamkeit eines Lernprozesses und deren Erfassbarkeit als Entwicklungsaufgabe nicht in eins fallen müssen. Eine Auseinandersetzungsform, die bereits für bestimmte Situationen als Alternative für die Entwicklungsaufgabe genannt wurde, ist der Aushandlungsprozess.

Wie nun, wenn die genannten Kriterien erfüllt sind und dennoch keine Aneignung der Entwicklungsnorm als persönliche Entwicklungsaufgabe stattfindet? Die Norm ist unausweichlich, sie ist für das Individuum folgenreich und sie ist nicht verhandelbar. Was geschieht, wenn sich das Individuum gegen die eigene Überzeugung fügt, wenn es sich geistig der Forderung unterwirft, statt sie sich anzueignen, wenn es zusammen mit anderen in offene Opposition tritt oder wenn es aus der Gesellschaft „aussteigt"? Das Konzept der Entwicklungsaufgabe kennt auf diese höchst unterschiedlichen Varianten des Umgangs mit Entwicklungsnormen stets dieselbe Antwort. Die Übernahme der Norm, ihre individuelle Aneignung ist nicht gelungen. Damit kann die Bearbeitung der Entwicklungsaufgabe nicht oder nur unzureichend stattfinden. Das Individuum wird mit unangenehmen Folgen konfrontiert sein, das Misslingen als persönliches Unglück erlebt werden.

Einmal abgesehen davon, dass letztere Annahme sicherlich nicht zwingend ist, erscheint auch die „Normativität des Faktischen" in diesem Zusammenhang fragwürdig. So mag eine gemeinschaftliche Opposition gegen Normen durchaus sinnvoll und unterstützenswert sein; einen Wandel etwa im Geschlechterverhältnis hätte es ohne eine Bewegung in Opposition zu gesellschaftlichen Normen nicht gegeben.

An dieser Stelle scheint es aber einen Scheidepunkt zwischen einer Didaktik des Bildungsgangs und einer Erforschung des Bildungsgangs zu geben. Eine Didaktik des Bildungsganges muss Bildungsziele formulieren. Damit erscheinen manche Verläufe von Lernprozessen als gelungen, andere nicht. Ihr Ziel ist es, Bedingungen zu schaffen, unter denen das Gelingen von Lernprozessen gefördert wird. In Bezug auf Entwicklungsaufgaben heißt dies, sich auf den Standpunkt zu stellen, dass die Aneignung von Entwicklungsnormen und deren Bearbeitung in Form von Entwicklungsaufgaben gelingen möge.

Für eine Erforschung von Bildungsgängen ist diese Sicht unzureichend. Es muss möglich bleiben, auch Formen der Auseinandersetzung, die nicht als wünschenswert angesehen werden können, in ihrer Eigenlogik zu begreifen. Eine Subsumtion unter die Kategorie Entwicklungsaufgabe mit dem Ergebnis, es handele sich hier um eine unvollständige oder nicht gelungene, ermöglicht eine Bewertung, aber kein Verstehen des Verlaufs. Es ist anzuerkennen, dass es sich um andere Muster von Verläufen handelt, die eine eigene Struktur besitzen und einer eigenen Verlaufslogik folgen.

Als ein solches Muster kann beispielsweise die „negative Verlaufskurve" angesehen werden, eine von vier grundlegenden Prozessstrukturen, die Fritz SCHÜTZE (1999) in autobiografischen Stegreiferzählungen ausmacht. In der Verlaufskurve sieht sich der Erzähler als übermächtig erlebten Ereignissen und Rahmenbedingungen ausgesetzt. Er verliert nach und nach die Fähigkeit zu intentionalem Handeln, fühlt sich nicht steuerbaren Abläufen unterworfen und zu rein reaktiven Verhaltensweisen gezwungen. Er macht Erfahrungen immer schmerzhafter und auswegloser werdenden Erleidens.

Die Eigenlogik der Verlaufskurve lässt sich durch eine Interpretation dieses Geschehens als defizitäre Bearbeitung einer Entwicklungsaufgabe nicht befriedigend erfassen. Diese Eigenlogik zu verstehen, ist für eine bildungsgangbezogene Didaktik ebenso bedeutsam wie für eine Erforschung von Bildungsgängen. Die Feststellung, dass hier eine Abweichung von der Bewältigung einer Entwicklungsaufgabe vorliegt, ermöglicht sicherlich keine adäquate didaktische Antwort.

5   Forderungen an eine Theorie des Bildungsganges

Eine Theorie des biografisch bedeutsamen Lernens muss auch die Frage nach der subjektiven Bedeutsamkeit des Lernens aufgreifen. Mit dem Konzept der Entwicklungsaufgabe wird versucht, die Seite der gesellschaftlichen Anforderungen und die Seite der subjektiven Zielsetzung miteinander zu verknüpfen. Es zeigt sich jedoch, dass das Individuum, das mit Entwicklungsnormen konfrontiert wird, auch andere Umgangsweisen finden kann, als sie zu übernehmen und zur eigenen Entwicklungsaufgabe zu machen. In Fällen widerstreitender Anforderungen ist die Konzeption der Entwicklungsaufgabe prinzipiell unzureichend.

Bildungsgangforschung muss daher eine Erforschung sozialer Räume integrieren. Es kann nicht nur darum gehen, festzustellen, welche Normen in einem Feld gelten. Es muss betrachtet werden, wie ihre Geltung aufrechterhalten wird, wie sie den Akteuren im Feld vermittelt werden, inwieweit sie verhandelbar sind. Ebenso muss geschaut werden, ob diese Normen mit Normen anderer Felder in Konflikt stehen und welche Konsequenzen die Übernahme der einen oder anderen Entwicklungsnorm zeitigen.

Weiter ist zu berücksichtigen, dass subjektiv bedeutsame Lernprozesse nicht nur durch Anforderungen angestoßen werden, die in einem sozialen Feld existieren. Lernprozesse können auch dort beginnen, wo sich Lerngelegenheit und subjektives Interesse treffen. Eine Theorie subjektiv bedeutsamen Lernens hat daher sowohl die Anforderungsstrukturen eines Feldes zu berücksichtigen als auch die Gelegenheitsstrukturen, die ihm eigen sind.

Die Entwicklungsaufgabe erfasst nicht alle Muster gelingender und subjektiv bedeutsamer Lernprozesse. Täte sie es, wäre sie dennoch unzureichend als alleiniger Baustein von Bildungsgängen. Nicht gelingende und dennoch subjektiv bedeutsame Lernprozesse folgen anderen Eigenlogiken als denen der Entwicklungsaufgabe. Eine auf der Theorie des Bildungsganges aufbauende Forschung muss die Offenheit gegenüber anderen möglichen Mustern der subjektiven Auseinandersetzung mit äußeren Anforderungen bewahren. Dies ist bedeutsam auch für eine Didaktik des Bildungsganges, die empirische Befunde für Bildung nutzbar machen will.

6 Eine Erweiterung der Bildungsgangtheorie um den Bezug auf „Lebenswelt"

Unter Bildungsgang lässt sich die individuelle Lernbiografie verstehen, also der Lebenslauf bezogen auf Lernsituationen und -erlebnisse. In der Betrachtung eines Bildungsganges ist also die Art und Weise im Blick, in der das Individuum Lernerfahrungen macht.

In den „Strukturen der Lebenswelt" (1971) zeigt Alfred SCHÜTZ auf, aus welchen Motiven das Individuum sich Wissen über seine Umwelt aneignet und wie dies geschieht. Er betrachtet dabei den Bezug des Individuums auf seine Lebenswelt. Sein Wissensvorrat ist zu jedem Zeitpunkt Ergebnis von Erfahrungen in seiner Lebenswelt und damit biografisch bestimmt. SCHÜTZ' Theorie vermag also Lernen, soziales Feld, individuelle Zielsetzung und biografische Verläufe zu integrieren. Sie erfüllt damit grundlegend die oben genannten Forderungen an eine Bildungsgangtheorie.

Etwas über die Welt, in der man lebt, wissen zu wollen, ist nach SCHÜTZ zunächst pragmatisch motiviert. Will man in seiner Lebenswelt, den sozialen Feldern, in denen man sich bewegt, erfolgreich handeln und auf sie einwirken können, dann muss man sie bis zu einem gewissen Grad verstehen (SCHÜTZ/LUCKMANN 1971, S. 6). Lebensweltliches Wissen bildet sich somit über die Notwendigkeit Handlungsprobleme zu lösen.[3] Bemerkenswert ist, dass in der Konzeption des lebensweltlichen Wissensvorrates Bedeutung an einen Lerngegenstand nicht herangetragen wird. Das Individuum lernt, weil die zu erwerbenden Kenntnisse und Fähigkeiten für es bereits bedeutsam sind.

Auf der Basis eigener Erfahrungen in seiner Lebensumwelt und der Deutungen, die ihm das soziale Umfeld vermittelt, bildet das Individuum einen „Wissensvorrat lebensweltlichen Denkens" aus. Dieser ist also Ergebnis der individuellen Lerngeschichte. Er ist „biographisch bestimmt" (SCHÜTZ/ LUCKMANN 1971, S. 11). Der Wissensvorrat wird von SCHÜTZ untergliedert in „Typenwissen" (ebd., S. 30), welches eine Deutung und Einordnung neuer Erfahrungen ermöglicht, und Gewohnheits- oder „Rezeptwissen" (ebd., S. 20), wel-

---

[3] Seine Interessen wiederum bildet das Subjekt in Deutung und Auseinandersetzung mit seiner Lebensumwelt. Ihre Varianz ist dadurch begrenzt, dass sie innerhalb des Feldes überhaupt verfolgbar sein müssen. Sie sind „alltagspraktische Interessen" (LEU 1999).

ches ein im Hinblick auf eigene Ziele erfolgreiches Handeln in Situationen, die ähnlich bereits bekannt sind, ermöglicht.

Lernen bedeutet, das bisherige Wissen zu erweitern oder zu reorganisieren. Dies wird notwendig, wenn bisheriges Wissen und bisherige Kompetenzen nicht zur Bewältigung einer Situation hinreichen. Die unmittelbare Einschätzung des Geschehens und die eingeschliffenen Routinen erweisen sich als untauglich. Das Subjekt steht in einer Deutungs- und Handlungskrise, die eine Aktualisierung, Umorganisierung oder Erweiterung des „Wissensvorrates lebensweltlichen Denkens" notwendig macht (SCHÜTZ/LUCKMANN 1971, S. 21).

Der pragmatische Charakter des lebensweltlichen Wissens ermöglicht entsprechend den Anforderungen unterschiedlicher Situationen und damit auch für unterschiedliche Felder durchaus verschiedene, gar sich widersprechende Deutungen. Sind in den jeweiligen Feldern Deutungen auf der Basis der Bezugsschemata des Wissensvorrates möglich, dann besteht „keinerlei Motivierung, alle Wissenselemente grundsätzlich in Übereinstimmung zu bringen" (ebd., S. 38). Die Möglichkeit zu einer Krise des Wissens ist durch die innere Widersprüchlichkeit des Wissensvorrates dennoch gegeben. Werden die Deutungen eines Feldes für ein anderes relevant, dann treten die theoretisch widersprüchlichen Deutungen in Konkurrenz und werden beide fragwürdig.

Lebenswelt und Schule

SCHÜTZ' Konzeption des Lernens in der Lebenswelt lässt sich doppelt auf das Lernen in der Schule beziehen: Aus der Trennung der Institution Schule von der sonstigen Lebenswelt der Schüler folgt ein strukturelles Problem für das Lernen. Als planvoll gestaltbare Lernumgebung bietet die Institution gleichzeitig erweiterte und anders geartete Möglichkeiten des Lernens.

Wie oben ausgeführt, lernt das Subjekt im lebensweltlichen Bezug, weil die zu erwerbenden Kenntnisse und Fähigkeiten für es praktisch bedeutsam sind. Das Lernen in der Schule folgt jedoch einer anderen Logik. Der Schüler lernt nicht deshalb, weil er bemerkt hat, dass sein Wissen zur Bewältigung bestimmter Situationen nicht hinreicht. Die Notwendigkeiten für das Lernen sind ihm nicht augenfällig. Die Lernziele werden bildungspolitisch festgelegt, zumeist im Hinblick auf Erfordernisse des Erwachsenenlebens. Dieses liegt für den Schüler weit außerhalb seines Horizontes, da es mit seiner Lebenswirklichkeit wenig zu tun hat.

Gerade darin wird jedoch die Qualifikationsfunktion der Schule erfüllt, den Heranwachsenden zu lehren, was er nicht im alltäglichen Leben lernt, das zu wissen jedoch notwendig ist. Die Institution bietet hierfür die planvoll geschaffene Umgebung. Während der Alltag Gelegenheiten des Lernens bietet, die mit staatlich bestimmten Bildungszielen nur zufällig Übereinstimmungen zeigen, wird hier versucht, die Übereinstimmung planvoll herzustellen. Dies beginnt bei der Erstellung von Curricula, in denen fachliche Logik und geistige Entwicklung der Schüler in Übereinstimmung gebracht werden sollen und reicht bis in die Gestaltung des Unterrichts durch den Lehrer.

Mit der Institution öffnet sich aber zugleich für die Schüler ein soziales Feld mit neuartigen Deutungs- und Handlungsproblemen. Sie beziehen sich auf den Umgang mit Lehrern und Mitschülern und auf institutionalisierte Zwänge und Regelungen. Die Struktur dieser Anforderungen ist für die Institution Schule spezifisch. Sie macht für den Schüler, der innerhalb der Schule erfolgreich, d. h. seine Interessen verfolgend, agieren will, einige Kompetenzen notwendig. Im Entwickeln dieser Kompetenzen wird der Schüler zum Experten nicht der Schule, aber des Schüler-Seins.

Die Zweckmäßigkeit des Lehrplans und die innere Zweckhaftigkeit des Lernens stimmen also nicht überein. Der lebenszeitliche und inhaltliche Bezug von Lehrplan und der Wissensbedarf der Schüler fallen auseinander. Hieraus ergibt sich das bekannte Motivationsproblem: Wie vermag Schule Schüler zu interessieren?

Das klassische Mittel der Schule, Bedeutsamkeit des Lernens zu erzeugen, ist die Bewertungspraxis. Dieses Mittel ist aber in seiner Reichweite begrenzt, da es zu seiner Wirksamkeit eine positive Haltung der Schüler zur Schule voraussetzt. Zudem führt es nicht zwingend dazu, dass Schüler lernen. Zur Bewältigung von Prüfungen sind alternative Strategien durchaus erfolgreich. Ein bekannter Vorschlag zur Reformierung des Unterrichts ist es, außerschulische Interessen der Schüler aufzugreifen. Hierbei besteht die Hoffnung, ihr Interesse möge sich auch auf solche Themen ausdehnen, die bislang nicht für sie relevant sind.

Die Theorie der Lebenswelt ermöglicht eine weitere Antwort auf das Motivationsproblem: Schule und Unterricht wären so zu gestalten, dass die feldbezogenen Interessen der Schüler und die Lehrinhalte sachlich aufeinander bezogen sind. Der Struktur feldspezifischer Anforderungen müsste dabei eine Struktur von Gelegenheiten des Lernens entsprechen. Dieser Gedanke soll zum Schluss an einigen Teilprojekten des Graduiertenkollegs verdeutlicht werden.

7   Lernen in Feldern - ein (Aus-)Blick in die Empirie

In mehreren Teilprojekten des Kollegs werden Möglichkeiten untersucht, die Beziehung zwischen Bildungsinteresse der Schüler und gesellschaftlich bestimmten Bildungszielen systematisch zu verstärken:

In einem politischen Lehrstück wird mit den Schülern ein abgeschlossenes Gemeinwesen simuliert. In der fiktiven Gründung eines Dorfes werden politisches Wissen und Kompetenzen etwa in Fragen der gemeinsamen Entscheidungsfindung unmittelbar relevant für die Schüler. Die Schüler werden in eine Situation gebracht, in der solches Wissen und solche Fertigkeiten für sie bedeutsam werden, die Bildungsziele des Politikunterrichts sind.[4]

Schüler mehrerer Abschlussklassen führen ein Praktikum durch. Dieses findet das Schuljahr begleitend mehrere Tage die Woche statt. Die Schüler sind mit den Besonderheiten des jeweiligen Berufsfeldes konfrontiert. Seine Anforderungen sind für sie unmittelbar erfahrbar. Die Schule bietet ihnen die Möglichkeit, die Erfahrungen zu reflektieren und Kompetenzen zu entwickeln, deren Bedeutung vor dem Erfahrungshintergrund einsichtig ist.[5]

In mehreren Klassen unterschiedlicher Schulen werden Formen des methodengeleiteten Feedbacks eingeführt. Lehrer und Schüler identifizieren mit ihnen Problemgebiete des Unterrichts und erarbeiten Lösungskonzepte. Sie entdecken also eine fehlende Passung von unterrichtsbezogenen Interessenlagen und der aktuellen Gelegenheitsstruktur des Lernens im Unterricht, und versuchen Übereinstimmungen herzustellen.[6]

In den vorgestellten Promotionsprojekten zeigen sich Hinweise auf den Zusammenhang vom Feld, vom Interesse der Schüler an Wissen und Kompetenzen und von Bildungszielen. In einem Projekt wird ein Feld simuliert, in einem anderen sind zwei Felder mit ihren jeweiligen Anforderungen und Gelegenheiten aufeinander bezogen, im Dritten die Zusammenführung von Interesse, Anforderungs- und Gelegenheitstruktur systematisiert. Mit der Theorie der Lebenswelt von Alfred SCHÜTZ scheint es möglich, diese Abläufe zu analysieren und zu erklären.

Wie genau unter den jeweiligen Gegebenheiten subjektiv bedeutsame Lernprozesse verlaufen, wäre zu klären. Es sind jedoch diese Prozesse, die ineinandergreifend Bildungsgänge konstituieren. Eine Erforschung der Bildungsgänge muss die Strukturmuster dieser Prozesse rekonstruieren können. Hieran würde sich eine Rekonstruktion ganzer Bildungsgänge anschließen können. Es ließen

---

[4] Das Lehrstück wurde von Andreas PETRIK entwickelt. Seine Implementation und Wirkungen werden von Stefan HAHN und Christian WELNIAK untersucht.

[5] Der Schulversuch „Arbeiten und Lernen in Schule und Betrieb" wird von Elisabeth EMIG und Julia HELLMER wissenschaftlich begleitet.

[6] Petra MERZIGER beschäftigt sich mit dem Einfluss methodengeleiteten Feedbacks auf Lernprozesse von Schülern. Tanja STURM untersucht den Einfluss des Feedbackeinsatzes auf die professionellen Fertigkeiten von Lehrern. Im Fokus meiner eigenen Arbeit steht die Frage, wie Schüler durch nicht methodengeleitete Rückmeldekommunikation im Unterricht dessen Gelegenheiten für sich nutzbar machen und zu verändern versuchen.

sich möglicherweise Typen von Bildungsgängen mit einem spezifischen Zusammenhang von Strukturmustern bestimmen.

Eines dieser Strukturmuster subjektiv bedeutsamer Lernprozesse ist gewiss die Entwicklungsaufgabe. Sie ist jedoch nicht das einzige und womöglich auch nicht das bedeutsamste.

Literatur

BASTIAN, J. u.a. (2001): Antrag auf Einrichtung und Förderung eines Graduiertenkollegs zur Bildungsgangforschung. Überarbeitete Fassung vom 06.11.2001. www.erzwiss.uni-hamburg.de/Personal/Schenk/Drad-Koll/Ges-text-netz.htm [12. Juli 2004].

DREHER, E./DREHER, M. (1985): Wahrnehmung und Bewältigung von Entwicklungsaufgaben im Jugendalter: Fragen, Ergebnisse und Hypothesen zum Konzept einer Entwicklungs- und pädagogischen Psychologie des Jugendalters, in: OERTER, R. (Hg.): Lebensbewältigung im Jugendalter. – Weinheim: Beltz, S. 30-61.

HAVIGHURST, R. J. (1948): Developmental Tasks and Education. – New York: McKay.

HERICKS, U./SPÖRLEIN, E. (2001): Entwicklungsaufgaben in Fachunterricht und Lehrerbildung - Eine Auseinandersetzung mit einem Zentralbegriff der Bildungsgangdidaktik, in: HERICKS, U. u.a. (Hg.): Bildungsgangdidaktik. Perspektiven für Fachunterricht und Lehrerbildung. – Opladen: Leske+Budrich.

HERICKS, U./KUNZE, I. (2002): Entwicklungsaufgaben von Lehramtsstudierenden, Referendaren und Berufseinsteigern. Ein Beitrag zur Professionalisierungsforschung, in: Zeitschrift für Erziehungswissenschaft, 5. Jg., H. 3, S. 401 - 416.

LEU, H. R. (1999): Die ‚biographische Situation' als Bezugspunkt eines sozialisationstheoretischen Subjektverständnisses, in: LEU, H. R./Krappmann, L. (Hg.): Zwischen Autonomie und Verbundenheit. Bedingungen und Formen der Behauptung von Subjektivität. – Frankfurt a. M.: Suhrkamp, S. 77 - 107.

OERTER, R./MONTADA, L. (1995): Entwicklunspsychologie. – Weinheim: Beltz.

SCHÜTZ, A./LUCKMANN, TH. (1979): Strukturen der Lebenswelt. Band 1. – Frankfurt a.M.

SCHÜTZE, F. (1999): Verlaufskurven des Erleidens als Forschungsgegenstand der interpretativen Soziologie, in: KRÜGER, H.-H./MAROTZKI, W. (Hg.): Erziehungswissenschaftliche Biographieforschung. – Opladen: Leske+Budrich S. 117-157.

UELTZHÖFFER, J./FLAIG, B. B. (1980): Lebensweltanalyse: Explorationen zum Alltagsbewußtsein und Alltagshandeln. – Heidelberg/München: Sinus.

UELTZHÖFFER, J./FLAIG, B. B. (1993): Spuren der Gemeinsamkeit? Soziale Milieus in Ost- und Westdeutschland, in: WEIDENFELD, W. (Hg.): Deutschland - Eine Nation - doppelte Geschichte. – Köln: Wissenschaft und Politik, S. 61-81.

Zum Gegenstand der Bildungsgangforschung - empirische Fragestellungen für eine Theorie „subjektiver Entwicklungsaufgaben"

Stefan Hahn

In der Diskussion der PISA-Ergebnisse wird die Abkehr von einem Bildungsverständnis gefordert, das allein auf ein kanonisiertes Vorratswissen verweist. Bildung sollte vielmehr mit dem Wissen sowie den Haltungen, Einstellungen, Interessen und grundlegenden Fähigkeiten assoziiert werden, die Schulabgänger in einer immer komplexer werdenden Welt brauchen, um auch in neuen Situationen selbstbestimmt und eigenverantwortlich zu handeln (vgl. dazu KLIEME 2003). Das neue Verständnis von *lebenslangem* Lernen zielt entsprechend vermehrt auf anwendungsbezogenes Wissen, auf *Kompetenzen* und *Schlüsselqualifikationen* ab, die es den Lernenden ermöglichen, das Gelernte in ähnlichen Kontexten auch in *praktisches Problemlösen* umzusetzen (vgl. ALBRECHT 2002). Da Lernende „halbwegs *selbstständig* geworden sein [sollten], wenn sie schon weitgehend *selbstverantwortlich* sein *müssen*" (HERRMANN 2002, S. 279), sollen die Lehrenden auch ermutigt dazu werden, an die biographisch gewachsene Identität sowie an allgemeine und fachliche Kompetenzen der Lernenden anzuknüpfen.

Unter dem Begriff *Bildungsgangdidaktik* wurden im Rahmen der wissenschaftlichen Begleitung der nordrhein-westfälischen Kollegschule (vgl. BLANKERTZ 1986) schon in den 1970er und 1980er Jahren erste Versuche zusammengefasst, auch innerhalb der didaktischen Theorie subjektiven Bildungsprozessen systematisch einen Rang einzuräumen. Im Sinne der Bildungsgangdidaktik sollen schulische Lernangebote systematisch so ausgerichtet werden, dass Lernende objektive Anforderungen ihrer sozialen Umwelt als subjektiv bedeutsam interpretieren und entsprechend bearbeiten können (vgl. u.a. MEYER/REINARTZ 1998; HERICKS et al. 2001). In dieser Tradition arbeitet zur Zeit eine Hamburger Forschergruppe daran, eine unfassende *Bildungsgangtheorie* zu entwickeln, an der sich pädagogische Forschung und pädagogisches Handeln in Zukunft orientieren können sollen. Im Zuge der Bemühungen, die theoretischen Ansätze systematisch zu bündeln, die innerhalb zahlreicher Forschungsprojekte des DFG-geförderten Graduiertenkollegs „Bildungsgangforschung" zur Zeit erarbeitet werden, gewinnt die Bildungsgangtheorie zunehmen an Kontur. Dabei soll sie dem Anspruch gerecht werden, auch ein forschungs- und handlungspraktisches

Rahmenwerk darzustellen, in das die innerhalb der *Bildungsgangforschung* empirisch gewonnen Erkenntnisse überführt werden.

Für ein Verständnis des Bezugs zwischen Didaktik und Schulwirklichkeit, wie es die Bildungsgangdidaktik einfordert und die Bildungsgangtheorie beschreiben will, ist die Untersuchung von schulischen Lern- und Sozialisationsprozessen eine systematische Voraussetzung. Die *Bildungsgangforschung* fragt deshalb nach dem Stand von Kompetenz und Identität, deren Entwicklung und Entwicklungsbedingungen, der subjektiven Bedeutsamkeit und Bearbeitung von „Entwicklungsaufgaben" sowie nach dem Verhältnis von *subjektivem* und *objektivem Bildungsgang*, damit reale Lehr-Lern-Prozesse verstanden, angemessen beschrieben, rekonstruiert, bewertet und geplant werden können. Mein Beitrag zu diesem theoretischen Rahmenwerk soll darin bestehen, die Grenzen und Möglichkeiten des Konzepts der Entwicklungsaufgaben im Hinblick auf die Bildungsgangtheorie zu betrachten. Aus der Kritik an diesem Ansatz möchte ich eine Modifizierung ableiten, die es ermöglicht, ein theoretisches Modell für subjektive Bedeutsamkeitszuschreibungen, Kompetenzentwicklung und Identitätsaufbau zu erstellen und für eine empirische Betrachtung von Lehr-Lern-Prozessen im Rahmen der Bildungsgangforschung zu erschließen.

Im Folgenden möchte ich zunächst den Kern der Bildungsgangforschung und das ihr zugrundeliegende Konzept der Entwicklungsaufgaben vorstellen (Abschnitte 1 und 2). Nach einer kritischen Auseinandersetzung mit den Ansprüchen der Bildungsgangforschung (3.1) und theoretischen Implikationen der bisherigen ‚Bausteine' einer Bildungsgangtheorie (3.2) möchte ich mein Konzept der subjektiven Entwicklungsaufgaben vorstellen (3.3) und einen von meinen Annahmen ausgehenden Ausblick auf eine Konkretisierung bildungsgangbezogener Forschungsgegenstände wagen (Abschnitt 4). In meinen Ausführungen werde ich subjektive Entwicklungsaufgaben in Handlungsbereichen verorten, in denen jeweils Identitätsarbeit geleistet wird.

1   Objektiver und subjektiver Bildungsgang

Als objektiver *Bildungsgang* wurde in der Vergangenheit jeder einzelne durch Stundentafel und Rahmencurriculum fixierte Bildungsweg bezeichnet. Ein schulischer Bildungsgang erscheint als Ordnung bestimmter Fächer, die als zeitliche Abfolge von Unterrichtsreihen und Kursen Lernenden nur begrenzt Wahl- und Kombinationsmöglichkeiten überlassen. Schulische oder objektive Bildungsgänge vergleicht SCHENK mit der Architektur von ‚Gängen', die von anderen festgelegt sind:

Eingangsvoraussetzungen und Abschlußnormen, Unterrichtsfächer und 45-Minuten-Takt sind die Bauelemente, die den Gang so bestimmen, daß das vom System vorgegebene Ziel, die Zugangsberechtigung zu einem Beruf oder der Hochschule, bei Befolgung der Anweisungen kaum zu verfehlen ist. (SCHENK 1998, S. 263)

Allerdings wird in dieser Sichtweise die aktive Leistung der Schülerinnen und Schüler in der Aneignung der dinglichen und sozialen Wirklichkeit innerhalb der „Architektur" ausgeblendet und statt dessen Homogenität hinsichtlich der Eingangsvoraussetzungen und Abschlussaspirationen angenommen. In der Bildungsgangforschung rückt deshalb die subjektive Seite des Bildungsgangs deutlich in den Vordergrund. ‚Gang' beschreibt weniger eine ‚Architektur' als ein zielgerichtetes ‚Gehen'. Der sogenannte *subjektive Bildungsgang* betont innerhalb der strukturellen Rahmungen objektiver Bildungsgänge vor allem die Entwicklung der Persönlichkeit und Reflexionsfähigkeit in einem sozialisatorischen Prozess (MEYER 2002).

Ich möchte einen subjektiven Bildungsgang als *Setzung und Bearbeitung von Entwicklungsaufgaben* ansehen, sofern diese als Entwicklungsziele im Spannungsfeld zwischen gesellschaftlichen Anforderungen und dem jeweils aktuellen Stand der Kompetenz- und Identitätsentwicklung als subjektiv bedeutsam angenommen und von den Heranwachsenden als *individuelle Projekte der eigenen Entwicklung* bearbeitet werden.

2   Bildungsgangforschung - Gegenstand und Ansprüche

Die Bildungsgangforschung widmet sich der Untersuchung des Zusammenhangs von subjektiven Bildungsgängen und objektivem Bildungsgang, von Individuation und Vergesellschaftung in institutionellen Kontexten (Schule, Hochschule etc.) und versteht sich als neuer, integrativer Ansatz im Grenzbereich zwischen Sozialisationsforschung, Entwicklungspsychologie und Didaktik. Aufgrund ihres Anspruchs, Gelingensbedingungen von Bildung und Erziehung zu identifizieren, sollte die Bildungsgangforschung besonders sensibel für die soziale Dynamik der Persönlichkeitsentwicklung, für strukturelle Rahmungen von Sozialisations- und Bildungsprozessen sowie für die Rezeption übergreifender Gesellschaftstheorien sein.

Die in der Bildungsgangforschung eingewobene Verpflichtung auf eine systematische Erschließung pädagogischer Handlungsgrundlagen bedeutet deshalb u.a. jene soziokulturellen und entwicklungspsychologischen Grenzen der Erziehung empirisch aufzuzeigen, die seit BERNFELDs Vorstellung vom Einfluss des sozialen Ortes auch in die erziehungswissenschaftliche Diskussion Einkehr hielten (BERNFELD 1969). Innerhalb eines empirischen Zugangs, aus dem pädagogische Konsequenzen aus der Architektur und der Kultur der Lebenswelten der in pädagogischen Handlungszusammenhängen beteiligten sozialen Akteure abgeleitet werden sollen, muss deshalb den historischen, biographischen und soziokulturellen Kontexten ein entsprechender Stellenwert beigemessenen werden. Die Bildungsgangforschung begegnet diesem *Kontextualisierungs-Diktum* zunächst mit der Grundannahme, dass Lernende genauso ihre individuellen, durch familiale und soziale Herkunft, ethnische und kulturelle Zugehörigkeit, Geschlecht, Bildungserfahrungen und Bildungserwartungen mitbestimmten Lernbiographien in den Unterricht einbringen, wie Lehrende ihre professionellen Lernbiographien. Die Bildungsgangforschung knüpft also an die Vorstellung von heterogener, individualisierter Vergesellschaftung an und versucht als Lehr-Lern-Forschung pauschale Annahmen über Schüler/innen zu überwinden. Ihr Ziel ist es statt dessen, Erkenntnisse über die Bedingungen und Verläufe von individuellen Lernprozessen zu gewinnen. Die empirischen Arbeiten zur Bildungsgangforschung konzentrieren sich zum einen auf individuelle *Entwürfe* der Heranwachsenden von ihrer Bildung und ihrem Lernen im Unterricht sowie auf die *Verläufe* subjektiver Bildungsgänge. Zum anderen rückt aber auch die Funktion der Lehrenden in der Ausgestaltung des objektiven Bildungsganges ihrer Schülerinnen und Schüler sowie bei der Entwicklung von Schule und Unterricht in diesem Prozess in den Fokus der Untersuchungen.

Um innerhalb empirischer Arbeiten zur Bildungsgangforschung gesellschaftlichen Anforderungen an den Verlauf von Bildungsgängen sowie Schülerinnen und Schüler als Subjekten ihrer Bildungsgänge gerecht zu werden, wurde der Bildungsgang von Lernenden bislang als inhaltlich variantenreiche *Lösung* von Entwicklungsaufgaben verstanden (BLANKERTZ 1986). Die Erforschung von Bildungsprozessen fokussiert somit zunächst auf gesellschaftliche Anforderungen in unterschiedlichen Handlungsbereichen, auf ihre Vermittlung und die den Anforderungen subjektiv beigemessenen Bedeutungen oder anders ausgedrückt: auf die Existenz von Entwicklungsnormen und -restriktionen, deren Vermittlung und die individuelle Setzung von Entwicklungszielen samt ihrer Bearbeitung.

Das Konzept der *Entwicklungsaufgaben* dient seit über einem halben Jahrhundert besonders dazu, die als gesellschaftlich entstrukturiert und als in steigendem Maße individualisiert angesehene Lebensphase „Jugend" für eine wissenschaftliche Beschreibung zu strukturieren (vgl. HAVIGHURST 1948; OERTER 1978; DREHER/DREHER 1985). Es ermöglicht prinzipiell, einen kultur- und zeitspezifischen Übergang von der kindlichen zur erwachsenen Persönlichkeit zu beschreiben, ohne dabei die subjektiven Bedürfnisse der Heranwachsenden den normativen Rollenerwartungen unterzuordnen, die sich aus gesellschaftlichen Funktionsbedingungen ableiten lassen. Über die Operationalisierung der transformatorischen Jugendphase hinaus stellt das Konzept auch ein Rahmenwerk für lebensgeschichtlich vor- und nachgelagerte Entwicklungsverläufe dar, weil HA-VIGHURST von der dem heutigen Zeitgeist entsprechenden Prämisse ausging, dass Entwicklung Lernen bedeutet und Menschen lebenslang lernen:

> To understand human development, one must understand learning. The human individual learns his way through life. (HAVIGHURST 1972, S. 1)

3   Entwicklungsaufgaben im klassischen Konzept *sensu* HAVIGHURST

Aus der Einsicht, dass man sich in modernen Gesellschaften immer und ständig veränderten Situationen anpassen muss, hat HAVIGHURST einen altersphasenspezifischen Katalog von Entwicklungsaufgaben für die frühe Kindheit, die mittlere Kindheit, die Jugend, das frühe Erwachsenenalter sowie das mittlere und hohe Alter zusammengestellt. Die einzelnen Kataloge beschreibt er jeweils inhaltlich und benennt die biologische, psychologische und kulturelle Grundlage ihrer Entstehung. In diese Grundlagen fließen wissenschaftliche Forschungsergebnisse zwar ein, aber nur so weit, als dass damit generalisierende Annahmen über alters- und kulturspezifische Entwicklungskontexte abgeleitet werden. Denn nur aus der Annahme, dass die amerikanische Unter-, Mittel- und Oberschicht jeweils homogene Ausschnitte einer heterogenen Gesellschaft sind, kann HAVIG-HURST schließen, wodurch erfolgreiche Entwicklung (verstanden als erfolgreiche Lösung des Katalogs altersspezifischer Entwicklungsaufgaben) jeweils (kulturell) definiert ist.

Diese Annahme schichtspezifischer Aspirationsniveaus korrespondiert mit der Vorstellung von schichtspezifischen Normalbiographien, die durch Homogenität bezüglich juveniler Verhaltensweisen, juveniler Bedürfnisse und des intergenerativen Verhältnisses charakterisiert sind. Die kognitiven Aspekte der psychologischen Grundlagen von Entwicklungsaufgaben leitet HAVIGHURST zumindest in der späteren Ausgabe (1972) u.a. von den entwicklungspsychologischen Stufentheorien PIAGETs und ERIKSONs ab. Nicht zuletzt diese Arbeiten führten HAVIGHURST zu der Grundannahme, dass es sensitive oder kritische Perioden im Leben gibt, in denen

> the human organism is especially able to learn quickly through certain kinds of experiences. (HAVIGHURST 1972, S. 6)

Er pointiert die Sequenzialität der Entwicklungsaufgaben schließlich etwas pathetisch mit dem vielfach zitierten Ausspruch:

When the body is ripe, and the society requires, and the self is ready to achieve a certain task, the teachable moment has come. (HAVIGHURST 1972, S. 7)

Überzeugt davon, dass bestimmte Entwicklungen in bestimmten Lebensphasen durch Erziehung beeinflussbarer sind als zu anderen Zeitpunkten, formuliert er schließlich zu jeder Entwicklungsaufgabe erzieherische Ratschläge, die eine erfolgreiche Bearbeitung unterstützen sollen.

In Übereinstimmung mit HAVIGHURST betrachten auch Bildungsgangforscher Entwicklungsaufgaben als Aufgaben, die durch biologische Reifung, durch gesellschaftliche Erwartungen und durch die Wünsche, Sehnsüchte und Werte des Individuums ausgelöst werden und deren Lösung als ein zielbezogenes und aktives Handeln des Individuums aufgefasst wird. Sie beschreiben inhaltliche Entwicklungsbereiche, die zu gegebener Zeit Gegenstand der individuellen Auseinandersetzung mit der dinglich-materiellen Umwelt werden und als solche Etappen auf dem Weg in die Erwachsenengesellschaft markieren. Insofern zieht die Bildungsgangforschung ihre Daseinsberechtigung auch aus HAVIGHURSTs These, dass Lernprozesse verstanden werden müssen, um Heranwachsende in ihrer Entwicklung unterstützen zu können:

To understand human development, one must understand learning. (HAVIGHURST 1972, S. 1)

Um dies zu tun, müssen Grundannahmen bezüglich der Entwicklungsbedingungen, Entwicklungsverläufe, Entwicklungsmöglichkeiten und entwicklungsfördernde Unterstützungsleistungen der Umwelt selbst zu einem Theorie generierenden Forschungsgegenstand erhoben werden. Die Herausforderung einer Bildungsgangtheorie, die sich an diesem Konzept orientieren will, besteht meines Erachtens also darin, die Logik der Entstehung und der Bearbeitung dieser Entwicklungsaufgaben zu erschließen und in eine Modifikation des Konzeptes zu überführen, die die Perspektive der/des Sich-Entwickelnden in den Vordergrund rückt.

Um sich dieser Modifikation des Entwicklungsaufgabenkonzepts weiter zu nähern, möchte ich Fragen nach der Entstehung und Lösung von Entwicklungsaufgaben aufwerfen und anhand der Antworten, die HAVIGHURST dazu bereithält, im folgenden zu einem Plädoyer für eine „subjektive Wendung" des Konzepts ausholen.

3.1. Die Entstehung von Entwicklungsaufgaben

HAVIGHURST hat grundsätzlich erkannt, dass Entwicklungsaufgaben aus einer Mischung von biologischen, psychologischen und kulturellen Faktoren entstehen. Es gibt Anzeichen, dass er Entwicklungsaufgaben als gesellschaftlich normierte Entwicklungsvorstellungen ansieht, die es zu erfüllen gilt, um die Stabilität des Gesellschaftssystems nicht zu gefährden. Der hier formulierte Vorwurf eines *heimlichen Struktur-Funktionalismus* leitet sich zum einen aus der erkennbaren Übereinstimmung HAVIGHURSTs mit dem soziologischen und erziehungswissenschaftlichen *common sense* der 1950er Jahre ab, in dem vor allem die Reproduktion der gesellschaftlichen Funktionsbedingungen als normativer Bewertungsmaßstab sozialer Handlungen und Prozesse jedweder Art pointiert wurde. Weitere Anhaltspunkte finden sich vor allem in den zahlreichen für Lehrerinnen und Lehrer formulierten Ratschlägen, die Jugendliche in der Auseinandersetzung mit Entwicklungsaufgaben unterstützen sollen. Heutzutage würde man sie als deutlich kommunitaristisch qualifizieren. Zur Unterstützung der Werteentwicklung im Jugendalter rät HAVIGHURST Lehrerinnen und Lehrern z.B.:

- Study and improve the local community. (HAVIGHURST, 1972 , S. 79),
- Study the literature and history of the region and the nation. (ebd.),
- Use ceremonies to include loyalty to community, nation, and the greater society. (ebd., S. 80).

Werteentwicklung heißt hier eher individuelle Annahme allgemein geltender und geteilter Werte, die sich in der Loyalität gegenüber bestehenden Werteverbänden (*community*) zeigt. Damit wird den Jugendlichen formal die Möglichkeit abgesprochen, legitimer Träger des gesellschaftlichen (Werte-)Wandels zu sein. Dass diese Möglichkeit jedoch durchaus besteht, wissen wir spätestens seit den 1970er Jahren, in denen INGLEHART (1971) die These vertrat, dass durch die teilweise Verlängerung der Jugendphase (Postadoleszenz) postmaterialistische Werte kulturell verankert wurden und Erwachsene zudem immer mehr jugendliche Stilelemente übernahmen. Daraus wird einerseits deutlich, dass sich gesellschaftliche Bedingungen des Aufwachsens seit den späten 1940er Jahren genauso verändert haben wie der Status der „Jugend". Andererseits verdeutlicht dieses Beispiel, dass Entwicklungsprozesse im Jugendalter nicht nur auf Gesellschaftsreproduktion, sondern auch auf ihre Transformation hinauslaufen und beides als mehr oder weniger wünschenswert angesehen werden kann.

KORDES bringt etwas polemisch auf den Punkt, dass HAVIGHURST mit seinem Konzept der Entwicklungsaufgaben hinter dem Zeitgeist zurückbleibt:

Die Entwicklungsaufgabe als soziokulturelle Rollenvorgabe oder als sozialpädagogisches Tugendinventar war das Selbst-Missverständnis von Pädagogen und Sozialwissenschaftlern einer Epoche, als die objektive Seite der Lebensgeschichte noch relativ eindeutig bestimmbar - und nur die Frage nach ihrer subjektiv-variablen, biographischen Aneignung interessant schien. (KORDES 1996, S. 76)

Ich führe dieses Beispiel hier an, um zu verdeutlichen, dass HAVIGHURST die Setzung der Entwicklungsaufgaben ungeklärt lässt, indem er implizit von der Existenz bestehender und jeweils kulturell geprägter Entwicklungs*normen* ausgeht, die quasi automatisch von den Jugendlichen als Aufgaben der eigenen Entwicklung angenommen werden. Dieses heimliche Axiom der Isomorphie, d.h. der Strukturgleichheit von Entwicklungsnormen und individueller Setzung von Entwicklungsaufgaben, nennt erst OERTER beim Namen. Im Gegensatz zu HAVIGHURST sieht er Entwicklungsaufgaben als individuelle Setzung,

> die sich sowohl auf die soziokulturelle Entwicklungsnorm wie auf die wahrgenommene eigene Leistungsfähigkeit bezieht. (OERTER 1978, S. 74)

OERTER, der den ersten breiter rezipierten Überarbeitungsversuch des Konzepts der Entwicklungsaufgaben liefert, versteht individuelle Leistungsfähigkeit als Verhaltensgrundlage, deren formale Voraussetzungen und inhaltliche Möglichkeiten auf die Umwelt abgestimmt sind. Durch den Distanzbegriff, den er zur Beschreibung des jeweiligen Verhältnisses von Entwicklungsnorm und individueller Leistungsfähigkeit verwendet, versucht er die Weiterentwicklung im Sozialisationsprozess zu fassen:

> Als Entwicklungsaufgabe [lässt sich somit, S.H.] zunächst der Punkt auf der Distanz zwischen Norm und Fähigkeit definieren, den das Individuum zu einem gegebenen Zeitpunkt anstrebt. (OERTER 1978, S. 74)

Ausgehend davon, dass Heranwachsende selbst ihre Entwicklungsaufgaben setzen, sich dabei aber an real existierenden und durch ihre Umwelt vermittelten Entwicklungsnormen orientieren, kommen DREHER/DREHER (1985) aufgrund ihrer Forschungsergebnisse zu dem Schluss, dass eine Auseinandersetzung mit objektiven Anforderungen nicht wie von HAVIGHURST angenommen zeitlich-sequenzialisiert, sondern faktisch eher thematisch-sensitiv erfolgt. Eine Spekulation darüber, wann der *teachable moment* gekommen ist, kann aufgrund dieser Erkenntnis nicht nur daran festgemacht werden, wann Heranwachsende mit einer Entwicklungsnorm konfrontiert werden und ob ihr Leistungsvermögen - z.B. das Erreichen eines bestimmten kognitiven Stadiums im PIAGETschen Sinne - zu diesem Zeitpunkt ausreichend ist. Vielmehr wird hier deutlich, dass persönliche Bedürfnisse und Interessen maßgeblich dafür entscheidend sind, wann und ob eine Entwicklungsaufgabe - ungeachtet dessen, wer oder was sie setzt - subjektiv bedeutsam wird.

   HAVIGHURST wird zu Zeiten, in denen er das Konzept der Entwicklungsaufgaben verfasste, unter Jugendlichen nicht auf die gleichen Tendenzen zu Selbstverwirklichung und Individualisierung gestoßen sein, wie er es heute täte.

Insofern blendet die hier formulierte Kritik z.T. den Entstehungskontext und damit auch die Tragfähigkeit des Konzepts aus, die es beispielsweise in den 1950er Jahren gehabt haben mochte. Allerdings scheint mir die dem Entwicklungsaufgabenkonzept zugrundeliegende Motivationsvorstellung mit zunehmender gesellschaftlicher Modernisierung immer weniger zutreffend. Will man an der oben erwähnte Grundannahme HAVIGHURSTs, dass Entwicklungsaufgaben durch Reifung, gesellschaftliche Erwartungen und durch die Wünsche, Sehnsüchte und Werte des Individuums ausgelöst werden, dennoch festhalten, müsste man das Isomorphieaxiom empirisch auf den Prüfstand stellen. Im Spannungsfeld von Entwicklungsnormen und individueller Setzung von Entwicklungsaufgaben bedarf es deshalb bezüglich des Verhältnisses von Individuum und Umwelt herauszuarbeiten,

> in welcher Form die Normen an das Individuum herangetragen werden und welche Aushandlungsmöglichkeiten, deren Qualität mit zunehmender Komplexität der Strukturebene variieren dürfte (Mikro-, Exo- und Makrokontextualität), bestehen. (REINDERS 2002, S. 19)

Im Anschluss an diese Kritik ist es meines Erachtens für eine soziokulturell kontextualisierende Entwicklungsforschung, wie sie die Bildungsgangforschung darstellen möchte, konzeptionell erforderlich, in einen Gegensatz zu HAVIGHURST zu treten und allein die Heranwachsenden als diejenigen anzusehen, die sich ihre Entwicklungsaufgaben selbst setzen. Inwieweit diese bereichsspezifischen, subjektiven Entwicklungsziele gesellschaftlichen Entwicklungsnormen entsprechen, sich an ihnen orientieren oder in Opposition zu ihnen stehen, bleibt somit eine offene Frage, die jeweils empirisch zu beantworten ist. Abbildung 1 soll Aufschluss darüber geben, dass eine empirische Untersuchung zur Entstehung subjektiver Entwicklungsaufgaben mehrere Strukturebenen (vgl. BRONFENBRENNER 1989) in den Blick nehmen kann und jeweils nach realen, vermittelten und wahrgenommenen Erwartungen an Entwicklung und Möglichkeiten, Restriktionen und Modellen der Entwicklung fragen sollte, um die Substanz dessen zu erschließen, was von dem/der Heranwachsenden als subjektiv bedeutsam angesehen und in ein *individuelles Projekt der eigenen Entwicklung* überführt wird. Ich gehe davon aus, dass solche Projekte der eigentliche Motor der Entwicklung sind. Sie sind dadurch charakterisiert, dass Kinder und Jugendliche ihr Hineinwachsen in die Welt der Erwachsenen in einem komplexen Prozess der *Dekonstruktion* des Überkommenen, der *Rekonstruktion* und der *Neukonstruktion* gestalten (PEUKERT 1998).

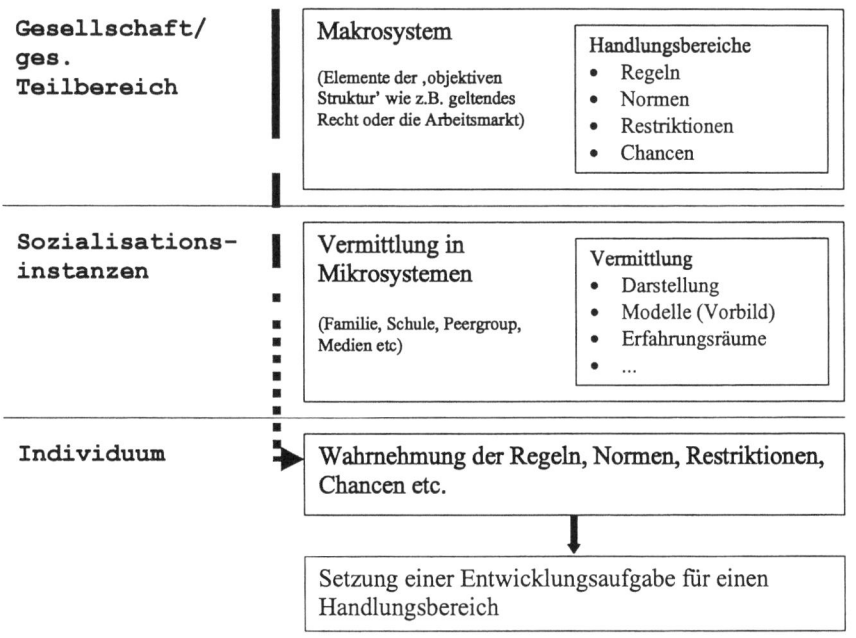

Abbildung 1:   Analyseebenen zur Entstehung von subjektiven
Entwicklungsaufgaben

3.2. Die Lösung einer Entwicklungsaufgabe

HAVIGHURST beschreibt eine Entwicklungsaufgabe als eine Aufgabe, deren erfolgreiche Bearbeitung durch Glück, Wertschätzung und Erfolg markiert ist. Die
Entscheidung, wann sie gelöst ist, würde er wahrscheinlich fällen, wenn das
Ende der jeweiligen „sensitiven Periode" für das Erlernen einer durch die Entwicklungsaufgabe definierten Fähigkeit, Einstellung oder Rolle erreicht ist und
entsprechende kulturell geteilte ‚Erfolgs'-Kriterien erfüllt sind. Dabei fasst er die
Sanktionierung bei Nicht-Erfüllung dieser Kriterien als zentrales Definitionsmerkmal von Entwicklungsaufgaben auf. Entwicklungsaufgaben bekommen so
den Charakter von sozialen Normen.

Anders ausgedrückt bedeutet dies, dass nur normkonformes Verhalten, eben
ein Verhalten, das nicht negativ sanktioniert wird, als ‚gelungene Entwicklung'
verstanden wird. Entsprechend müssten diejenigen über das Gelingen einer Ent-

wicklung befinden, die letztendlich die Sanktionsgewalt bei der Durchsetzung von Entwicklungsnormen haben. Gemäß HAVIGHURSTs Definition ist dies die Gesellschaft bzw. sind dies gesellschaftliche Vertreter, die anhand normativer Soll-Kriterien darüber entscheiden. Da in einer pluralistischen, modernen Gesellschaft jedoch unterschiedliche Normensysteme koexistieren können und zudem Normvermittlung und Sanktionierung in vielen gesellschaftlichen Institutionen nicht standardisiert sind, verkürzt das klassische Konzept der Entwicklungsaufgaben bei der Frage nach Vermittlung und Lösung von Entwicklungsaufgaben den Anspruch der Bildungsgangforschung, Entwürfe und Verläufe subjektiver Bildungsgänge zu verstehen, auf wenige pauschale Annahmen. In einer soziokulturell kontextualisierenden Wendung des Entwicklungsaufgabenkonzeptes müssten mithin milieuspezifische Aspirationsniveaus herausgearbeitet werden, anhand derer jene Entwicklungsnormen spezifiziert und auf unterschiedlichen Strukturebenen an Heranwachsende herangetragen werden.

OERTER würde eine Entscheidung, wann eine Entwicklungsaufgabe gelöst ist, nicht dem Entwicklungsmilieu, sondern dem Individuum überlassen: Eine Entwicklungsaufgabe ist dann gelöst, wenn sie sich nicht mehr stellt. Und das tut sie, wenn die Distanz zwischen Norm und der wahrgenommenen Leistungsfähigkeit, die das Individuum zu einem gegebenen Zeitpunkt in Antizipation der Normerfüllung angestrebt hat, gleich null ist. Seine Grundannahme von der Äquivalenz von Umweltstruktur und individueller Leistungsfähigkeit führt letztendlich aber auch dazu, dass die Kriterien aus der Norm und nicht aus der eigentlichen Entwicklungsleistung abgeleitet werden können.

Wenn man jedoch die Subjekte als diejenigen ansieht, die sich selbst ihre Entwicklungsaufgaben setzen, dann kann man die Bearbeitung dieser Aufgaben auch nur anhand subjektiver Kriterien, d.h. wiederum: nur empirisch bewerten. Die empirische Rekonstruktion dieser Kriterien müssten sich meines Erachtens an der subjektiven Bedeutung der Entwicklungsaufgaben orientieren und dabei in ein Verhältnis zu den Auslösern der Bearbeitung (Wahrnehmung normativer Erwartungen aus dem sozialen Nahbereich, individuelle Bedürfnisse und Interessen, etc.) gesetzt werden.

Die in Abb. 1 dargestellte Individualebene möchte ich an dieser Stelle aufgreifen, weiter spezifizieren und in ein Prozessmodell überführen. In Abb. 2 wird verdeutlicht, wie die gesellschaftlichen Handlungsbereiche bzw. die ihnen zugrunde liegenden Möglichkeiten, Regeln und Strukturen vom Individuum wahrgenommen werden. Die Wahrnehmung eines Handlungsbereichs kann abhängig von der Vermittlung durch unterschiedliche Sozialisationsinstanzen und von eigenen Erfahrungen und Beobachtungen ganz unterschiedlich, sogar ambivalent und irritierend sein. Es bestehen zudem immer Möglichkeiten, Handlungsoptionen in dem vermittelten und wahrgenommenen Handlungsbereich aus den beobachteten Strukturen abzuleiten oder umgekehrt Strukturhypothesen aus beobachteten Handlungen anderer abzuleiten. Rückschlüsse solcher Art sowie die divergierender Zuschreibungen von Eigenschaften eines Handlungsbereiches und von den Möglichkeiten, die dem Individuum in ihm zur Verfügung stehen, werden abhängig von individuellen Bedürfnissen und selbst zugeschriebenen Neigungen und Fähigkeiten evaluiert: Den einzelnen Optionen wird Sinn zugeschrieben - der einen Option mehr, der anderen weniger.

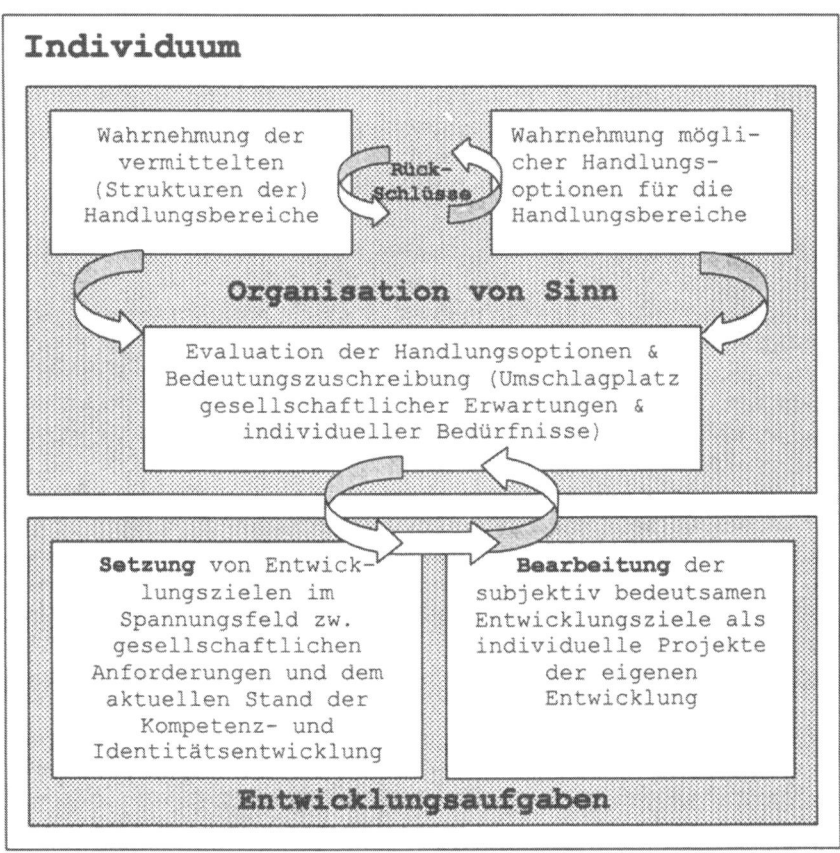

Abbildung 2:   Modell für die Lösung einer subjektiven Entwicklungsaufgabe

Die Option, der der größte subjektive Sinn zugeschrieben wird, ist in dem jeweiligen Handlungsbereich handlungsleitend, weil gesellschaftliche Erwartungen und individuelle Bedürfnisse bereits aufeinander abgestimmt wurden und diese Option als die geeignetste identifiziert haben. Mit dem Ziel, die identifizierte Option zu realisieren, tritt das Individuum wieder in den Handlungsbereich; es macht Erfahrungen, erlebt, ob diese Option die gewünschten (Neben-)Effekte besitzt (Kompetenzerleben) oder nicht und kommt ggf. (bei erneuter Evaluation anderer Handlungsoptionen) zu dem Schluss, einer anderen Option mehr Sinn zuzuweisen.

Wenn das Individuum einer Handlungsoption über viele Evaluationsmomente hinweg ,treu' bleibt, wenn es also ein Modell für einen Handlungszusammenhang gefunden hat, das dem eigenen Kompetenzstand entspricht und in Einklang mit eigenen Erwartungen und den Erwartungen anderer steht, dann kann die subjektive Entwicklungsaufgabe für diesen Handlungszusammenhang als gelöst gelten, weil man dann von einer (handlungs-)*bereichsspezifischen Identitätsstabilisierung* sprechen kann. Eine Entwicklungsaufgabe gilt demnach als gelöst, wenn bei der Evaluation verschiedener Handlungsoptionen in einem bestimmten Handlungszusammenhang immer wieder genau der Option die meiste Bedeutung beigemessen wird, die man sich aus vorangegangenen Evaluationen als diejenigen ausgewählt hat, die dem eigenen Kompetenzstand am ehesten entspricht und gleichsam in Einklang mit eigenen Erwartungen (und ggf. mit den Erwartungen anderer) steht.

3.3. Entwicklungsaufgaben aus subjektiver Sicht

Die Idee, subjektiven Sinn zum Definitionsmerkmal von Entwicklungsaufgaben, zum Medium ihrer Bearbeitung und zur Grundlage empirischer Bewertungskriterien zu erheben, ist vor allem durch die Arbeit von HERICKS/SPÖRLEIN (2001) inspiriert. Sie versuchen den Entwicklungsaufgabenbegriff für die Bildungsgangforschung zu modifizieren und heben dabei folgende Aspekte hervor: Erstens formulieren Entwicklungsaufgaben objektive, d.h. gesellschaftliche Anforderungen an Menschen in jeweils ähnlichen biographischen Lebenssituationen. Diese Anforderungen müssen individuell als Aufgaben eigener Entwicklung gedeutet und ausgeformt werden, damit sie biographisch wirksam werden können. Zweitens sind Entwicklungsaufgaben nicht zu umgehen, wenn es zu einer Progression in der *Kompetenz*entwicklung und zur Konstitution von *Identität* kommen soll.

Auch dieser Ansatz leugnet nicht die Existenz von Entwicklungsnormen. Er betont, dass Entwicklungsaufgaben objektiv, d.h. gesellschaftlich gesetzt sind. Er betont aber auch, dass sie individuell gedeutet werden. Hier steht also die Persönlichkeitsentwicklung im Sinne von personalen Ressourcen im Zentrum, die für die Handlungsfähigkeit in der Erwachsenengesellschaft notwendig sind und innerhalb *individueller Projekte der eigenen Entwicklung* genutzt und weiterentwickelt werden.

Meiner Meinung nach setzt sich der Ansatz von HERICKS/SPÖRLEIN von denen HAVIGHURSTs und OERTERs dahingehend ab, dass *subjektiver Sinn* das Leistungsprinzip als Motor der eigenen Entwicklung ersetzt. Auch wenn sie den Gedanken noch nicht so weit ausformuliert haben, sehe ich die Chance dieses Ansatzes darin, mit dem Konstrukt der Identität das Entwicklungsresultat nicht mehr funktional zu werten, sondern zunächst wertfrei als Quelle von *Sinn* anzusehen.

Im klassischen Konzept der Entwicklungsaufgaben werden diese Resultate als durch Entwicklungsnormen definierte *Rollen*[1] gefasst, die durch die Institutionen und Organisationen der Gesellschaft strukturiert werden. Bei HAVIGHURST stellen Entwicklungsaufgaben solche gesellschaftlichen Rollenerwartungen dar, weil die Sanktionierung wesentliches Definitionsmerkmal von Entwicklungsaufgaben ist. Im Gegensatz zu Rollen, die nach CASTELLS (2003) nur Funktionen organisieren, halte ich *Identität* als sinnorganisierende Größe zur Beschreibung und Erklärung jedes Entwicklungsverlaufs für wesentlich geeigneter, weil damit auch die subjektive Bedeutsamkeit des Lernens/der Entwicklung in unterschiedlichen Handlungsbereichen in den Blick rückt. Denn *Identität* beschreibt den Prozess der Sinnkonstruktion auf der Grundlage eines kulturellen Attributes oder einer entsprechenden Reihe von kulturellen Attributen, denen gegenüber anderen Quellen von Sinn Priorität zugesprochen wird.

Der Bearbeitung von Entwicklungsaufgaben konzeptionell den Status eines sinnkonstruierenden Prozesses zuzusprechen, erweitert die Reichweite des klassischen Konzeptes demnach dahingehend, dass gesellschaftlich geteilter Sinn nicht als unveränderlich gegeben angesehen werden muss. Vielmehr ist Sinn - mit CASTELLS gesprochen - als die symbolische Identifikation des Ziels einer Handlung durch den sozial Handelnden, d.h. als subjektiver Sinn aufzufassen. Die Vorstellung von Entwicklung als sinnorganisierendem Prozess schließt dabei *de facto* existierende Normen, gesellschaftliche Rollenanforderungen und die subjektiven Orientierungen an ihnen mit ein, weil diese Normen genau jene kulturellen Attribute sein können, auf deren Basis sich subjektiver Sinn generiert. Darüber hinaus stellt der Begriff der individuellen Identität ein angemesse-

---

[1] Als Rolle wird allgemein die Summe der Erwartungen und Ansprüche von Handlungspartnern, einer Gruppe, umfassender sozialer Beziehungsbereiche oder der gesamten Gesellschaft an das Verhalten und das äußere Erscheinungsbild (Rollenattribute) des Inhabers einer sozialen Position beschrieben (vgl. HILLMANN 1994). Entsprechend eines solchen Rollenverständnisses können/müssen Entwicklungsnormen als Anforderungen an das Rollenverhalten Heranwachsender angesehen werden.

nes Instrumentarium bereit, um auf der Ebene der einzelnen Persönlichkeit Aspekte der persönlichen Stabilität oder Instabilität, der persönlichen Konstanz, der Veränderungen, Brüche und Krise wiederzugeben und zu beschreiben. Als Quellen von Sinn und Erfahrungen können Menschen mehrere kollektive Identitäten, d.h. eine internalisierte und affektive Zustimmungs- bzw. Ablehnungshaltung gegenüber verschiedenen Normensystemen haben, die sie jeweils in die individuelle Identität integrieren. Die Wechselwirkungen zwischen individueller und einer kollektiven Identität resultieren aus einer gemeinsamen Basis an Traditionen, Werten und Handlungsmustern, die durch Sozialisationsagenturen und Sozialisationsprozesse ausgeprägt werden. Allerdings wächst die individuelle Wahlfreiheit - als Chance und als Last - unter den Bedingungen fortschreitender Modernisierungsprozesse derart, dass die jeweilige Beurteilung des Verhältnisses von *Wir* und *Ich* mehr und mehr zur „Ansichtssache" wird. Während in traditionalen, relativ statischen Gesellschaften eher eine soziale Identität stärker ausgeprägt und verhaltensbeeinflussend war, die personale oder Ich-Identität des Einzelnen also vor allem aus der Identifikation mit einem sozialen Kollektiv (z.B. Familie, Zunft, Stand) resultierte, als dessen Glied man sich verstand, hat sich in modernen Gesellschaften infolge beschleunigter Wandlungsprozesse, gesteigerter Differenzierung, Bindungsfreiheit, Mobilität und Individualisierung ein großer Bedeutungszuwachs der personalen oder Ich-Identität ergeben.

Mit CASTELLS empiriebasierter Unterscheidung dreier Formen kollektiver Identitäten soll hier noch einmal unterstrichen werden, dass die Isomorphie von Umweltstruktur und individueller Leistungsfähigkeit in einem sinnbasierten Entwicklungsaufgabenverständnis nicht aufrecht erhalten werden sollte. CASTELLS unterscheidet zwischen der legitimierenden Identität, der Widerstandsidentität und der Projektidentität. Die *legitimierende Identität:*

wird durch die herrschenden Institutionen einer Gesellschaft eingeführt, um ihre Herrschaft gegenüber den sozial Handelnden auszuweiten und rationalisieren. (CASTELLS 2003, S. 10)

Die *Widerstandsidentität* wird von Akteuren hervorgebracht,

deren Position oder Lage durch die Logik der Herrschaft entwertet und/oder stigmatisiert werden. (ebd.)

Die *Projektidentität* entsteht,

wenn sozial Handelnde auf der Grundlage irgendwelcher von ihnen verfügbaren kultureller Materialien eine neue Identität aufbauen, die ihre Lage in der Gesellschaft neu bestimmt, und damit eine Transformation der gesamten Gesellschaftsstruktur zu erreichen suchen. (ebd.)

Während sich die ersten Formen kollektiver Identität (aufgrund ihres Status als positiv bzw. negativ sanktioniertes Entwicklungsresultat) noch in Bezug zu HA-VIGHURSTs Entwicklungsaufgaben setzen lassen, zeigt der Idealtyp der Projektidentität auf, dass nicht nur die Gesellschaft individuelle Entwicklungsprozesse beeinflusst, sondern dass dies (wenn auch in geringerem Maße) auch umgekehrt der Fall ist. Projektidentitäten muss man sich natürlich nicht ausschließlich als durch und durch revolutionäre, nonkonforme Gesamtpersönlichkeiten vorstellen. Vielmehr können die verschiedenen Formen kollektiver Identitätsformationen je nach Handlungsbereich unterschiedlich realisiert werden.

Konzeptionell kann man diesen Sachverhalt fassen, wenn man wie WA-TERMAN (1985) das Potential des Identitätskonstrukts für das Verstehen jugendlicher Entwicklung ausschöpft und es als Prozess- *und* Inhaltsvariable auffasst. Als Prozessvariable bezieht sich Identität auf Techniken, die Individuen heranziehen, um ihre Ziele, Werte und Überzeugungen in Hinblick auf mögliche Verpflichtungen zu identifizieren und evaluieren. Als Inhaltsvariable hingegen bezieht sich Identität auf die einzelnen Lebensbereiche, in denen Identitätsverpflichtungen existieren, sowie auf das Wesen der Identitätselemente selbst. Die Ganzheitlichkeit des psychischen Zusammenhangs, die z.B. ERIKSON noch für besonders wichtig hielt, gibt WATERMAN auf, indem er Identitätsentwicklung in Handlungsbereiche (*developmental concerns*) zerlegt, in denen jeweils Ziele, Werte und Überzeugungen entstehen:

> The term developmental concerns refers to those areas in a person's life in which important decisions must be made and which therefore are likely to be major focus of attention. (WATERMAN 1985, S. 7)

Die Handlungsbereiche, die WATERMAN selbst aufführt, sind eng an HAVIG-HURSTs Konzept der Entwicklungsaufgaben geknüpft. Jede Entwicklungsaufgabe der Adoleszenz markiert also einen „*developmental concern*". Inwieweit im Prozess bereichsspezifischer Identitätsarbeit legitimierende, Widerstands- oder Projektidentitäten herausgebildet werden, und wie diese Identitäten jeweils in der Auseinandersetzung mit Personen aus dem sozialen Nahbereich Sinn organisieren, sollte zu zentralen Forschungsfragen der Bildungsgangforschung werden.

Wie ich bereits auszuführen versuchte, verweist die Frage nach der Entstehung von Identität zwangsläufig auf die Genese subjektiven Sinns. Dieser kann unreflektiert von signifikanten Anderen übernommen werden oder er ,kristallisiert' sich aus der Exploration verschiedener Sinnangebote heraus. Die soziale und dinglich-materielle Umwelt stellt dabei immer eine Ressource dar, die Individuen bei ihrer Identitätsarbeit in unterschiedlichem Ausmaß und in verschiedenen Formen heranziehen, weil die

> Konstruktion von Identität (...) ihre Baumaterialien aus Geschichte, Geographie, Biologie, von produktiven und reproduktiven Institutionen, aus dem kollektiven Gedächtnis und aus persönlichen Phantasien, von Machtapparaten und aus religiöser Offenbarung [bezieht]. Aber Einzelpersonen, soziale Gruppen und Gesellschaften verarbeiten diese Materialien und ordnen ihren Sinn nach sozialen Determinanten und kulturellen Projekten neu, die in ihrer Sozialstruktur und in ihrem raumzeitlichen Bezugsrahmen verwurzelt sind. (CASTELLS 2003, S. 9)

Diese Liste der Baumaterialien verdeutlicht, dass Entwicklungsaufgaben - verstanden als d*evelopmental concerns* oder Handlungsbereiche, denen subjektiver Sinn zugewiesen wird und in denen jeweils eine bereichsspezifische Identität herausgebildet wird - als Aufgaben angesehen werden müssen, die durch biologische Reifung, durch gesellschaftliche Erwartungen an das Individuum und die Wünsche, Sehnsüchte und Werte des Individuums ausgelöst und deren Lösung als ein zielbezogenes und aktives Handeln des Individuums aufgefasst werden. Der Unterschied zum klassischen Konzept der Entwicklungsaufgaben besteht genau darin, dass erst die subjektive Wendung den (wahren) Auslösern von Entwicklungsaufgaben wirklich gerecht wird, sie zumindest nicht kategorisch auf Normen begrenzt. Aus forschungspraktischer Perspektive schließt sich an die eingangs formulierte Forderung nach historischer, biographischer und soziokultureller Kontextualisierung der sozialen Akteure hier auch die Forderung an, die Umwelt bezüglich ihrer Unterstützungsangebote differenzierter zu betrachten.

4 Ausblick

Ein Verständnis von Bildungsprozessen im Sinne des Zusammenhangs von objektiven und subjektiven Bildungsgängen bedarf eines angemessenen Instrumentariums, um auf der Ebene der einzelnen Persönlichkeit Aspekte der Stabilität oder Instabilität, der persönlichen Konstanz, der Veränderungen, Brüche und Krisen einerseits, und um auf der gesellschaftlichen Ebene Aspekte gemeinsamer und unterschiedlicher Werte und Normen, der intergenerativen Vermittlung von Entwicklungsvorstellungen und milieuspezifischer Restriktionen und Chancen wiederzugeben und zu beschreiben. Die hier vorgelegte Modifikation des Konzepts der Entwicklungsaufgaben versucht beide Ebenen mit dem Begriff der Identität und der Vorstellung gesellschaftlicher Handlungsbereiche, in denen jeweils bereichsspezifische Identitäten herausgebildet werden, zu verknüpfen. Bei dieser theoretischen Verknüpfung wurden verschiedene Fragen aufgeworfen,

die als Desiderate empirischer Forschung aufgegriffen und für weitere
Konkretisierungen einer Bildungsgangtheorie herangezogen werden können.
    Die Bildungsgangforschung fasst schulische wie außerschulische Bildungs-
prozesse als Bearbeitung von Entwicklungsaufgaben auf, die als individuelle
Projekte der eigenen Entwicklung verstanden werden. Als solche werden subjektive Sinnzuschreibungen an schulische und außerschulische Anforderungen kon-
stitutiv. Personen aus dem sozialen Nahraum, d.h. Familie, Lehrer, Mitschüler
und Freunde, werden als ‚Ressourcen' angesehen, die sowohl zu einer Setzung
von Entwicklungsaufgaben inspirieren als auch deren Bearbeitung unterstützen.
Ressourcen sind diese Personen insofern, als dass sie produktive Arrangements
schaffen können, die eine individuelle Auseinandersetzung mit Welt stimulieren
und zum Konstruktionsprozess der je eigenen Sicht anregen. Die Qualität solcher
Unterstützungsressourcen auf unterschiedlichen Strukturebenen auch im Hinblick auf unterschiedliche Entwicklungsmilieus zu beschreiben, stellt in meinen
Augen deshalb ein zentrales Forschungsfeld der Bildungsgangforschung dar.
    Da Entwicklungsaufgaben im hier dargelegten Sinne aus den zentralen
Handlungsbereichen der Gesellschaft einerseits und der sinnzuschreibenden
Lernerperspektive auf diese andererseits entstehen, gehe ich ebenso davon aus,
dass Lernen umso wahrscheinlicher ermöglicht wird, je besser Lerner beides zu
einem sinnhaften Bild zusammenfügen können. Dieser Prozess des Zusammen-
fügens vollzieht sich im wahrgenommenen Spannungsfeld von Chancen und
Restriktionen, obligatorischen Ansprüchen und subjektiven Wünschen. Neben
der Beschreibung von Entwicklungsmilieus und der in ihnen vorhandenen Unterstützungsleistungen rückt auch die subjektive Wahrnehmung makrosozialer
Ausgangslagen in den Blick der Bildungsgangforschung.
    Die biographische Facette der Bildungsgangforschung, die Rekonstruktion
des Spannungsverhältnisses zwischen institutionellen Erwartungen und individuellen Sinnbildungsprozessen, kann schließlich in die Gestaltung von Schule und
Unterricht überführt werden: Objektive Bildungsgänge können anhand der Identifikation der Gelingensbedingung im Sinne von Gelegenheitsstrukturen der
Erfahrungskonstitution derart gestaltet werden, dass gleichermaßen institutionelle Erwartungen erfüllt und subjektive Sinnbildung erfolgt, wenn die Logik der
subjektiv sinngenerierenden Erfahrungen in ihrer Struktur kontextsensibel rekonstruiert wird.

Literatur

ALBRECHT, A. (2002): Wie ernst meinen wir es mit der Bildungsreform? Konsequenzen aus PISA, in: Die Deutsche Schule 94 (4), S. 412-425.

BERNFELD, S. (1969): Antiautoritäre Erziehung und Psychoanalyse. – Frankfurt am Main: März Verlag.

BLANKERTZ, H. (1986; Hg.): Lernen und Kompetenzentwicklung in der Sekundarstufe II. Teil 1. – Soest: Soester Verlagskontor.

BRONFENBRENNER, U. (1989): Die Ökologie der menschlichen Entwicklung. Natürliche und geplante Experimente. – Frankfurt am Main: Fischer Taschenbuch Verlag.

CASTELLS, M. (2003): Die Macht der Identität. Teil 2 der Trilogie „Das Informationszeitalter". – Opladen: Leske+Budrich.

COMBE, A./KOLBE, F.-U. (2002). Lehrerprofessionalität: Wissen, Können, Handeln, in: HELSPER, W./BÖHME, J.: Handbuch für Schulforschung. – Opladen: Leske+Budrich.

DREHER, E./DREHER, M. (1985): Wahrnehmung und Bewältigung von Entwicklungsaufgaben im Jugendalter. Bedeutsamkeit und Bewältigungskonzepte, in: LIEPMAN, D./STICKSRUD, A. (Hg.): Entwicklungsaufgaben und Bewältigungsprobleme in der Adoleszenz. – Göttingen/Toronto/Zürich: Hogrefe, S. 56-70.

FEND, H. (1991): Identitätsentwicklung in der Adoleszenz. Lebensentwürfe, Selbstfindung und Weltaneignung in beruflichen, familiären und politisch-weltanschaulichen Bereichen. – Bern: Huber.

HAVIGHURST, R. J. (1948): Developmental Tasks and Education. – Chicago: University of Chicago Press.

HAVIGHURST, R. J. (1972): Developmental Tasks and Education. – New York: Longman Inc.

HERICKS, U. (1998): Der Ansatz der Bildungsgangforschung und seine didaktischen Konsequenzen - Darlegungen zum Stand der Forschung, in: MEYER, M. A./REINARTZ, A. (Hg.), S. 173-188.

HERICKS, U. et al. (2001): Bildungsgangdidaktik - Perspektiven für Fachunterricht und Lehrerbildung. – Opladen, Leske+Budrich.

HERICKS, U./SPÖRLEIN, E. (2001): Entwicklungsaufgaben in Fachunterricht und Lehrerbildung - Eine Auseinandersetzung mit einem Zentralbegriff der Bildungsgangdidaktik, in: HERICKS, U. et. al., S. 33-50.

HERRMANN, U. (2002): Anschlüsse müssen Abschlüsse ersetzen. PISA lehrt, was Schulen schulen sollten, in: Die Deutsche Schule 94(3), S. 278-281.

HILLMANN, K.-H. (1994): Wörterbuch der Soziologie. – Stuttgart: Alfred Kröner Verlag.

INGLEHART, R. (1971): The Silent Revolution in Europe - Intergenerational Changes in Post-Industrial Societies, in: American Political Science Review 65, S. 991-1017.

KLIEME, E. (2003): Bildungsstandards. Ihr Beitrag zur Qualitätssicherung im Schulsystem, in: Die Deutsche Schule 95(1), S. 10-16.

KORDES, H. (1996): Entwicklungsaufgabe und Bildungsgang. – Münster: Lit.

MEYER, M. A. (2002). Bildungsgangdidaktik. Vortrag für das Symposium „Allgemeine Didaktik im Wandel". Unveröff. Ms.

MEYER, M. A./REINARTZ, A. (1998). Bildungsgangdidaktik. Denkanstöße für pädagogische Forschung und schulische Praxis. – Opladen: Leske+Budrich.

OERTER, R. (1978). Zur Dynamik von Entwicklungsaufgaben im menschlichen Lebenslauf, in: OERTER, R.: Entwicklung als lebenslanger Prozess. – Hamburg: Hoffmann und Campe, S. 66-110.

PEUKERT, H. (1998). Zur Neubestimmung des Bildungsbegriffs, in: MEYER, M. A./REINARTZ, A. (Hg.), S. 17-29.

REINDERS, H. (2002). Entwicklungsaufgaben - Theoretische Positionen zu einem Klassiker, in: MERKENS, H./ZINNECKER, J. (Hg.): Jahrbuch Jugendforschung 2. – Opladen: Leske+Budrich, S. 13-37.

SCHENK, B. (1998). Bildungsgangdidaktik als Arbeit mit den Akteuren des Bildungsprozesses, in: MEYER, M. A./REINARTZ, A. (Hg.), S. 261-270.

WATERMAN, A. S. (1985): Identity in adolescence. Processes and contents. – San Francisco: Jossey-Bass.

„*Ich bin sehr leise gewesen*" - Subtile Bewältigungsmuster von Entwicklungsaufgaben im Lebenslauf

Norbert Neuß

Die Bildungsgangforschung mit ihrem theoretischen Bezug auf das Konzept der Entwicklungsaufgaben legt besonderen Wert auf den „bildenden Gang", auf den Prozess der Bildung und des Lernens. Deshalb sollen auch die Lerner „als Gestalter ihre eigenen Lern- und Lebensgeschichte" (MEYER/REINARTZ 1998, S. 10) in den Blick genommen werden. Aber wie greifen subjektive Lerninteressen und objektive Lernanforderungen ineinander bzw. inwiefern bewältigen Menschen ihre Entwicklungsaufgaben auch in Situationen „objektiver Lernangebote und -anforderungen"? Für die Bildungsgangtheorie scheint entscheidend zu sein, dass das lebensgeschichtliche und das curriculare Lernen nicht als zwei Aspekte des Bildungsprozesses verstanden werden, sondern als ein sich gegenseitig bedingendes Gefüge. Aber lässt sich dies auch anhand von konkreten Lernerfahrungen beschreiben und wie sind Entwicklungsaufgaben mit der Biographie des Einzelnen und objektiven Lernangeboten verknüpft? Um diesen Fragen genauer nachgehen zu können, müssen wir verstehen, wie Menschen ihre Entwicklungsaufgaben, ob nun genetisch evoziert, durch kulturelle Erwartungen erzeugt oder durch individuelle Zielsetzungen hervorgerufen, bearbeiten.

1. Biographische Lerngeschichten als methodischer Zugang zu Bewältigungsmustern

Im Folgenden möchte ich eine Lerngeschichte aus meiner Untersuchung zum ‚biographisch bedeutsamen Lernen' vorstellen und in der gegebenen Kürze[1] interpretieren. Meine Untersuchung ist im Schnittpunkt von Biographieforschung, Lehrerprofessionalisierung, Bildungsgangtheorie und Hochschuldidaktik angesiedelt. Ich gehe der Frage nach, welche biographisch bedeutsamen Lernerfahrungen angehende Lehrerinnen und Lehrer bis zum Studienbeginn gemacht

---

[1] Eine ausführliche sozialwissenschaftlich-phänomenologische Paraphrase würde den Umfang dieses Artikels übersteigen.

haben. Meine Frage ist, inwiefern diese Lernerfahrungen, die vermutlich nicht nur in der Schule, sondern in vielfältigen Erziehungs-, Bildungs- und Lernkontexten verortet sein können, als lebensgeschichtlicher Erfahrungshintergrund die Berufsbiographie und die Vorstellungen über die zukünftigen Unterrichtspraxis beeinflussen. Denn der angehende „Pädagoge" beginnt seine Ausbildung mit langfristig geprägten Erziehungs- und Bildungserfahrungen. „Erziehung und Bildung" werden in der Ausbildung nun zu „Wissens- und Lernbereichen". Ich nehme an, dass die aus der Lebensgeschichte strukturierten Wissens- und Erfahrungsbereiche auch Alltagstheorien und Deutungsmuster über „Erziehung", „Lernen", „Unterricht" und „Didaktik" konstituieren, die eine bedeutsame Wirkung auf die Aneignung von erziehungswissenschaftlichen Wissensbeständen haben. Dieser Frage wird nun aber hier nicht nachgegangen[2], sondern das erhobene empirische Material wird unter der eingangs formulierten Frage betrachtet.

Im Folgenden möchte ich nur einige wenige Informationen zum theoretischen und empirischen Ansatz der Untersuchung vorstellen. Die qualitative Untersuchung folgt den methodologischen und wissenschaftstheoretischen Ansätzen der gegenstandsbezogenen Theoriebildung (*grounded theory*), die sich besonders für wenig erforschte Gegenstände eignet (Vgl. MAYRING 2002, S. 107f.). Die *grounded theory* wurde innerhalb der amerikanischen Soziologie im Umfeld von Barney GLASER und Anselm STRAUSS (GLASER/STRAUSS 1996) entwickelt. Dabei folgt sie der von Alfred SCHÜTZ entwickelten Idee, Wissenschaft als Reflexion und Organisation von Erfahrungen, Handlungen und Wissensformen des Alltags zu verstehen (Vgl. SCHÜTZ 1960).[2]

Forschungspraktisch begann die Erhebung der Daten mit einer kurzen biographischen Rückbesinnung. Die Befragten wurden in einer Kleingruppe (5-7 Studierende) gebeten, sich gedanklich an die Lernsituationen zu erinnern, in denen sie für sich glauben, persönlich Wichtiges gelernt zu haben. Die Formulierung „wichtig" schließt ein, dass die Befragten auch Lernorte oder -situationen benennen können, die sie als negative, aber wichtige Lernerfahrungen beschreiben würden. Anschließend wurden sie aufgefordert, ca. sechs Lernsituationen bzw. Lernerfahrungen autobiographisch zum Ausdruck zu bringen. Mit der Dimension ‚Ausdruck' wird eine individuell-gestalterische Praxis beschrieben, bei der die Befragten das für sie bedeutsam Wahrgenommene hervorbringen. Damit wird also der Fokus auf die Erforschung des inneren Erlebnis- und Erinnerungsprozess des Individuums über seine als bedeutsam empfundenen Lernerfahrungen gerichtet. In diesem Verständnis geht es nicht um Beobachtungen von Lernergruppen oder Verhaltensänderungen, testbare Lernerfolge oder allgemeine kognitive Prozesse. In den Blick kommt das Subjekt mit seiner Erlebniswirklich-

---

[2] Vgl. dazu NEUß, Norbert: Biographisch bedeutsames Lernen. Erscheint voraussichtlich 2006/2007.

keit und seiner emotionalen Beteiligung in bestimmten, es selbst selbstdefinier-
ten Lernsituationen. Dass die Befragten diese Lernsituationen selbst definieren,
erscheint für den hier vorgestellten Ansatz besonders wichtig, denn ausgehend
von der methodischen Aufgabenstellung steht im Zentrum der Aspekt des ‚subjektiven Erlebens'. Zentrale Annahme ist, dass autobiographische Materialien
(Lerngeschichten), die spontan erhoben werden, eine Datenquelle darstellen, die
als symbolisches Material die Sinnkonstitution des Subjektes freilegen und darin
verschiedene Dimensionen subjektiver Bildungsprozesse erscheinen können
(vgl. BAACKE/SCHULZE 1993). Sie können folglich zum Gegenstand erkenntnis-
theoretischer (vgl. MANDL u.a. 1995) als auch pädagogischer Reflexion (vgl.
ROGAL 1999, 2003; SCHULZ 1996; WELL 1999) gemacht werden.

Im Anschluss an die Phase des Schreibens von Lerngeschichten erfolgt eine
Interviewphase, die sich aus einem narrativen und einem strukturierten Teil zu-
sammensetzt. Die Lerngeschichten werden in Form von phänomenologisch-
sozialwissenschaftlichen Paraphrasen interpretiert und fallbezogen dargestellt
(vgl. MAYRING 2002, S. 109f.). Das Ziel der Untersuchung ist es, das biographisch bedeutsame Lernen hinsichtlich unterschiedlicher, für das Lehramtsstudi-
um relevanter Fragebereiche zu untersuchen. Dazu wird zunächst das biographisch bedeutsame Lernen an sich genauer beschrieben. Anschließend wird
untersucht, inwiefern Studierende aus den Lerngeschichten etwas lernen können,
und ob die in den Lerngeschichten angesprochenen Themen eine Möglichkeit
bieten, die individuellen Lernerfahrungen und die Lernanforderungen im Lehr-
amtsstudium miteinander zu verschränken. Ein Ziel ist es, die derzeitige hoch-
schulische Lehrpraxis aus der Perspektive der Bildungsgangdidaktik zu erweitern. Dieser Ansatz möchte somit die hauptsächlich mit Blick auf die Schule
diskutierte „Bildungsgangdidaktik" in den hochschulischen Bereich ausweiten.
Dahinter steht die Intention zu überprüfen, inwiefern durch die Beschäftigung
mit biographisch bedeutsamen Lernerfahrungen eine Sensibilisierung für die
„eigenen" Entwicklungsaufgaben erfolgen kann und wie dies im Rahmen der
Ausbildung dann auch für das Konzept der Bildungsgangdidaktik und den dort
formulierten Zielen genutzt werden kann. Damit knüpft die Untersuchung an
Modelle an, die das „Lernen am Fall" im Rahmen der Professionalisierung von
LehrerInnen diskutieren (Vgl. OHLHAVER/WERNET 1999; COMBE 2001; WELL
1999).

Im Folgenden wird eine Lerngeschichte einer Lehramtsstudentin vorgestellt.
An ihr werden die eingangs formulierten Fragen - wie greifen subjektive Lerninteressen und objektive Lernanforderungen ineinander bzw. inwiefern bewältigen
Menschen ihre Entwicklungsaufgaben in Situationen „objektiver Lernangebote
und -anforderungen - genauer betrachtet.

2. Frankas Lerngeschichte

Franka ist 21 Jahre und studiert Lehramt für Sonderpädagogik, als sie die folgende Lerngeschichte aufschreibt. In einer Selbstbeschreibung sagt Franka über sich u.a. folgendes:

> Ich war früher nicht so selbstbewusst, ich bin jetzt schon selbstbewusster geworden. Freunde sagen also zum Beispiel, dass ich immer noch sehr ruhig bin im Grunde, aber nicht ruhig auf die Art und Weise, dass ich schüchtern bin oder gehemmt bin, sondern einfach: ich rede manchmal nicht viel aber manchmal quatsche ich auch ganz gerne.

Die Erfahrungen, auf die sich die folgende Lerngeschichte bezieht, liegen bereits sechs Jahre zurück.

Tanzen

> Mit Tanzen habe ich angefangen, da war ich ca. 15. Ich habe dort sehr viele "Umgangsformen" gelernt, da mein Tanzlehrer sehr viel Wert darauf legte, und natürlich das Tanzen. Meinen Körper zu spüren, und die Bewegungen im Spiegel zu verfolgen, hat mir viel gebracht. Sonst sieht man sich ja selten bei eigenen Bewegungen zu. Schwer fiel mir das Einlassen auf den Partner, das brauchte viel Zeit. Aber mit Üben und Geduld habe ich (wir) das auch geschafft. Somit konnte ich nicht nur das Tanzen lernen, sondern auch meine zwischenmenschlichen Fähigkeiten verbessern.

Dass ihr diese Erfahrungen auch noch sechs Jahre später von Bedeutung erscheinen, steht in engem Zusammenhang ihres damaligen Schülerinnendaseins, das sie folgendermaßen schildert:

> Also ich war einfach nur sehr schüchtern. Und - keine Ahnung - also ich gehörte auch nie so zu der supergroßen Clique der Klasse. Ich hatte halt so zwei - drei Freundinnen und das formiert sich dann ja auch immer so in der Klasse und dann sitzt man so zusammen und die anderen neben einem sagen dann auch nichts und man selber sagt dann auch nichts. Irgendwie wächst das dann so.

Und an einer anderen Stelle des Gesprächs sagt sie: *„Ich bin sehr leise gewesen in der Schule eigentlich - durchweg"*. Deutlich wird aus Frankas Selbstbeschreibung und der Schilderung der damaligen schulischen Situation, dass Franka sich eher als wenig selbstbewusst erlebt, was sich auch in einer zurückhaltenden sprachlichen Aktivität im Unterricht manifestiert. Hinzu kommt, dass die Zugehörigkeit zur Gruppe der „Ruhigen" innerhalb der Schulklasse einen begrenzenden Entwicklungsrahmen einzunehmen scheint, der nur schwer zu durchbrechen ist. Franka beschreibt hier einen Zustand, den die Rollentheorie als Zusammenhang von Institution und Individuum beschrieben hat. Die Institution Schule und die soziale Gruppe ‚Schulklasse' organisieren einen abgegrenzten Komplex von Handlungs- und Beziehungsmustern, die für alle erkennbar und durch die Einnahme einer Rolle verpflichtend ist. Eine Rolle umschreibt ein „Bündel jener Verhaltenserwartungen, die an den Inhaber einer Position in einem sozialen Gefüge gerichtet sind" (ABELS/STENGER 1986, S. 123). In einer Rolle verknüpfen sich Positionen, Erwartungen und Verhalten eines Individuums in einem bestimmten Kontext. So gehört es bspw. zur Gruppenidentität dieser „ruhigen Schülerinnen", im Unterricht wenig zu sagen und sich insgesamt unauffällig oder zurückhaltend zu verhalten. Diese Zugehörigkeit zur Gruppe der „ruhigen Schülerinnen" scheint auch eine Begrenzung von Kontakt- und Kommunikationsmöglichkeiten zu anderen Schülerinnen und Schülern der Klasse zu sein, denn Franka erwähnt ihre eingeschränkten schulischen Kontakte. Diese Begrenzung kann in einem Alter, in dem auch das Interesse an partnerschaftlichen Beziehungen wächst, als Beschränkung wahrgenommen werden. Franka deutet an, dass mit dieser „Formierung" - wie sie es selbst formuliert - bestimmte Erwartungen verbunden sind. Es deutet sich an, dass sich Franka mit den Verhaltenszuschreibungen nicht immer wohl gefühlt hat. Ein Aufbrechen dieser Zugehörigkeitsstruktur, die gleichzeitig eine normierende Verhaltensorientierung bedingt, scheint in der Phase der Adoleszenz schwierig zu sein, weil die gefundene Zugehörigkeit wertvoller ist, als das Risiko einzugehen, durch einen Bruch mit den Verhaltenserwartungen auch die Freundschaft zu den Freundinnen zu gefährden. Folgerichtig scheint es also zu sein, die eigenen Bedürfnisse und Wünsche außerhalb eines schwer zu durchbrechenden Rahmens zu suchen. Vor dem Hintergrund dieser Erfahrungen bekommt die Lerngeschichte „Tanzen" eine besondere Akzentuierung und deutet die damit verbundenen biographisch bedeutsamen Lernschritte an. Diese Lernaspekte möchte ich im folgenden kurz unter Rückgriff auf die Lerngeschichte und den Aussagen des narrativen Interviews beschreiben. Die Lerngeschichte lässt sich in vier Abschnitte gliedern:

Mit Tanzen habe ich angefangen, da war ich ca. 15. Ich habe dort sehr viele „Umgangsformen" gelernt, da mein Tanzlehrer sehr viel Wert darauf legte, und natürlich das Tanzen.

Der erste Satz ist die *Einleitung* der Lerngeschichte. Hier erwähnt Franka die Lernaktivität (Tanzen) und verortet sie zeitlich innerhalb ihrer Biographie durch eine ungefähre Altersangabe. Mit dem zweiten Satz geht sie dann direkt auf die für sie im Zentrum stehenden Lernanforderungen ein. Dabei handelt es sich jedoch nicht um Schrittfolgen oder Tanzhaltungen, wie man es vielleicht erwarten würde, sondern um „Umgangsformen", wie sie es an dieser Stelle nennt. Allerdings weist sie diese Lernanforderung den Erwartungen und Anforderungen des Tanzlehrers zu. Er verkörpert die von objektiver (gesellschaftlicher) Seite herangetragenen Kriterien und Normen, die zu erfüllen sind, um der Lernanforderung (Tanzen) gerecht zu werden. Erst im Interview macht sie deutlich, dass es sich um Gesellschaftstanz (Tango, ChaChaCha usw.) handelt. Später habe sie dann auch noch beim Videoclipdancing mitgemacht. Dabei handelt es sich um Hintergrundtänzer von Videoclips, die einen Auftritt eines Stars begleiten.

Methodologisch müssen für die Interpretation der Lerngeschichte neben den subjektiven Bedeutungszuschreibungen auch die kulturell-vermittelten Bedeutungen von Phänomenen oder Aktivitäten beachtet werden. D.h. neben der subjektiven Bedeutung des Tanzens für Franka muss bedacht werden, dass das Lernen von Gesellschaftstänzen in der Zeit der Adoleszenz auch als Schritt des „Erwachsen-Werdens" betrachtet werden kann. „Tanzen" hat hier auch die Funktion, Bereitschaft zu signalisieren, sich auf die von der Gesellschaft bereitgehaltenen Normen, Werte und Verhaltensmuster einzulassen. Vor allem in ländlichen Regionen findet dies in Form der Tanzstunde statt, die nach der Konfirmation ein Symbol für die gesellschaftliche Integration ist und ihren Höhepunkt durch die Zeremonie des „Abschlussballs" findet. Gesellschaftstanz kann aber vielfältige Funktionen haben (Bestandteil von Zeremonien, Kommunikation, Ausdruck von Gefühlen usw.).

Interessant erscheint nun, dass Franka sich das „Tanzen" selbst gewählt hat, aber die Umgangsformen vor der Aktivität des Tanzens nennt. Wie sich auch im folgenden Abschnitt zeigt, sind beim Tanzen nicht die Tänze die wesentliche Lernherausforderung.

> Meinen Körper zu spüren, und die Bewegungen im Spiegel zu verfolgen, hat mir viel gebracht. Sonst sieht man sich ja selten bei eigenen Bewegungen zu.

Dieser *positive Aspekt* des Tanzens bezieht sich auf das Erleben der eigenen Körperlichkeit und die eigenen Bewegungen. Zentral ist für Franka hier der Aspekt der direkten „Rückmeldung" durch den Spiegel. Das Spiegelbild wird als visuelles Feed-back betrachtet, das Franka einen ehrlichen Zugang zu ihren eigenen Bewegungen liefert. Folgendermaßen beschreibt Franka im Interview die ungewohnte Situation vor dem Spiegel:

> Erst fand ich das auch total peinlich, natürlich (lacht). Mich da selber im Spiegel zusehen, wie ich da irgendwie rumstolpere. Aber man gewinnt ja auch eine gewisse Sicherheit und man sieht dann auch, oh die anderen stolpern zuerst auch rum und

man wird ja gemeinsam besser wenn man in einem Kurs ist. Und dann macht es schon Spaß sich dann im Spiegel anzugucken, weil man dann ja auch im Endeffekt feststellen kann, wie wirkt das überhaupt nach außen, wenn ich die und die Bewegung mache.

In dieser Passage verdeutlicht Franka, wie sich die Sicht auf die Rückmeldung durch den Spiegel schrittweise veränderte. Neben der anfänglichen unangenehmen Situation lernt sie aber durch den Vergleich mit anderen sich und ihre Lernfortschritte realistisch einzuschätzen. Das Spiegelbild erzwingt dabei notwendigerweise einen Abgleich zwischen einem „inneren Selbstbild" und einem „äußerlich wahrnehmbaren Selbstbild". Die Rückmeldung durch den Spiegel und die dadurch angeregte Selbstreflexion scheint auch zu einer inneren Selbstsicherheit zu führen. Aufgrund dieser Funktion wird das Spiegelbild bzw. die Metapher des Spiegelbildes häufig auch für das zu Bewusstsein kommende Individuum benutzt. So hat z.B. auch Jacques LACAN (1991) den Begriff des Spiegels als ein Zu-Sich-Selbst-Verhalten des Subjekts in seinem vielbeachteten Artikel „Das Spiegelstadium als Bildner der Ichfunktion" hervorgehoben. Auch im weiteren Sinne lässt sich das Spiegelbild als eine symbolische Reflexion der Innenwelt bezeichnen. Im Hinblick auf Frankas Selbstbild und der sich andeutenden Entwicklung spielt die selbstgedeutet Rückmeldung eine wichtige Rolle. So hebt sie im Interview diese Form der selbstgedeuteten Rückmeldung besonders hervor. Die Sicherheit, die sie durch die unmittelbare Rückmeldung erlebt, ist jedoch nicht nur auf die Bewegung und das Erleben des eigenen Körpers bezogen. Vielmehr zeichnen sich hier das Verhältnis von innerer Entwicklungsnotwendigkeit und äußerer Lerngelegenheit ab. Diese Entwicklung ist für Franka zum Zeitpunkt der Befragung reflexiv zugänglich, obwohl sie ihren Entwicklungsprozess noch nicht abgeschlossen sieht. Offen bleibt, welche Art der sprachliche Reflexion zum Zeitpunkt des Erlebens (Franka im Alter von 15 Jahren) stattgefunden hätte.

Schwer fiel mir das Einlassen auf den Partner, das brauchte viel Zeit. Aber mit Üben und Geduld habe ich (wir) das auch geschafft.

Als eine wesentliche *Herausforderung* beschreibt Franka das Sich-Einlassen auf den Partner. Die Einschätzung, *„das brauchte viel Zeit"*, erklärt zum einen die dafür notwendige innere Haltung, sich auf einen Partner einzulassen, sich führen zu lassen und ihm zu „vertrauen" und zum anderen lässt sich die Formulierung auch mit Blick auf den darauf folgenden Satz so verstehen, dass durch das gemeinsame Üben von Tanzschritten oder Tänzen diese Haltung selbst erzeugt wird. Durch das in Klammern gesetzte *„wir"* verdeutlicht Franka, dass sie anerkennt, dass es sich dabei um einen wechselseitigen Prozess der Tanzpartner handelt. Danach gefragt, ob es nicht für sie damals eine ungewohnte Situation war, so nah mit unterschiedlichen Menschen beim Tanzen in Kontakt zu treten, antwortet Franka:

> Ja sicher, wir haben dann auch ganz häufig Partnertausch gemacht und da merkt man schon, wenn man sich auf einen eingespielt hat, wie anders das dann auf einmal ist. Und dann klappt irgendwas nicht mehr oder irgendwas klappt besonders gut. Das ist schon lustig. Und man lernt eben auch mit Leuten zu tanzen, die man sonst so vielleicht nicht mag und kommt denen ja dann auch nahe und stellte dann fest, och vielleicht, die sind doch ganz nett und eben auch dieser Prozess. Erst so von außen beurteilen... Das wird da eigentlich ja auch gefördert, weil ich meine, wenn man miteinander tanzt, dann fängt man automatisch irgendwann an miteinander zu reden, weil es doch doof (lacht) ist, in der Übungsstunde: jeder schweigt und tanzt vor sich hin, das ist dann ja auch nicht schön, es soll ja auch Spaß machen.

Franka erläutert, das sie beim Partnertausch wiederum unterschiedliche Fähigkeiten gelernt hat, die zwar mit dem Tanzen zu tun haben, aber durch ihre damaliges Selbstbild (ruhig, wenig selbstbewusst, zurückhaltend, schüchtern usw.) besonders deutlich als Lernerfahrung wahrgenommen werden. Dieser innerhalb der Lernsituation „Tanzen" organisierte Partnertausch ermöglicht einen erzwungenen, aber gleichzeitig ungezwungenen Kontakt zu Gleichaltrigen. Dass man beim Tanzen „automatisch" miteinander zu sprechen beginnt, ist eine treffende Beschreibung für diese Form der Kontaktaufnahme. Die Nähe zu einem anderen Menschen erzwingt eine Kommunikationssituation für einen begrenzten Zeitraum. Und wie Franka auch herausstellt, bietet das Sich-Einlassen auf Partner, die ihr nicht sofort sympathisch waren, auch die Gelegenheit, mit ihren eigenen Vorurteilen und Bewertungen umzugehen. Für sie stellte sich dann im Vergleich unterschiedlicher Partner auch die Erfahrung von Differenz ein, weil beim Tanzen mit verschiedenen Partnern die Wahrnehmung von Besonderheiten, Unstimmigkeiten und Unterschieden in Bezug auf das gemeinsame Tanzen ermöglicht wird.

> Somit konnte ich nicht nur das Tanzen lernen, sondern auch meine zwischenmenschlichen Fähigkeiten verbessern.

Dieser Satz bildet das *Resümee* dieser Lerngeschichte und fasst die Beziehung von intendierten und nichtintendierten Lerninhalten zusammen. Entscheidend scheint in der Passage zu sein, dass Franka die in der Lerngeschichte zuvor detaillierter benannten Lernherausforderungen durch die Verallgemeinerung („zwischenmenschliche Fähigkeiten") zusammenfasst. Die Verallgemeinerung markiert das persönlich Bedeutsame, nämlich die Transformationsfähigkeit der erlernten Fähigkeiten in andere Lebenssituationen hinein. Würde man aber den Tanzlehrer danach fragen, was er seinen Schülern beigebracht hat, würde er vermutlich die Tänze und Tanzstile nennen, die in seinem Kurs vermittelt wurden. Vielleicht erwähnt er auch noch die Umgangsformen, die Franka eingangs anführt. „Tanzen" ist aber vor dem geschilderten biographischen Hintergrund viel mehr. Es ist für Franka eine ausbalancierte Lernsituation, in der sie ihre nötigen Entwicklungsschritte selbst und freiwillig gehen kann. Tanzen bietet einerseits einen formalisierten und normierenden Rahmen, der in Bezug auf die Umgangsformen miteinander Sicherheit bietet, andererseits spielt das Kennenlernen anderer Menschen beim Tanzen eine wichtige Rolle. Durch den Partnertausch wird ein Kontakt zu anderen Personen herbeigeführt. Nicht übersehen werden darf, dass Franka sich zur gleichen Zeit, als ruhige, schweigende und kontakteingeschränkte Schülerin wahrnimmt:

> Ja, das war halt auch noch die Phase, wo ich so schüchtern war und einfach so zurückhaltend. Und da waren dann Leute, die dann das gleiche Interesse hatten im Grunde und Spaß daran hatten und einfach auch - nicht wie in der Schule jetzt mit dem Druck, ich muss dann hinterher eine Prüfung machen oder so oder eine Klausur schreiben - sondern das war ja da alles ohne und das fand ich dann eben total schön. Ich habe mich dann auch mit ganz vielen Leuten dann auch angefreundet.

In dieser Aussage wird der damals wahrgenommene Kontrast zu ihrer schulischen Situation deutlich. Die selbstgewählte außerschulische Aktivität erzeugt keinen Leistungsdruck, ist freiwillig und macht viel Spaß. Außerdem, und dieser Aspekt ist nicht ganz unwesentlich, kann die soziale Formation (Zugehörigkeit zur Gruppe der ruhigen Schülerinnen) durchbrochen werden. Dies ermöglicht Franka andere Verhaltens- und Erfahrungsmöglichkeiten, wie folgende Aussage pointiert beschreibt:

> Also dieses, das ich von mir aus auf andere Leute zugehen kann, also dass ich das überhaupt lernen kann auf andere Leute zuzugehen und vielleicht Freundschaften zu knüpfen. Ich meine in der Schule wird man immer zusammen gewürfelt und irgendwie findet sich das schon, wie man sich so versteht in der Klasse. Und da ist es eben total auf freiwilliger Basis und eben dieses lernen, das zu machen.

Franka fasst hier genauer, dass sie mit „zwischenmenschlichen Fähigkeiten" meint, auf andere Menschen zuzugehen. Noch grundlegender scheint aber die Erfahrung zu sein, dies als einen selbstgesteuerten Lernprozess zu erleben, der bedingt durch die Lernsituation, leichter oder schwerer in Gang zu bringen ist. Interessant ist an der Aussage von Franka das Bild des sozialen „Zusammengewürfelt"-Werdens in der Schule, das für Franka zu einer einengenden Formierung führt. In dieser Passage erklärt Franka wiederum den Wunsch, ihre Beziehungen selbst zu wählen und selbständig auf andere Menschen zugehen zu können. Den Rahmen für diese Erfahrungen ,organisiert' Franka selbst, indem sie sich nach alternativen Lernsituationen umschaut, die ihr entsprechende Möglichkeiten bieten könnten.

3. Normierung und Prädetermination durch Entwicklungsaufgaben

Das Beispiel macht darauf aufmerksam, dass Tanzen für Franka eine persönlich bedeutsame Lernerfahrung darstellt, weil sie dort etwas lernt, das sie für sich und ihre Entwicklung als wertvoll betrachtet. Dies wird erst in der kommunikativen Beschreibung dieser Erfahrung sowie seiner Beziehung zu anderen Lernerfahrungen deutlich. Und es deutet sich an, dass die Bewältigung von Entwicklungsaufgaben sehr verdeckt und subtil innerhalb verschiedener Lebenserfahrungen erfolgen kann. Könnte aber das Erkennen von derartigen Bewältigungsmustern auch Hinweise liefern, wie die Integration des Konzeptes der Entwicklungsaufgaben in der Bildungsgangtheorie differenzierter geschehen kann?

Zuvor stellt sich jedoch die Frage, ob es sich dabei überhaupt um ein Bewältigungsmuster handelt? Muster können sich zeigen, wenn sich ein Fallbeispiel durch mehrere Bedeutungseinheiten (z.B. mehrere Lerngeschichten) konstituiert, die in ihrer Struktur Ähnlichkeiten oder Gegensätze aufweisen. Diese Ähnlichkeiten oder Unterschiede können dann auf individuelle Themen oder Entwicklungsaufgaben des Individuums hinweisen. So wird in dem Interview auch danach gefragt, ob Franka in der nachträglichen Reflexion einen Zusammenhang zwischen ihren Lerngeschichten entdeckt. Auch ohne ihre anderen Lerngeschichten hier vorstellen zu können, erscheint ihre Antwort aufschlussreich, denn sie hebt einerseits hervor, dass sich drei ihrer Lernerfahrungen auf einen bestimmten Lebens- bzw. Altersabschnitt beziehen und dass sie außerdem in allen *„gelernt habe, mehr auf andere Menschen zuzugehen und offener zu sein."* Danach gefragt, ob sich dieser Lernprozess noch fortsetze, antwortet sie:

Ja, eigentlich schon. Ja natürlich. Auch hier an der Uni. Man muss sich der irgendwie durchkämpfen (lacht leicht). Es ist ja nicht so, dass man hier irgendwas geschenkt bekommt. Und Ich denke, wenn ich noch so wäre wie damals, so schüchtern, dann fällt eben vieles schwerer, denke ich mal. Anstatt wenn man sich dann traut, einfach zu den Leuten hinzugehen und zusagen: ,Ich hab's noch nicht verstanden' oder ,ich weiß nicht, wie ich da weiterkomme' oder (kurze Pause) das sogar im ganzen Seminar zu besprechen.

Auch in Anbetracht dieser Aussagen stellt sich die Frage, ob Franka mit dem Tanzen eine oder mehrere Entwicklungsaufgaben bearbeitet hat. Zunächst können wir uns mit HAVIGHURST noch einmal vergegenwärtigen, was unter Entwicklungsaufgaben verstanden wird:

> Eine Entwicklungsaufgabe ist eine Aufgabe, die sich in einer bestimmten Lebensperiode des Individuums stellt. Ihre erfolgreiche Bewältigung führt zu Glück und Erfolg, während Versagen das Individuum unglücklich macht, auf Ablehnung durch die Gesellschaft stößt und zu Schwierigkeiten bei der Bewältigung späterer Aufgaben führt. (HAVIGHURST; zit. nach OERTER 1995a, S. 121)

Der Adoleszenz (13-17 Jahre), also dem Alter, in dem sich Franka zur Zeit ihrer Erfahrungen befand, werden folgende Entwicklungsaufgaben (nach OERTER/DREHER 1998, S. 329) zugeschrieben:

- Aufbau eines Freundeskreises: Zu Altersgenossen beiderlei Geschlechts werden neue, tiefere Beziehungen hergestellt,
- Akzeptieren der eigenen körperlichen Erscheinung: Veränderungen des Körpers und des eigenen Aussehens annehmen,
- Sich das Verhalten aneignen, das man in unserer Gesellschaft von einem Mann bzw. von einer Frau erwartet,
- Aufnahme intimer Beziehungen zum Partner (Freund / Freundin),
- Von den Eltern unabhängig werden bzw. sich vom Elternhaus loslösen,
- Wissen, was man werden will und was man dafür können (lernen) muss,
- Vorstellungen entwickeln, wie der Ehepartner und die zukünftige Familie sein sollen,
- Über sich selbst im Bild sein: Wissen, wer man ist und was man will,
- Entwicklung einer eigenen Weltanschauung: Sich darüber klar werden, welche Werte man hoch hält und als Richtschnur für eigenes Verhalten akzeptiert,
- Entwicklung einer Zukunftsperspektive: Sein Leben planen und Ziele ansteuern, von denen man glaubt, dass man sie erreichen kann.

In Anbetracht der eben erläuterten Lerngeschichte zeigt sich hier ein theoretisches Problem im Umgang mit den Entwicklungsaufgaben. Das vorgestellte Vorgehen, das ich als phänomenologisch-sozialwissenschaftlich bezeichnen würde, geht vom Einzelfall aus und schaut im Sinne der *grounded theory* nach dem, was sich aus dem Fallmaterial an Themen, Lernanforderungen und Bewältigungsstrategien herausarbeiten lässt. Hätte man nun die zuvor angeführte Aufzählung von Entwicklungsaufgaben an die Lerngeschichte angelegt, so könnte man durchaus in der Lerngeschichte die Entwicklungsaufgaben „Aufbau eines

Freundeskreises" oder „Akzeptieren der eigenen körperlichen Erscheinung" wiederfinden. Die zuvor aufgeführte Aufzählung kann eine erste Sensibilisierung für einen entwicklungspsychologischen Subjektzugang bieten. Allerdings birgt dies die Gefahr, dass auf diese Weise die feinen, subtilen schwierig herauszulesenden Entwicklungsschritte (Selbstbewusstsein, Selbstsicherheit, Selbstreflexion, Handlungsautonomie) zugunsten einer konventionalisierenden oder vereinheitlichenden Sichtweise verschwinden. Die Entwicklungsaufgaben können so im Forschungsprozess als prädeterminierende Faktoren wirken, die den Blick auf differenzierte, individuelle Entwicklungsschritte und ihre Bewältigung verstellen. Dieses Problem dürfte auch in den Untersuchungen von DREHER/DREHER (1985) von Bedeutung sein, die mit Jugendlichen den Aufgabenkatalog von Entwicklungsaufgaben zur Modifikation ihres Befragungsinstrumentes diskutierten.

Weiterhin entsteht dabei das Problem der Normativität von Entwicklungsaufgaben, auf das Günther BITTNER (2001) sehr deutlich hingewiesen hat. Das Problem liegt in der Frage, wer denn darüber entscheidet, ob eine Entwicklungsaufgabe „bewältigt" wurde? „Das normative Verständnis von Bewältigung macht sich vor allem darin bemerkbar, dass der Psychologe [HAVIGHURST, N.N.] die Bewältigungsversuche als gelungen bzw. misslungen klassifiziert" (BITTNER 2001, S. 24).

Ein weitaus schwerwiegenderer Vorwurf von BITTNER liegt darin, dass sich das Modell von dem Empfinden der in der Entwicklung stehenden Personen zu weit entferne. Niemand würde beispielsweise das Gefühl haben, bei der Suche nach einem Partner eine Aufgabe zu bewältigen und niemand kann wohl auch (von außen betrachtet) sagen, inwiefern diese Bewältigung zufriedenstellend gelöst wurde, weil die Maßstäbe für der Bewältigung nicht äußerlich vorgegeben sind. „Das Konzept entfernt sich zu weit von den Deutungsmustern der betroffenen Individuen und verzerrt den Blick auf das menschliche Leben mit der Tendenz einer totalen Pädagogisierung" (ebd.). Auch ohne dass BITTNER erläutert, was er mit ‚totaler Pädagogisierung' meint, lässt sich seine Kritik vermuten. Die Orientierung an dem Konzept der Entwicklungsaufgaben verleitet dazu, eine Pädagogisierung von allen Lebens- und Lernbereichen vorzunehmen. Auf diese Vorwurf muss sich auch die Bildungsgangtheorie einstellen, denn sie integriert „das Subjekt" in ihre Theorie über das Konzept der Entwicklungsaufgaben und lässt es aber zugleich durch einen kollektivierenden Theorie- und Sprachgebrauch gleich wieder verschwinden.

Weitaus weitreichender könnte ein Konzept der Bildungsgangtheorie werden, wenn es neben den (nicht anstatt der!) Entwicklungsaufgaben weitere biographiebezogene strukturelle Bedingungen des Lernens integriert, wie das Beispiel von Franka verdeutlicht hat. Hinweise dafür ließen sich u.a. durch die Beschreibung von Interessenstrukturen von Heranwachsenden finden, wie es beispielsweise das am Deutschen Jugendinstitut durchgeführte Forschungsprojekt „Lebenswelten als Lernwelten" (DJI 2000, LIPSKI 2001) bietet. Aber sich auf die Interessen der Lernenden einzulassen und damit ihrer „Subjektivität" tatsächlich Raum zu geben, scheint der Bildungsgangtheorie nicht zu entsprechen. Die Lernenden sollen zwar als Gestalter ihrer eigenen Bildungsgänge ernst genommen werden, aber HERICKS/SCHENK (2001, S. 249) beugen einer Fehldeutung dieses Anspruchs vor:

> Diese Forderung wird gründlich missverstanden, wenn man sie so interpretiert, als ob die individuellen Bedürfnisse, Interessen und persönlichen Probleme der Schülerinnen und Schüler mehr oder weniger direkt zu Kernkategorien der Unterrichtsgestaltung zu machen seien.

4. Ist biographisches Lernen ein besonderer Sektor des Lernens?

Eine Frage, die sich auch in Anbetracht von Frankas Lerngeschichte stellt, ist das Verhältnis von schulischem und außerschulischem Lernen. Franka grenzt z.B. ihre positiven Lernerfahrungen immer wieder gegen die strukturellen Lernbedingungen der Schule (Unfreiwilligkeit, Themenvorgaben, Leistungsansprüche usw.) ab. Ist das biographische Lernen also ein anderer Modus des Lernens, der mit dem schulischen Lernen wenig zu tun hat? Diese Position vertritt Theodor SCHULZE (2003). Er arbeitet anhand der Autobiographie von Marc CHAGALL „Mein Leben" heraus, dass „das biographische Lernen als ein besonderer Sektor im Gesamtphänomen des menschlichen Lernens" zu verstehen sei. Sein Konzept des biographischen Lernens verweist auf subjektive Bildungsprozesse und umfasst jene Lernprozesse, die wesentlich zur Ausgestaltung einer individuellen Biographie beitragen. Die Autobiographie diene dazu, die in der Lebensgeschichte verborgenen Strukturen und Merkmale des biographischen Lernens herauszuarbeiten. Biographisches Lernen bezeichne einen besonderen Sektor im Gesamtphänomen des menschlichen Lernens. Noch deutlicher wird die Abgrenzung des biographischen Lernens von „anderen Lernformen" in folgender Beschreibung. Biographische Arten des Lernens:

> unterscheiden sich von denen des schulischen und curricularen Lernens und auch von denen, die Gegenstand der Lernforschung sind, in mehrfacher Hinsicht: Sie sind längerfristig und komplexer. Sie sind inhaltlich bestimmt; sie beziehen sich auf bestimmte soziokulturell und historisch bedingte Inhalte und Probleme. Lernbedingungen sind wichtiger als Lernmechanismen. Gefühle und Interessen spielen in ih-

nen eine bedeutende Rolle. Und vor allem: Sie sind eingebunden in kollektive Lernprozesse. Sie stellen eine Verbindung dar zwischen den Lerngeschichten einzelner
menschlicher Individuen und der Lerngeschichte der menschlichen Gattung. Sie
vermitteln zwischen den Mikro- und Makrostrukturen des Lernens. (SCHULZE 2003,
o.A.)

Mit Blick auf Frankas Lerngeschichte lassen sich viele der von SCHULZE beschriebenen Aspekte wiederfinden. Für Franka sind die Lernbedingungen wichtig, die Freiwilligkeit, der Spass und das Lernen in der Gruppe. Das Problem ist
nun, dass ein „biographischer Lernprozess" zwar von außen durch derartige
Merkmale versucht werden kann zu beschreiben, dass aber das deutende Subjekt
letztlich darüber entscheidet, ob es sich um eine bedeutsame biographische Erfahrung gehandelt hat. Insofern zweifle ich an, dass es sich beim biographischen
Lernen um einen „besonderen Sektor" des Lernens handelt, der von allen anderen Lernprozessen losgelöst ist. Gerade Frankas Lerngeschichte verweist darauf,
dass die biographische Bedeutsamkeit des Lernens durch das Passungsverhältnis
von individuellen Entwicklungs- und Lernbedürfnissen sowie den äußeren Lernumgebungen und -anregungen zustande kommt. Und so ist es durchaus möglich,
dass verschiedene Menschen in ein und derselben „Lernsituation" ganz verschiedene Dinge lernen. Das bringt aber gerade für didaktisches Handeln, welches auf
die Planbarkeit und Steuerbarkeit von Lernprozessen baut, erhebliche Schwierigkeiten. Dieser Herausforderung widmet sich also Bildungsgangdidaktik nur zu
recht.

Richtig ist sicher weiterhin, dass das biographische Lernen in sehr enger
Verbindung mit den Entwicklungslinien des Lebenslaufs steht. Dies hat bereits
Werner LOCH in seinem Buch „Lebenslauf und Erziehung" beschrieben. Er sieht
Lernen, Erziehung und Bildung grundsätzlich im Kontext von konkreten Lebensläufen integriert. In Abwehr strukturfunktionalistischer Ansätze, die das Subjekt
nur in der Situation der Rollenübernahme betrachten, schreibt LOCH dem Menschen subjektive Verarbeitungsmöglichkeiten zu:

> 'Subjektive Verarbeitung' heißt also: einem Erlebnis, das mir in Gestalt eines An-
> triebes, einer Erfahrung, eines Werkes, eines Projektes oder Konzeptes zuteil wird,
> eine Bedeutung geben, die sich im Sinnhorizont meines Lebenslaufs verstehen und
> damit als sinnvolle Möglichkeit verwirklichen kann. In dem etwas auf diese Weise
> für meinen aktuellen Lebenslauf praktische Bedeutung gewinnt, hat es Bedeutung
> für mich als Entwurf von Möglichkeiten, die ich zur Intention meines Verhaltens
> machen und in meinem Lebenslauf verwirklichen kann oder auch nicht, z. B. weil es
> mir nicht gelingt oder weil etwas anderes für mich größeren ‚Wert' gewonnen hat.
> (LOCH 1979, S. 103)

Und auch mit Blick auf Frankas Entwicklung wird deutlich, das die zuvor ge-
nommene Bezugnahme auf die Rollentheorie zwar möglicherweise ihre Situation
in der Schulklasse beschreiben kann, aber dort an ihre Grenzen stößt, wo es darum geht zu erklären, wie sich Individuen mit den „Rollenformationen" innerhalb
von Institutionen auseinandersetzen und wie sie es schaffen, innerlich aus dieser
Rolle zu emigrieren. Oder anders gesagt, wie aus der Anpassung an die Rollenerwartungen ausgebrochen wird und es zu einer Modifikation des Rollenreper-
toires kommt. In diesem Punkt scheint mir LOCHS Hinweis auf die subjektive
Verarbeitung hilfreich. Subjektive Verarbeitung wird als Bedeutungsverleihung
verstanden, die vom Subjekt durch die symbolische Aneignung sinngebend geordnet wird. Der dabei ablaufende Reflexionsprozess darf aber nicht nur harmo-
nisieren, sondern Brüche, Krisen oder Unzufriedenheiten können ebenfalls Anlass für Umgestaltungen des eigenen Lebens sein. Durch die subjektive Verarbeitung von verschiedensten Gegebenheiten, kann der Lebenslauf selbst als fortwährend Bildungsprozess betrachtet werden. Subjektive Verarbeitung von
inneren Entwicklungsimpulsen oder äußeren Gegebenheiten findet jedoch auf
sehr unterschiedliche und subtile Weise statt, wie die vorgestellte Fallgeschichte
gezeigt hat. Auch bei der Interpretation von Frankas weiteren Lernerfahrungen
zeigen sich die Zusammenhänge von Selbstrückmeldung, Selbständigkeit,
Selbstbewusstsein und Handlungsautonomie. Bezogen auf die Auseinandersetzung mit dem Konzept der Entwicklungsaufgaben scheint es eher so zu sein,
dass es handlungsleitende Themen gibt, die vom Subjekt über einen längeren
Zeitraum „bearbeitet" werden und die ihren Ursprung in der Biographie des
Subjektes haben. Diese Themen durchziehen also vielfach die einzelnen Lernsituation und bilden die Lernperspektive des Lernenden. Von daher lässt sich die
dargestellte „Lerngeschichte" als exemplarisches Material betrachten, die auf
biographisch relevante Themen verweist. Man kann also andersherum auch fragen, welche biographisch verankerten Lernprozesse sich in solchen Lerngeschichten aktualisieren. Damit ist gemeint, dass die beschriebene Lerngeschichte
nicht nur in ihrer Abgeschlossenheit eine biographische Bedeutung hat, sondern
dass sich hier bestimmte Bewältigungsmuster anschaulich aktualisieren. Wie
sich im Vergleich von Frankas Lerngeschichten zeigt, ist das „Tanzen" nur eine
Lerngeschichte, in der sich die Bewältigung von Entwicklungsimpulsen andeutet. In ihr aktualisieren sich bereits bestehende biographisch strukturierte, zeitlich
weiter zurückliegende Erfahrungen und andererseits geben aktuelle Lernerfahrungen auch Impulse die bestehende persönliche Erfahrungsstruktur zu verändern.

     In der Konsequenz bedeutet dies also, dass Lerngeschichten als Symbole für
Einstellungen, Motivationen, Haltungen, Gefühle und Lernoptionen zu betrachten sind. Nicht nur die Lerngeschichte ist das biographische Moment, sondern sie

aktualisiert oder hebt biographisch bedeutsame Strukturen hervor, die als solche in ihrer Komplexität nicht zu erheben sind. Frankas Bedürfnis nach mehr Selbstbestimmung und Erfahrungsspielraum aktualisiert sich in konkreten Szenen („Tanzen") und wirkt darüber hinaus in der Biographie weiter. Lerngeschichten sind also nicht nur als „symbolische Objektivation" ein Stellvertreter einer komplex zu beschreibenden Lernsituation („Tanzen"), sondern sie verweisen auch auf Lernstrukturen und biographische Haltungen. Diese Annahme lässt sich aber nur halten, wenn wirklich ein Muster oder eine Struktur durch die Analyse mehrer Lerngeschichten deutlich wird.

Nicht wirklich klar wird aber die weiterreichende Frage, wann oder wodurch im Bildungsgang plötzlich solche persönlichen Entwicklungen in Gang gebracht werden. Franka scheint in der Lebensphase scheinbar ein Gespür dafür gehabt zu haben, was sie für ihre Entwicklung benötigt, und dass ihr für die Bewältigung der anstehenden Entwicklungsschritte die Schule wenig hilft - bzw. die Entwicklung sogar eher behindert. Wichtig ist, dass Franka die grundsätzliche Weichenstellung für die Umsetzung ihrer Entwicklungsziele selbst vornimmt. Diese Tendenzen der selbstorganisierten Identität sind von BECK (1986) u.a. als „Bastelbiographie" beschrieben worden. Vor dem Hintergrund gesellschaftlichen Wandels, scheint diese Form der selbstorganisierte Biographie an Bedeutung zu gewinnen, da auch die Erfahrung von vielfältigen Selbst- und Weltreferenzen für Heranwachsende zunimmt. Die veränderte Bedeutung der Biographie muss bei der Beschreibung und Erhebung von Lernerfahrungen berücksichtigt werden, denn Biographisierungsprozesse bildet in der Moderne zunehmend die Basis für Lerninteressen und subjektive Entwicklungsschritte.

Wichtig erscheint mir abschließend darauf hinzuweisen, dass die Bearbeitung von subjektiven Lerninteressen in Situationen objektiver Lernanforderungen vorrangig mit qualitativen Verfahren erkennbar wird, weil die Bedeutungszuschreibung nur durch das verarbeitende Subjekt selbst geschehen kann. Diese Zuschreibung bleibt einem Zugriff von „Außen" verwehrt. Dies hat für die Bildungsgangforschung eine zentrale methodologische Konsequenz. Wenn es der Bildungsgangforschung um den „inneren Motor des Lernens" (SCHENK 2001, S. 263) geht, dann sind auch Verfahren anzuwenden, die dem Subjekt auch Raum für die Sinnkonstitutionen innerhalb symbolischer Aktivitäten anbieten. Weiterhin erscheint es mir für die Bildungsgangforschung notwendig, die Konzentration auf schulische Lehr-Lernprozesse zu überwinden, wenn sie die vielfältigen und vielerorts stattfindenden Bewältigungsstrategien von Entwicklungsaufgaben in den Bildungsgängen und Biographien der Subjekte ernst nehmen und entdecken will.

Literatur

ABELS, H./STENGER, H. (1986): Gesellschaft lernen. Einführung in die Soziologie. – Opladen.

BAACKE, D./SCHULZE, TH. (1993; Hg.): Aus Geschichten lernen. Zur Einübung pädagogischen Verstehens. – Weinheim/München.

BECK, U. (1986): Risikogesellschaft. Auf dem Weg in eine andere Moderne. Frankfurt a.M.

BITTNER, G. (2001): Pädagogik der Lebensalter. Der Erwachsene. Multiples Ich in multipler Welt. – Stuttgart.

COMBE, A. (2001): Fallgeschichten in der universitären Lehrerbildung und die Rolle der Einbildungskraft, in: HERICKS, U. u.a. (Hg.): Bildungsgangdidaktik. Perspektiven für Fachunterricht und Lehrerbildung. – Opladen, S. 19-32.

DJI (2000; Hg.): Lebenswelten als Lernwelten. Informelles Lernen in der Freizeit. Erste Ergebnisse des Projekts. – München.

DOHMEN, G. (1996): Das lebenslange Lernen. Leitlinien einer modernen Bildungspolitik. (Forschungsbericht für das BMBF). – Bonn.

DOHMEN, G. (2001): Das informelle Lernen. Die internationale Erschließung einer bisher vernachlässigten Grundform menschlichen Lernens für das lebenslange Lernen aller. (Forschungsbericht im Auftrag des BMBF). – Bonn.

GLASER, B. G./STRAUSS, A. L. (1998): Grounded Theory. Strategien qualitativer Forschung. – Bern.

HAAN, G. de/LANGEWAND, A./SCHULZE, TH. (1983): Autobiographie, in: Enzyklopädie Erziehungswissenschaft, Bd. 1: Theorien und Begriffe der Erziehung und Bildung. Hg. von D. LENZEN und K. MOLLENHAUER. – Stuttgart, S. 316-321.

LACAN, J. (1991): Das Spiegelstadium als Bildner der Ichfunktion, in: ders., Das Werk. Schriften 1. – Weinheim/Berlin.

LOCH, W. (1979): Lebenslauf und Erziehung. – Essen.

LOCH, W. (1981): Anfänge der Erziehung. Zwei Kapitel aus einem verdrängten Curriculum, in: MAURER, F. (Hg.): Lebensgeschichte und Identität. Beiträge zu einer biographischen Anthropologie. – Frankfurt a.M., S. 31-83.

LIPSKI, J. (2001): Lernen außerhalb der Schule - Modell für eine künftige Lernkultur?, in: Deutsches Jugendinstitut (Hg.): Das Forschungsjahr 2000. – München, S. 34-42.

MANDL, H./REINMANN-ROTHMEIER, G./KROSCHEL, E. (1995): Lerngeschichten. Lernerfahrungen als wirksamer Zugang zum Lernen. – Lengerich.

MAROTZKI, W. (2002): Allgemeine Erziehungswissenschaft und Biographieforschung, in: KRAUL, M./MAROTZKI, W. (Hg.): Biographische Arbeit. Perspektiven erziehungswissenschaftlicher Biographieforschung. – Opladen, S. 49-64.

MAYRING, Ph. (2002): Einführung in die Qualitative Sozialforschung. Eine Anleitung zum qualitativen Denken. – Weinheim/Basel.

MEYER, M. A./REINARTZ, A. (1998): Einleitung, in: MEYER, M. A./REINARTZ, A. (Hg.): Bildungsgangdidaktik. Denkanstöße für pädagogische Forschung und schulische Praxis. – Opladen, S. 9-13.

OERTER, R./DREHER, E. (1998): Jugendalter, in: OERTER, R./MONTADA, L. (Hg.), S. 310-395.

OERTER, R./MONTADA, L. (1998; Hg.): Entwicklungspsychologie. Ein Lehrbuch. – Weinheim.

OHLHAVER, F./WERNET, A. (1999; Hg.): Schulforschung - Fallanalyse - Lehrerbildung. Diskussionen am Fall. – Opladen.

ROGAL, S. (1999): Schul-Spuren. Möglichkeiten Biographischen Lernens im Pädagogikunterricht. – Hohengehren.

ROGAL, S. (2003): Biographikum. Impulse zur pädagogisch-biographischen Reflexion für (angehende) Lehrerinnen und Lehrer aller Schulformen. – Donauwörth.

SCHENK, B. (2001): Perspektiven für Bildungsgangdidaktik und Bildungsgangforschung, in: HERICKS, U. u.a. (Hg.): Bildungsgangdidaktik. Perspektiven für Fachunterricht und Lehrerbildung. – Opladen, S. 263-268.

SCHULZ, W. (Hg.): Lebenswege. Anregungen und Reflexionen zu biographischen Lernprozessen. – Hohengehren.

SCHULZE, Th. (2003): Strukturen und Modalitäten biographischen Lernens. Eine Untersuchung am Beispiel der Autobiographie von Marc Chagall. – Unveröffentlichtes Manuskript.

SCHÜTZ, A. (1960): Der sinnhafte Aufbau der sozialen Welt. Eine Einleitung in die verstehende Soziologie. – Wien ²1960 (Ersterscheinen 1932).

WELL, N. (1999): Theorie und Praxis der Lehramtsausbildung. Fallorientierte Beispiele. – Neuwied.

Entwicklungsaufgaben, Lernen und Subjekt

Tanja Sturm

1 Einleitung

Die Bildungsgangdidaktik erhebt den Anspruch, die Perspektive der lernenden Subjekte zum Ausgangspunkt ihrer Überlegungen für Schule und Unterricht zu machen. Dies soll unter Bezug auf das Konzept der Entwicklungsaufgaben, das auf den US-Amerikaner HAVIGHURST (1948/1972) zurückgeht, realisiert werden. Die Bearbeitung verschiedener Entwicklungsaufgaben wird dabei als „Bildungsgang" bezeichnet.

Vor dem Hintergrund des genannten Anspruchs ist zu fragen, welche Annahmen - und damit theoretische Konzeptionen - den zentralen Kategorien *Subjekt* und *Lernen* innerhalb der Bildungsgangdidaktik zu Grunde gelegt werden. Vor der Folie einer solchen Rekonstruktion, kann dann gefragt werden, inwiefern der Zielsetzung, Lernen aus der Perspektive des Subjekts zu betrachten, entsprochen werden kann und in welchen Maße möglicherweise Ergänzungen notwendig sind. Dieser Frage möchte ich anhand der Übertragung des allgemeindidaktischen Anspruchs auf die Auswahl von Unterrichtsgegenständen für den Fachunterricht, wie es HERICKS/SPÖRLEIN mithilfe des so genannten „Kanon-Modells" von Entwicklungsaufgaben vorgenommen haben, nachgehen. Den Ergebnissen der Analyse möchte ich theoretische Überlegungen der Kritischen Psychologie zu den Kategorien Subjekt und Lernen anschließen. Sie liefern m.E. Anknüpfungspunkte, da die Kritische Psychologie wie die Bildungsgangdidaktik den Anspruch erhebt, Lernen aus der Perspektive des Subjekts zu betrachten.

2 Entwicklungsaufgaben in der Bildungsgangtheorie

Der Begriff der Entwicklungsaufgabe wurde seit seiner Einführung in die erziehungswissenschaftliche Diskussion und Theoriebildung in den 40er Jahren des vergangenen Jahrhunderts vor dem Hintergrund didaktischer Interessen kritisiert, differenziert und weiterentwickelt, (vgl. z.B. MEYER 2000). Zu den jüngsten Entwicklungen des Konzepts der Entwicklungsaufgaben zählt das so genannte „Kanon-Modell" von HERICKS/SPÖRLEIN, welches im Gegensatz zu den Ausführungen von REINDERS (2002) explizit für didaktische Interpretationen und Entwürfe formuliert wurde.

In Überlegungen zur Bildungsgangforschung, -theorie und -didaktik wird das Konzept der Entwicklungsaufgaben mit dem Ziel der Erklärung jugendlicher Entwicklung im Rahmen schulischen Lernens sowie für die Gestaltung von Unterricht und dessen Reflexion herangezogen. Über das Konzept soll es gelingen, eine Perspektive auf die Entwicklungsthemen der Adoleszenz zu bekommen, welche einen Ausgangspunkt unterrichtlicher Gestaltung und Analyse darstellen. Der Bildungsgang wird dabei verstanden als die Bearbeitung von Entwicklungsaufgaben im Spannungsverhältnis gesellschaftlicher Anforderungen und individueller Bedürfnisse bzw. individueller Biografie. Dabei wird angenommen, dass Schülerinnen und Schüler den Unterricht für die Bearbeitung ihrer Entwicklungsaufgaben nutzen und diesen vor dem Ziel eben dieser Bearbeitung deuten.

Im Theorierahmen der Bildungsgangdidaktik wird davon ausgegangen, dass Entwicklungsaufgaben durch zwei Aspekte gekennzeichnet sind: (1) „objektive, d.h. gesellschaftliche Anforderungen an Menschen in jeweils ähnlichen biographischen Lebenssituationen" (HERICKS/SPÖRLEIN 2001, S. 34), (2) die „individuell als Aufgaben eigener Entwicklung gedeutet und ausgeformt werden." (ebd.). Eine Überzeugung der Bildungsgangdidaktikerinnen und Bildungsgangdidaktiker ist es, dass Entwicklungsaufgaben die Jugendlichen zu einer Auseinandersetzung herausfordern, die von diesen nur unter der Konsequenz der Stagnation ihrer Kompetenzentwicklung hintergangen werden können (vgl. ebd., S. 34).

Vor diesem Hintergrund versuchen HERICKS/SPÖRLEIN eine genauere Bestimmung des Verhältnisses von objektiven Ansprüchen und subjektiver Wahrnehmung und Bearbeitung dieser Ansprüche. Dieses Verhältnis soll mithilfe des „Kanonmodells" (ebd., S. 35) weiter spezifiziert werden[1]. HERICKS und SPÖRLEIN präferieren und entwerfen ein Modell, dessen:

---

[1] Hierzu grenzen sie sich in der Bestimmung des Verhältnisses zwischen objektiven Ansprüchen und subjektiver Wahrnehmung der Entwicklungsaufgaben von HAVIGHURST (1948/1972) und MEYER (2001) ab. Mit HAVIGHURST ist das Verhältnis als Mittelweg zwischen individuellen Bedürfnissen und sozialen Anforderungen zu verstehen. MEYER versteht Entwicklungsaufgaben als Leistungen der Individuen, die auf der Grundlage ihrer aktuellen Kompetenzen, ihrer Identität und ihrer Entwicklungswünsche ihre Aufgaben in der Deutung gesellschaftlicher Anforderungen aufbauen (vgl. MEYER 2000, S. 245). Im Unterschied zu HAVIGHURSTs Definition liegt der Schwerpunkt in MEYERs „Synthese-Modell" (vgl. HERICKS/SPÖRLEIN 2001, S. 34) auf der subjektiven Seite, womit eine individuelle Färbung und Ausgestaltung der Entwicklungsaufgaben gegeben ist. HERICKS/SPÖRLEIN grenzen sich zwar zunächst von diesem Modell ab, integrieren es jedoch an späterer Stelle in ihr Konzept, indem sie es zur Erklärung subjektiver Deutungen der vorgeordneten objektiven Entwicklungsaufgaben heranziehen (vgl. ebd., S. 36).

Ausgangspunkt die (...) einfache Feststellung [ist], dass sich die von verschiedenen Autoren identifizierten Entwicklungsaufgaben des Jugendalters synoptisch in einer Tabelle darstellen lassen. (ebd., S. 35)

Dabei heben sie hervor, dass sich die Normen und Erwartungen, die an die Jugendlichen herangetragen werden/wurden, im Verlauf der Zeit verändern, also gesellschaftlich und historisch bestimmt sind. Der von den Autoren genannte Kanon basiert auf den Untersuchungen von HAVIGHURST (1948/1972) sowie DREHER/DREHER (1985) und benennt neben anderen folgende Aspekte:

- Sich das Verhalten aneignen, das man in unserer Gesellschaft von einem Mann bzw. von einer Frau erwartet,
- wissen, was man werden will und was man dafür können muss,
- von den Eltern unabhängig werden bzw. sich vom Elternhaus lösen. (vgl. HERICKS/SPÖRLEIN 2001, S. 36).

Mit dem „Kanon-Modell" sollen die subjektiven Komponenten der Entwicklung zunächst ausgeblendet werden, um sie von objektiven Anforderungen zu unterscheiden. Die subjektiven Deutungen der Entwicklungsaufgaben durch die Jugendlichen sehen die Autoren dabei als notwendige Voraussetzung und gleichzeitig ersten Schritt der Bearbeitung und Lösung von Entwicklungsaufgaben. Entwicklungsaufgaben können einzeln oder gekoppelt gedeutet und bearbeitet werden (HERICKS/SPÖRLEIN 2001, S. 36f).

Ein weiterer Aspekt des Kanons besteht darin, dass zu jeder Entwicklungsaufgabe „eine offene, aber nicht unbegrenzte Menge von grundsätzlich möglichen Lösungen dieser Aufgabe" (a.a.O., S. 37) besteht, die sich hinsichtlich ihrer gesellschaftlich anerkannten Akzeptanz unterscheiden. Neben den gesellschaftlich akzeptierten und bekannten Lösungen der Entwicklungsaufgaben können durch die Jugendlichen auch neue Lösungen generiert werden. Vor diesem Hintergrund beschreiben die Autoren die Veränderungen gesellschaftlich akzeptierter Lösungsmöglichkeiten und somit implizit die Veränderungen von gesellschaftlichen Normen der Entwicklung (vgl. S. 38ff).

Neben der Rekonstruktion von Bildungsgängen mithilfe des Kanons sehen sie die Möglichkeit, den Kanon von Entwicklungsaufgaben durch Rekonstruktion von Bildungsgängen zu modifizieren. HERICKS und SPÖRLEIN haben die Entwicklungsaufgabe „Schule" aus Bildungsgängen rekonstruiert und erweitern den Kanon um diese Aufgabe (vgl. S. 44ff).

3   Entwicklungsaufgaben in der Bildungsgangdidaktik

HERICKS/SPÖRLEIN befragen das Kanon-Modell der Entwicklungsaufgaben vor dem Hintergrund bildungsgangdidaktischer Konsequenzen für den Unterricht. Es soll Orientierungshilfen bieten, um einen Unterricht zu gestalten, der den Interessen der Schülerinnen und Schüler aufgrund ihrer biografischen Situation nahe kommt und der von ihnen als bedeutungsvoll erlebt wird (a.a.O., S. 43). Dabei beziehen sich die Autoren auf Ergebnisse der Interessensforschung, die besagen, dass die Interessen Jugendlicher als deren Lern- und Bildungsziele aufgefasst werden können. Das „Kanonmodell" soll dem Lehrer aufgrund seiner verallgemeinerten Aussagen Aufschluss über die Entwicklungsaufgaben Jugendlicher geben. Die Autoren benennen Entwicklungsaufgaben auch als „Eckpfeiler für Lernangebote" (a.a.O., S. 40). Das Kanonmodell soll dem (Fach-)Lehrer Anhaltspunkte bei der Suche nach sogenannten Lernaufgaben liefern und bietet ihm gleichzeitig in der Evaluation des Unterrichts eine Folie für deren Berücksichtigung (ebd.).

HERICKS/SPÖRLEIN konkretisieren die Nutzung von Entwicklungsaufgaben im Zusammenhang mit Unterrichtsplanung am Beispiel des Chemieunterrichts. Sie fragen dabei, welche Entwicklungsaufgaben im Chemieunterricht potentiell bearbeitet werden könnten und benennen Unterrichtsgegenstände, bei denen sie davon ausgehen, dass sie die Bearbeitung von Entwicklungsaufgaben ermöglichen (a.a.O., S. 41). Der unterstützende Beitrag der Schule bei der Bearbeitung der Entwicklungsaufgaben geschieht somit über die thematisierten Inhalte im Unterricht. Die Verantwortung der Schule ist qua angebotener Gegenstände gleichermaßen erfüllt, wenn die Schülerinnen und Schüler - z.B. - die Anzahl der für sie selber vorstellbaren Berufe einschränken oder erweitern (ebd.).

Vor dem Hintergrund bildungsgangdidaktischer Implikationen haben HERICKS/SPÖRLEIN eine Aufgabenbestimmung von Schule vorgenommen. Diese sehen sie vor allem darin, den Schülerinnen und Schülern die Anforderungen der Gesellschaft transparent zu machen. Dabei plädieren sie aus pragmatischen Gründen dafür, dass sich die Lehrer in der Auswahl von Unterrichtsgegenständen am Kanon der Entwicklungsaufgaben orientieren. Sie heben hervor, dass eine Orientierung an dem abstrakten Katalog einer individuellen Bearbeitung gesellschaftlicher Anforderungen vorzuziehen ist (a.a.O., S. 43). So begründen die Autoren die Möglichkeit, innerhalb der Institution gleichzeitig gesellschaftskonforme und -kritische Aspekte zu vermitteln. Sie gehen davon aus, dass schulische Anforderungen und Entwicklungsaufgaben sich zu unterscheiden haben bzw. eine Verzerrung zwischen ihnen bestehen sollte, wenn den Schülerinnen und Schülern zugleich konventionelle Lösungen und Alternativen aufgezeigt werden sollen. Darin sehen sie die Möglichkeit, die Schülerinnen und Schüler gleichzeitig für ein Leben in der gegebenen Gesellschaft vorzubereiten und ihnen ein kritisches Potenzial zu eröffnen, über das gesellschaftliche Strukturen als veränderbar erlebt und erfahren werden können (a.a.O., S. 44).

Die Ergänzung des Kanons von DREHER/DREHER (1985) um die Entwicklungsaufgabe „Schule" begründen HERICKS/SPÖRLEIN damit, dass die Schule eigene Anforderungen an die Schülerinnen und Schüler stellt. Sie fungiert nicht nur als Filter gesellschaftlicher Anforderungen, sondern stellt gleichermaßen Anforderungen an die Schülerinnen und Schüler, welche diese nicht gänzlich in die Bearbeitung ihrer Entwicklungsaufgaben integrieren können. Das Kriterium von Entwicklungsaufgaben, dass nämlich die Art und Weise ihrer Bearbeitung und Deutung Konsequenzen für die weitere Entwicklung der Heranwachsenden hat, sehen sie als gegeben an (vgl. HERICKS/SPÖRLEIN 2001, S. 44 ff.).

Die im „Kanonmodell" genannten Entwicklungsaufgaben oder gesellschaftlichen Anforderungen an Jugendliche nehmen HERICKS/SPÖRLEIN zum Ausgangspunkt für die Analyse des Fachunterrichts Chemie. Diese Transformation eines allgemein-didaktischen auf einen fachdidaktischen Anspruch gestaltet sich schwierig, da ihnen unterschiedliche Ausgangspunkte zu Grunde liegen. Während die Fachdidaktik vom Fach bzw. den Gegenständen ausgeht, ist die Allgemeine Didaktik insofern allgemeiner, als sie sich mit Unterrichten und Lernen gesellschaftlich-kultureller Ziele und Inhalte generell befasst (vgl. WIATER 1997, S. 12 f.)

4 ‚Subjekt' und ‚Lernen' in der fachbezogenen Bildungsgangdidaktik

4.1 Subjekt

Innerhalb der fachdidaktischen Folgerungen, die HERICKS/SPÖRLEIN aus der Verknüpfung allgemein-bildungsgangdidaktischer Ansprüche mit dem Konzept der Entwicklungsaufgaben aufzeigen, wird das Subjekt des Schülers bzw. der Schülerin insofern als ein verallgemeinertes dargestellt, als Unterschiede zwischen den Individuen aus pragmatischen Gründen nicht betrachtet werden. Grundlage der Auswahlentscheidung für Unterrichtsgegenstände stellt das allgemeine Modell entwicklungspsychologisch als bedeutsam betrachteter Aspekte des Jugendalters dar, nicht aber die/der konkrete Jugendliche selbst. Das Subjekt des Schülers bzw. der Schülerin wird im Konzept als ein ‚allgemeines jugendliches Subjekt' betrachtet und individuelle, biografische und auch gesellschaftlich bedingte Möglichkeiten und Restriktionen bleiben in der didaktischen Interpretation unberücksichtigt. In der Auswahl von Unterrichtsgegenständen werden die Schülerinnen und Schüler insofern als Subjekte betrachtet, als sie unterschiedliche Bearbeitungsergebnisse aus der Auseinandersetzung mit den so genannten Lernaufgaben für ihre Entwicklungsaufgaben ziehen.

Die theoretisch geleiteten Begründungen der Lehrerinnen und Lehrer bei der Auswahl der Unterrichtsgegenstände gehen also von einem kollektiven Subjekt der Schülerinnen und Schüler aus. Dadurch werden Unterschiede negiert, die durch gesellschaftliche Widersprüche hervorgerufen werden und - so zeigen die Ergebnisse von PISA und TIMSS für Deutschland - zur Benachteiligung unterschiedlicher Gruppen innerhalb von Schule führen. Vielmehr wird von einer Gleichheit der Heranwachsenden ausgegangen. Gesellschaftliche Rahmenbedingungen und deren unhintergehbare Kontextualität für Sozialisations- und Entwicklungsprozesse werden nicht berücksichtigt. Dadurch wird eine Perspektive auf das Subjekt aufgemacht, welche dieses nur teilweise, in Bezug auf gesetzte Anforderungen von Gesellschaftlichkeit, beschreibt.

Die Autoren gehen im Anschluss an MEYER (2000, S. 245) davon aus, dass die Schülerinnen und Schüler mit den an sie gestellten Anforderungen in der Schule individuell umgehen, und erkennen so eine individuelle Ausgestaltung und Bearbeitung der Entwicklungsaufgaben an. Dabei gehen sie davon aus, dass die Auseinandersetzung mit den Gegenständen im Unterricht immer, wenn auch in unterschiedlichen Formen und Ausprägungen sowie Folgen, eine Bearbeitung von Entwicklungsaufgaben nach sich zieht. Damit wird das Subjekt des Schülers als eines beschrieben, welches auf die Angebote mit Lernen reagiert. Mit anderen Worten, die Schülerinnen und Schüler verhalten sich zu den ihnen gegebenen Unterrichtsgegenständen. So die Bearbeitung von Entwicklungsaufgaben als lernende Auseinandersetzung verstanden wird, wird von den Autoren die These vertreten, dass diese mit den von den Lehrerinnen und Lehrern ausgesuchten Gegenständen Lernen auf der Seite der Schülerinnen und Schüler zur Folge hat. Damit wird angenommen, dass durch dass Schaffen von Bedingungen oder Rahmungen bei den Schülerinnen und Schülern Lernhandlungen initiiert werden. Inwiefern das Subjekt des Schülers zur Welt und den Dingen vor der eigenen Biografie und den damit zusammenhängenden Prämissen begründet Stellung nehmen kann, bleibt ebenso offen wie die Frage nach dem schulischen Umgang mit unterschiedlichen Lösungsmöglichkeiten. Der - bewertende - Umgang wird ebenso wenig reflektiert wie das interaktive Moment zwischen Lehrerinnen und Lehrern, Schülerinnen und Schülern und kulturellem Gegenstand. Die Begründungen bleiben auf der Seite des Lehrers, der die Unterrichtsgegenstände vor dem Hintergrund des Kanons der Entwicklungsaufgaben auswählt, ohne die Individuen mit ihren konkreten Begründungen, Biografien und Lebenswelten zu berücksichtigen. Trotz des Anspruchs, die Perspektive der Schülerinnen und Schüler zum Ausgangspunkt ihrer Überlegungen zu nehmen, argumentieren die Autoren vom Standpunkt der Lehrenden aus.

4.2 Lernen

Die Analyse des Verständnisses vom Subjekt gibt bereits teilweise Aufschluss über das Verständnis von Lernen, da Lernen einen Auseinandersetzungsprozess zwischen Subjekt und Umwelt darstellt. Grob lassen sich mit MONTADA vier lerntheoretische Richtungen unterscheiden: interaktionistische, exogenistische, endogenistische und Selbstgestaltungstheorien. Unterscheidungskriterium sind die zugrunde liegenden Annahmen von Aktivität und Passivität von Subjekt und Umwelt im Lern- und Entwicklungsprozess (MONTADA 1998, S. 7).

Lernen wird in der Konzeption als personengebundener Prozess dargestellt, in dem unterschiedliche Formen der Bearbeitung von Entwicklungsaufgaben als Reaktion auf gleiche unterrichtliche Gegenstände oder Gegebenheiten angenommen werden. Auf die Kontextualität von Lehr-Lern-Prozessen, wie beispielsweise schulische Strukturen und die biografischen Erfahrungen des Einzelnen, gehen die Autoren nicht ein, vielmehr setzen sie eine genuine Möglichkeit der Bearbeitung von Entwicklungsaufgaben und somit ein Lerninteresse an den unterrichtlichen Gegenständen auf Schülerinnen- und Schülerseite voraus, so die Gegenstände entlang des Kanons ausgewählt wurden. So wie der Umgang mit unterschiedlichen Lösungsmöglichkeiten und Bearbeitungsformen der Entwicklungsaufgaben innerhalb von Schule und Unterricht offen bleibt, bleibt die Konzeption des Angebots der Gegenstände im Unterricht und damit die Interaktion mit den Schülerinnen und Schülern offen. Individuelle Unterschiede und Interessen werden in der Auswahl der Unterrichtsgegenstände nicht betrachtet. Lerninteresse wird vor dem Hintergrund des biografischen Alters betrachtet, ohne auf die Habitus und individuellen Biografien der Schülerinnen und Schüler einzugehen. Auch wird davon ausgegangen, dass es durch Lehr-Lernsituationen gelingen kann, die Gegenstände im Unterricht derart aufzubereiten, dass die Schülerinnen und Schüler Aspekte von ihnen als relevant zur Bearbeitung ihrer Entwicklungsaufgaben wahrnehmen und so biografisch bedeutsames Lernen initiiert wird. Dass durch die in der Institution gegebenen Rahmenbedingungen oder auch durch einzelne Inhalte bei Schülerinnen und Schülern Widerstand in der Auseinandersetzung mit diesen eine begründete Handlung sein kann, wird nicht erwähnt.

Anhand des Transformationsprozesses allgemeindidaktischer auf fachdidaktische Überlegungen konnten der Subjekt- und Lernbegriff rekonstruiert werden, die dem Kanonmodell und somit implizit der Bildungsgangdidaktik zu Grunde liegen. Dabei ist deutlich geworden, dass eine Differenzierung der Begriffe in Bezug auf ihr impliziertes Verhältnis zur Gesellschaft bzw. Gesellschaftlichkeit der Subjekte notwendig ist, um dem Anspruch der Bildungsgangtheorie, das Subjekt als Ausgangspunkt zu nehmen, gerecht werden zu können.

5   Lernen und Subjektivität in der Kritischen Psychologie

Die gegenstandsunabhängig konzipierte Lerntheorie HOLZKAMPs soll im Folgenden dargestellt werden, da sie m.E. Anschlussmöglichkeiten für die Auseinandersetzung mit den Kategorien *Subjekt und Gesellschaft* sowie *Lernen* in der bildungsgangdidaktischen Diskussion bietet. Die Prämisse, gleichermaßen Subjekt und Gesellschaft in Lernprozessen zu berücksichtigen und letztere als emanzipativ zu verstehen, ist sowohl in der Bildungsgangtheorie als auch bei HOLZKAMP zu finden.

Die Lerntheorie HOLZKAMPs beschreibt Lernen als *je subjektiv begründete* Handlungen, die im genuinen Lebensinteresse der Individuen begründet sind (vgl. HOLZKAMP 1997a, S. 160). Sie ist keine didaktische Theorie. In den letzten zehn Jahren wurde die Theorie jedoch zunehmend in Bezug auf Möglichkeiten und Perspektiven für Schule und Unterricht herangezogen (vgl. z.B. KOCH u.a. 2001; FUNKE/RIHM 2001, RIHM 2003).

5.1   Subjekt - Bedeutung - Gesellschaft

Der Subjektstandpunkt bildet den Ausgangspunkt für alle weiteren Überlegungen der Kritischen Psychologie, so auch der Theorie des Lernens (vgl. HOLZKAMP 1997c, S. 37). Der Beschreibung des Subjekts legt HOLZKAMP Perspektiven und Intentionen zugrunde:

> Der Standpunkt des Subjekts schließt - phänomenologisch gesehen - eine *Perspektive*, d.h. eine besondere ‚Ansicht' der Welt (einschließlich der eigenen Person) eben von jenem Standpunkt ein. Darin ist (...) mitgesagt, daß diese Perspektive *intentionalen* Charakter hat, d.h., daß sich damit das Subjekt mit seinen Ansichten, Plänen, Vorsätzen bewußt auf die Welt und sich selbst bezieht" (HOLZKAMP 1995, S. 21; Herv. im Orig.)

Aus diesem Zitat geht hervor, dass menschliche Handlungen begründet je von den Subjekten vorgenommen werden und nicht von außen determiniert sind.

Das Verhältnis zwischen Subjekt und Gesellschaft wird durch das Konzept der gesellschaftlich vermittelten Existenz beschrieben. Dieses konzeptualisiert die gesellschaftlichen Lebensbedingungen als an Gegenstände gebundene Bedeutungen, die historisch-kulturell herausgebildet wurden und Verallgemeinerungen menschlicher Erfahrungen (Bedeutungsverallgemeinerungen) darstellen. Das Subjekt erfährt das Wissen um diese Bedeutungen im lernenden Weltaufschluss. Mithin ist Lernen immer als ein sozialer Prozess zu verstehen, dem die gesellschaftliche Vermitteltheit durch die materiellen und immateriellen Gegenstände der Auseinandersetzung immanent ist. Verallgemeinerte Bedeutungen existieren unabhängig davon, ob ein Individuum diese bereits erfahren hat oder nicht, jedoch nicht unabhängig von der Erfahrbarkeit durch Menschen überhaupt (vgl. HOLZKAMP 1995, S. 220). HOLZKAMP unterscheidet dabei zwischen Flachheit und Tiefe des Gegenstandsaufschlusses. Diese Kategorien sollen die Richtung des Lernprozesses angeben, im Sinne einer „Durchdringung der *Unmittelbarkeitsverhaftetheit* der Erfahrung in Richtung auf die Erfassung immer *vermittelterer* gesellschaftlicher Bedeutungsstrukturen" (a.a.O., S. 221). Die Kategorien beschreiben also primär den Gegenstand, wie er dem Subjekt aus seiner jeweiligen Perspektive erscheint. Diese wiederum ist abhängig davon, wie viel verallgemeinerte Bedeutungszusammenhänge dem Gegenstand gesellschaftlich zugeschrieben werden (a.a.O., S. 222). Selbstverständigung im Sinne erweiterter gesellschaftlicher Teilhabe ist so entsprechend durch die gesellschaftliche Dimension der Bedeutungen mit Weltverständigung verbunden. Für das Subjekt bilden die gesellschaftlichen Bedeutungen Handlungsmöglichkeiten, welche historisch-kulturell bedingt sind und an deren Gestaltung es mehr oder weniger teilhaben kann. Die Nutzung der Handlungsmöglichkeiten sind in den Interessen und Lebensbedingungen des Subjekts begründet. Die subjektiven Gründe des Subjekts leiten sich aus dem allgemeinen Lebensinteresse erhöhter Weltverfügung, gesellschaftlicher Handlungsfähigkeit, ab (vgl. HOLZKAMP 1997a, S. 30ff.). Handlungsfähigkeit wird als Teilhabe am gesellschaftlichen Bedingungsgefüge verstanden, Lernen mithin als deren Erweiterung (vgl. HOLZKAMP 1997a, S. 171).

5.2 Lernhandlungen

Lernhandlungen und -begründungen stellen neben der gesellschaftlichen Seite von Lernproblematiken die subjektive Seite von Lernprozessen dar. Mit anderen Worten: Lernen wird als ein emanzipatorischer Prozess verstanden (vgl. HOLZKAMP 1997b, S. 146). Vor dem Anspruch, dass in den Lebensinteressen und Lebensbedingungen begründete Handlungen den zentralen Aspekt menschlichen Lebens ausmachen, formuliert HOLZKAMP eine Lerntheorie, die gegenstandsunabhängig ist. Sie bietet einen Begriffsrahmen zur Analyse und Beschreibung von empirisch-konkretem Lernhandeln und Lernwiderständen, ohne eine allgemein-normative Beschreibung des Lernens, wie es sein sollte, zu sein (LUDWIG 1999, S. 41). Das Erklärungssystem erfordert die Analyse subjektiver Handlungsbegründungen und geht somit über kausale Ursache-Wirkungsbezüge als auch Reiz-Reaktionsschemata hinaus. HOLZKAMP formuliert ein Kategoriensystem, das dem Subjekt helfen soll, sich seiner individuellen Bedeutungen, Lerngründe und -widerstände bewusst zu werden. Anderen sind diese Gründe zunächst unverfügbar. Durch intersubjektive Verständigung können sie jedoch kommuniziert und auch anderen verfügbar gemacht werden. Lernen wird als spezielle Form menschlichen Handelns gefasst und ist durch die Diskrepanzerfahrung zwischen Handlung und Handlungsziel, der so genannten Handlungsproblematik, und durch den Wunsch nach Überwindung dieser Diskrepanz gekennzeichnet. Die Verfügungserweiterung der eigenen Handlungsmöglichkeiten ist Ziel von Lernhandlungen. Lernen ist ein genuines Lebensinteresse der Subjekte und auch der gesellschaftlichen Reproduktion (vgl. HOLZKAMP 1997a, S. 160).

Gegenüber den Handlungsproblematiken hat das Subjekt eine doppelte Möglichkeit der Handlung: zum einen die Unterlassung der Handlung und zum anderen das Sich-Einlassen auf die Lernproblematik mit dem Ziel der Überwindung durch das Einlegen einer sogenannten Lernschleife (vgl. HOLZKAMP 1995, S. 183). Innerhalb einer sogenannten Lernschleife unterscheidet HOLZKAMP zwischen den Ausprägungsformen inzidentelles und intentionales Lernen (a.a.O., S. 70). Unter ersterem ist zufälliges Mitlernen im Rahmen der Bezugshandlung zu verstehen. Das intentionale Lernen beruht auf der Motivation, die am Lernziel, dem Vorgang des Lernprozesses und den Aussichten auf Lernerfolg ausgerichtet ist. Innerhalb des intentionalen Lernens wird dann weiter unterschieden zwischen expansiven und defensiven Lernhandlungen. Mit diesem Begriffspaar wird die begründete Entscheidung des Subjekts, eine Lernschleife einzulegen, ausgedrückt. Sie stellen gleichzeitig zentrale Kategorien der Lerntheorie dar. Mithilfe der Kategorie des defensiven Lernens lassen sich Verweigerungshaltungen und Lernwiderstände aufschlüsseln. Defensive Lerngründe finden unter Androhung von Sanktionen bzw. Abwehr von Bedrohung statt und führen zu einer mit dem geringsten Aufwand zu bearbeitenden Lernhandlung. Mit anderen Worten, es besteht für das Subjekt keine inhaltliche Begründung - durch Interesse am materiellen oder immateriellen Gegenstand - der Lernhandlung. Expansives Lernen hingegen beschreibt die Form des Lernens, bei der die Bewältigung der Bezugshandlung mit dem Ziel der Erweiterung der Verfügung über die eigene Lebensqualität im Vordergrund steht. Kontrastierend betrachtet, setzen expansive Lerngründe ein genuines Interesse am Gegenstand der Auseinandersetzung voraus, die vor der Folie der Handlungsprämissen als Erweiterung der Verfügungserfahrungen verstanden werden, während diese Gründe bei defensiven Lernhandlungen fehlen. Expansiven Lernhandlungen geht die Erfahrungen des Nicht-Könnens von etwas voraus, die mit dem Gefühlszustand des Ungenügens gekoppelt ist. Diese motivationale wie auch emotionale Qualität mit dem Ziel der Verfügungserweiterung lässt das Subjekt auch Widrigkeiten und Rückschläge im Lernprozess in Kauf nehmen (vgl. HOLZKAMP 1995, S. 190ff.). Diese hier analytisch getrennten Ausprägungen des Lernens sind in der Praxis in Mischformen vorhanden. Das Verhältnis wie auch die Qualität der Formen können sich innerhalb eines Lernprozesses verändern (vgl. GROTLÜSCHEN 2003, S. 61). Eine Voraussetzung für expansives Lernen ist der Wechsel zwischen affinitiven und definitiven Lernphasen. Mit ersterer wird eine Lernphase beschrieben, in der ein Zugriff auf Vergangenes vorgenommen wird, der Lerner sich einen Überblick über Bezüge und Zusammenhänge verschafft, sich absichtsvoll zurücklehnt. Die affinitiven Lernphasen sind notwendig zur Reflexion des bisherigen Lernprinzips. Definitive Phasen bezeichnen jene, in denen eine ausschließliche Zuwendung auf den Gegenstand erfolgt, in der der Versuch einer Fixierung auf den Gegenstand gemacht wird (vgl. HOLZKAMP 1995, S. 328).

Die Situation des Subjekts stellt ein weiteres Merkmal von Lernprozessen dar. Hierzu zählen die körperliche Situiertheit und die mental-sprachliche Situiertheit, die durch die personale Situiertheit um eine zeitliche Komponente erweitert wird (a.a.O., S. 257ff.).

Neben den Lerngründen des Subjekts sind Eigenheiten des Lerngegenstandes als Konstituenten der Lernprozesses zu bestimmen. HOLZKAMP nimmt eine solche Konzeptualisierung über Dimensionen des Lerngegenstandes vor, die er als Aspekte oder Ausschnitte bezeichnet. Mit dem Unterscheidungspaar Flachheit und Tiefe bezeichnet er die enthaltenen möglichen Verweise auf größere gesellschaftliche Zusammenhänge (a.a.O., S. 195, S. 271). Flachheit und Tiefe stellen Kennzeichen des Gegenstandes dar und beschreiben die vermittelten gesellschaftlichen Bedeutungsstrukturen. Je nachdem, ob diese an der Oberfläche zu erkennen sind oder ein weiterer Gegenstandsaufschluss zum Erkennen der gesellschaftlichen Bedeutungsstrukturen notwendig ist, wird von Flachheit bzw. Tiefe gesprochen.[2]

5.3 Schulisches Lernen

Um Lernprozesse in der Schule näher zu betrachten, setzt HOLZKAMP eine historisch-gesellschaftliche Analyse der Institution als vermittelnder Instanz voraus, da diese die Begründungsstruktur der Subjekte mitbestimmt (HOLZKAMP 1993, S. 341). Die Analyse der historischen Gewordenheit der Schule lehnt er bei FOUCAULT[3] an, der in seiner Theorie über die Disziplinen der Gesellschaft die

---

[2] Je mehr Tiefenstruktur der Lerngegenstand besitzt, je allgemeiner sind seine Verweisungen auf umfassendere Bedeutungszusammenhänge. (HOLZKAMP 1995, S. 222)
[3] FOUCAULT arbeitet den historischen Übergang von personifizierter Macht des Souveräns über seine Untertanen zu einer in Institutionen vergegenständlichten Machtökonomie mit entpersönlichten Strategien heraus. Die Macht wirkt mittels flexibler Systeme der Kontrolle und Überwachung durch die Betroffenen hindurch und gestaltet sich wechselseitig. Somit ist eine Trennung zwischen Beherrschten und Herrschern nicht mehr möglich. Historisch begründet ist die Institutionalisierung mit

historische Bedeutung und Funktionen von Institutionen in der modernen Gesellschaft herausgearbeitet hat. Die disziplinären Grundstrukturen der Schule sind in Schulgesetzen, Verordnungen etc. materialisiert. Diesen ist ein Bild vom Subjekt immanent, welches dieses als entöffentlicht beschreibt, was HOLZKAMP durch die Analyse des Berliner Schulgesetzes mit FOUCAULTs Theorie „als das Herausfallen der Individuen als subjektiven Ursprungs von Lernhandlungen aus dem machtökonomischen Kalkül der Schuldisziplin" (HOLZKAMP 1995, S. 386) näher spezifiziert. Trotz dieser Entöffentlichung der Subjekte bleibt der Subjektstandpunkt der Lernenden als Bestimmungsmoment der Schulwirklichkeit präsent und wird in zwei Aspekten deutlich: zum einen in den Erscheinungsformen der widersprüchlichen „Verkürzung intentionalen Lernens auf Lernen ohne Lernproblematik" (a.a.O., S. 387) und zum anderen in der daraus resultierenden oder anschließenden Art von Handlungs- und Lernproblematiken, die sich für die in der Schule handelnden Subjekte ergeben.

Der erstgenannte Aspekt erscheint in Form des „Lehr-Lern-Kurzschlusses" (a.a.O., S. 391ff.), der sich aus der Planungshoheit des Unterrichts durch die Institution in inhaltlicher, zeitlicher und personaler (Anwesenheitspflicht) Hinsicht in den Verordnungen und Gesetzen von Schule findet. Aus der Perspektive der Schulstruktur und -organisation wird Lernen im direkten Anschluss an Lehren verstanden. In den offiziellen Verordnungen werden keine subjektiven Lernproblematiken zugelassen. Diese Struktur wird wissenschaftlich durch die Methodik und Begrifflichkeit der Variablenpsychologie und auch der Schulpädagogik gestützt (a.a.O., S. 406ff.). Die begründungslogischen Konsequenzen der Subjekte als entöffentlichte Subjekte beschreibt HOLZKAMP damit, dass die Bedeutungsstrukturen der Schuldisziplin zu Aspekten von Prämissen subjektiver Handlungs- und Lernbegründungen werden. Mit anderen Worten: Die Prämissen sind durch die Schuldisziplin vorgegeben und das Subjekt kann sich mit seinen Intentionen auf diese rückbeziehen (a.a.O., 1995, S. 442).

Der Bedeutungszusammenhang schulischen Lernens stellt sich widersprüchlich dar, da die individuelle Leistungsbewertung als zentrales schuldisziplinäres Konzept das reflexive Subjekt per se leugnet. HOLZKAMP formuliert zugespitzt:

> Das heißt [...], daß mir die Schule als Disziplinaranordnung ein *eigenes genuines Lerninteresse* zur Erweiterung meines Weltzugangs und meiner Lebensmöglichkeiten nicht zuerkennt. (a.a.O., S. 446, Herv. i. O.).

---

der Möglichkeit zur Bewältigung steigender Bevölkerungszahlen und der Verschiebung von einem Einzelsouverän zum Souverän des Volkes.

Der im Lebensinteresse liegende Zuwachs an Weltaufschluss und Verfügungsinteresse der Schüler wird geleugnet und begründet damit defensives Lernen als Normalform schulischen Lernens. Der hieraus resultierende Widerspruch zur übergeordneten schulischen Zielsetzung zeigt sich auch dem Subjekt des Lehrers, dessen pädagogischer Auftrag und pädagogische Verantwortung im Widerspruch zur schulischen Disziplin, dessen Funktionsträger er ist, stehen. (a.a.O., S. 456).

Der grundsätzliche Widerspruch schulischen Lernens manifestiert sich darin, dass Schule die Schüler mit einem Bedeutungszusammenhang von Lernen konfrontiert: einerseits die Möglichkeit *für je mich* wichtiges zu lernen und darin unterstützt zu werden und andererseits bei Nicht-Lernen Bedrohung z.B. in Form von Strafe ausgesetzt zu sein. Diese Widersprüchlichkeit ist auf allen Ebenen der Schule zu finden, so z.B. im Monopol des Fragenstellens auf Seiten der Lehrer. (a.a.O., S. 461). Laut HOLZKAMP sind die institutionellen Bedeutungsstrukturen von Schule als Aspekte jeglicher Lernprozesse immer zu berücksichtigen (a.a.O., S. 359).

Die Lerntheorie der Kritische Psychologie kann, wie aufgezeigt, Anknüpfungspunkte für eine durchgängige Perspektive auf das lernende Subjekt im Unterricht ermöglichen. Erste Ideen, wie dies fachdidaktisch möglich werden kann, hat KRUSE für den Deutschunterricht gezeigt. Er unterscheidet in der Rekonstruktion der Lernhandlungen von Schülern zwischen operativem und thematischem Aspekt von Unterrichtshandlungen der Schüler (KRUSE 2003, S. 298). Er verdeutlicht dies am Beispiel des schriftsprachlichen Anfangsunterrichts in einer dritten Klasse, in dem die Schülerinnen und Schüler ein Rätsel aufschreiben sollen, in dem sie einen Gegenstand beschreiben, ohne ihn beim Namen zu nennen. Der operative Lernaspekt, der sich auf die Ebene individueller Antizipation von Lernzielen bzw. Lernhandlungen bezieht, ist die Beherrschung orthografischer Regeln, damit möglichst viele das Rätsel lesen und erraten können. Der thematische Aspekt, der an der Bezugshandlung orientiert ist, besteht in der genauen Beschreibung des Gegenstandes, damit die anderen ihn erraten können. KRUSE betont, bei spezifischen Fördermaßnahmen zur Rechtschreibung, wie sie viele Lehrerinnen und Lehrer aus der Analyse der von den Kindern produzierten Texte ableiten, nicht ausschließlich den operativen, sondern ebenso den thematischen Lernaspekt zu berücksichtigen, da die Intentionen, Absichten und Vorhaben des Kindes hier liegen (vgl. KRUSE 2003, S. 187 ff). Nur so besteht die Möglichkeit, dass für den Schüler oder die Schülerin ein Zusammenhang zwischen den Aufgaben deutlich werden kann.

6 Entwicklungsperspektiven für didaktische Konzeptualisierungen auf der Grundlage von Entwicklungsaufgaben

Die eingangs formulierte Frage nach dem Verständnis der Begriffe Lernen und Subjekt innerhalb bildungsgangdidaktischer Überlegungen konnte aus den fachdidaktischen Überlegungen von HERICKS/SPÖRLEIN rekonstruiert werden. Dabei ist deutlich geworden, dass das Subjekt des Schülers bzw. der Schülerin als verallgemeinertes Subjekt verstanden wird, welches zu den Bedingungen des Unterrichts sich verhaltend konzeptualisiert ist. Individuelle Begründungen der Subjekte für oder gegen eine lernende Auseinandersetzung mit den Unterrichtsgegenständen vor dem Hintergrund ihrer individuellen Biografie und dem schulischen Kontext, unter Berücksichtigung gesellschaftlicher Unterschiede und Widersprüche, finden dabei keinen Eingang in die Gestaltung des Fachunterrichts. Die Sicht auf Lernen innerhalb von Schule wird, wie gezeigt werden konnte, im Wesentlichen als Reaktion auf die Bedingungen in der Schule gesehen und begründet sich nur insofern aus den Prämissen der Schülerinnen und Schüler im Zusammenhang mit ihrer Biografizität und Kontextualität heraus, als sie sich allgemein in der Adoleszenz befinden.

Soll der Anspruch der Bildungsgangdidaktik - von den lernenden Subjekten auszugehen - leitend für die Gestaltung und Analyse von Unterricht sein, so ist eine Ausdifferenzierungen der Begriffe und der dahinter liegenden Konzepte von Subjekt und Gesellschaft sowie Lernen notwendig, um der Realität und damit den in der Praxis Handelnden gerecht werden zu können. Mögliche Ansatzpunkte dafür können in der Lerntheorie der Kritischen Psychologie gefunden werden, die ihrerseits den Anspruch erhebt, Lernen aus der Perspektive des Subjekts zu betrachten und dieses dabei in seiner Eingebundenheit in gesellschaftliche Zusammenhänge und in daraus entstehenden Möglichkeiten, Behinderungen und Widersprüchen zu betrachten.

Literatur

FUNKE, E.H./RIHM, T. (2000): Subjektsein in der Schule? Eine pädagogische Auseinandersetzung mit dem Lernbegriff Klaus Holzkamps. – Bad Heilbrunn.

GROTLÜSCHEN, A. (2003): Widerständiges Lernen im Web - virtuell selbstbestimmt? Eine qualitative Studie über E-learning in der beruflichen Erwachsenenbildung. – Münster.

HAVIGHURST, R. J. (1948/1972): Developmental Tasks and Education. – New York.

HERICKS, U./SPÖRLEIN, E. (2001): Entwicklungsaufgaben in Fachunterricht und Lehrerbildung - Eine Auseinandersetzung mit einem Zentralbegriff der Bildungsgangdidaktik, in: HERICKS, U. u.a. (Hg.): Bildungsgangdidaktik. Perspektiven für Fachunterricht und Lehrerbildung. – Opladen. S. 33-50.

HOLZKAMP, K. (1995) : Lernen. Subjektwissenschaftliche Grundlegung. – Frankfurt am Main.

HOLZKAMP, K. (1997a): Lernen und Lernwiderstand. Skizzen einer subjektwissenschaftlichen Lerntheorie, in: ders.: Schriften 1. Normierung, Ausgrenzung, Widerstand. – Hamburg/Berlin, S. 159-195.

HOLZKAMP, K. (1997b): Was kann man von Karl Marx über Erziehung lernen? Oder: Über die Widersprüchlichkeit fortschrittlicher Erziehung in der bürgerlichen Gesellschaft, in: ders.: Schriften 1. Normierung, Ausgrenzung, Widerstand. – Hamburg/Berlin. S. 136-158.

HOLZKAMP, K. (1997c): Die Entwicklung der Kritischen Psychologie zur Subjektwissenschaft, in: ders.: Schriften 1. Normierung, Ausgrenzung, Widerstand. – Hamburg/Berlin, S. 19-39.

KRUSE, N. (2003): Schreiben und Schreibnorm. Überlegungen zu einer subjektwissenschaftlichen Perspektive beim Textschreiben und Rechtschreiben in der Schule, in: RIHM, T. (Hg.), S. 297-313.

KOCH, K. u.a. (2001): Redefinitionsversuche der Begriffe „Diagnostik" und „Förderung" angesichts des subjektwissenschaftlichen Paradigmas, in: FUNKE, E.H./RIHM, T. (Hg.), S. 239-254.

LUDWIG, J. (1999): Erwachsenenbildung und Lernen. Lern- und Bildungschancen in betrieblichen Modernisierungsprojekten aus der Perspektive subjektiver Lernhandlungen. Habilitationsschrift. – München.

MEYER, M. A. (2000): Didaktik für das Gymnasium. Grundlagen und Perspektiven. – Berlin.

MONTADA, L. (1998): Fragen, Konzepte, Perspektiven, in: OERTER, R./MONTADA, L.: Entwicklungspsychologie. 4. korrigierte Auflage. (1. Auflage 1982) – Weinheim, S. 1-83.

REINDERS, H. (2002): Entwicklungsaufgaben - Theoretische Positionen zu einem Klassiker, in: MERKENS, H./ZINNECKER, J. (Hg.): Jahrbuch Jugendforschung 2. – Opladen, S. 13-37.

FUNKE, E.H./RIHM, T. (2001; Hg.): Subjektsein in der Schule? Eine pädagogische Auseinandersetzung mit dem Lernbegriff Klaus Holzkamps. – Bad Heilbrunn.

RIHM, T. (2003; Hg.): Schulentwicklung durch Lerngruppen. Vom Subjektstandpunkt ausgehen. – Opladen.

WIATER, W. (^{2}1997): Unterrichten und lernen in der Schule. Eine Einführung in die Didaktik. – Donauwörth.

Teil 3

Fachdidaktische

Perspektiven

Bildung im Medium der Naturwissenschaften - Chemie, Physik

Barbara Schenk

1 Vorbemerkung

Im Folgenden unternehme ich den leicht verwegenen Versuch, Fragen der „anderen Bildung" (FISCHER 2001) vor einem Auditorium auszubreiten, dessen Mitglieder den „harten" Naturwissenschaften vermutlich überwiegend distanziert gegenüber stehen - und dies vielleicht gerade wegen der in der Schule erfahrenen Lehr-Lernprozesse, die doch Bildung im Medium von Chemie und Physik sich hätten anbahnen sollen.[1]

2 Was ist Physik? Was ist Chemie?

Chemie und Physik sind Wissenschaften von der Natur; Naturwissenschaftler bearbeiten Natur aus dem Blickwinkel ihrer jeweiligen Disziplin; sie wählen Fragen an die Natur, die mit ihren disziplinären Methoden erfolgreich bearbeitbar erscheinen und deren Ergebnisse über kurz oder lang technisch verwendet werden und uns z.B. in der Form einer neuen Computer- oder Waffengeneration, eines neuen Medikaments oder Pestizids begegnen.

Biologie, die ich hier nur zwecks Abgrenzung der Chemie und Physik nenne, befasst sich mit solchen Aspekten von Natur, die durch „Leben" charakterisiert sind. Für die Physik dagegen spielt es keine Rolle, ob das untersuchte Objekt lebendig ist oder nicht. In der Mechanik, der ältesten Teildisziplin der modernen Physik, werden die Untersuchungsobjekte zwar *Körper* genannt, aber dabei sind keineswegs Menschen-, Tier- oder Pflanzenkörper gemeint; der Begriff soll nur ausdrücken, dass das Untersuchungsobjekt Raum einnimmt und nicht etwa nur als „Massenpunkt" zu denken ist. Etwas pointiert sagen Physiker gelegentlich, für das Gesetz des freien Falls sei es gleichgültig, ob GOETHE oder

---

[1] Überarbeitete Fassung eines Vortrags im Rahmen der Hamburger Ringvorlesung *Bildungsgangforschung* am 06.01.2003.

eine Bleikugel vom schiefen Turm von Pisa herunterfalle - und sagen damit mehr über das Wesen der Physik, als sie wohl sagen wollten. Auch für die Chemie ist es unwichtig, ob der untersuchte Stoff von lebendem oder nicht lebendem Material stammt. Die Einteilung der Chemie in die organische Chemie der Kohlenstoffverbindungen und die anorganische Chemie der Stoffe (*Verbindungen*), die zumeist keinen Kohlenstoff enthalten, ist den chemischen Besonderheiten des Kohlenstoffs geschuldet, der in vielen Millionen von Stoffen zu finden ist. Die Zahl der keinen Kohlenstoff enthaltenden Stoffe ist deutlich kleiner. Im Bezug zum Lebendigen unterscheiden sich Chemie und Physik also nicht. Der Unterschied liegt im Verhältnis der beiden Wissenschaften zur Materie: Chemie untersucht und konstruiert Stoffe. Für die Physik sind die stofflichen Eigenschaften ihrer Objekte nur Randbedingungen, die bei der Suche nach allgemeinen Gesetzmäßigkeiten zwar berücksichtigt werden müssen, aber nicht das Erkenntnisinteresse bestimmen.

Unter Physikern gilt die Physik als eine „Prinzipienwissenschaft". Einer der großen theoretischen Physiker des vorigen Jahrhunderts hat sie so charakterisiert:

Die Physik ist die Lehre von solchen Dingen der Wirklichkeit, bei denen man hoffen darf, daß sie auf Grund weniger Prinzipien in Gedanken nachkonstruiert werden können (HUND 1969, S. 9).[2]

Friedrich HUND war kein Konstruktivist. Für ihn gab es *Dinge der Wirklichkeit*, aber die Dinge, die die Physik bearbeitet, werden, sagt Hund, so ausgewählt, dass man versuchen kann, sie auf Grund von Prinzipien nachzukonstruieren. Solche *Dinge* sind beispielsweise die *Bewegungen von Körpern*: der Apfel, der vom Baum, die Bombe, die vom Flugzeug auf die Erde, der Mond, der um die Erde fällt, alle diese Bewegungen sind, von physikalisch irrelevanten Besonderheiten abgesehen, mit den beiden Prinzipien der Newtonschen Mechanik und dem Gesetz von der zwischen *Massen* (also Körpern im Sinn der Physik) wirkenden Kraft nachkonstruierbar.

Physik wird hier als höchst abstrakte, also von den Dingen der Wirklichkeit, wie wir sie täglich erleben, abgelöste Wissenschaft beschrieben. Trotzdem ist die Beziehung zwischen dem Menschen, der sich mit Physik befasst, und der abstrakt verstandenen Wissenschaft in der Definition von Friedrich Hund noch erkennbar: Es geht ihm nicht um die *fertige* Physik, sondern um den Lehr- und Forschungs*prozess* - nicht, was man schon zu wissen glaubt, macht Physik aus, sondern was man zu wissen hoffen darf. Für Friedrich Hund liegt der Sinn der

---

[2] Diese Konstruktion erfolgt mit Hilfe mathematischer Theorien und Modelle, die häufig in der Mathematik bereits vorliegen. Anders als die Physik konstruiert die Mathematik ihre Theorien unabhängig davon, ob Bezüge zur „Wirklichkeit" hergestellt werden können.

Physik, das, was Physik für Menschen bedeutungsvoll machen kann, in der Entdeckung des Neuen, nicht in der Ordnung des schon Bekannten. Wie bedeutungsvoll neue Erkenntnisse zur Zeit ihrer Entstehung für die Zeitgenossen waren, kann man z.B. an der NEWTONschen Mechanik nachvollziehen. Die grundlegenden Prinzipien mögen einige Zeitgenossen verstanden haben, aber dass die Bewegungen der *Himmelskörper* (so nannten die Physiker daraufhin Sonne, Mond und Sterne) nach den gleichen Prinzipien zu erklären waren wie die Bewegungen der Körper auf der Erde, das war für die Menschen des 17. Jahrhunderts in Europa eine wahrhaft neue Sichtweise!

Ich habe, dem vorherrschenden Selbstverständnis der Physik folgend, Physik als Theorien erzeugende Grundlagenwissenschaft konstruiert. Am Beispiel der Chemie zeige ich nun, wie eine Naturwissenschaft als Handlungswissenschaft, als „Kulturwissenschaft", konstruiert werden kann. Dabei folge ich Nikos PSARROS, der die Chemie ausgehend von Alltagserfahrungen und -handlungen konstruiert. Er zeigt, dass die grundlegenden Forschungsoperationen der Chemiker im alltäglichen Umgang mit den Stoffen, den Substanzen (der englische Begriff *substance* ist wesentlich eindeutiger als der deutsche Begriff Stoff) aufzufinden sind. Wir fassen einen Stoff an: Ist er glatt oder rau? Wir heben ihn hoch: Ist er schwer oder leicht? Wir drücken und kratzen: Ist er hart oder weich? Diese Handlungen nennt PSARROS *„prospektieren"*. Was tun wir noch? Wir *mischen* Mehl, Wasser und Hefe. Wir *lösen* Zucker im Tee usw. (vgl. Abb. 1).

Prospektieren: Bestimmung von substanziellen Eigenschaften ohne technische Hilfsmittel
Mischen
Lösen: Mischen, durch das ein Gemisch mit einheitlichen substanziellen Eigenschaften entsteht
Trennen: Mischen oder Lösen rückgängig machen
Umsetzen: alle Vorgänge des Mischens oder Lösens, die nicht durch Trennen rückgängig gemacht werden können
Probieren: Bestimmung von substanziellen Eigenschaften durch Lösen, Trennen oder Umsetzen mit anschließendem Prospektieren
Brennen: substanzielle Eigenschaften fester Dinge durch Erhitzen verändern
Bleichen: substanzielle Eigenschaften fester Dinge durch Sonnenlicht verändern
Gären: spontane Änderung von Dingen tierischer oder pflanzlicher Herkunft

---

Abbildung 1:   Die üblichen protochemischen Operationen (nach: PSARROS 1999, S. 37)

Das, was wir im alltäglichen Umgang mit Stoffen tun, machen auch die Chemiker. Sie bedienen sich dabei allerdings immer höher entwickelter Techniken und sie bemühen sich in der Art der Physiker, das, was sie methodisch sorgfältig kontrolliert tun, auf Grund von wenigen Prinzipien und Gesetzmäßigkeiten zu erklären.

Die wissenschaftsphilosophische Rekonstruktion naturwissenschaftlicher Methoden aus alltäglichen Handlungen, wie PSARROS das für die Chemie tut, ist neu. Den Zusammenhang von Alltagshandlung und Wissenschaft allerdings kennen auch die Physiker seit den Anfängen der neuzeitlichen Physik. Dass Handwerker und Soldaten unbewusst von den Gesetzmäßigkeiten der Natur Gebrauch machten, die die Physiker theoretisch ergründen wollten, wussten die Physiker der Renaissance sehr wohl und nutzten diese Erfahrungsmöglichkeiten. Ebenso beginnen die Entwicklung der Thermodynamik und Elektrodynamik mit der Analyse handwerklicher und technischer Verfahren (vgl. z.B. SCHENK 1984).

3   Bildung - die Differenz zwischen Programmatik und Pragmatik

3.1 Das Programm

Die Inszenierung schulischer Lehr-Lernprozesse ist ohne Blick auf die Entstehung des neuzeitlichen (humanistischen) Gymnasiums kaum zu verstehen. Deshalb beginne ich diesen Abschnitt mit dem Satz, mit dem der KANT-Schüler JACHMANN den Bildungsauftrag seiner Schule, des Conradinums auf Jenkau bei Danzig, zusammenfasste:

> Die Schule soll weder eine Copie der gemeinen Welt seyn, noch überhaupt im Dienste der Welt stehen und ihre Schüler für den gemeinen Weltdienst abrichten, sondern sie soll eine heilige Schirmstätte seyn, in welcher die aufblühende Generation, von den Zerstreuungen und Gefahren der Welt gesichert, an der Wissenschaft, Kunst und Natur ihre noch bildsame Geistes- und Körperkraft entwickelt, nährt und vervollkommnet, und sich zu einem selbstständigen und selbstthätigen Vernunftleben ausbildet, damit sie, nach vollendeter Schulzeit, reich an Kenntnissen und Geschicklichkeiten, vertraut mit den höheren Zwecken des menschlichen Lebens, aufgelegt zu edlen und großen Thaten, auf dem Schauplatze der öffentlichen Welt, in einem nach Vernunft und Neigung gewählten öffentlichen Wirkungskreise, zum Wohl des Vaterlandes und der Menschheit selbstständig und mit sich selbst übereinstimmend zu handeln im Stande sey. (JACHMANN 1812, zitiert nach FERTIG 2002, S. 141)

In der Sprache der Zeit finden wir die Vorstellungen von Bildung, die bis heute das Ideal geblieben sind: die umfassende Ausbildung von Kenntnissen und Fähigkeiten in der Auseinandersetzung mit Wissenschaft, Kunst und Natur; die Entwicklung eines Wertesystems, die Entwicklung von Fähigkeit und Bereitschaft zur Übernahme von Verantwortung in der Gesellschaft; die Ausbildung der Person, die im Einklang mit sich selbst zu handeln in der Lage ist. Wir finden aber auch die Wurzel der gymnasialen Bildungsideologie, wonach all diese Ziele in Distanz zur *gemeinen Welt*, in der Auseinandersetzung mit den großen und edlen Errungenschaften der Menschheit, mit Wissenschaft, Kunst und einer offenbar eben so rein gedachten Natur anzustreben wären. Damit legt JACHMANN im Sinne des Humanismus auch nahe, dass Wissenschaft, Kunst und Natur *keine* Produkte des *gemeinen Weltdienstes* seien.

1812 kann unter Natur*wissenschaft* ernstlich nur Mechanik verstanden werden - sie wurde im Rahmen von Mathematik gelehrt. Dann aber blühten in der industriellen Revolution die Chemie und im Schlepptau von Maschinenbau und Elektrotechnik auch die Physik auf. Naturwissenschaften schienen extrem nützlich und genau deshalb dem Philologenstand, der im Zuge des Neuhumanismus die Doktrin von der für Bildung nötigen Distanz zu der gemeinen Welt sehr verfestigt hatte, für Bildungsprozesse äußerst schädlich. Um in den Gymnasien Fuß zu fassen, konstruierten Naturwissenschaftler deshalb einen Bildungswert der Naturwissenschaften fernab jeder schnöden Nützlichkeit. Ernst MACH, ein großer Physiker und Philosoph, hielt 1886 beim deutschen Realschulmännerverein in Dortmund einen viel beachteten und oft gedruckten Vortrag über den „relativen Bildungswert der philologischen und der mathematisch-naturwissenschaftlichen Unterrichtsfächer", in dem er mit ausgezeichneten didaktischen Argumenten den Bildungswert insbesondere der Physik beschwor. Er sprach von der kulturellen Bedeutung der Physik, die der der Sprachen in nichts nachstehe (MACH 1896). Jeder zukünftige Akademiker müsse nicht nur in Mathematik und Sprachen, sondern auch in den Naturwissenschaften gebildet sein. MACH sprach von Bildung, als habe sie nichts mit Politik zu tun. Aber bei seiner Rede beim Realschulmännerverein ging es um Politik, um die Abiturberechtigung für die höheren Realschulen nämlich, in denen naturwissenschaftliche Inhalte („Realien") unterrichtet wurden, weil sie als nützlich für eine spätere Berufstätigkeit galten (vgl. z.B. BRÜGGEMANN 1967, S. 57). Die Abiturberechtigung für die höheren Realschulen wurde 1900 im gemeinen Leben durchgesetzt - mit der massiven Unterstützung von Kaiser Wilhelm II, der in die entscheidende Schulkonferenz Vertreter von Militär, Großgrundbesitz und Industrie einbezog. Alles andere wurde dann wieder den Philologen überlassen und so wurde eine *wertfreie*, objektive Naturwissenschaft gelehrt - keine schnöden Anwendungsbezüge in der Chemie, keine technischen Zusammenhänge in der Physik! Heute wünschen sich Experten einen anderen naturwissenschaftlichen Unterricht. In einer curricularen Delphistudie wurden vor über 20 Jahren Experten, in den Naturwissenschaften, in Bildungsfragen oder didaktischen Arbeiten engagierte Personen, gefragt, welche Ziele der Physik-Unterricht verfolgen solle. Die Experten entwarfen das Bild einer in lebensweltlichen Zusammenhängen sinnvollen Bildung. Sie solle:

- den einzelnen in öffentlichen Fragen, die von naturwissenschaftlich/technischen Fragen tangiert sind, zu einem verantwortungsbewussten Handeln befähigen, ein vertieftes Verständnis naturwissenschaftlicher Prinzipien und Gesetzmäßigkeiten hervorbringen und Einblick in die technische Arbeitswelt vermitteln.
- zur eigenständigen und verständnisgeleiteten Bewältigung von Alltagsanforderungen beim Umgang mit technischen Geräten und Anlagen befähigen und zur Vermeidung von Unfällen und Gefahrenquellen beitragen.
- irrationale Einstellungen gegenüber Natur und Technik abbauen, Freude und Interesse beim Umgang mit physikalischen Phänomenen und Geräten wecken, naturwissenschaftliche Denkmethoden und Begriffsschemata entwickeln und ein vertieftes Verständnis für physikalische Gesetzmäßigkeiten und Prinzipien fördern (HÄUßLER u.a. 1980, S. 357).

3.2 Die Wirklichkeit

Bevor ich auf Ergebnisse einiger größerer Erhebungen zu den Ergebnissen von Lehr-Lernprozessen im Chemie- und Physikunterricht eingehe, zeige und kommentiere ich zunächst ein Beispiel objektiver, wertfreier Faktenvermittlung im Unterricht.

Text	Kommentar
L: *Elemente sind chemische Grundstoffe, die nicht weiter zerlegbar sind. Wasserstoff, Schwefel, Eisen haben Sie genannt, sind Stoffe, die nicht weiter zerlegbar sind. Aber wie ist denn das wohl hiermit?* (Lehrer zeigt ein Becherglas mit Wasser)	Der Lehrer hat chemische Elemente benannt; nun zeigt er auf Wasser. Er möchte wohl hören, dass die Schüler erklären, Wasser sei *kein* Element.

S: *Wasserstoff besteht aus Sauerstoff ...*	Der Schüler folgt der Aufforderung des Lehrers: *Wasserstoff besteht aus* ... ist also kein Element. Aber der Schüler verwendet das Wort *Wasserstoff* an Stelle des gewünschten Wortes Wasser.
L: *Sie haben sich versprochen.*	Bemüht, die richtigen Wörter zu verwenden, beginnt der Schüler nun mit dem erwarteten Begriff ...
S: *Wasser besteht aus Sauerstoff und Wasser* Der Lehrer wiederholt diesen Satz fragend.	... und vermeidet das Wort *Wasserstoff* dann auch im zweiten Teil des Satzes.
S: *Wasserstoff, Wasser besteht aus Sauerstoff und Wasserstoff.*	Nun also ist der Satz so geglückt, wie ihn der Lehrer hören wollte.
L: *Ja. Kennen Sie denn vielleicht eine Möglichkeit, wie man das Wasser in seine beiden Elemente zerlegen kann?*	Nachdem der Lehrer den „richtigen" Satz erfragt hat, fährt er in seiner fachlichen Logik fort: Der Lehrer geht davon aus, dass nun klar ist: Wasser ist kein Element, sondern ein Stoff, der aus zwei anderen besteht: Wasserstoff und Sauerstoff. Wenn das so ist, dann muss, weiß der Lehrer, Wasser „in seine beiden Elemente" zerlegt werden können.
S: *Da muss man das Wasser kochen.*	Wenn man Wasser kocht, wird es weniger. Vielleicht erinnert sich der Schüler daran, dass Wasserstoff und Sauerstoff „Gase" sind; also mag das, was da aus dem Wasser beim Kochen herauskommt, Wasserstoff und Sauerstoff sein. Vielleicht erinnert er sich aber auch, dass Erdöl „gekocht" wird, um in seine Bestandteile, Benzin, Dieselöl, Teer, zerlegt zu werden.
	Wir erfahren nicht, wie das Gespräch in dieser Stunde weitergeht. Die über das Gespräch berichtende Forscherin bricht hier ab. Meine Vermutung lautet: Die Forscherin will mit dem Abbruch an dieser Stelle den „Unsinn" markieren, den jeder Chemiedidaktiker bzw. -lehrer in der „falschen Antwort" als evident erlebt.
In der folgenden Doppelstunde wird das Gespräch fortgesetzt; ein Ausschnitt:	Die Forscherin, E. SUMFLETH (vgl. Legende), führt ihre Dokumentation an einer „markanten Stelle" fort.
L: *Was kann ich daraus ablesen, aus H_2O?*	Wir vermuten, dass der Lehrer H_2O an die Tafel geschrieben hat, nun also nicht auf das Glas Wasser zeigt, sondern auf die Formel.

S: *Ja, das ist Wasser.*

Das scheint klar zu sein: H_2O ist Wasser. Aber ein weiterer Schüler ahnt, dass diese Antwort nicht genügen wird, und ergänzt:

S: *Dass es zwei Teile Wasser sind.*

Der Lehrer wehrt ab:

L: *Nein, Susanne ist dran.*

Hat er gehört, dass der Schüler „sich versprochen" hat? „Wasser" an Stelle von „Wasserstoff"? Susanne aber hat wohl das richtige Stichwort bekommen:

S: *Ja, ja, es besteht wieder aus Sauerstoff und Wasserstoff.*

Susanne gibt die Antwort, auf die der Lehrer während der vorigen Stunde hingearbeitet hat. Aber nun scheint das dem Lehrer nicht zu genügen. Ein (weiterer?) Schüler gibt ein neues Stichwort:

Was wollen Sie denn hören? Was soll ich denn noch sagen? Ich hab' alles gesagt, was ich weiß!

S: *Moleküle.*

Das nimmt der Lehrer auf:

L: *Was für Moleküle?*

Er bekommt zwei Angebote:

S: *Wasserstoff.*

S: *Wasser.*

L: *Wasser, nicht immer Wasserstoff sagen, Wassermoleküle.*

Der Lehrer will offenbar das Wort *Wassermoleküle* hören. Die Formel H_2O, die an der Tafel steht, hat je nach Kontext unterschiedliche Bedeutungen: zum einen *Wasser*, dann sagt die Formel, wie der eine Schüler im Gespräch etwas früher zu sagen versucht hat, Wasser bestehe aus zwei Teilen Wasserstoff und einem Teil Sauerstoff (vorsichtiger: wenn man es elektrolytisch zerlegt, erhält man Wasserstoff und Sauerstoff im Mengenverhältnis 2:1.) Die Formel hat aber auch die Bedeutung: Wasser ist aus Molekülen, den *kleinsten Wasserteilchen*, zusammengesetzt und diese Moleküle nennt man *Wassermoleküle*. Die Schüler sollten nun wohl diese Bedeutung der Formel nennen. Der Schüler stimmt zu; das Wort hätte er wohl sagen können - aber:

S: *Ne, das rutscht so raus.*

Abbildung 2:   Lehrer-SchülerInnen-Gespräch zum Thema „Elemente - Verbindungen" (SUMFLETH 1996)

Lehrer und Schüler reden hier offenkundig aneinander vorbei. Was da geschieht, kann recht gut durch GRUSCHKAs Erweiterung des didaktischen Dreiecks (vgl. Abb. 3) illustriert werden: GRUSCHKA macht darauf aufmerksam, dass ein im Unterricht verhandelter Gegenstand (*G*, im üblichen didaktischen Dreieck wird das als *Stoff* bezeichnet) sich zwar auf außerschulische Wirklichkeit (hier „Objekt" genannt) bezieht, aber mit dieser nicht gleich zu setzen ist,[3] und dass Lehrer und Schüler den Unterrichtsgegenstand in unterschiedlicher Weise konstruieren. Der Gegenstand des Lehrers (*GL*) ist ein anderer als der Gegenstand eines Schülers (*GS*). In der hier gezeigten Situation ist der Unterrichtsgegenstand (*G*) das chemische Begriffspaar *Elemente - Verbindungen*.[4] Der Gegenstand des Lehrers (*GL*) ist die *Fachsprache* der Chemie. Wir vermuten, der Lehrer wiederholt den Stoff der Sekundarstufe I und geht davon aus, dass mit der Erinnerung an die Fachsprache auch der Gegenstand ins Gedächtnis zurückgerufen wird. Er spielt ein Sprachspiel, das die Schüler auf ihre Weise mitspielen. Der Gegenstand der Schüler (*GS*) ist ebenfalls ein *Sprachspiel* - das Spiel, das mit den Wörtern Wasserstoff, Sauerstoff, Wasser und Molekül unterrichtlich zu spielen ist. Das Glas Wasser schließlich könnte als das außerhalb des Unterrichts in der Wirklichkeit vorhandene Objekt vermutet werden. Der Lehrer hat es als didaktische Hilfe vorgezeigt, will aber nicht über *Wasser* reden. Die Schüler rekurrieren auf alltägliches Wissen (Wasser kochen) und Sprachgefühl (Wasserstoff, der Stoff, aus dem das Wasser gemacht ist), während sie sich bemühen, die erwarteten Antworten zu geben.

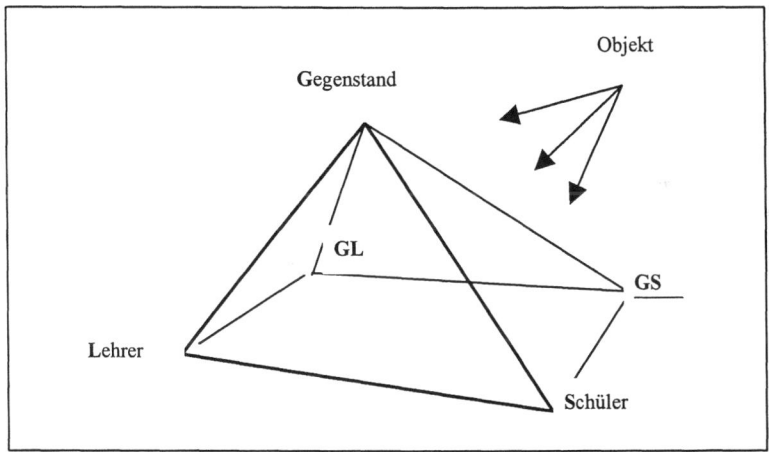

Abbildung 3:   Lehrer - Schüler - Stoff: Didaktische Konstruktionen (nach GRUSCHKA 2002, S. 21)

---

[3] So wie MAGRITTEs berühmtes *Bild* einer Pfeife eben keine Pfeife *ist*: „Ce n'est pas une pipe!"

[4] Vorsichtiger müssten wir sagen, E. SUMFLETH zeige durch die Überschrift des Gesprächsausschnitts an, dass sie diesen Unterrichtsgegenstand aus der Beobachtung rekonstruiert hat.

Dies ist zwar ein besonders drastisches Beispiel misslingenden Chemieunterrichts. Dennoch ist, gemessen an den weiter oben oder auch in Lehrplänen genannten Zielen von naturwissenschaftlichem Unterricht, das Misslingen weit verbreitet. Das soll im Folgenden mit Ergebnissen einiger quantitativer Erhebungen verdeutlicht werden.

Einen ersten Eindruck kann die von HÄUßLER et al. durchgeführte, bundesweite Erhebung an 869 Erwachsenen im Alter zwischen 20 und 40 Jahren geben, die ihre Schulbildung abgeschlossen haben. (HÄUßLER et al. 1986) Naturwissenschaftliche Bildung wird im Sinne des in der vorangegangenen Delphi-Studie von 1980 entwickelten Konzepts verstanden; entsprechend wird nach Wissen, Einstellungen, Interessen und Verhalten gefragt, und zwar exemplarisch in den Bereichen Energie und Elektrizität, in denen Gesellschafts- wie Alltagsbezüge relativ nahe liegen. Die Stichprobe ist in mancher Hinsicht nicht repräsentativ für die Gesamtbevölkerung der Altersgruppe (Menschen mit nicht hinreichenden Deutschkenntnissen konnten nicht berücksichtigt werden; Personen mit Hauptschulbildung sind unter-, solche mit Gymnasialbildung überrepräsentiert, ebenda, S. 118ff.). Etwa die Hälfte der Befragten nennt *Energiewandler* wie Generator, Elektromotor u.ä. auf entsprechende Fragen oder erkennt, dass gezeigte *perpetua mobilia* nicht funktionieren können. Multiple-Choice-Fragen mit starkem Alltagsbezug, beispielsweise die Frage nach den Maßeinheiten, in denen elektrische Größen gemessen werden, werden sogar von zwei Dritteln der Befragten richtig beantwortet. Sowohl theoretisches wie praktisches Wissen klingt nach Beendigung der Schulzeit langsam ab. Das Wissen von Frauen ist in beiden Bereichen deutlich niedriger als das der Männer; ihr praktisches Wissen geht signifikant stärker zurück als das der Männer. Insgesamt zeigt die Studie, dass naturwissenschaftliches Wissen in der Bewältigung von Alltagspraxis genutzt, wachgehalten, partiell auch ausgebaut wird - allerdings nur soweit dieses Wissen instrumentell benötigt wird. Eine Differenzierung des Weltbildes auf Grund des naturwissenschaftlichen Wissens ist dagegen nicht erkennbar - weder als *vertieftes Verständnis naturwissenschaftlicher (...) Gesetzmäßigkeiten* (siehe das obige Zitat aus der Delphi-Studie) noch als Fähigkeit zu Urteil und Kritik gegenüber technologischen Entwicklungen und damit verbundenen Veränderungen von Lebensbedingungen.

Auskunft über Fähigkeiten, Sachverhalte auf Grund naturwissenschaftlicher Gesetzmäßigkeiten zu deuten, geben die TIMS-Studien: Demnach verfügen 20 Prozent der 14-Jährigen in Deutschland nur über naturkundliches Wissen auf Grundschulniveau, etwa 60 Prozent haben erfahrungsnahes naturwissenschaftliches Alltagswissen und etwa ein Viertel der 14-Jährigen ist in der Lage, Phänomene mit naturwissenschaftlichen Konzepten zu erklären. Diese Jugendlichen können etwa im Sinne der Chemie Mischungen, Lösungen und Verbindungen unterscheiden oder elektrische Spannung und Stromstärke in Beziehung zu einander setzen (BAUMERT u.a. 1997, S. 82-87). Allerdings: *Über einigermaßen zutreffende Vorstellungen von naturwissenschaftlichen Experimenten verfügen (...) gerade 5 Prozent der Achtklässler* (ebenda, S. 84).

Am Ende der Sekundarstufe II (berufliche Schulen und gymnasiale Oberstufen) ergibt sich ein ähnliches Bild: 14 Prozent der jungen Erwachsenen gelingt ausschließlich die Anwendung naturwissenschaftlichen Alltagswissens. Sie können etwa angeben, wie *Josef (...) sich eine Grippe geholt* (hat) oder (warum) *eine gesunde Ernährung auch Obst und Gemüse enthalten soll* (*multiple choice*). Ein weiteres Drittel ist darüber hinaus in der Lage, alltagsnahe Phänomene in einfacher Weise zu erklären; diese jungen Erwachsenen wissen, welche Art von Sonnenstrahlung Sonnenbrand verursacht (*multiple choice*, BAUMERT u.a. 1998, S. 35) oder identifizieren die Energieumwandlungsprozesse in einem Benzinmotor. Ein weiteres Drittel wendet naturwissenschaftliche Konzepte an: Beispielsweise wird erklärt, warum Pfennigabsätze Fußböden beschädigen können. Aber nur 13 Prozent erklären naturwissenschaftliche Vorgänge, wie etwa den Stromfluss, der ein an eine Batterie angeschlossenes Lämpchen zum Leuchten bringt, mit naturwissenschaftlichen Konzepten und Methoden. (BAUMERT u.a. 2000, S. 201; Erläuterung der Kompetenzstufen und Beispiele S. 127-131)

Naturwissenschaftliches Wissen wird offenbar so weit angeeignet, wie es alltägliches Handeln und Sprechen unterstützt und begleitet. Ein vertieftes Interesse an einer naturwissenschaftlichen Sicht der *Dinge der Wirklichkeit* (HUND) oder der Übergang von alltäglichem zu naturwissenschaftlichem Handeln (PSARROS) ist bestenfalls in Ansätzen bei wenigen Jugendlichen und Erwachsenen erkennbar.

4   Bildung - die Verbindung von Ich und Welt

4.1 Interessenentwicklung

Dass das Interesse (lateinisch *interesse*: dabei sein) für die Fächer Chemie und Physik kaum vorhanden ist, ist aus vielfältigen Untersuchungen bekannt. Auch der Zusammenhang zwischen Interesse und schulischen Lernergebnissen ist intensiv erforscht worden (vgl. z.B. HOFFMANN u.a. 1998a, 1998b). Allerdings gibt es kaum empirisch gestützte Theorien, die die Genese von Interessen beschreiben. Und dies wäre im Hinblick auf die Bildungsgangforschung von entscheidender Bedeutung: *Wollen* Kinder und Jugendliche Physik und Chemie nicht lernen, weil sie keine Interessen in diesen Bereichen entwickelt haben und sie im Unterricht auch nicht entwickeln können, oder *können* sie im Unterricht auf Chemie oder Physik bezogene Interessen nicht (weiter) entwickeln, weil die Inszenierung des Unterrichts eine Anknüpfung an Interessen nicht vorsieht?

Einen Versuch, die Entstehung von Interessen zu beschreiben, hat TODT (1987) unternommen. Er geht auf der Basis der Reanalyse einer Fülle von empirischem Material davon aus, dass die anfangs „universellen" Interessen der Kinder an allem, was ihnen begegnet, durch Eliminierung all jener Interessen, die nicht zu den Entwürfen der eigenen Person als weiblich bzw. männlich und den Entwürfen der eigenen beruflichen Zukunft passen, im Verlauf von Kindheit und Jugend auf allgemeine und spezielle Interessen reduziert werden.

Die Entwicklung beginnt mit *universellen Interessen*: Kinder erforschen ihre gesamte soziale und materiale Umwelt, die sie wahrnehmen und begreifen können. Ab dem Alter von etwa zwei Jahren setzt eine erste Selektion ein. Die Kinder unterscheiden, wofür sich ein Mädchen bzw. wofür sich ein Junge interessiert. Mädchen und Jungen vertiefen die Interessen, die ihrer Vorstellung vom Verhalten des eigenen Geschlechts entsprechen, und blenden die Interessen des anderen Geschlechts aus. Das „Kollektiv" der Mädchen vertieft andere Interessen als das „Kollektiv" der Jungen. Ab dem Alter von ca. 6 Jahren spielen diese *kollektiven Interessen* eine größere Rolle als die universellen. *Allgemeine Interessen* entstehen auf Grund einer weiteren Selektion: Die Kinder entwickeln Phantasien über ihre berufliche Zukunft und orientieren sich dabei an ihrem sozialen Umfeld. Interessen, die mit Tätigkeiten mit „zu hohem" oder „zu niedrigem" Sozialprestige verbunden sind, werden nun ebenfalls ausgeblendet. Man könnte sagen, die Kinder berücksichtigten bei der Ausbildung allgemeiner Interessen ihr „soziales Kapital". Ab dem Alter von ca. 13 Jahren sind allgemeine Interessen bedeutsamer als kollektive und universelle Interessen. *Spezifische* Interessen entstehen als erneute Eingrenzung aufgrund von Erfolgserfahrung - und mit Blick auf den erhofften zukünftigen Beruf oder in der Entwicklung eines Hobbys; sie sind ab ca. 18 Jahren für die weitere Entwicklung bedeutsamer als allgemeine, kollektive und universale Interessen.

In einer späteren Arbeit beschreiben TODT/SCHREIBER (1998) die Entwicklung allgemeiner Interessen in der Form von Entwicklungsfragen.

age		
0	universal interests	What's the structure of my physical and social environment?
3	collective interests	What will be right for me as a boy? What will be right for me as a girl?

7	individualization	What am I able to do?
10	individualization	Boys: What is the prestige of different activities / occupations? Girls: What is the social relevance of different activities / occupations? What happens with my body and my mood?
15	individualization	What about my personal future? What about my social responsibility? What about the society?

Abbildung 4:   Entwicklung allgemeiner Interessen nach TODT/SCHREIBER
1998, S. 29

Nach dieser Theorie entwickeln sich allgemeine Interessen auf Grund der Wahrnehmung sozialer Anforderungen und deren Deutung im Blick auf die eigene Person. In der Interessenforschung ist dieser Ansatz nicht weiter verfolgt worden, um etwa bereichsspezifisch zu fragen, wie diese allgemeinen Interessen im Unterricht wirksam werden oder sich durch weitere Selektion auf spezifische Interessen zuspitzen. Die zu Beginn dieses Abschnittes gestellte Frage, ob Schüler ihre Interessen im Unterricht (weiter) entwickeln können, ist also nicht direkt untersucht worden. Allerdings legen Forschungsergebnisse zur Differenz von Sach- und Fachinteresse die Vermutung nahe, dass die Fächer Chemie und Physik das Interesse an naturwissenschaftlichen Fragen, Sachverhalten und Erkenntnisweisen nicht fördern (HOFFMANN u.a. 1998a, S. 25).

5   Lernen: Bildung von Kompetenz und Identität in der Bearbeitung von Entwicklungsaufgaben

Im Mittelpunkt der Bildungsgangforschung stehen nicht Interessen als Motoren der Entwicklung von Kompetenz und Identität, sondern Entwicklungsaufgaben. Die Bildungsgangforschung geht davon aus, dass Kinder und Jugendliche (auch Erwachsene) dann lernen, wenn sie selbst - bewusst oder unbewusst - einen Zusammenhang zwischen gesellschaftlichen Anforderungen und Lernangebot herstellen können. Solche gesellschaftliche Anforderungen lassen sich für das Jugendalter als empirisch erhobene Entwicklungsaufgaben beschreiben. Sie sind differenzierter als die allgemeine Interessen generierenden Fragen nach TODT/SCHREIBER, ihnen aber thematisch außerordentlich ähnlich. In der Sprache der Bildungsgangforschung könnten wir sagen, dass Interessen in der Bearbeitung von Entwicklungsaufgaben entstehen:

- Akzeptieren der eigenen körperlichen Erscheinung: Veränderungen des Körpers und des eigenen Aussehens annehmen.
- Sich das Verhalten aneignen, das man in unserer Gesellschaft von einem Mann bzw. von einer Frau erwartet.
- Entwicklung einer eigenen Weltanschauung: Sich darüber klar werden, welche Werte man hoch hält und als Richtschnur für eigenes Verhalten akzeptiert.
- Über sich selbst im Bild sein: Wissen, wer man ist und was man will
- Wissen, was man werden will und was man dafür können (lernen) muß.
- Entwicklung einer Zukunftsperspektive: Sein Leben planen und Ziele ansteuern, von denen man glaubt, dass man sie erreichen kann.
- Entwicklung von Konzepten und Denkschemata, die für das Alltagsleben notwendig sind. (OERTER/MONTADA 1998, S. 328f.)

In einer explorativen Studie zum Chemielernen ist SPÖRLEIN (2003) der Frage nachgegangen, inwiefern Entwicklungsaufgaben des Jugendalters für das Chemielernen bedeutsam werden können. Sie stellt - das ist nicht überraschend - fest, dass die vielfältigen Möglichkeiten, Chemielernen auf die je eigene Bildungsbiografie zu beziehen, im Unterricht nicht aufgenommen werden. Es gelingt den Jugendlichen nur äußerst selten, das Lernangebot auf eigene Entwicklungsziele zu beziehen bzw. mit Hilfe des Unterrichtsangebots die eigenen Entwicklungsziele zu konkretisieren (HERICKS/SPÖRLEIN 2001).

SPÖRLEIN (2003, S. 62ff.) hat dies ausgeführt: Wissen, was man werden will und was man dafür können (lernen) muss, hieße beispielsweise, die mit dem Lernen von Physik oder Chemie verbundenen Berufsperspektiven zu entdecken. Die Aufgabe, die eigene Geschlechtsrolle zu finden, würde bedeuten, sich aktiv mit Vorurteilen der Art „Technik und Physik sind Männersache" auseinander zu setzen und einen eigenen Standpunkt zu finden. Engagement für Umweltschutz könnte durch die reflektierte Entwicklung des eigenen Wertesystems fundiert werden.

SPÖRLEIN hat in Unterrichtsbeobachtungen und Interviews nach Ansätzen gesucht, wie Jugendliche Chemie-Lernen auf Entwicklungsaufgaben beziehen. BONNET hat SPÖRLEINs Überlegungen aufgenommen und ist in der Modellierung von Lernen und Kompetenzentwicklung im Bereich Chemie konkreter geworden.

5.1 Dimensionen von Kompetenz

Im Bereich der Naturwissenschaften (Chemie und Physik) ist die Entwicklung von Kompetenz bereits in den ersten Untersuchungen zur Kollegschule (SCHENK 1985) in vier Dimensionen modelliert worden. Die am weitesten entwickelte Fassung dieses Modells hat BONNET (2003, S. 72ff.) entwickelt.

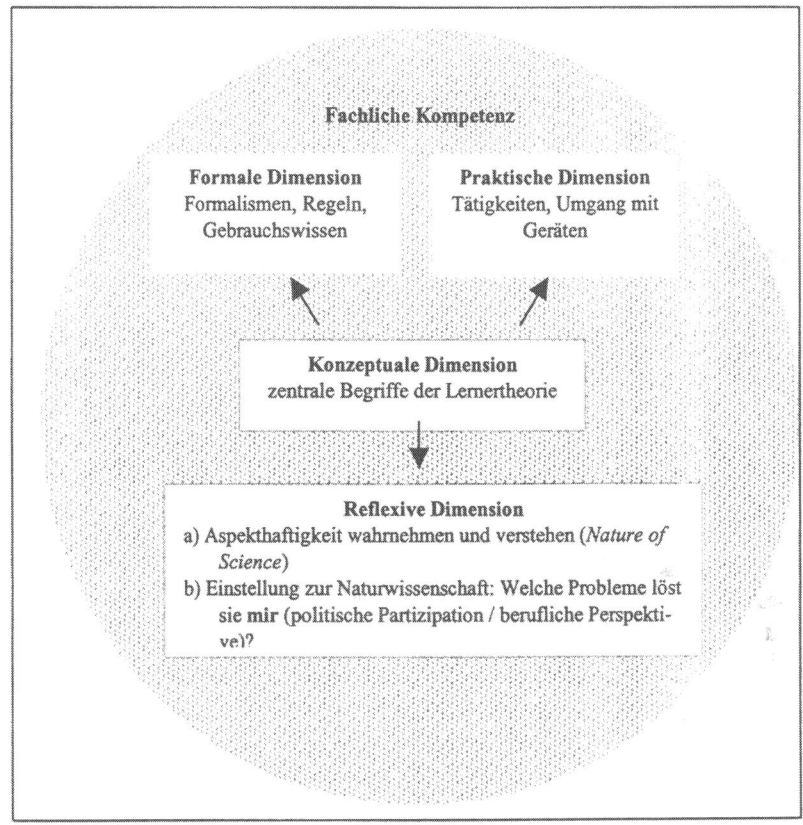

Abbildung 5: Vier Dimensionen von Kompetenz (nach BONNET 2003, S. 292)

Er beschreibt eine formale, eine praktische, eine konzeptuale und eine reflexive Dimension und verknüpft Bildung mit der reflexiven Dimension (vgl. Abb. 5). Die formale Dimension beschreibt das in Routinen gefestigte Wissen, die konzeptuale Dimension Bilder oder Vorstellungen, die einigermaßen zuverlässig zu Sachverhalten entwickelt werden, die aus der Sicht des Faches zur Chemie gerechnet werden. Die praktische Dimension erfasst das sich im Umgang mit Stoffen darstellende Können und die reflexive Dimension die Sinnzusammenhänge, in denen der Lernende seinen Umgang mit Chemie deutet. Wir sprechen von Dimensionen chemischer Kompetenz (und nicht von Teilkompetenzen), um auszudrücken, dass die einem Lerner zuzuschreibende Kompetenz in allen vier Dimensionen beschrieben werden muss.

TIMSS und PISA haben für unsere Schulen den einseitigen Aufbau von formalen Routinen, also die Bevorzugung der formalen Dimension gegenüber der konzeptualen Dimension diagnostiziert. Diese Ergebnisse sind in Einklang mit den Untersuchungen von SPÖRLEIN und BONNET. BONNET sucht nun aber auch speziell nach Spuren von Reflexivität im Umgang mit Chemie - er findet gelegentlich Befremdung, die sich in Sprachspielen äußert, aber keine Hinweise auf das in Abb.5 angedeutete Niveau von Reflexivität. (ebd., S. 282ff.)

Das legt die Vermutung nahe, dass auch die konzeptuale Dimension nicht angemessen entwickelt werden kann, wenn die Entwicklung der reflexiven Dimension durch Unterricht nicht unterstützt, sondern von den Lernenden ohne Hilfe des naturwissenschaftlichen Unterrichts allein bewältigt werden muss. Auszuarbeiten wäre hier insbesondere der Zusammenhang von reflexiver Dimension und den die Identität beschreibenden Faktoren (Selbstkonzept, Interesse, Entwicklungsziele, Werte).

Ein naturwissenschaftlicher Unterricht, der sich nicht schon in den Anfängerklassen nur an zukünftige Chemiker und Physiker wendet, vielmehr die ganze Person anspricht, Kinder und Jugendliche entdecken lässt, welche Bedeutung chemische und physikalische Sichtweisen und Einsichten für sie haben können, hätte die Chance, Bildung im Medium der Naturwissenschaften zu ermöglichen.

Literatur

BAUMERT, J./BOS, W./LEHMANN, R. (2000; Hg.): TIMSS/III. Dritte Internationale Mathematik- und Naturwissenschaftsstudie. Mathematische und naturwissenschaftliche Bildung am Ende der Schullaufbahn. Band 1: Mathematische und naturwissenschaftliche Bildung am Ende der Schullaufbahn. – Opladen: Leske+Budrich.

BAUMERT, J./BOS, W./WATERMANN, R. (1998): TIMSS/III Schülerleistungen in Mathematik und den Naturwissenschaften am Ende der Sekundarstufe II im internationalen Vergleich. Zusammenfassung deskriptiver Ergebnisse. (Reihe:

Studien und Berichte/Max-Planck-Institut für Bildungsforschung Band 64). – Berlin: Max-Planck-Institut für Bildungsforschung.

BAUMERT, J./LEHMANN. R./LEHRKE, M. et al. (1997): TIMSS - Mathematisch-naturwissenschaftlicher Unterricht im internationalen Vergleich. Deskriptive Befunde. – Opladen: Leske+Budrich.

BONNET, A. (2003): Chemie im bilingualen Unterricht. Kompetenzerwerb durch Interaktion. (Reihe: Studien zur Bildungsgangforschung Band 4). – Opladen: Leske+Budrich.

BRÜGGEMANN, O. (1967): Naturwissenschaft und Bildung. Die Anerkennung des Bildungswertes der Naturwissenschaften in Vergangenheit und Gegenwart. – Heidelberg: Quelle & Meyer.

FISCHER, E. P. (2001): Die andere Bildung. Was man von den Naturwissenschaften wissen sollte. – München: Ullstein.

GRUSCHKA, A. (2002): Didaktik. Das Kreuz mit der Vermittlung. Elf Einsprüche gegen den didaktischen Betrieb. (Reihe: Schriftenreihe des Instituts für Pädagogik und Gesellschaft. Münster. Band 9.) – Wetzlar: Büchse der Pandora.

HÄUßLER, P./HOFFMANN, L./ROST, J. et al. (1980): Physikalische Bildung. Eine curriculare Delphi-Studie. 2 Bände (Reihe: (IPN-Arbeitsberichte 41, 42). – Kiel: IPN.

HÄUßLER, P./HOFFMANN, L./ROST, J. (1986): Zum Stand physikalischer Bildung Erwachsener. Eine Erhebung unter Berücksichtigung des Zusammenhangs mit dem Bildungsgang. (Reihe: IPN 105). – Kiel: IPN.

HERICKS, U./SPÖRLEIN, E. (2001): Entwicklungsaufgaben in Fachunterricht und Lehrerbildung - Eine Auseinandersetzumg mit einem Zentralbegriff der Bildungsgangdidaktik, in: HERICKS, U. u.a. (Hg.): Bildungsgangdidaktik. Perspektiven für Fachunterricht und Lehrerbildung. – Opladen: Leske+Budrich, S. 33-50.

HOFFMANN, L./HÄUßLER, P./LEHRKE, M. (1998a): Die IPN-Interessenstudie. (Reihe: IPN 158). – Kiel: IPN.

HOFFMANN, L. et al. (1998b; Hg.): Interest and Learning: Proceedings of the Seeon Conference on Interest and Gender (Reihe: IPN 164). – Kiel: IPN.

HUND, F. (1969): Grundbegriffe der Physik. – Mannheim: Bibliographisches Institut AG, S. 9.

JACHMANN, R. B. (1812): Beschreibung des Conradinum auf Jenkau bei Danzig, in: Archiv deutscher Nationalbildung, H. 3, Berlin, S. 273f., zitiert nach BENNER, D./KEMPER, H. (2000; Hg.): Quellentexte zur Theorie und Geschichte der Reformpädagogik. Teil 2: Die pädagogische Bewegung von der Jahrhundertwende bis zum Ende der Weimarer Republik. – Weinheim: Deutscher Studienverlag, S.388.

MACH, E. (1896): Über den relativen Bildungswert der philologischen und der mathematisch-naturwissenschaftlichen Unterrichtsfächer der höheren Schulen, in: MACH, E. (Hg.): Populär-wissenschaftliche Vorlesungen. – Leipzig: Johann Ambrosius Barth, S. 305-344.

OERTER, R./MONTADA, L. (1998; Hg.): Entwicklungspsychologie. Ein Lehrbuch. – Weinheim/Beltz: Psychologie Verlags Union. 4. korrigierte Auflage.

PSARROS, N. (1999): Die Chemie und ihre Methoden. Eine philosophische Betrachtung. – Weinheim/New York: WILEY-VCH.

SCHENK, B. (1984): Geschichte des Physikunterrichts im allgemeinen Schulwesen und Anfänge des Technikunterrichts, in: MANNZMANN, A. (Hg.): Geschichte der Unterrichtsfächer, Band 3. – München: Kösel, S. 54-102.

SPÖRLEIN, E. (2003): „Das mit dem Chemischen finde ich nicht so wichtig ...". Chemielernen in der Sekundarstufe I aus der Perspektive der Bildungsgangdidaktik. (Reihe: Studien zur Bildungsgangforschung Band 3). – Opladen: Leske+Budrich.

SUMFLETH, E. (1996): Chemieverstehen in Abhängigkeit vom Vorwissen, in: DUIT, R./RHÖNECK, CHR. V. (Hg.): Lernen in den Naturwissenschaften. – Kiel: IPN, S. 228-249.

TODT, E./SCHREIBER, S. (1998): Development of Interests, in: HOFFMANN, L. et al. (Hg.): Interest and Learning: Proceedings of the Seeon Conference on Interest and Gender (Reihe: IPN 164). – Kiel: IPN, S. 25-40.

TODT, E. (1987): Elemente einer Theorie naturwissenschaftlicher Interessen, in: LEHRKE, M./HOFFMANN, L. (Hg.): Schülerinteressen am naturwissenschaftlichen Unterricht.– Kiel: IPN, S. 111-126.

Historisches Denken als Entwicklungs-Hilfe und Entwicklungs-Aufgabe. Überlegungen zum Geschichtslernen im Bildungsgang

Andreas Körber

1 Einleitung: Geschichtslernen und Bildungsgangdidaktik

Die Bildungsgangforschung als ein im Ursprung fachunabhängiger Forschungs-ansatz und die Bildungsgang*didaktik* als zunächst ebenso fachunabhängige bzw. -übergreifende didaktische Konzeption haben in den letzten Jahren einen Schritt auf die etablierten Unterrichtsfächer vorgenommen. Hierzu hat nicht zuletzt beigetragen, dass mit Meinert MEYER einer der führenden Vertreter des Kon-zepts selbst ausgewiesener Fachdidaktiker ist. Auch von Seiten der Didaktiken der etablierten Unterrichtsfächer hat es einige Bestrebungen zur Aufnahme bil-dungsgangtheoretischer und bildungsgangdidaktischer Kategorien gegeben. Ein Teil davon ist in der Festschrift für Meinert MEYER dokumentiert (HERICKS et.al. 2001; Hg.). Für die Geschichtsdidaktik hat damals Bodo von BORRIES in Form eines Durchgangs durch die Geschichte der deutschen Geschichtsdidaktik ent-lang der Kategorien der Individualisierung bzw. der Betonung gesellschaftlicher Ansprüche mögliche Parallelen zwischen der innerdisziplinären Diskussion und der Hauptkategorie der Bildungsgangforschung, den „Entwicklungsaufgaben" in ihrem Spannungsfeld zwischen individuellen, subjektiven Absichten und „objek-tiven", gesellschaftlichen Ansprüchen an das Lernen der Individuen[1] ausgelotet (v. BORRIES 2001).

In diesem Beitrag soll nun die Fragestellung unter zwei weiteren Perspekti-ven und mit anderer Methode wieder aufgegriffen werden, indem zunächst ge-

---

[1] Die Bildungsgangforschung besitzt mit der zentralen Kategorie der Entwicklungsaufgaben in Anlehnung an HAVIGHURST ein Konzept, welches die Frage nach den leitenden Gesichtspunkten bei der Definition von Aufgaben und Zielen von Bildung und Unterricht ebenfalls in ein Spannungsfeld fasst, nämlich das zwischen „Subjekt" und „Objekt". Hier ist mit „Subjekt" die jeweilige Eigenwahr-nehmung von (nicht „der") Aufgaben, die sich einem Menschen in verschiedenen Phasen des Lebens stellen, gemeint, wogegen die „objektive" Seite die „gesellschaftlichen Anforderungen" bezeichnet. Die eigentlichen Lernaufgaben, die als Leitlinie für konkrete Planungsentscheidungen genommen werden können, dürfen demnach nicht an einem der beiden Pole, sondern immer irgendwo dazwi-schen zu suchen sein. Die genaue Ausbalancierung der Waage ist dabei durchaus Gegenstand von Diskussionen und wird unterschiedlich beantwortet (vgl. HERICKS/SPÖRLEIN 2001).

fragt wird, welchen Beitrag Geschichtsdidaktik und Geschichtslernen für die Bildungsgangforschung und -didaktik leisten können, und danach die Fragerichtung umgekehrt und erwogen wird, ob von Kategorien der Bildungsgangforschung und -didaktik Impulse für die geschichtsdidaktische Diskussion erwartet werden können.

2 Geschichtsdidaktische Kategorien im Blickfeld der Bildungsgangforschung

‚Geschichte' ist ein Schulfach neben anderen. Diese schulorganisatorische Tatsache täuscht über die Tatsache hinweg, dass Geschichte kein Wissensbereich ist, der *neben* anderen steht, sondern eine Erkenntnisweise, mit Hilfe derer sich prinzipiell alle Kategorien des menschlichen Lebens hinsichtlich ihrer Zeitlichkeit denkend und Sinn bildend verarbeiten lassen. Historisches Denken und Lernen vollzieht sich nicht abseits vom sonstigen Denken und Leben, sondern entspringt an ihm in Form von Orientierungsbedürfnissen. Dementsprechend erfüllt historisches Lernen seine Aufgabe dann, wenn es den einzelnen befähigt, seine im Alltag entspringenden Orientierungsbedürfnisse zu verarbeiten (RÜSEN 1983). Diese Orientierungsbedürfnisse aber sind abhängig von der konkreten Lebenssituation, und somit auch von der gesellschaftlichen Situation, in der sie entstehen und von der individuellen Entwicklungssituation. Wir müssen also davon ausgehen, dass Aufwachsende heutzutage andere Orientierungsbedürfnisse haben als Jugendliche in vormodernen Zeiten, oder auch nur in anderen Gesellschaftssystemen. Gleichzeitig müssen wir ebenso davon ausgehen, dass Jugendliche überhaupt andere Orientierungsbedürfnisse haben als Erwachsene oder auch Kinder. Diesem Gedanken folgend kann historisches Denken als eine Hilfe bei der Bewältigung allgemeiner Entwicklungsaufgaben verstanden werden und historisches Lernen als eine institutionalisierte Hilfe dazu.

Andererseits steht die Fähigkeit „Historisches Denken" und die ihm zugehörigen Kategorien und Vorstellungen nicht allen Menschen in jedem Lebensalter gleichermaßen zur Verfügung. Die Grundfigur des historischen Denkens ist zwar vermutlich eine anthropologische Universalie (RÜSEN 1983, S. 48ff), ihre Beherrschung in vernünftiger und dem jeweiligen gesellschaftlichen Umfeld angemessener Weise jedoch erfordert Übung. Gleichzeitig stellen Gesellschaften ihrerseits Ansprüche an das historische Denken ihrer Mitglieder - und zwar nicht nur aus illegitimen Gründen einer Vorgabe der erwünschten Deutungen, sondern auch aus einem selbst unter demokratischen und pluralistischen Vorzeichen berechtigten Interesse an einer Kompatibilität der historischen Orientierungen ihrer Mitglieder (KÖRBER 1999, S. 32; HASBERG/KÖRBER 2003, S. 183). Die

Befähigung zum historisches Denken selbst stellt also eine Entwicklungsaufgabe dar, die im typischen Spannungsfeld zwischen „objektiven" Vorgaben und „subjektiven" Wahrnehmungen zu verorten ist. Im Folgenden sollen die beiden Aspekte kurz beleuchtet werden.

2.1 Institutionalisiertes Geschichtslernen als Beitrag zur Bewältigung der allgemeinen Entwicklungsaufgaben

Entwicklungsaufgaben haben den Charakter existentieller Krisen. Sie stellen den einzelnen vor eine Bewährungsaufgabe mit einer Lösungsmenge, die prinzipiell offen und dem Lernenden zudem nicht überschaubar ist. In der gegenwärtigen Gesellschaft stellen sich solche Entwicklungsaufgaben im allgemeinen Sinne in einem gegenüber früheren Gesellschaften verstärkten Maße, weil die Verbindlichkeit der traditionalen sozialen Normen, welche bestimmte Entscheidungen vorprägten, abgenommen hat. Zu denken ist hier z.B. an Geschlechts- und Berufsrollen, die für den einzelnen Heranwachsende weniger vorgegeben sind als noch vor Jahrzehnten. Der Übergang vom persönlichen „Heute" zum „Morgen" ist kontingenter als er noch für die Großeltern war. *Eine* Strategie angesichts solcher Unsicherheiten ist der Blick zurück mit dem Ziel, aus der Vergegenwärtigung früherer Beispiele eines Übergangs zwischen zwei Zeitpunkten eine valide und reliable Vorstellung eines solches Übergangs zu gewinnen. Dies kann die Erinnerung eigener früherer Erfahrungen (im persönlichen „Gestern") sein, aber auch diejenige weiter zurückliegender Erfahrungen anderer Menschen (kollektives „Gestern"). Entwicklungsaufgaben werden somit zu *Orientierungsproblemen* zeitlicher Art - und diese sind gemäß einer einflussreichen Theorie der Ursprung jeglichen historischen Denkens (RÜSEN 1983, S. 48ff). In einer ersten Annäherung geht es dabei - nunmehr in den Kategorien der Bildungsgangtheorie gesprochen - um die Vergegenwärtigung vergangener Lösungen gleichartiger Probleme, also der Menge der „kollektiv erwirtschafteten Lösungsmöglichkeiten" (vgl. COMBE in diesem Band).

Ein Geschichtsunterricht, der einen Beitrag zur Bewältigung der allgemeinen Entwicklungsaufgaben leisten soll, steht selbst im Spannungsfeld zwischen subjektiver Wahrnehmung und gesellschaftlichen („objektiven") Anforderungen. Eine Orientierung an der jeweils „objektiven" Formulierung der Entwicklungsaufgabe erscheint dabei problematisch insofern, als ihnen zum einen ein jeweils bestimmtes Gesellschaftsbild zu Grunde liegt, welches bei einer einfachen Anwendung lediglich reproduziert würde. So impliziert z.B. die Formulierung der Entwicklungsaufgabe „ROLLE" nach DREHER/DREHER: „Sich das Verhalten aneignen, das man in unserer Gesellschaft von einem Mann bzw. einer Frau erwartet" (1985; zit. n. HERICKS/SPÖRLEIN 2001, S. 36) eine Einengung der

Menge der möglichen Bewältigungsformen auf die in der jeweils gegenwärtigen Gesellschaft akzeptierten Lösungen. Auch die Verfechter des sog. „Kanon-Modells" der Entwicklungsaufgaben betonen jedoch, dass die Menge der möglichen Lösungen darüber hinaus geht. Aufgabe von Erziehung und Unterricht darf also nicht die aktive Unterstützung bei der Ausprägung *bestimmter* Lösungen sein, sondern muss zur Auseinandersetzung mit *verschiedenen* möglichen Lösungen befähigen. Es geht also auch um die Verflüssigung und Ausweitung der den Lernenden in ihrer eigenen Lebenswelt unmittelbar zugänglichen Möglichkeitsmenge. Hieraus lässt sich durchaus eine legitime Aufgabe für historischen Unterricht ableiten, nämlich die Unterstützung der eigenen Identitätsfindung durch die Präsentation und Reflexion von Alternativen.[2] Die Alterität der Vergangenheit muss demnach dazu genutzt werden, den Lernenden Beispiele für Bewältigungen von Entwicklungsaufgaben zu präsentieren und sie historisch zu reflektieren, die es ihnen erlauben, ihre jeweils eigene Lösung zu entwickeln. Die Aufgabe des Geschichtsunterrichts ist somit die Erweiterung des Blicks für das menschlich Mögliche.

Ein solcher Geschichtsunterricht lässt sich zwar durchaus im Rahmen der gegenwärtigen Rahmen- und Lehrpläne verwirklichen, wenn die entsprechende Reflexion in die jeweiligen Lehrplanthemen integriert wird. Eine grundsätzliche Ausrichtung von Geschichtsunterricht in diesem Sinne erforderte jedoch eine Abkehr vom gegenwärtigen chronologischen Lehrplanprinzip und eine konsequente Ausrichtung der Themenwahl auf die Entwicklungsaufgaben - und zwar nicht am Pol der gesellschaftlich „objektiven" Anforderungen, sondern am gesamten Spannungsfeld zwischen Individuum und Gesellschaft. Zudem läuft ein derartiger Geschichtsunterricht Gefahr, historische Beispiele umstandslos als Vor- oder Gegenbilder vorzuführen und für die Gegenwart der Schüler in Anspruch zu nehmen, wenn er nicht gleichzeitig auch die Kompetenz der Schüler fördert, über die Relevanz dieser Beispiele für die Gegenwart und die Zulässigkeit von Gegenwartsableitungen zu reflektieren. Bereits hier zeigt sich, dass Geschichte nicht nur als Beispielsammlung für die Bewältigung der gegenwärtigen Entwicklungsaufgaben genutzt werden darf (und sich somit auch dem Vorwurf aussetzt, Geschichte nur als beliebigen „Steinbruch" zu nutzen), sondern immer auch die Entwicklung der Befähigung zum historischen Denken in den Blick nehmen muss.

Ganz deutlich wird dies auch an der wichtigen Hilfe, die historisches Denken und somit Geschichtsunterricht bei der Entwicklung eines moralischen Bewusstseins leisten kann. Die Vermittlung der Einsicht in die historische Relativi-

---

[2] Gemeint ist nicht (nur) ein Vorführen von einzelnen Alternativen *zur* gegenwärtigen Praxis, sondern durchaus die Präsentation und Reflexion *mehrerer* gesellschaftlicher Normen und Praxen aus Vergangenheit (und ggf. auch aus anderen Kulturen der Gegenwart).

tät moralischer Standards, z.B. an Hand von Beispielen von gesellschaftlich sanktionierten Verhaltensweisen vergangener Zeiten, die heutzutage abgelehnt würden (etwa hinsichtlich Menschenopfer, Todesstrafe, Hexenverbrennungen, aber auch an Beispielen heutzutage von den Schülern kaum nachvollziehbarer Begründungen etwa für Kriege) zwingt die Schülerinnen dazu, sich selbst in einer Entwicklung zu verorten. Dies kann nur sinnvoll durch Reflexion auch und gerade der Bedingungen und Prinzipien historischen Denkens und Urteilens geschehen, um sowohl ein umstandsloses Überlegenheitsgefühl der Gegenwärtigen in moralischer Hinsicht über die Menschen der Vergangenheit wie auch eine tiefgreifende Verunsicherung der gegenwärtigen Moralstandards wegen ihrer eigenen Relativität zu vermeiden. Der Aufbau eines moralischen Bewusstseins trotz und gerade wegen der Erkenntnis, dass dieses nicht unveränderlich und vorgegeben ist, ist eine Entwicklungsaufgabe, die die Entwicklung der Kompetenz der historischen Reflexion über Wandel erfordert (KÖRBER 2000).[3]

2.2 Historisches Denken als eigene Entwicklungsaufgabe

Historisches Lernen kann aber nicht nur als eine *Hilfe* zur Bearbeitung und Bewältigung von „externen" Entwicklungsaufgaben verstanden werden, sondern selbst eine Entwicklungsaufgabe darstellen, denn es ist dem Menschen zwar offenkundig anthropologisch gegeben (RÜSEN 1983); in den konkreten Ausprägungen ist es jedoch hochgradig von der Perspektive des Denkenden und somit sozial und kulturell kontingent. Es ist somit eine Operation und Fähigkeit, die entwickelt und gelernt werden kann und auch muss. Dies gilt unter anderem für die im jeweiligen historischen Denken verwendeten Kriterien dafür, welchen Ereignissen und Strukturen der Denkende Relevanz zumisst, in den von ihm bewusst oder unbewusst vermuteten und aktualisierten Gegenwartsbezügen, in seinen Fragestellungen an die Vergangenheit, den Erklärungs- und Deutungsmustern und vor allem den Werten, die in die Vergegenwärtigung von Vergangenheit und beim Urteilen eingehen.

Da historisches Denken und die mit ihm erbrachte Orientierungsleistung nicht isoliert im Kopf des Einzelnen statt findet, sondern in einem gesellschaftlichen Rahmen, entstehen gesellschaftliche Ansprüche an die Formen und Ergebnisse des historischen Denkens der Einzelnen. Diese können manipulativ-

---

[3] Diese Entwicklungs-Hilfe des historischen Denkens bei der Entwicklung einer eigenen Position in einer unsicheren Umgebung hat vermutlich ebenso Bedeutung für die Entwicklung der Fähigkeit zu eigener Wertungssicherheit und gleichzeitig für die Entwicklung von Toleranz und Anerkennung auch gegenüber synchron anderen Wertgefügen, etwa in interkultureller Hinsicht. Vgl. hierzu u.a. die Ergebnisse der Forschungen der Gruppe um Bodo von BORRIES (u.a. v. BORRIES et al. 1995; ANGVIK; v. BORRIES 1997).

indoktrinierend sein, wenn Deutungsmuster, Normen und Urteile vorgegeben werden. Aber auch unter freiheitlich-demokratischen Bedingungen mit einer Betonung auf der Freiheit des Einzelnen ist eine Kompatibilität des historischen Denkens der Einzelnen zumindest hinsichtlich der Begriffe, Kategorien und Konzepte mit dem der übrigen Mitglieder der Gesellschaft sinnvoll (KÖRBER 1999; HASBERG/KÖRBER 2003). Dies ist die legitime Begründung für institutionalisierten Geschichtsunterricht.

Für den einzelnen Lernenden stellt sich somit historisches Lernen als eine zumindest in einem dreipoligen Spannungsfeld verortete eigene Entwicklungsaufgabe dar:

- *Erstens* ergibt sich schon aus den eigenen, aktuellen Orientierungsbedürfnissen, etwa auf Grund anderweitiger Entwicklungsaufgaben, nicht nur das Bestreben, durch eine Wendung zur Vergangenheit eine lebensweltliche Orientierung zu erfahren, sondern auch ein Interesse daran, dies gut, besser zu können;
- *Zweitens* erhält der Lernende historische Orientierungsangebote nicht nur durch sein eigenes historisches Denken, sondern auch durch andere Mitglieder der Gesellschaft, deren Kategorien und Begriffe, Normen und Deutungsmuster er sich aneignen muss, wenn er mit ihnen in Austausch treten will;
- *Drittens* erfährt der Lernende, dass die Gesellschaft seine eigenen historischen Denkprozesse und ihre Ergebnisse mit ihren Kategorien etc. beurteilt. Ihm wird ein Bild davon vermittelt, was *gutes* bzw. elaboriertes historisches Denken sei, und welche Formen als Fehlformen negativ sanktioniert werden.

Der Einzelne erfährt seine Fähigkeit zur zeitlichen Orientierung und zur Teilnahme am gesellschaftlichen Diskurs über Geschichte nicht als jeweils gegeben, sondern als eine veränderliche, einer gezielten Entwicklung offenstehende Kompetenz, und zwar sowohl im Hinblick auf operative Fähigkeiten wie auf Wissensbestände.

Auf diesen Überlegungen lassen sich - ähnlich wie in allgemeiner Hinsicht - eine Reihe von Entwicklungsaufgaben formulieren, die ein lernender Mensch in einer Gesellschaft bewältigen muss. Auch hier sind die Formulierungen zunächst solche, welche die „objektive" Seite betonen. Eine abschließende Liste ist hier naturgemäß nicht möglich. Die folgende Aufzählung soll einen Eindruck geben, auf welchem Abstraktionsgrad solche Entwicklungsaufgaben formuliert werden müssten.

1. Ein Zeitkonzept aufbauen, welches demjenigen kompatibel ist, das in der eigenen Gesellschaft dominant ist;[4]
2. Reflexion und (ggf. abgewandelte) Übernahme der in der Gesellschaft konventionellen Deutungen;
3. Wahrnehmung von und Positionierung in grundsätzlichen Kontroversen über Vergangenheit;
4. Übernahme der und Emanzipation von epistemologischen Kategorien und Methoden des historischen Denkens der eigenen Gesellschaft (Quellenbegriff, Unterscheidung Vergangenheit/Geschichte, Frageformen);
5. Emanzipation gegenüber gesellschaftlichen Deutungsvorgaben.
6. ...[5]

Die Zielpunkte einer jeglichen Entwicklung des historischen Denkens sind somit zum einen von der jeweiligen Gesellschaft und ihrem Verhältnis zur, ihrem Umgang mit Vergangenheit abhängig und somit veränderlich. So ist das aktuelle Leitbild eines reflektiert geschichtsbewussten Bürgers deutlich von demjenigen des historische Gebildeten noch der 1950er Jahre unterschieden - und mit ihnen die gesellschaftlich geforderten Entwicklungen. Dieser Pol des Spannungsverhältnisses lässt sich an Hand von Fachliteratur und Lehrplänen recht gut beschreiben und analysieren.

Zum anderen ist ebenso gut belegt, dass sich die Vorstellungen elaborierter historischer Bildung nicht nur zwischen Gesellschaften, sondern auch bei ihren Mitgliedern mit dem jeweils erreichten persönlichen Entwicklungsstand ändern (vgl. v. BORRIES et al. 1995, S. 188). Und auf Grund der in jedem Lebensalter gültigen lebensweltlichen Funktion des historischen Denkens bestimmen zudem die individuellen Orientierungsbedürfnisse, die konkreten Fragen des Einzelnen an die Vergangenheit ihrerseits bei der individuellen Konzeption der Entwicklungsaufgaben mit, die deswegen gerade nicht als unterschiedliche *Wahrnehmungen* einer objektiven, sondern als durchaus jeweils individuelle und zeitgebundene Entwicklungsaufgabe anzusprechen ist.

---

[4] Zur kulturellen Unterschiedlichkeit von Zeit- und Geschichtskonzepten vgl. die Aufsätze in RÜSEN 1998. Für ein Beispiel vgl. auch das Kapitel über die Veränderung des Zeit- und Geschichtskonzepts in China bei STILLE 2002.

[5] Die Auslassung soll hier nicht ein unvollständiges Zitat, sondern eine prinzipielle Offenheit und Unabgeschlossenheit der Liste ausdrücken. Sowohl die Diskussion um die Entwicklungsaufgaben als auch diejenige um Kompetenzen kommen im Fach Geschichte gerade erst in Gang. Hier bereits abgeschlossene Listen vorzulegen, empfiehlt sich nicht. Es wird zunächst darum gehen müssen, die Art der zu formulierenden Kompetenzen bzw. Aufgaben zu diskutieren, um dann im Rahmen einer innerdisziplinären wie interdisziplinären Diskussion zu einer pragmatisch handhabbaren Liste zu kommen.

Daher ergibt sich für die Bildungsgangforschung und -didaktik mit Blick auf Geschichte die Notwendigkeit, verschiedene Forschungsperspektiven zu integrieren. Zum einen sollte die empirische Forschung der älteren Tradition (etwa von KÜPPERS und ROTH) folgend weiterhin nach dem Geschichtsinteresse von Kindern und Jugendlichen fragen, die Ergebnisse jedoch nicht allein als Ausdruck alters- bzw. entwicklungsspezifischer Besonderheiten interpretieren, sondern individuelle Bedürfnisse und jeweils konkrete Anforderungen, die zuvor an die Versuchspersonen gestellt worden sind (Sozialisation), berücksichtigen. Auch sollte die Forschung zum Geschichtsbewusstsein weiter betrieben werden, jedoch sollte hier der Blickwinkel ausgeweitet werden von der Grundfrage danach, was bzw. wie die Versuchspersonen jeweils aktuell historisch denken oder was sie wissen und/oder können hin zu individuell gewünschten wie als nötig erachteten Lernperspektiven („Was denkst du, was du noch in Geschichte lernen kannst/sollst/willst").

Auch solche Forschungen (wenn sie denn zu Stande kämen) könnten jedoch nur Vorarbeiten sein für geschichtsdidaktische Überlegungen zu einem Progressionsmodell des historischen Lernens, das die kategorialen Konzepte der Entwicklungsaufgabe zum Zentrum hat. Im Folgenden soll versucht werden, die Chancen hierfür im Ansatz auszuloten.

3   Das ungelöste Problem der Progression im Geschichtsunterricht - Hilfen durch das Entwicklungsaufgabenkonzept?

3.1 Geschichtsdidaktisches Selbstverständnis

Zunächst ist zu fragen, in welchen Kategorien Geschichtsunterricht konventionell die eigene Legitimation, Zielsetzung und Strukturierung konzipiert. In grober Zusammenfassung lässt sich feststellen, dass sich verschiedene Ansätze und Traditionen von historischem Lernen innerhalb eines Vielecks verorten lassen, das zwischen folgenden Polen aufgespannt ist:

1. Vermittlung fachwissenschaftliche Erkenntnisse über vergangene Wirklichkeit,
2. (vermeintlich) vorgegebene Strukturen des Faches/des Erkenntnisfeldes Geschichte,
3. staatliche Interessen an konkreter Sozialisation der Lernenden durch Vermittlung bestimmter Geschichtsbilder,
4. Interessen gesellschaftlicher Gruppen an konkreter Sozialisierung der Lernenden - gerade auch gegen den Staat,

5. Orientierung an stellvertretend wahrgenommenen Lernmöglichkeiten und Bedürfnissen der Lernenden,
6. Befähigung des Lernenden zur Selbstständigkeit in historischem Denken.[6]

Bei der Betrachtung der Liste fällt auf, dass sich hier seinerseits ein Spannungsfeld zwischen einer Gesellschaftsorientierung (Pole 2/3) und einer Orientierung am Individuum (4/5) ausmachen lässt, wobei jedoch die subjektive Wahrnehmung durch die Lernenden ausgeblendet bleibt. Der verbleibende Pol 1 erweist sich bei näherer Reflexion als eine weitgehend unselbstständige Fläche, auf welche die gesellschafts- wie individuumorientierten Festlegungen projiziert werden können: Sowohl der Geschichtsunterricht der späten 1940er und 1950er Jahre wie auch die emanzipatorische Geschichtsdidaktik der späten 1960er und 1970er Jahre, aber auch die unübersichtliche Gemengelage verschiedener Traditionen und Ansätze seit den 1980ern mit der zunehmenden Orientierung an Methoden und Erkenntnisweisen haben den Anspruch gemeinsam, jeweils das *proprium* des Historischen zum Ausdruck zu bringen - einmal im Sinne einer Erkenntnis anthropologischer Universalia im historischen Wandel, einmal im Aufzeigen von gerichteten Veränderungen und ihrer normativen Überhöhung, einmal im Sinne einer Vermittlung von Werkzeugen eigenständigen Denkens (z.B. im Sinne von Wissenschaftsorientierung, Quellenorientierung).

Alle diese Konzepte müssten im Sinne des Entwicklungsaufgabenkonzeptes letztlich als „objektive Forderungen" angesprochen werden. Sie bezeichnen unterschiedliche Ansprüche „der Gesellschaft" (genauer: verschiedener, wechselnder Gesellschaften) an die Lernenden, auch dort, wo sie deren Emanzipation oder deren Selbstständigkeit als Ziele postulieren. Das im Entwicklungsaufgabenkonzept aufgezeigte Spannungsverhältnis ist demnach als eine Ergänzung anzusehen, die der Geschichtsdidaktik den Blick dafür öffnen könnte, dass jegliche Definition von Lernaufgaben *für* Lernende (besonders Schüler) zunächst *von* ihnen als Lernaufgabe erkannt und angenommen werden muss, wenn sie denn fruchtbar werden soll. Damit wird ein Defizit der bisherigen Geschichtsdidaktik aufgezeigt, das im Sinne sowohl der breiteren Grundlegung der künftigen Diskussion um Aufgaben und Ziele historischen Lernens, aber auch im Sinne einer besseren Förderung der Entwicklung des Geschichtsbewusstseins geschlossen werden sollte.

Für die heutige Praxis des historischen Lernens ist eine latente Inkongruenz zwischen den leitenden Lernzielvorstellungen und den tatsächlich wirksamen Strukturierungs- und somit Progressionskriterien des Geschichtsunterrichts charakteristisch. Diese Nicht-Passung ist zum Teil ein Abbild und eine Folge einer

---

[6] Vgl. jetzt auch die Unterscheidung von „vier Schulen der Geschichtsdidaktik" bei v. BORRIES 2004b, S. 73ff.

unzureichenden Verschränkung von Überlegungen in den verschiedenen Institutionen Fachdidaktik, Schuladministration und Praxis (Schule) sowie der zwischen ihnen nur gebrochen statt findenden Diskurse, zum Teil besteht sie auch innerhalb der jeweiligen institutionellen Diskurse als Folge einer unzureichenden theoretischen Reflexion und praktischen Erfahrung. Verschiedene Denkschulen und Traditionen stehen in einem letztlich ungeklärten Verhältnis.

Dies hat zur Folge, dass von einer wirklichen Progression der historischen Lehrgänge in Form einer durchdachten Aufeinanderfolge der Inhalte und Themen, der eine Theorie der an ihnen zu entwickelnden Kenntnisse, Einsichten und Fertigkeiten zu Grunde läge, nicht gesprochen werden kann. Ursache, aber auch Folge davon, sind sehr unterschiedliche Vorstellungen davon, was Geschichtslernen eigentlich ist bzw. sein könne oder solle zwischen, aber auch innerhalb verschiedener Gruppen von Beteiligten. Die Vorstellungen hierüber in der Öffentlichkeit, der Fachwissenschaft, der Didaktik, bei Lehrplan- und Schulbuchmachern und schließlich bei Lehrern und Schülern stimmen vermutlich kaum überein - mit der Folge, dass die Vorstellungen davon, welche Anforderungen an die einzelnen Schüler in verschiedenen Phasen ihres Geschichtslernens gestellt werden bzw. werden sollen, ebenso unklar sind, wie sie auch für die Schülerinnen und Schüler selbst sein werden (vgl. v. BORRIES 2004b). Im Alltag scheint es eine Übereinkunft darüber zu geben, was „Geschichtslernen" eigentlich ist. Man kann sich des Eindrucks nicht erwehren, dass die „Progressions"-Logik, die den Lehrplänen zu Grunde liegt, mehr diesem öffentlich-naiven Bild folgt, als auch nur einem der untereinander wiederum sehr verschiedenen Konzepte, die in der älteren und neueren Geschichtsdidaktik und Entwicklungspsychologie, aber auch der Geschichtstheorie vertreten werden.[7] Es erscheint daher schwer, einen „middle ground" zwischen individuellen Bedürfnissen der Schülerinnen und Schüler und den Forderungen und Ansprüchen der Gesellschaft zu beschreiben und auf einzelne Altersstufen und Phasen herunter zu brechen, wie es das Entwicklungsaufgabenkonzept nach HAVIGHURST beansprucht. Die Veränderungen, die die diskutierten Konzepte im Laufe der Entwicklung der Diskussion erfahren haben, können durchaus als eine Art Fortschritt verstanden werden - auch wenn von größerer Klarheit hinsichtlich einer möglichen und anzustrebenden Progres-

---

[7] In neueren Richtlinien, wie etwa dem Hamburger Rahmenplänen Geschichte Sek I. (2003f) werden „Anforderungen und Beurteilungskriterien" für drei Stadien der Ausbildung (Ende Klasse 6,8 und 10) ausgewiesen (vgl. die Dokumente auf http://www.hamburger-bildungsserver.de/bildungsplaene/ Sek-I_Gy9/GESCH_Gy9_SekI.pdf und http://www.hamburger-bildungsserver.de/bildungsplaene/ Sek-I_Gy8/GESCH_Gy8.pdf). Diese bilden jedoch einen eigenen Teil (IV) neben dem weiterhin chronologisch orientierten Stoffverteilungsplan. Eine logische Verzahnung ist hier kaum gegeben und wird weitgehend der Schule (Fachkonferenz) bzw. dem Lehrer überlassen bzw. anheim gestellt. Vgl. auch zur Analyse dieses Richtlinientyps an Hand des Modells für das noch 9-stufige Gymnasium BAUER/MEYER-HAMME (2004).

sionslogik des historischen Lernens zur Zeit noch keine Rede sein kann. Dennoch könnte es Zeit sein, die Wiederanknüpfung an Entwicklungsphasen- und Aufgabenkonzepte, die dieser Band dokumentiert, zum Anlass zu nehmen um zu fragen, ob nicht das Konzept der Aufgaben, die sich für den Lernenden stellen, seinerseits ein Instrument sein kann, die Frage der Progressionslogik im Geschichtsunterricht neu zu diskutieren.

Dieser Beitrag kann und will also auch in diesem zweiten Teil kein eigenes Entwicklungsaufgabenkonzept oder gar -modell vorstellen; er will nur die Möglichkeiten ausloten, mit Hilfe des Denkmodells von Entwicklungsaufgaben die m.E. nebeneinander stehenden Ansätze der älteren wie der neueren geschichtsdidaktischen Konzepte zur Progressionslogik neu zusammen zu denken.

3.2 Überkommene Progressionsmodelle des Geschichtsunterrichts

Aus den genannten Gründen ist zunächst ein knapper Überblick über die verschiedenen Ansätze zu geben, die in der bisherigen Diskussion Progressionsüberlegungen hervorgebracht haben. Begonnen werden soll mit dem schon genannten eher naiven, aber wirkmächtigen chronologischen Prinzip.

3.2.1 Der chronologische Durchgang als naive Strukturierung eines Geschichtslehrganges

Das tatsächlich regierende Kriterium der schulischen Geschichts-„Lehrgänge" ist noch immer weitgehend die Chronologie.[8] Ihm liegt eine Vorstellung zugrunde, die sich in etwa wie folgt formulieren lässt:

> Wenn in der historischen ‚Wirklichkeit' das Spätere aus dem Früheren folgt, muss auch zum Verständnis des Späteren (und damit auch des Heutigen) die Kenntnis und das Verständnis des Früheren vorausgesetzt werden.

Diese Vorstellung beinhaltet zunächst ein naives Missverständnis des Erkenntnisziels der Geschichtswissenschaft („das Frühere") und basiert auf einer unzureichenden geschichtstheoretische Reflexion der Tatsache, dass Geschichte immer nur perspektivische Ausschnitte darstellen kann, dass also keineswegs „das" Frühere präsentiert und somit „die" Gegenwart in den Blick kommen kann. Es ist ein positivistisches abbilddidaktisches Konzept, welches aggregierte, aber durchaus selektierte, Ergebnisse der Geschichtsforschung als das zu Vermittelnde setzt, ohne die Perspektivenbindung und Fragegeleitetheit der Selektion und

---

[8] Hierzu vgl. jetzt auch BERGMANN 2001; SCHNEIDER 2002; v. BORRIES 2004a; v. BORRIES 2004b, S. 82f.

Deutung, die in ihnen steckt, zu reflektieren. Die Anordnung der „Fakten" entlang der vermeintlich objektiven Chronologie sorgt für deren Verschleierung. Hier wird zudem verkannt oder ignoriert, dass auch die Geschichtsforschung keineswegs in ihren Erkenntnisvorgängen chronologisch vorgeht und bei jedem Erkenntnisprozess die jeweils *vollständige* Vorgeschichte *ab ovo* (oder *ab urbe condita*) aufarbeitet.

Der chronologisch orientierte Geschichtsunterricht ist jedoch nicht nur geschichtstheoretisch, sondern auch geschichts*didaktisch* nur unzureichend begründet. Er widerspricht bereits einfachen Überlegungen eines Fortschreitens vom „Nahen zum Fernen": Das zeitlich „Ferne" (die Antike) ist nicht „leichter" als die Moderne (vgl. zuletzt auch v. BORRIES 2004b). Es ist wahrscheinlich wegen seiner größeren Alterität sogar schwieriger und ihm entnommene Themen sind nur durch starke und zumeist äußeren Kriterien folgende Elementarisierung „schülergerecht" und zum vermeintlich sozial oder psychisch „Nahen" zu machen - etwa durch eine Konzentration auf Alltags- und Familiengeschichte im Bereich der Antike für die „Kleinen" und ein Fortschreiten zu abstrakteren soziologischen und vor allem politischen Themen im Bereich der Neuzeit. Das aber verbiegt oder zerstört letztlich jegliche Vorstellung eines quasi-akkumulativen Aufbaus von Einsichten in „den" Gesamtverlauf der Geschichte.

3.2.2 Spezifisch psychologisch-pädagogisch konzipierte Überlegungen

Neben den bei der Curriculumstrukturierung weitgehend leitenden Vorstellungen eines Fortschreitens in der vermeintlichen Grundstruktur „der Sache" wird die akademische Diskussion der älteren Geschichtsdidaktik von Konzepten beeinflusst, welche zwei völlig andere Ankerpunkte für ihre Überlegungen haben. Die historischen „Stoffe" oder „Gegenstände" und ihre Aufeinanderfolge sind ihnen zufolge nicht die zentralen Kategorien für die Entwicklung von Lernzielen und Stufenfolgen, denn das Ziel des Geschichtslernens ist hier nicht (zumindest nicht vornehmlich) die Beherrschung des Wissens über die Vergangenheit, sondern die Vermittlung von bestimmten Haltungen „dem Geschichtlichen" gegenüber und somit auch zur Gegenwart. („Verantwortungsbewusstsein"). Die Abwendung von der Fixierung auf die Totalität der historischen Entwicklung ermöglicht dabei das Denken von pädagogischen bzw. pädagogisch-psychologischen Ansätzen her. Diese Ansätze sind also grundsätzlich pädagogischer begründet als das vermeintlich an der Geschichtswissenschaft ausgerichtete chronologische Prinzip. Nicht die (chronologische) Struktur „der Sache" gibt hier das leitende Kriterium für die Entwicklung pädagogischer Überlegungen ab, sondern die Kombination normativer Vorstellungen von den anzustrebenden Einsichten und Haltungen und den jeweiligen Theorien über die *Bedürfnisse* und *Fähigkeiten* bzw. *Dispositionen* der Lernenden, die nicht als individuell, sondern nach dem Alter differierend verstanden werden. Aus diesem Grunde sind auch empirisch-psychologische Forschungen zum Interesse Jugendlicher an Geschichte bzw. zu einer Entwicklungslogik ihres „Geschichtsbewusstseins" Ausgangspunkt der didaktischen Überlegungen und Grundlage der Empfehlungen für die Strukturierung des Stoffes.

Aus derartigen Erhebungen und Theorien sind zum einen ebenfalls Forderungen nach einem (grob) chronologischen Vorgehen erhoben worden. Sie basieren auf inzwischen als überholt geltenden Vorstellungen der Existenz eines „psychogenetischen Grundgesetzes" (in Anlehnung an HAECKELs inzwischen widerlegtem „biogenetisches Grundgesetz"), wonach die Entwicklung des historischen Denkens des Kindes derjenigen der Menschheit parallel laufe und jedes Kind alle Stufen erneut durchlaufen müsse.[9] Solche Vorstellungen konnten jedoch keine Konzepte begründen, die auf der Chronologie der Ereignisse gründen, geht es hier doch um eine für notwendig gehaltene Abfolge der *Denkformen*, vor allem vom Mythischen zum Rationalen. Entsprechend legen die Ansätze, welche Äußerungen von Geschichtsinteresse mit Hilfe von reifungstheoretischen Konzepten verallgemeinern, geradezu quer zur Ereignischronologie. So forderte etwa Waltraud KÜPPERS auf der Basis von Untersuchungen zum Geschichtsinteresse bekanntermaßen eine Progression von „affinen" zu „diffugen" Stoffen (KÜPPERS 1966).[10] Ihre Folgerungen gingen jedoch quasi eine Koalition mit älteren bildungstheoretischen Vorstellungen über unterschiedliche Bildsamkeit verschiedener Altersstufen und Bevölkerungsgruppen ein, die ihrerseits zu einem historischen Anfangsunterricht abseits von der Chronologie (etwa durch Behandlung von „Bildern aus der Geschichte") und heroischen Vorbildern führte, bevor bei den Größeren die Chronologie und die Orientierung an „der Wissenschaft" leitend wurde. Insgesamt herrschte offenkundig die Vorstellung vor, dass die eigentlichen Ziele des historischen Lernens in ihrer jeweils altersgemäßen Form gerade nicht an *bestimmte Stoffe* gebunden oder gar durch diese besonders geeignet zu vermitteln seien, sondern dass es um quer zur Chronologie sich erstreckende *Klassen* von Stoffen oder um *Kategorien* geht. Allerdings bedeutet dies *auch*, dass es möglich erschien, eine solche Art der Progression ebensogut *innerhalb* eines grundsätzlich ereignischronologischen Aufbaus zu

---

[9] So trotz Ansätzen zur Skepsis im Grunde noch: FREYH 1966/1978. Derartige Vorstellungen sind auch heute noch durchaus virulent, wenn auch in eher struktureller Hinsicht. So ist die These, dass die Entwicklung des historischen Denkens bei Heranwachsenden hinsichtlich der Sinnbildungstypen RÜSENs (1990) die grundsätzlich gleiche Folge durchlaufen muss wie sie RÜSEN und Mitarbeiter in der Historiographiegeschichte aufzuweisen versuchen, weder gestützt noch entkräftet worden. Vgl. dazu unten.

[10] Vgl. dazu HASBERG 2001, S. I, 363ff und KÖLBL 2004.

verwirklichen. In der Praxis haben auch diese Konzeptionen nur ansatzweise eine Abkehr von der Chronologie als leitendem Prinzip bewirkt.

3.2.3 Überformung der Geschichtsdidaktik durch geschichtstheoretische und geschichtsdidaktische Grundsatzüberlegungen

Wiederum ganz andere Kriterien für eine Konzeption für die Progression des Geschichtslernens müssten sich eigentlich aus einem Neuansatz der 1970er Jahre ergeben. Auch diese haben jedoch nur vereinzelt (etwa durch die Diskussion der Längsschnitte) und in den letzten Jahren in Form der Methodenprogression (s.u.) zu einer allmählichen Durchbrechung des Chronologieprinzips geführt. Ausgangspunkte war hier die geschichtsdidaktische Rezeption der Analytischen Philosophie der Geschichte (vor allem DANTO und RÜSEN) im Zusammenhang mit der Legitimationskrise des Geschichtsunterrichts sowie die durch letztere mit bewirkte Ausweitung des Gegenstandsfeldes der Geschichtsdidaktik (SCHÖRKEN; JEISMANN).

Gegenüber der (hier bereits als naiv erkannten) Orientierung an der Chronologie und der vermeintlich an ihr entlang aufgereihten objektiven Wissensbestände erfolgte eine Betonung des Geschichts*bewusstseins* sowohl als Forschungsstand als auch als Ziel von Geschichtsunterricht. Gegenüber den Ansätzen aus der geisteswissenschaftlichen Geschichtsdidaktik (NOHL, WENIGER, daran anküpfend ROTH, KÜPPERS) mit ihrer Zielsetzung der Vermittlung eines *bestimmten* Verhältnisses zur Geschichte wird nunmehr in der Forschung eine eher analytische Haltung eingenommen, welche das vorfindliche Geschichtsbewusstsein in der Gesellschaft zunächst einmal beschreiben und kategorial zu erfassen sucht. In der Pragmatik findet eine Abkehr von der normativen Engführung der vorausgehenden Ansätze insofern statt, als die Relativität und Perspektivengebundenheit von historischen Vorstellungen und Deutungen anerkannt und der Schluss daraus gezogen wird, dass auch Schülerinnen und Schülern nicht so sehr ein einheitliches vermittelt, sondern vielmehr ein jeweils eigenes Geschichtsbewusstsein zugestanden werden muss. Die Aufgaben des Geschichtsunterrichts verlagern sich allmählich von der Vermittlung materialer Geschichtsinhalte zu formalen Kategorien, nämlich zur Befähigung zum selbstständigen historischen Denken. Hierbei hat vor allem auch die theoretische Begründung der Perspektivenabhängigkeit und der Bedeutung historischer Deutungen als Orientierungsleistungen durch DANTO und RÜSEN eine Rolle gespielt.

In der Folge ergibt sich eine Ausdifferenzierung schon vorher in Ansätzen vorhandener einzelner Ziele des historischen Lernens, nämlich der methodischen Fähigkeiten zum selbstständigen historischen Denken. Dies geschieht (in enger Analogie zur Entwicklung der Geschichtswissenschaft im 19. Jahrhundert) zunächst in Bezug auf die Verwendung von *Quellen*. Quellennutzung und - interpretation nach dem Vorbild der Arbeit des Historikers wird zu einem Hauptgeschäft des Geschichtsunterrichts. Die verschiedenen Anleitungen dazu aus den siebziger Jahren legen ebenso Zeugnis davon ab, wie z.b. das Schulbuch *Fragen an die Geschichte* (SCHMID) mit seiner deutlichen Orientierung auf Quellen und Auswertungsaufgaben. Dabei ist durchaus eine Entwicklung insofern festzustellen, als zumindest in den früheren Phasen der Diskussion die Vorstellung vorherrschte, die Schülerinnen und Schüler sollten noch weitgehend *nachvollziehend* mit den Quellen umgehen und über Geschichte nachdenken. Erst im Laufe der Zeit fand auch hier eine Öffnung zu einer Geschichtsdidaktik statt, welche den Schülerinnen und Schülern zunehmend auch eigenständige Urteile zugestand. Dies geschieht in engem Zusammenhang mit der Entwicklung der allgemeindidaktischen Konzepte der Schülerorientierung und offener Unterrichtsformen.

Parallel zu und *innerhalb* dieser Entwicklung ist zudem ein Wechsel der gesellschaftlich anerkannten Deutungsmuster und somit der jeweils gegebenen normativen Rahmen festzustellen. Waren es bis zu den sechziger Jahren noch weitgehend historistisch-affirmative Konzepte der Nationalgeschichte (gemäßigt durch pro-europäische und abendländische Anteile), so wurden diese in einem Teil der Didaktik und der Lehrerschaft zunehmend durch ideologiekritisch-emanzipative Ziele und Normen ersetzt, die zunächst ihrerseits mit der gleichen Verbindlichkeit vorgetragen wurde. Ihre gegenseitige Diskussion und Kritik - so hat es den Anschein - hat selbst einen Anteil an der gerade berichteten zunehmenden Öffnung auch des Unterrichts für eigenständige Urteile der Schüler.

Für unseren Zusammenhang bedeutsam ist allerdings, dass eine Entwicklung von *Progressionsmodellen* aus dieser Entwicklung von material-inhaltlichen zu formalen Konzepten historischer Bildung nicht oder nur unzureichend statt gefunden hat. Zwar finden sich immer wieder interessante Ansätze, wie bestimmte Einsichten und Methoden historischen Denkens auf verschiedenen Altersstufen angebahnt und vermittelt werden können - diese bleiben jedoch weitgehend punktuell nebeneinander stehen. Eine Diskussion über spezifische Schwierigkeitsgrade und eine möglich Abfolge fand in dieser Phase kaum statt. Erst in den letzten Jahren ist diese Diskussion in Gange gekommen – jedoch noch weitgehend ohne befriedigende Ergebnisse (s. unten).

Innerhalb dieser geschichtsdidaktischen Entwicklung hätte vielleicht ein einzelnes Element aus entwicklungspsychologischer Sicht einen eigenen Ansatzpunkt für eine Lernprogression bieten können, ist jedoch trotz der strukturellen Plausibilität im Ansatz gescheitert, wie jüngst Carlos KÖLBL zutreffend beurteilt hat. Gemeint ist das Modell der Aufeinanderfolge der Sinnbildungstypen des historischen Denkens von Jörn RÜSEN. Entwickelt wurde dieses Modell aus der

Analyse historiographischer Literatur mehrerer Jahrhunderte. Es ist demnach eine Differenzierung von in der Historiographiegeschichte auftretender Formen der Bildung historischen Sinns (vgl. RÜSEN 1990, S. 153-230 und RÜSEN 1994, S. 16ff). Deren potentielle Eignung für die Konstruktion eines Lernprogressionsmodells ergibt sich aus zwei Eigenschaften dieser Typologie:

Die einzelnen Typen stehen den historiographiegeschichtlichen Analysen RÜSENs zufolge nicht *neben*- einander, sondern folgen historisch einander nach, wobei „neuere/modernere" Fassungen die älteren nicht völlig ablösen, sondern ergänzen und jeweils irgendwann dominant werden, die früheren allerdings weiterhin auftreten. Es handelt sich demnach um eine *Entwicklungslogik* des historischen Denkens im „phylogenetischen" Sinne. Unbeschadet dessen erweisen sich gemäß RÜSEN die einzelnen Sinnbildungsmodi als eine Abstufung in der *mentalen Komplexität*: „Frühere" Arten, erfahrene Veränderungen durch Bildung eines Sinns in eine Kontinuitätsvorstellung zu überführen, sind offenkundig weniger voraussetzungsreich und abstrakt, erfordern weniger mentalen Aufwand als spätere. RÜSEN erklärt diese Entwicklung mit der realhistorischen Komplexitätszunahme der jeweils historiographisch zu verarbeitenden Orientierungsprobleme. Die Menschheit hat demnach durch Erfahrungen jeweils neuer, qualitativ anderer und schwieriger mental zu verarbeitender Veränderungen ihrer Lebenswirklichkeiten „gelernt", hat neue Sinnbildungsmuster entwickelt.

Hier liegt nun die „Homologiethese" nahe, dass nicht nur die Entwicklung des historischen Denkens der Menschheit (bzw. einzelner Gesellschaften) dieser Logik folgt, sondern dass die ontogenetische Entwicklung des Geschichtsbewusstseins heutiger Jugendlicher entsprechend strukturiert ist[11] - müssen diese doch spätestens im Erwachsenenalter über alle in ihrer jeweiligen Gesellschaft verfügbaren Sinnbildungstypen passiv wie aktiv verfügen, wenn sie am historischen Diskurs teilnehmen wollen.[12] Kinder aus Zeiten einer dominant exemplarischen Sinnbildung konnten demnach den späteren Typus des genetischen Denkens gar nicht ausbilden, heutige Kinder müssen dies jedoch tun. Ob und inwiefern letztere aber alle Typen *gleichzeitig* erwerben oder aber ihrerseits die Stufen der phylogenetischen Entwicklung nachvollziehen - etwa weil sie im unmittelbaren Lebenszusammenhang der Familie mit weniger einschneidenden Veränderungen konfrontiert werden, die mit weniger komplexen Sinnbildungen verarbeitet werden können, und erst durch eine spätere, etwa unterrichtliche, Konfrontation mit Zuständen früherer Zeiten zum Denken auch in genetischen Mustern genötigt werden -, ist nicht geklärt. Es liegen einige Ansätze empirischer Forschung vor, dass in der Tat bei jüngeren Schülern die komplexeren Formen feh-

---

[11] RÜSEN 1985, S. 256ff, 262.
[12] Diese These entspricht in ihrer Logik der Gleichsetzung von ontogenetischer und phylogenetischer Entwicklung dem oben schon besprochenen „psychogenetischen Grundgesetz".

len, diese bei älteren auftauchen; von einem Beleg einer derartigen Entwicklungslogik kann jedoch nicht die Rede sein (Vgl. zuletzt KÖLBL 2004; S. 67f. u.
S. 75-80). Zu einer Entwicklung eines Modells der Progression intentionalen
Geschichtsunterrichts, der dieser Logik folgte, ist es allerdings nie gekommen.
Weder ist die Möglichkeit eines Geschichtsunterrichts, der in den frühen Jahren
bewusst im traditionalen Denken verbleibt und später der (vermeintlichen) Entwicklung nachfolgt, ausgiebig geprüft worden, noch sind ausgefeilte Konzepte
einer bewussten *Förderung* der Sinnbildungsentwicklung im Sinne der Konfrontation der Schülerinnen und Schüler mit Erzählungen, Argumenten und Aufgaben der jeweils nächsten Stufe und einer *bewussten Reflexion* entwickelt worden.

Dabei könnte aus der Theorie der Abfolge der Sinnbildungsformen in der
Tat ein Modell entwickelt werden, aus dem sich Entwicklungsaufgaben ableiten
ließen, derart nämlich, dass die Schüler zu bestimmten Zeiten ihrer Entwicklung
lernen müssen, mit jeweils anderen, ihrer jeweiligen Entwicklungsstufe noch
nicht angemessenen Argumentationsmustern über Geschichte umzugehen. Allerdings erforderte dies eine gesellschaftliche Akzeptanz von Aussagen über Geschichte für Kinder, die jeweils einer ganz anderen Logik folgen, als sie Erwachsene für sich in Anspruch nehmen. Primar- oder Unterstufenschülern gegenüber
müsste demnach entweder die bewusste Einübung oder zumindest die Akzeptanz
von traditionalen Aussagen Grundlage des Geschichtsunterrichts sein. Dies ist
nur denkbar bei einer radikalen Abkehr von allen inhaltlichen / gegenstandsbezogenen Progressionsmodellen und der entsprechenden Beschränkung auf solche
Gegenstände, bei denen die Gesellschaft selbst traditionale Urteile anerkennt,
also z.B. hinsichtlich der Entstehung heute noch gültiger Zustände und Werte
oder der bis heute gültigen Überwindung von Übel (etwa Lob für den Erfinder
eines Medikaments). Dies aber ist angesichts der berechtigt kritischen Haltung
gegenüber aller Heldenverehrung kaum vorzustellen und zudem angesichts der
zunehmenden kulturellen Heterogenität der Gesellschaft auch nicht wünschenswert. Bei älteren Schülern wäre dann die Kompetenz bewusst zu fördern, aus
vergangenen Zuständen *Regeln* für die heutige Zeit und die Bewältigung der
Zukunft abzuleiten und erst mit Schülern der Oberstufe schließlich könnten *ge-
richtete* Veränderungen erarbeitet und diskutiert werden.

Trotz der unzureichenden Fundierung in empirischer Erforschung der psychischen Dispositionen der Schülerinnen und Schüler erscheint hier erstmalig ein
Modell, welches ohne die Vorgabe bestimmter auch normativer Deutungen und
bei Beibehaltung der Möglichkeit offener und kontroverser Beurteilung ein Kriterium für eine Progression anbietet, die nicht die vermeintliche Sachstruktur der
Chronologie erfordert. Im Gegenteil: Ein solcher Unterricht sollte die historische
Zeit nach Möglichkeit mehrfach durchmessen (in jedem Abschnitt einmal) und

einmal behandelte Stoffe auf der nächsthöheren Stufe wieder aufgreifen und mit Hilfe der neuen Logik zu einander in Beziehung setzen (Spiralcurriculum).

In bildungsgangtheoretischen Kategorien ausgedrückt, besteht diesem Modell zufolge die Entwicklungsaufgabe für historisches Denken im Erwerb der Kompetenz, eigenständig historischen Sinn zu bilden und dabei auf dem Wege über verschiedene Zwischenschritte, in welchen weniger komplexe Formen der Sinnbildung („Erzählformen")[13] erworben und ausgeprägt werden, dann aber überwunden werden, schließlich die in der Gesellschaft verbreiteten Sinnbildungsformen anzuwenden. Als in unserer Gesellschaft dominante Form gilt dabei das genetische Erzählen, das Vorstellungen *gerichteter* Veränderungen zwischen Vergangenheit, Gegenwart und Zukunft erkennt und sie auf gegenwärtig wahrgenommene Veränderungen anwendet bzw. an ihnen revidiert. Sich mit Hilfe der Vorstellung verschiedener Entwicklungs*prozesse* in der heutigen Zeit der Veränderungen zurecht finden zu können, ist das Ziel des historischen Lernens. Vielleicht müsste es heute, angesichts genesekritischer Erkenntnisse (Brüchigkeit des Fortschrittsgedankens) sogar darüber hinaus gehen, nämlich diese Brüchigkeit selbst anzuerkennen, ohne in eine Paralyse zu verfallen.[14] Ausdruck solcher Versuche, diese kritischen Erfahrungen zu verarbeiten, könnten die verschiedenen Konzepte postmoderner Geschichtstheorie und postmodernen historischen Denkens sein. Wenn dem so ist, bestünde die Entwicklungsaufgabe nicht nur darin, den Stand der heutigen Gesellschaft zu erreichen, sondern auch darüber hinaus zu gehen in einen gesellschaftlich noch nicht vorgeformten Bereich. Hier wäre wieder ein Beispiel für grundsätzlich offene „Lösungsmengen" von Entwicklungsaufgaben zu sehen.

Aber es darf nicht übersehen werden, dass ein solches Modell der *Entwicklung* historischer Sinnbildungskompetenz auf einer durchaus noch fragilen Basis steht: Die ihm zu Grunde liegende Logik der Gleichgerichtetheit der ontogenetischen mit der phylogenetischen Abfolge ist bislang nur eine Hypothese, die empirisch nicht hinreichend gesichert ist: Erstens ist die „phylogenetische" Abfolge der Erzählformen weitgehend an der Entwicklung der Historiographie als

---

[13] Nicht berücksichtigt sind hier die neuen Erzählformen, die Hans-Jürgen PANDEL vorgeschlagen hat. Sie passen nicht ohne weiteres in ein solches Entwicklungsmodell. Ihr Verhältnis zu den Sinnbildungstypen RÜSENs und insbesondere die Frage, inwiefern sich einzelne von ihnen oder alle als Spezialfälle der hier referierten Formen begreifen lassen, wäre noch zu diskutieren, wofür hier nicht der Platz ist. Vgl. PANDEL 2002.

[14] Eine solche Paralyse kann sich - ganz entsprechend der Theorie des historischen Denkens von RÜSEN - dann ergeben, wenn keine Kontinuitätsvorstellung zwischen Vergangenheit, Gegenwart und Zukunft erstellt werden kann. Angesichts der Brüchigkeit der Fortschrittshoffnungen der Moderne etwa durch die atomare Bedrohung oder Umweltkrisen, neuerdings auch durch soziale Herausforderungen wie Terrorismus, kann eine solche Paralyse sich etwa auch in der Haltung äußern, Kinder in die Welt zu setzen, sei heute nicht mehr möglich.

einer hochkulturellen Ausdrucksform und - auf Grund der Quellenlage verständlicherweise - keineswegs an Zeugnissen des historischen Denkens breiterer Bevölkerungsschichten entwickelt worden, noch liegen hinreichende empirische Daten über die ontogenetische Entwicklung der Sinnbildungslogiken vor. Somit ist die *Unterscheidung* von Sinnbildungstypen und Erzählformen sinnvoll und weiterführend und auch für historisches Lernen bedeutsam (womit dann auch die Erzählformen nach PANDEL 2002 eher als Bereicherung gelten können). Ihre Reihung in einer bestimmten Abfolge bedarf jedoch der weiteren Diskussion und Erforschung.

3.3 Aktuelle Diskussionen

Schließlich ist eine weitere didaktische Diskussion anzuführen, welche - anders als die zuletzt referierte - nicht so sehr bestimmte Formen der mentalen Repräsentation und Verarbeitung von Geschichte in den Mittelpunkt stellt, sondern in Weiterführung des Trends zu formalen Bildungsinhalten auf die Förderung im selbstständigen historischen Denken und somit in der Methodik fokussiert. Ihren Ausgangspunkt hat diese Diskussion ebenfalls einerseits in der Hinwendung der Geschichtsdidaktik zum Geschichtsbewusstsein und der Erkenntnis, dass dieses notwendig relativ und perspektivisch ist, mehr noch aber in der ebenfalls bei Jörn RÜSEN angelegten Theorie des historischen Denkens. Allerdings geht es hier nicht so sehr um die Formen des historischen Denkens im Sinne von Sinnbildungstypen, sondern um die Methoden der eigenständigen historischen Arbeit. RÜSEN hat in einem frühen Aufsatz historisches Lernen analog zum Prozess des historischen Denkens konzipiert, wie er ihn als Idealtyp des geschichtswissenschaftlichen Vorgehensweise skizziert hat. Ihm zufolge ist diese Vorgehensweise der Historiker nichts, was sich grundsätzlich vom historischen Denken im Alltag und somit aller Bürger unterscheidet, wohl aber durch die methodisch geleitete Absicherung der Qualitätskriterien. Historisches Denken diesem Modell zufolge ist also etwas, was alle Menschen immer schon tun. Historische Unterweisung kann dann nicht die Einführung in den Vollzug dieser mentalen Tätigkeit sein, sondern die Förderung der Fähigkeit, dies verantwortlich zu tun, und das heißt, seinerseits einen gewissen Stand an Qualitätssicherung zu erlernen. Geschichtsunterricht wird so zu einer Methodenschule des historischen Denkens, bei dem der absolute Endpunkt das Vorgehen der Historiker ist. Hierzu gehört dann sowohl die Vermittlung bzw. der Erwerb von methodischen Fähigkeiten im engeren Sinne, also etwa die Quelleninterpretation, aber auch zentrale Begriffe und Einsichten, so der Quellenbegriff, die Einsicht in die Herkunft historischen Wissens, die Relativität historischer Aussagen, ihre Begründungsnotwendigkeit und Kritisierbarkeit etc.

In einer aktuellen Weiterführung dieser didaktischen Denkrichtung wird argumentiert, dass die enge Anlehnung an das Vorgehen der Wissenschaft, das dem früheren RÜSENschen Konzept des historischen Lernens zu Grunde liegt, zu einer Vereinseitigung auf der Einübung in das eigene synthetische Denken und zu einer Ausblendung eines weiteren, ebenfalls methodischen Teils des Gesamtkomplexes „historisches Denken" führt, nämlich die Befähigung zur kritischen Analyse von fertigen, vorgelegten Geschichten.[15] Historisches Lernen ist dann die Förderung einer Tätigkeit, die alle immer schon tun (nämlich historisch zu denken) zu einem in der Gesellschaft anerkannten und theoretisch plausiblen und vertretbaren Qualitätsniveau, bei weitgehender Ausblendung der Vermittlung *bestimmter* inhaltlicher Deutungen und Haltungen. Zwar lassen sich diese Fähigkeiten und Kenntnisse methodischer und theoretischer Einsicht nicht ohne inhaltliches Wissen vermitteln (was auch nicht wünschenswert wäre), das eigentliche Fortschrittkriterium liegt dann jedoch nicht in der Annäherung an oder dem Erreichen des materialen Geschichtsbewusstseins („Geschichtsbildes") der Gesellschaft bzw. einer bestimmten Form (etwa eines dominant genetischen Denkvermögens), sondern in der zunehmenden Fähigkeit, das eigene historische Denken so auszuüben und die Ergebnisse in der Gesellschaft so zu kommunizieren, dass ein vernünftiger Diskurs darüber möglich ist. Nicht die Einheitlichkeit, sondern die strukturelle Kompatibilität der Ausprägungen des Geschichtsbewusstseins der Mitglieder der Gesellschaft und die Kenntnis und Einhaltung von allseits akzeptierten Qualitätsstandards sind dann das Fortschrittskriterium.

Eine Progressionslogik des historischen Lernens in diesem Sinne ist bislang auch nur in allererst unsystematischen Ansätzen zu erkennen. Sie gehören weitestgehend noch dem synthetischen Zugriff an. Es handelt sich um die in einige Schulbücher zunehmend Eingang findenden Methodenseiten, sofern sie a) nicht allgemeine, fachunspezifische Methoden betreffen, wie etwa „Präsentieren", sondern spezifische Arbeitstechniken des historischen Denkens fokussieren und b) bewusst und sinnvoll spezifischen Altersstufen zugeordnet sind. Streng genommen müsste man eine jeweils eigene Progression der wichtigsten Verfahren und Fertigkeiten, auch der Einsichten fordern, so dass z.B. eine zunehmende Differenzierung des Quellenbegriffs und eine zunehmende Einsicht in die Perspektivität von Geschichte ebenso dazu gehört wie z.B. zunehmende Anforderungen an die Belege der Geltungsansprüche der eigenen historischen Deutungen. Dies ist zur Zeit noch kaum erkennbar. Zu welcher Zeit und an welchem Material bzw. in welcher Grundsätzlichkeit oder Detailliertheit Grundeinsichten

---

[15] Vgl. die Arbeiten im Forschungsprojekt „FUER Geschichtsbewusstsein", bes. HASBERG/KÖRBER 2003.

des historischen Denkens vermittelt werden können, ist durchaus strittig.[16] Jüngste Publikationen zum historischen Lernen in der Primarstufe (SCHREIBER 1999a; Hg.; BERGMANN/ROHRBACH 2001; Hg.) legen eher die Auffassung einer frühen Förderung auch recht abstrakter Einsichten nahe, wenn auch an weitgehend lebenswelt-nahen Beispielen, wohingegen auf der anderen Seite und mit Argumenten aus der Entwicklungspsychologie nach PIAGET grundsätzliche Zweifel aufrecht erhalten werden, ob in diesem frühen Alter überhaupt formale Operationen von Schülern zu erwarten und/oder bei ihnen zu fördern sind (vgl. v. BORRIES 1974, S. 26ff).

4   Geschichtsdidaktische Konsequenzen?

Welche Konsequenzen können sich aus dem Überlegungen für Geschichtsunterricht ergeben?

Zunächst ergibt sich, dass der chronologische Aufbau historischer Lehrgänge auch aus bildungsgangdidaktischer Sicht kaum tragbar ist: Wenn es stimmt, dass historisches Denken zwar eine anthropologische Operation der Orientierung menschlichen Handelns ist, in Gesellschaften die Form, in denen der Einzelne es praktiziert, und die Kategorien sowie Begriffe, mit denen er dabei umgeht, jedoch keineswegs gleichgültig sind, dann muss die Entwicklungsaufgabe des historischen Lernens nicht der Aufbau eines möglichst vollständigen Überblicks über die (ja nur vermeintlich vollständig und intersubjektiv eindeutig erkennbare) Vergangenheit sein, sondern vielmehr die Aneignung der Fähigkeit, diese Denkprozesse so zu vollziehen, dass die Ergebnisse sowohl individuell wie gesellschaftlich kommunizierbar und handlungsleitend sein können. Historisches Lernen ist also nicht das Lernen von „Geschichte", sondern der Ausbau der Fähigkeit zu historischem Denken. Daraus folgt beinahe unmittelbar die Forderung nach einem systematischen Aufbau eines Wissens um Kategorien und Begriffe, Strukturen und Methoden.

Allerdings muss auch berücksichtigt werden, dass die Gesellschaft diese Ziele und die Reihenfolgen und Schritte ihres Erwerbs keineswegs allein festlegt, denn das Interesse an Kompatibilität des historischen Denkens besteht nicht nur auf der Seite der Gesellschaft gegenüber dem Einzelnen, sondern auch umgekehrt: Lernende bringen ihrerseits eine Vorstellung davon mit, was das Ziel ihres historischen Lernens sein müsste.

---

[16] Zu verweisen ist allerdings auf ausländische, insbesondere angelsächsische Forschungen zur altersspezifischen Verteilung und Entwicklung von spezifischen Fähigkeiten historischen Denkens, die bei neuen empirischen Ansätzen berücksichtigt werden sollten, deren Ergebnisse aber auch noch nicht zu einem Modell zusammengefasst werden können. Vgl. dazu v. BORRIES 2002a,b.

Hier nun kommen gleich zwei Gesichtspunkte ins Spiel: Der erste betrifft direkt
die Wahrnehmung der Lernenden, welche Anforderungen historisches Lernen
und Geschichtsunterricht als institutionalisierte Form denn an sie stellen, was in
und an Geschichte denn gelernt werden kann und soll. Diese Wahrnehmungen
ändern sich - so meine Hypothese - selbst mit dem Alter. Sie gleichen sich vermutlich den in der Gesellschaft vorherrschenden Vorstellungen von Geschichte
und historischem Lernen an (vgl. dazu v. BORRIES et al. 1995: „Konventionsler-
nen"). Wenn (wie ich vermute) zwischen den in der Fachwissenschaft und vor
allem in der Fachdidaktik diskutierten Vorstellungen und denen, die in der Öffentlichkeit verbreitet sind, ein Spannungsverhältnis besteht, etwa zwischen einer
verbreiteten Vorstellung, dass Geschichtslernen den Aufbau von objektivem
Wissen über die Vergangenheit bedeutet und theoretischen Einsichten über die
Unmöglichkeit dieses Ansinnens sowie der Vorrangigkeit von eigenständigem
Denken, dann ist zu vermuten, dass jüngere Lernende solchen didaktischen
Zugriffen gegenüber noch eher aufgeschlossen sind als ältere. Auch dieses kann
ein Argument für eine frühzeitige Förderung eines auf Selbstständigkeit und
Methodenkompetenz gerichteten Unterrichts sein. Die jeweiligen Vorstellungen
von Lernenden darüber, was denn das Erkenntnisziel des historischen Denkens
ausmachen und was das Lernziel des entsprechenden Lernens sein könnte, können und müssen ihrerseits zum Ausgangspunkt für Lernreflexionen gemacht
werden. Hierzu ist aber noch einiges an empirischer Forschung nötig, wobei
nicht nur die Lernenden, sondern auch ihr jeweiliges Umfeld mit deren Wahrnehmungen und Vorstellungen mit in den Blick kommen müssen.

Als zweiter Gesichtspunkt ist zu beachten, dass auch für Lernende Geschichte nicht nur ein eigener Erkenntnisbereich neben anderen ist, und historisches Lernen nicht allein darauf zielt, später einmal eine Kompetenz zu besitzen,
die in der Gesellschaft geachtet ist. Historisches Denken erfüllt schon vorher und
auch während des Zugriffs intentionaler Bildung eine lebensweltliche Funktion
der Orientierung, und zwar - hier wird die bildungsgangdidaktische Perspektive
leitend - der Orientierung an Problemen, die nur zum Teil die allgemeinen gesellschaftlichen Fragen an die Geschichte sind, sondern die sich gerade auch aus
lebensphasenspezifischen Entwicklungsbedürfnissen ergeben. Geschichtsunterricht kann und sollte hier unterstützend wirken, indem eine historische Aufarbeitung der altersgemäßen Fragen statt findet, angeregt wird, bzw. zumindest zu ihr
befähigt wird. Daraus folgt für die Konstruktion von Lehrplänen m.E., dass nicht
die Chronologie des „realen" historischen Ablaufs, sondern eine Abfolge von
Entwicklungsaufgaben ins Zentrum gestellt wird, die dann an Hand historischer
Beispiele oder aber jeweils epochenübergreifender Längsschnitte bearbeitet
werden. Als zentrale Fragestellung darf dabei nicht die Ergründung der vergangenen Wirklichkeit angesehen werden, sondern die daran anschließende Frage

der aus der Aufarbeitung der vergangenen Beispiele und Entwicklungen ableitbaren Möglichkeiten zur Bearbeitung des eigenen Problems. Erfolgreiches historisches Lernen in diesem Sinne eines Lernen aus einem Rückblick in die Vergangenheit misst sich dann nicht allein und nicht einmal zentral an der möglichst genauen Kenntnis der vergangenen Zustände und Entwicklungen, sondern an der Fähigkeit, aus der Zusammenschau von erarbeitetem Vergangenem und wahrgenommenem Heutigem sprachlich plausibel Schlussfolgerungen zu ziehen.

Neben diesem Lernen aus und mit der Geschichte besteht aber weiterhin die Notwendigkeit der Aneignung und Verbesserung der Art und Weise, wie diese Rückgriff in die Geschichte geschehen. Im Laufe des historischen Lernens muss sich die Art des historischen Denkens und Lernens ebenfalls verändern, und zwar auf ein Ziel hin, das wiederum nicht allein von der Gesellschaft, sondern auch von den Lernenden gesetzt wird. Es wäre nämlich naiv zu glauben, dass die anthropologische Operation des historischen Denkens, weil sie gattungsspezifisch ist, auch immer zu eigenen Zufriedenheit des Denkenden funktioniert. Auch wenn es wohl für nur wenige Jugendliche einen manifesten Wunsch darstellt, ausdrücklich „historisch denken" zu lernen, so sind doch Bedürfnisse nach Hilfe bei der Orientierung oft zu hören. Diese Bedürfnisse werden oft in die Frage gekleidet, wie es denn eigentlich (oder besser: „wirklich") gewesen sei. Sie drückt aber nicht einen Wunsch nach der Mitteilung eines weiteren Informationspartikels aus, der einfach abgespeichert werden könnte, sondern transportiert - so meine These - Äußerungen mehrerer Bedürfnisse. Da ist das dem theoretischen Konzept von RÜSEN entsprechend hinter allem historischen Denken steckende Bedürfnis, seine Handlungen für heute und morgen an Erfahrungen über die Vergangenheit und ihre Kontinuität mit der Gegenwart ausrichten zu können: Wer nach gestern fragt, will (auch) nach vorne schauen. Aber die Frage nach dem Gestern zielt nicht immer, vielleicht sogar in den seltensten Fällen darauf, wirklich vollkommen eigenständig diese Bildung historischen Sinns vorzunehmen. In ihr steckt immer auch der Wunsch, die den anderen Mitgliedern der Gesellschaft plausibel erscheinenden manifesten Sinnbildungen zu lernen, um nicht mit eigenen Sinnbildungen allein dazustehen. Das Bedürfnis nach Orientierung ist nicht notwendig eines nach selbsttätiger, sondern oft genug auch nach fertiger Orientierung, der man sich anschließen kann. Und es ist ein Bedürfnis danach, die in der Gesellschaft üblichen und anerkannten Begriffe, Kategorien und Formen solcher Sinnbildungen kennen zu lernen. Das Bedürfnisse nach Konvention im historischen Denken ist wiederum ein dreifaches - ein Effizienz-, ein Sicherheits- und ein Kommunikationsbedürfnis (vgl. wiederum v. BORRIES et al. 1995): Es offenbart zum ersten ein verständliches und vielleicht auch notwendiges Bestreben danach, nicht alle Orientierung in der Zeit wieder selbst vornehmen zu müssen, zum zweiten die Unsicherheit hinsichtlich der eigenen Denkleistungen, d.h. die Vermutung, dass die eigenen Schlussfolgerungen vielleicht nicht korrekt sein könnten, und zum dritten den Wunsch, über die eigenen und die fremden Denkleistungen mit anderen kommunizieren zu können.

Die Geschichtsdidaktik sollte diese mit dem gesellschaftlichen Interesse am historischen Denken (s.o.) partiell konvergierenden Bedürfnisse des Einzelnen ernst nehmen. Sie sollte Geschichtslernen weder allein als Vermittlung der vermeintlich erkennbaren Wahrheit über die Vergangenheit noch als reine Methodenlehre des isoliert statt findenden historischen Denkens konzipieren, sondern die verschiedenen Elemente der Sozialisation zum gesellschaftlich akzeptablen Umgang mit Geschichte explizit aufgreifen und sie bewusst und ausdrücklich fördern - aber eben auch als solche thematisieren. Dann können sich für die verschiedenen Elemente (Begriffswissen, Gliederungswissen, Kategorienwissen, Methodenfertigkeiten, Deutungswissen, Theoriewissen etc.) jeweils eigene Stufungen ergeben. Geschichtslernen ließe sich dann weder einfach entsprechend der Chronologie ordnen noch *als Ganzes* nach Anspruchsniveau[17] und/oder Lebensaltern stufen. Ich vermute, dass eine genauere Analyse, die hier nicht geleistet werden kann, dann *mehrere* Aufgaben des Geschichtsunterrichts ergibt, die nicht grundsätzlich *in-* oder *miteinander* verfolgt werden können. Einige solcher Aufgaben mit jeweils *eigener* Progressionsstufung könnten sein:

1.   Entwicklung formaler Elemente des Geschichtsbewusstseins

a.   Progressiver Aufbau von Kenntnissen verschiedener chronologischer und sachlicher Gliederungs- und Ordnungssysteme für die historische Zeit und den Gegenstandsbereich der Geschichte. Hierbei müsste darauf geachtet werden, dass nicht *im Ganzen* chronologisch aufgebaut wird, sondern dass von Anfang an vollständige, wenn auch grobere und zunächst wenige Epocheneinteilungen vermittelt werden. Mit der Zeitleistenarbeit („Geschichtsfries") gibt es dazu ja schon eine gewisse Tradition. Die Zeitleiste dürfte jedoch nicht nur und vor allem dazu verwendet werden, Ereignisse zeitlich zu lokalisieren, sondern müsste zunächst und vorrangig den Aufbau verschiedener Einteilungen thematisieren. Es geht um den Aufbau und die Ausdifferenzierung der in der Gesellschaft üblichen Begriffe für Zeitangaben („früher", „Mittelalter", „Antike", „Kriegszeit", „Zukunft", „Romantik"), *nicht* bereits um eine möglichst „genaue" Repräsentation z.B. der jeweiligen Epoche. Die Einteilungen und Epochenbegriffe müssen zunächst einmal *als*

---

[17] Vgl. zur Debatte um Differenzierung und Stufung historischen Lernens nach Schulstufen den Tagungsband SCHÖNEMANN/VOIT 2002.

Konventionen gelehrt und gelernt werden - und das heißt auch: in ihrer Unschärfe und Begrenztheit.

b. Progressiver Aufbau von Theoriewissen über den Erkenntnisbereich Geschichte und die besonderen Erkenntnisbedingungen (Quellengebundenheit, Retrospektivität, Pluralität; Deutungscharakter etc.). Ein explizites Interesse des Einzelnen an der Entwicklung solcher theoretischer Kenntnisse ist wohl nicht vorauszusetzen. Das Interesse an der Vergangenheit wird sich eher in die Frage nach der vergangenen Wirklichkeit kleiden (s.o.). Woher sollen Kinder auch wissen, dass die Erwachsenen *nicht* alles über früher wissen? Die Erkenntnis der Lückenhaftigkeit von Gedächtnis und Überlieferung, der Vielfalt von Interessen und Meinungen, ja allein der Mächtigkeit der historischen Tiefe, werden ja überhaupt erst sukzessive gemacht. Hier wird es daher vor allem darauf ankommen, den Wunsch nach Wahrheit nicht zu vorschnell und voreilig durch Erzählungen vermeintlicher Wahrheit zu befriedigen und überhaupt erst ein falsches Bild entstehen zu lassen. Aus dem kindlichen Interesse an punktuellem Wissen über „früher" müssen sich allmählich die Konzepte von Vergangenheit und Geschichte heraus bilden. Dies lässt sich, wie z.B. zuletzt Waltraud SCHREIBER (1999b) vorgeschlagen hat,[18] anhand von Gegenständen aus der unmittelbaren Lebenswelt (Rekonstruktionsversuche des eigenen ersten Schultages etc.) anbahnen und dann auf andere Gegenstände übertragen.

c. Progressiver Aufbau von Methodenkenntnissen hinsichtlich der eigenständigen Synthese (Re-Konstruktion) und Analyse (De-Konstruktion) von Sinnbildungen sowie der dazu notwendigen einzelnen Verfahren (z.B. Quellenauswertung; historisches Fragen etc.).

d. Progressiver Aufbau einer Grundvorstellung des chronologischen Gesamtzusammenhanges „der Geschichte". Dies erscheint auf den ersten Blick der traditionelle Zugriff des Geschichtsunterrichts zu sein: Die Weitergabe des Wissens der Gesellschaft über ihre Vergangenheit an die junge Generation, also die Weitergabe vor allem der Konventionen. In dieser unreflektierten Totalität ist (so ja auch oben) dieses gesellschaftliche Interesse zu Recht kritisiert worden. Damit ist es aber nicht vollständig delegitimiert. In eine Gesellschaft Hineinwachsende müssen immer auch die konventionellen Bestände historischen Wissens erwerben, um mitreden zu können, um die Schlussfolgerungen (Orientierungen) und damit die Handlungen ihrer Mitbürger einschätzen zu können.

e. Progressiver Aufbau eines Korpus an Erklärungsmuster (menschliche Handlungsweisen; Motive, wissenschaftliche Gesetzmäßigkeiten; psycho-

---

[18] Vgl. jetzt auch MICHALIK 2004; Hg.

logische Regeln etc.) und Deutungsmuster (Fortschritt, Modernisierung, Regelhaftigkeiten, Ungleichzeitigkeit des Gleichzeitigen, Kulturunterschiede) sowie Beurteilungsmuster (Menschenrechte, religiöse Überzeugungen, wissenschaftliche Evidenz etc.).

2. Fallbezogene Aufgaben

f. gemeinsame Bearbeitung von aktuellen Orientierungsproblemen der Gesellschaft und/oder einzelner Schüler.
g. Anwendung der systematisch erarbeiteten Kenntnisse und Methoden auf diese Fälle.
h. gemeinsame Diskussion der Orientierungsrelevanz der gefundenen Sinnbildungen sowie vorgefundener Sinnbildungen.

Wichtig erscheint mir hierbei vor allem, dass die einzelnen Lern- und Entwicklungsmöglichkeiten (Wissensbestände und Wissensformen, Erkenntnisse, Schlussfolgerungen) nicht in einem Thema versteckt werden, sondern dass sie explizit thematisiert werden.

5   Fazit

Der Geschichtsunterricht hat im Bildungsgang eine Doppelaufgabe, die er nur erfüllen kann, wenn beide Anteile zu ihrem Recht kommen und auf einander bezogen werden. Historisches Lernen kann und soll zur Bearbeitung von aktuellen, nicht-spezifisch historischen Entwicklungsaufgaben beitragen, indem die dafür wichtigen Fragen, Probleme und Kategorien historisiert werden. Dies setzt eine Kompetenz im historischen Denken voraus, die jedoch ihrerseits gleichzeitig mit entwickelt werden muss. Lernen an und aus der Geschichte muss Hand in Hand gehen mit Lernen dieses historischen Denkens. Dabei erscheint es nicht sinnvoll, Letzteres immer punktuell und situativ an den gerade für ersteres relevanten Beispielen zu tun. Beide Aufgaben müssen explizit thematisiert und entwickelt werden. Dafür aber muss die Geschichtsdidaktik sich stärker als bisher mit der Frage auseinander setzen, welche Kompetenzen es denn eigentlich sind, die ein historisch Denkender für das Lernen aus der Geschichte benötigt, und wie sie im Geschichtsunterricht systematisch gefördert werden können.

Literatur

ANGVIK, MAGNE/BORRIES, BODO V. (1997; Hg.): YOUTH and HISTORY. A Comparative European Survey on Historical Consciousness and Political Attitudes among Adolescents. 2 Vols. – Hamburg: edition Körber-Stiftung.

BAUER, JAN-PATRICK/MEYER-HAMME, JOHANNES (2004): Der Hamburger Rahmenplan Geschichte 2002 - Anregungen zu reflektiertem und (selbst)reflexivem Geschichtsbewusstsein?, in: HANDRO, SASKIA/SCHÖNEMANN, BERND (Hg.): Geschichtsdidaktische Lehrplanforschung. Methoden - Analysen - Perspektiven. – Münster: Lit (Zeitgeschichte - Zeitverständnis; Bd. 8).

BERGMANN, KLAUS (2001): Versuch über die Fragwürdigkeit des chronologischen Geschichtsunterrichts, in: PANDEL, HANS-JÜRGEN/SCHNEIDER, GERHARD (Hg.): Wie weiter? Zur Zukunft des Geschichtsunterrichts. – Schwalbach/Ts.: Wochenschau Verlag (Wochenschau Geschichte), S. 33-55.

BERGMANN, KLAUS; ROHRBACH, RITA (2001; Hg.): Kinder entdecken Geschichte. Theorie und Praxis historischen Lernens in der Grundschule und im frühen Geschichtsunterricht. – Schwalbach/Ts.: Wochenschau u.a.

BORRIES, BODO VON (1974): Lernziele und Testaufgaben für den Geschichtsunterricht: dargestellt an der Behandlung der Römischen Republik in der 7. Klasse. 2. Aufl. – Stuttgart: Klett (Anmerkungen und Argumente zur historischen und politischen Bildung; 8).

BORRIES, BODO VON et al. (1995): Das Geschichtsbewußtsein Jugendlicher. Eine repräsentative Untersuchung über Vergangenheitsdeutungen, Gegenwarts-wahrnehmungen und Zukunftserwartungen von Schülerinnen und Schülern in Ost- und Westdeutschland. Unter Mitarb. von Weidemann, Sigrid; Baeck, Oliver; Grzeskowiak, Sylwia; Körber, Andreas. – Weinheim/München: Juventa.

BORRIES, BODO VON (2001): Staatliches Selbstverständnis oder persönliche Entwicklungsaufgabe? Das Unterrichtsfach Geschichte seit 1945, in: HERICKS, UWE et al., S. 107-133.

BORRIES, BODO VON (2002a): Angloamerikanische Lehr-/Lernforschung - ein Stimulus für die deutsche Geschichtsdidaktik?, in: DEMANTOWSKY, MARCO/SCHÖNEMANN, BERND (Hg.): Neuere geschichtsdidaktische Positionen. – Bochum: Projekt-Verlag (Dortmunder Arbeiten zur Schulgeschichte zur und historischen Didaktik; 32), S. 65-92.

BORRIES, BODO VON (2002b): Lehr-/Lernforschung in europäischen Nachbarländern - ein Stimulus für die deutschsprachige Geschichtsdidaktik?, in: HANDRO, SASKIA/SCHÖNEMANN, BERND (Hg.): Methoden geschichtsdidaktischer Forschung. Münster. – Hamburg: Lit (Zeitgeschichte - Zeitverständnis; 10), S. 13-49.

BORRIES, BODO VON (2004a): Das Fach Geschichte im Spannungsfeld von Stoffkanon und Kompetenzentwicklung, in: ders.: Lebendiges Geschichtslernen. Bausteine zu Theorie und Pragmatik, Empirie und Normfrage. – Schwalbach/Ts: Wochenschau (Forum Historisches Lernen), S. 138-168.

BORRIES, BODO VON (2004b): Warum ist Geschichtslernen so schwierig? Neue Problemfelder der Geschichtsdidaktik, in: BEHRENS, HEIDI/WAGNER, ANDREAS (Hg.): Deutsche Teilung, Repression und Alltagsleben. Erinnerungsorte der DDR-Geschichte. – Leipzig: Forum Verlag, S. 69-96 u. 284-288.

DREHER, EVA/DREHER, MICHAEL (1985): Wahrnehmung und Bewältigung von Entwicklungsaufgaben im Jugendalter: Fragen, Ergebnisse und Hypothesen zum Konzept einer Entwicklungs- und Pädagogischen Psychologie des Jugendalters, in: OERTER, ROLF (Hg.): Lebensbewältigung im Jugendalter. – Weinheim: Juventa, S. 30-61.

FREYH, RICHARD (1966/1978): Zum Problem der Entwicklungsphasen im Geschichtsunterricht, in: Pädagogische und didaktische Reflexionen. Festschrift für M. Rang. – Frankfurt am Main, S. 129-137; hier nach dem Wiederabdruck in: SÜSSMUTH, HANS (1978; Hg.): Geschichtsunterricht ohne Zukunft? Zum Diskussionsstand der Geschichtsdidaktik in der Bundesrepublik Deutschland. 3. Aufl. – Stuttgart: Ernst Klett (Anmerkungen und Argumente zur historischen und politischen Bildung; 1.1), S. 51-65.

HASBERG, WOLFGANG (2001): Empirische Forschung in der Geschichtsdidaktik. Nutzen und Nachteil für den Unterricht. 2 Bde. – Neuried: ars una (Bayerische Studien zur Geschichtsdidaktik; 3).

HASBERG, WOLFGANG/KÖRBER, ANDREAS (2003): Geschichtsbewusstsein dynamisch, in: KÖRBER, ANDREAS (Hg.): Geschichte - Leben - Lernen. Bodo von Borries zum 60. Geburtstag. – Schwalbach/Ts.: Wochenschau Verlag (Forum Historisches Lernen), S. 179-203.

HERICKS, UWE et al. (2001; Hg.): Bildungsgangdidaktik. Perspektiven für Fachunterricht und Lehrerbildung. – Opladen: Leske+Budrich.

HERICKS, UWE/SPÖRLEIN, EVA (2001): Entwicklungsaufgaben in Fachunterricht und Lehrerbildung. Eine Auseinandersetzung mit einem Zentralbegriff der Bildungsgangdidaktik, in: HERICKS, UWE et. al., S. 33-50.

KÖLBL, CARLOS (2004): Geschichtsbewusstsein im Jugendalter. Grundzüge einer Entwicklungspsychologie historischer Sinnbildung. – Bielefeld: Transkript Verlag (Zeit - Sinn - Kultur).

KÖRBER, ANDREAS (1999): Gustav Stresemann als Europäer, Patriot, Wegbereiter und potentieller Verhinderer Hitlers. – Hamburg: Reinhold Krämer Verlag (Beiträge zur deutschen und europäischen Geschichte; 25).

KÖRBER, ANDREAS (2000): ‚Hätte ich mitgemacht?' Nachdenken über historisches Verstehen und (Ver-)Urteilen im Unterricht, in: Geschichte in Wissenschaft und Unterricht 51, 7-8, S. 430-448.

KÜPPERS, WALTRAUT (1966): Zur Psychologie des Geschichtsunterrichts: Eine Untersuchung über Geschichtswissen u. Geschichtsverständnis bei Schülern. 2. Aufl. – Stuttgart: Klett.

MICHALIK, KERSTIN (2004; Hg.): Geschichtsbezogenes Lernen im Sachunterricht. 1. Aufl. – Bad Heilbrunn/Braunschweig: Klinkhardt; Westermann (Sachunterricht konkret).

PANDEL, HANS-JÜRGEN (2002): Erzählen und Erzählakte. Neuere Entwicklungen in der didaktischen Erzähltheorie, in: DEMANTOWSKY, MARCO/SCHÖNEMANN, BERND (Hg.): Neuere geschichtsdidaktische Positionen. – Bochum: Projekt-Verlag (Dortmunder Arbeiten zur Schulgeschichte zur und historischen Didaktik; 32), S. 39-56.

RÜSEN, JÖRN (1983): Historische Vernunft. – Göttingen: Vandenhoeck & Ruprecht (Kleine Vandenhoeck-Reihe; 1489).

RÜSEN, JÖRN (1985): Ansätze zu einer Theorie historischen Lernens I: Formen und Prozesse, in: Geschichtsdidaktik, 3; S. 249-265.

RÜSEN, JÖRN (1990): Die vier Typen des historischen Erzählens, in: ders.: Zeit und Sinn. Strategien historischen Denkens. – Frankfurt am Main: Fischer Taschenbuch Verlag, S. 153-230.

RÜSEN, JÖRN (1994): Historische Orientierung. Über die Arbeit des Geschichtsbewußtseins, sich in der Zeit zurechtzufinden. – Köln/Wien/Weimar: Böhlau.

RÜSEN, JÖRN (1998; Hg.): Die Vielfalt der Kulturen. Erinnerung, Geschichte, Identität 4. – Frankfurt am Main: Suhrkamp Taschenbuch Verlag (suhrkamp taschenbuch wissenschaft 1405).

SCHNEIDER, GERHARD (2002): Neue Inhalte für ein altes Unterrichtsfach. Überlegungen zu einem alternativen Curriculum Geschichte in der Sekundarstufe I, in: DEMANTOWSKY, MARCO/SCHÖNEMANN, BERND (Hg.): Neuere geschichtsdidaktische Positionen. – Bochum: Projekt-Verlag (Dortmunder Arbeiten zur Schulgeschichte zur und historischen Didaktik; 32), S. 119-142.

SCHÖNEMANN, BERND/VOIT, HARTMUT (2002; Hg.): Von der Einschulung bis zum Abitur. Prinzipien und Praxis des historischen Lernens in den Schulstufen. – Idstein: Schulz-Kirchner (Schriften zur Geschichtsdidaktik; 14).

SCHREIBER, WALTRAUD (1999a; Hg.): Erste Begegnungen mit Geschichte. Grundlagen historischen Lernens. 2. Teilbände. – Neuried: ars una (Bayerische Studien zur Geschichtsdidaktik; 1).

SCHREIBER, WALTRAUD (1999b): Die Entwicklung historischer Sinnbildungskompetenzen als Ziel des historischen Lernens mit Grundschülern, in: diess. (Hg.): Erste Begegnungen mit Geschichte. Grundlagen historischen Lernens. 1. Teilband. – Neuried: ars una (Bayerische Studien zur Geschichtsdidaktik; 1), S. 15-75.

STILLE, ALEXANDER (2002): Reisen an das Ende der Geschichte. Dt. Erstausg. – München: Beck.

Produktive Krisen inszenieren – Wie das genetische Prinzip Jugendliche mit Politik sowie Bildungsgang- mit Lehrkunstdidaktik verschwistern kann

Andreas Petrik

> Die Alternative ,von der Sache aus *oder* vom Kinde aus?' ist reif als solche zu ver-
> schwinden. In der gelingenden pädagogischen Situation arbeitet das Kind nie anders
> als sachlich. Aber die Sache zieht und erzieht es nur insoweit sie seinen geheimen
> (ihm unbewussten) Erwartungen und *Steigerungs*-Wünschen entspricht. (WAGEN-
> SCHEIN 1991, S. 106)

1. Kontaktprobleme: Ein unglückliches Dreiecks-Verhältnis und die Suche nach *teachable moments*

Didaktisches Handeln könnte eine schöne und angesehene Aufgabe sein, würde
es lustvolle, fruchtbare und kritische Begegnungen zwischen Heranwachsenden
und etablierter Kultur organisieren. Begegnungen, die sonst oberflächlich oder
gar nicht zustande kämen. Doch statt die Menschen zu stärken und die Sache zu
klären (V. HENTIG) erzeugt der schulische Bildungsprozess - entgegen der Absichten seiner InitiatorInnen - immer noch eine gehörige Portion Verunsicherung
und „verdunkeltes Wissen" (WAGENSCHEIN): Lernende *und* Lehrende leiden
unter ihrem subtilen bis manifesten Gegeneinander und die Sache selbst als Anlass ihrer Zusammenkunft verschwindet hinter Disziplinierungs- und Vermitt-
lungs-Ritualen, die zu Selbstzwecken verkümmern. Damit verschwindet auch die
Legitimation von Didaktik und Schule (vgl. GRUSCHKA 2002).

Diesem unglücklichen Dreiecksverhältnis nähert sich die Bildungsgangforschung aus der Sicht der Schwächeren und untersucht deren Lernbiografien auf
Selbst-Vermittlungsprozesse: *Wann* und *auf welche Weise* eignen sich Lernende
gesellschaftliche Anforderungen *von sich aus* an? Daraus soll sich eine erfah-
rungsgesättigte Bildungsgangdidaktik entwickeln, die Lehrende berät, erfolgreiche Lernsituationen zu kreieren. Für dieses Ziel erscheinen die vorherrschenden
Allgemein-Didaktiken (KLAFKI; HEIMANN/OTTO/SCHULZ; GUDJONS/H. MEYER)
wenig hilfreich, da sie subjektive Entwicklungswünsche und Bildungsgänge

zugunsten der objektiven Seite (Curriculum, Unterrichts-Analyse und -Planung aus Lehrersicht) vernachlässigen (vgl. HERICKS 1998a/b).

Zur zentralen bildungsgangdidaktischen Hintergrundtheorie wurde das Konzept der Entwicklungsaufgaben (HAVIGHURST 1972), weil es problemhaltige gesellschaftliche Handlungsfelder definiert, mit deren Anforderungen sich Jugendliche aus eigenem Antrieb auseinandersetzen: Sich Peergruppen zuordnen, die Geschlechts-Rolle und das Verhältnis zum eigenen Körper klären, sich von Autoritäten ablösen, Beziehung und Sexualität, Partnerschaft und Familie ausprobieren, einen Beruf finden, ein Selbstbild und eine wertebasierte Weltanschauung entwickeln, einen persönlichen Zukunftsplan entwerfen (vgl. OERTER/DREHER 2002, S. 268ff.). Dieser modernisierte Kanon soll zwar unhintergehbare Bearbeitungsthemen nennen, nicht aber verbindliche traditionelle Lösungen vorgeben: HAVIGHURSTS Ehe-Aufgabe wurde in Partnerschaft umformuliert - entsprechend wäre Familie um Lebens- oder Wohngemeinschaft zu ergänzen.[1] Als „produktive Gestalter" (FERCHHOFF/NEUBAUER 1989, S. 118ff.) deuten Jugendliche ihre Entwicklungsaufgaben höchst eigenwillig und wirken so bereichernd auf die Gesellschaft zurück (vgl. PIAGET 1974, S. 114).

Diese Dialektik aus Enkulturation, Individualisierung und Gesellschaftswandel skizziert das *Kanon-Modell der Entwicklungsaufgaben* (HERICKS/SPÖRLEIN 2001, S. 43). Lernprozesse werden dort definiert als subjektive Deutung und Bearbeitung von Entwicklungsaufgaben. *Teachable moments* (HAVIGHURST 1972, S. 6f.) sind „authentische Momente" des Lernens, „in denen die Schüler mehr oder weniger sie selbst sind, die ihnen subjektiv bedeutungsvoll sind und in denen sie ihre eigenen Ziele verfolgen." (HERICKS 1998b, S. 293ff.). Die Bildungsgangdidaktik sucht also ein diagnostisches Instrumentarium für intrinsische Motivation, deren Voraussetzung die Befriedigung eigener Ansprüche *an* und *durch* den Gegenstand ist (vgl. PIAGET 1974, S. 131; SKOWRONEK 1980, S. 134). Das Kanon-Modell ist damit jedoch erst ein halb-didaktisches, weil es zwar subjektive Zugänge aufzeigt, doch den Bildungsinhalt selber ausspart. Ungeklärt bleibt, „was sich im Vermittlungsfeld konkret abspielt" (COMBE in diesem Band), in welchem Verhältnis Entwicklungsaufgaben zum Curriculum stehen und wie dieses Spannungsverhältnis für guten Unterricht nutzbar zu machen sei: Wie müssten Lernaufgaben beschaffen sein, die als *fachliche Deutungsangebote* an Erwartungen Jugendlicher andocken und ihre „Steigerungs-Wünsche" herausfordern (WAGENSCHEIN, Eingangszitat)?

---

[1] Schon HAVIGHURST dachte mitnichten nur gesellschaftskonform im Sinne des amerikanischen Mittelstandes der 50er Jahre: Im Namen des kulturellen Wandels (*cultural change*) sollen Jugendliche kritisch die Weltanschauung ihrer LehrerInnen und Eltern überprüfen und sich die Widersprüche der Überflussgesellschaft (Armut, neurotischer Überkonsum, zeitlich und räumlich versetzte Folgen des Handelns) bewusst machen (vgl. HAVIGHURST 1972, S. 69ff.)

Zur Beantwortung dieser Frage werde ich Vorschläge zur Förderung authentischer Lernmomente nach dem Grad der angestrebten oder erreichten Nähe zum Unterrichtsgegenstand ordnen: Vom *Schulrahmen* über *Lernprozessanalysen* zur *Gestaltung von Lernarrangements*. Dabei wird sich bestätigen, dass der Bildungsgangdidaktik eine Theorie zur Konstruktion fruchtbarer Momente (Friedrich COPEI) fehlt. Als konzeptionelle Ergänzung schlage ich die Lehrkunstdidaktik vor, die auf dem genetischen Prinzip WAGENSCHEINS basiert (2.). Am Beispiel politischen Lernens entwickle und prüfe ich dann den Lehrkunstansatz (3.) und plädiere schließlich für die Arbeit an konkreten Unterrichtsmodellen im Rahmen einer fusionierten Bildungsgang- und Lehrkunstdidaktik (4.).

2. Annäherungsversuche an die Sache fördern: Bildungsgang- und Lehrkunstdidaktik

2.1 Schule als Lebensraum: Unsachgemäße Bedürfnisse anerkennen

SchülerInnen, die Liebesbriefe oder SMS' schreiben, sich mit Gameboys oder fachfremden Hausaufgaben beschäftigen, sich ohne „dran zu sein" unterhalten, demonstrativ Mützen und Jacken anbehalten, provozierende Laute und sarkastische Bemerkungen von sich geben - sie handeln authentisch im Sinne der Bildungsgangforschung, weil sie *eigene* Ziele verfolgen: Per Störung protestieren sie gegen den dominanten Typus des „Stundenhaltens" (Horst RUMPF), der zugunsten von Stoffbeherrschung ihre Bedürfnisse gering achtet, ihnen häufiger Demütigung als Erfolgserlebnisse beschert. Stillgestellte Bedürfnisse bahnen sich ihren Weg, fehlende Anerkennung führt zu unproduktiven, weil ungelösten „Identitätsbehauptungskämpfen" (COMBE/HELSPER 1994, S. 189).

Anerkennung beginnt, wenn Lehrende Lernende als kluge „Hermeneuten der latenten Sinnstruktur" (SCHELLE 2003, S. 35), des heimlichen Lehrplans ernst nehmen, indem sie deren implizite Rückmeldungen deuten lernen und Spielräume für explizites Feedback einrichten.[2] Was aber tun, wenn sich dabei herausstellt, dass „Lebensprobleme die Lernprobleme überlagern" (V. HENTIG), Entwicklungswünsche mit Bildungsaufträgen und Schulstrukturen kollidieren? Ein Vorschlag lautet, mit impliziten und expliziten *Lernverträgen* (vgl. HERICKS 1998b, S. 296ff.) Unterrichts-Zeit und Schul-Raum für subjektive Bedürfnisse zur Verfügung stellen: Ihr dürft spielen, rausgehen, einen Film gucken, in Stillarbeitsphasen Musik hören, persönliche und schulische Probleme besprechen,

---

[2] Vgl. die Dissertationsprojekte zu Schülerfeedbacks im Rahmen des Hamburger Graduiertenkollegs Bildungsgangforschung (Petra MERZINGER, Wilfried KOSSEN).

euren Klassenraum streichen, eine Sitz- und Getränke-Ecke einrichten. Dafür darf ich verlangen, dass ihr euch konzentriert mit linearen Funktionen und Gesetzgebungs-Grafiken beschäftigt. Ein ähnlicher Handel zwischen Freiraum und Sich-führen-lassen entsteht, wenn SchülerInnen nicht-fachbezogene Kompetenzen der kaum erreichbaren Fach-Kompetenz der LehrerIn gegenüber behaupten können, indem sie beispielsweise einen zunächst misslingenden physikalischen Versuch durch handwerkliches Geschick retten (vgl. HERICKS 1998b, S. 293ff.).

Konstruktiv-authentisches Handeln im Schulkontext bedeutet also, sein Menschsein nicht auf Schülerrolle und Fachblick reduzieren zu müssen, unsachgemäße Bedürfnisse und nicht-fachliche Kompetenzen *direkt* äußern, einbringen, mit Autoritäten aushandeln zu dürfen. So sehr solche Arbeitsbündnisse zu den notwendigen pädagogischen Bedingungen einer humanen Schule gehören, so wenig sind sie didaktisch hinreichend: Motivation bleibt primär extrinsisch, geht nicht von der Sache selbst und ihrer Aufgabengestalt aus. Sollte Schule sich allerdings nicht zum Lebensraum, zur Polis (V. HENTIG) wandeln, zu einer *reformpädagogisch* motivierten Ganztagsschule als „gemeinsamem, reziprok strukturiertem Handlungsraum" (COMBE/HELSPER 1994: 201), dann würden didaktische Innovationen leicht durch ein fortdauernd frustrierendes Schulklima sabotiert. Angesichts des geringen bildungspolitischen Einflusses von Reform- und Alternativschulen sowie erfolgreicher Schulsysteme (Schweden, Norwegen) lässt sich Schule auf Dauer wohl kaum verändern, „ohne revolutionär zu sein" (HERICKS 1998b). Doch bleiben wir beim Unterricht.

2.2 Unterricht als Bedeutungsaushandlung: Der Schülerklugheit Raum geben

Ein Lehrer behandelt den Roman *Herr der Fliegen* im Politik-Unterricht der 8. Klasse (vgl. SCHELLE 2002, S. 17ff.), möchte am Beispiel der auf der Insel gestrandeten Jugendlichen herausarbeiten, dass zum Zusammenleben Regeln gehören und fragt ausdrücklich nach geregelten Alltagssituationen. Ein Schüler imitiert eine Art Tarzan-Schrei, andere assoziieren Fußballspielen, häusliches Mittagessen und Freundschaft. Mit keiner dieser Äußerungen scheint der Lehrer zufrieden zu sein, übergeht sie oder weist sie als unpassend zurück. Dabei führen sie alle unmittelbar ins Thema hinein. Selbst der Urschrei ist sachbezogen, zeigt eine szenische Einfühlung in den Zustand der Unzivilisiertheit.

Wieso werden hier, wie so oft, Fehler „mit knappen Korrekturen zurückgeschnitten, so wie man eine Hecke in Form bringt" (WAGENSCHEIN 1995, S. 137), werden SchülerInnen „projektiv dümmer kreiert", als sie tatsächlich sind (vgl. KORING 1989, S. 282, 319ff.)? Trotz gegenteiliger Postulate exekutieren Lehrende häufig ein Sach-Programm, reduzieren Lernende auf Schlagwortgeber und Kreuzworträtsellöser - der Handlungsdruck des Schulalltags trägt manches dazu bei. Die vielgescholtene Trichterpädagogik resultiert jedoch zumeist aus einer mangelnden Reflexion der Transformationen des Wissens (vgl. GRAMMES 1998, S. 328). Lehrende neigen dazu, den Gegenstand monoperspektivisch zu deuten und zu ignorieren, dass er in drei Aggregatzuständen vorhanden ist: In diesen Fall als Roman mit vielfältigen politischen Analogieangeboten (Medium, ästhetische Präsenz), als durch ihn ausgelöste und an ihn herangetragene Vorstellungen über Regelsetzungen (Schülerdeutungen) und als Wirkungsabsicht, politikdidaktische Perspektive des Lehrers (Lehrerdeutung). Das klassische didaktische Dreieck stelle man sich zur Pyramide erweitert vor: Der Hauptbühne Lehrer - Schüler - Sache folgt eine schwach beleuchtete „Hinterbühne" der subjektiven Gegenstandsbezüge, Lehrer-Sache und Schüler-Sache (vgl. GRUSCHKA 2002, S. 87ff.).

Wenn Lehrende die produktive Spannung dieser drei Gegenstands-Konstruktionen nicht mit den Lernenden zusammen *aushandeln*, dann stören sie ihre vorhandene Nähe zum Gegenstand nachhaltig. Die Folge ist eine Mischung aus Unterwerfung und Boycott: SchülerInnen geraten zu „didaktischen Rekonstrukteuren" (KORING 1989, S. 319), die ihr eigenes Urteil zugunsten offiziell erwünschter Sichtweisen zurückhalten, dieses aber nicht aufgeben und so Zweisprachigkeit lernen - sofern sie nicht das Unterrichtsgeschehen sabotieren, verstummen oder sich eigenen Interessen widmen.

SchülerInnen handeln nicht nur authentisch, wenn sie unterrichtsfremde Interessen artikulieren - dann wäre Lernen tatsächlich nur extrinsisch durch Zuckerbrot und Peitsche möglich. Trotz Stundenhalten nähern sich viele dem Stoff in ihrer Sprache, ihrer Geschwindigkeit, mit ihren Assoziationen und Entwicklungswünschen, auf die Lehrende wiederum (miss)deutend reagieren. Diese hermeneutische Grundstruktur pädagogischen Handelns kann durch eine *fallorientierte Lehrerbildung* bewusst gemacht und professionalisiert werden (vgl. COMBE/HELSPER 1994, S. 209; HENKENBORG 2000). Oft sind jedoch authentisch-eigenwillige Aneignungsversuche auch für langjährige Profis erst nach längerer kollektiver Analyse von Unterrichtstranskripten erkennbar (vgl. HERICKS/SCHENK 2001, S. 256ff.). Der hermeneutische Lehrer- und Didaktiker-Blick benötigt daher Vorstellungen von Alltagtheorien und Gefühlen, die Lernende - innerhalb *und* außerhalb des Unterrichts - mit bildungsrelevanten Inhalten verbinden.[3] Interviews oder Gruppendiskussionen fördern nicht selten fachliche Kompetenzen zutage, die im entsprechenden Fachunterricht untergehen.

Die didaktische Konsequenz ist ein *mäeutischer* bzw. *sokratischer* Unterricht (vgl. KORING 1989, S. 279, 318; GRAMMES 1998, S. 326ff.): Explorative Phasen eröglichen SchülerInnen, sich vom „Macher" ungestört der Sache anzunähern und ihren Bildungsgang autonom zu organisieren (vgl. HERICKS/SCHENK

---

[3] Vgl. das Dissertationsprojekt zu subjektiven physikalischen Vorstellungen (Mari LECHTE).

2001)[4] oder ihre Erfahrungen und Lesarten explizit ins Unterrichtszentrum zu stellen. Die LehrerIn wird zum Coach, zur GeburtshelferIn für Problemlösungen - doch unbeantwortet bleibt, um *welche* Probleme es eigentlich gehen soll. Diese Frage lenkt uns zum Kerngeschäft didaktischer Arbeit.

2.3 Didaktik als Inszenierung fruchtbarer Momente: Verständnisbrücken bauen

Das Konzept der Entwicklungsaufgaben wurde nicht zufällig zur Evaluation des Kollegschulversuchs NRW verwendet: Subjektive Entwicklungsziele (Beruf MTA) und objektive Bildungsgänge (medizinische Anwendung chemischer Farbreaktionen) wiesen eine große Deckung auf (vgl. SPÖRLEIN 2003, S. 54f.). Je größer die Schnittmenge zwischen Entwicklungs- und Lernaufgabe, zwischen dem, was ich will und dem, was ich soll, desto stärker bin ich intrinsisch motiviert. Bildungsgangforschung widmet sich hier also den Erfolgen und Krisen einer mehr oder weniger selbstgewählten Gegenstands-Aneignung.[5]

Solche motivierenden Schnittmengen ergeben sich an allgemeinbildenden Schulen jedoch eher selten. Bildungsziele werden stets über Schüler-Interessen hinausgehen: Sie sind das Ergebnis notweniger Verhandlungen der Erwachsenen-Gesellschaft über die Frage, was sie tradieren und was sie in Zukunft sein möchte. Wenn Entwicklungsaufgaben jedoch tatsächlich ein „Scharnier" zwischen individueller und kollektiver Geschichte verkörpern (vgl. COMBE in diesem Band), dann müssten sie Kriterien für Brückenthemen bereitstellen. Im Chemieunterricht wären dann zum Beispiel „Kosmetik" oder „Umweltskandale" Themen, die sich an den Entwicklungsaufgaben „Körper" und „Werte" orientierten (vgl. SPÖRLEIN 2003, S. 62ff.). Auch die schönsten Schminkversuche oder spannendsten moralischen Entrüstungen über die „skrupellose" Chemieindustrie schützen jedoch nicht davor, sich irgendwann mit chemischen Zusammensetzungen von Lippenstiften und Giftgaswolken auseinandersetzen zu müssen.

Analysen alltäglichen Unterrichts kumulieren immer wieder in der zentralen, durch die PISA-Studie populären Erkenntnis, dass der Brückenschlag zwischen lebensweltlichen und wissenschaftlichen Sichtweisen kaum gelingt: Im Politikunterricht beispielsweise fällt es Lernenden äußerst schwer, politische Konflikte mit sozialwissenschaftlichen Kategorien zu analysieren. Ihr Umgang mit Begriffen bleibt aufgesetzt und von persönlicher Erfahrung abgespalten (vgl. KUHN/MASSING 1999). Ähnliche Verständnisgräben erzeugt ein Chemieunter-

---

[4] Vgl. das Dissertationsprojekt zur Lernerautonomie im Sachunterricht (Annika KOLB).
[5] Vgl. die Dissertationsprojekte zur Integration von beruflichem und schulischem Lernen (Julia HELLMER; Elisabeth EHMIG) und das Habilitationsprojekt zur Professionalisierung angehender LehrerInnen (Norbert NEUSS).

richt, dessen Fachsprache und abstrakte Modelle nicht an Schülervorstellungen und -Kompetenzen anknüpfen (vgl. SPÖRLEIN 2003, S. 249ff.).[6]

Didaktik kann und darf den Riss zwischen Identitätswünschen und schulischen Identifizierungsangeboten nicht völlig kitten. Sie soll Entfremdung abbauen, ohne die ganze Persönlichkeit zu verschulen und gleichermaßen für jugendliche wie für kulturelle Belange eintreten. SchülerInnen fühlten sich verraten, wenn ihre Interessen „als Vehikel für andere Ziele" missbraucht würden (HERICKS 1998b, S. 297). Und eine Betroffenheitspädagogik, die Alltagssichtweisen schlicht verdoppelte, ohne Gegenerfahrungen und Entverselbständigungen anzupeilen, verriete gesellschaftliche Interessen - zumal angesichts einer zunehmenden „Entmächtigung der Hochkultur" (ZIEHE 1996) und erfahrungsferner ökologischer und sozialer Probleme. *Social change* braucht *conceptual change.*

Maßnahmen wie Lernverträge, Feedbacks, Portfolios, Deutungskompetenz-Trainings, explorative Unterrichtsphasen und schülernahe Themen erhöhen die Chance auf freiwillige und sinnvolle Begegnungen mit Schulstoffen. Es bleibt jedoch ein Spannungsverhältnis zu wissenschaftlichen Inhalten und Betrachtungsniveaus. Der bildungsgangdidaktische Fokus auf der *Analyse authentischer Momente* bedarf einer Ergänzung um Konzepte zur *Konstruktion fruchtbarer Momente,* in denen SchülerInnen sich *sachlich* motiviert fühlen, ihren Wissensmodus zu verändern bzw. zu erweitern.[7]

Ein Meister der Brückenbildungs-Kunst war Martin WAGENSCHEIN (1896-1988), der als Lehrer an der Odenwaldschule und Physikdidaktiker das genetische Prinzip praktisch ausbuchstabierte. Er kann als „der wohl bedeutendste Überwinder der Didaktik innerhalb der Zunft der Didaktiker" (GRUSCHKA 2002, S. 423) bezeichnet werden, der subjektive Ansprüche gegen die „deformierte Zweckrationaliät" der Schule verteidigt (COMBE/HELSPER 1994, S. 213).

Genetisches Lehren will SchülerInnen intrinsisch in die Dynamik der *Wissens-Konstruktion* verwickeln, indem es wissenschaftlich relevante Phänomene in einem frühen, ungelösten, irritierenden Entwicklungsstadium präsentiert, das Neugier weckt, Alltagsdeutungen anregt und Entwicklungsehrgeiz herausfordert: Der immer schon situative und genetische Lernprozess (PIAGET) wird zur expliziten Lehrstrategie (vgl. MONTADA 2002, S. 440; REINMANN-ROTHMEIER/MANDL 2001, S. 622). Aus der Zusammenarbeit mit WAGENSCHEIN erwuchs die Lehrkunstdidaktik (BERG/SCHULZE 1995) als Ausnahmeerscheinung einer *Inhaltsdidaktik,* die genetische Unterrichtmodelle, genannt Lehrstücke, sammelt, konzipiert, inszeniert und optimiert.

---

[6] Vgl. auch die Dissertationsprojekte zu Lernchancen und -problemen im Mathematikunterricht (Markus SCHÜTTE) und bilingualem Sportunterricht (Birte ROTTMANN).
[7] Vgl. das Dissertationsprojekt von Barbara BORN über ein Unterrichtsmodell, das explizit an biologische Alltagsvorstellungen anknüpft.

Die *kommunikative Politikdidaktik* hat sich lehrkunstdidaktische Theoreme kritisch zu eigen gemacht (vgl. GRAMMES 1998, S. 104; 2000 u. sowi-online 1/2004). Statt bisher „auffällig konfliktarmen" Themen (KLAFKI 1997, S. 23) und zumeist erfolgsstoryhaften Inszenierungsberichten aus Lehrerperspektive will eine genetische Politikdidaktik untersuchen, wie kontroverse Deutungsmuster ausgehandelt werden und sich dabei verstärkt individuellen Bildungsgängen widmen. Dieses Vorhaben skizziere ich anhand meines Dissertationsprojekts „Jugendliche auf dem Weg zur Politik", das sich um die Konzeption und Erprobung des Lehrstücks „Dorfgründung" dreht.

3. Genetische Politikdidaktik oder der werdende Mensch trifft die werdende Gesellschaft

3.1 Das Lehrstück „Wir gründen eine Dorfgemeinschaft"

1. Akt: Gesellschaftsmodelle entdecken. Jugendliche wandern in ein verlassenes Pyrenäen-Dorf aus, um aus Neugier oder Enttäuschung ein neues Leben zu beginnen. Eine FachjournalistIn (LehrerIn) berät sie. Unterschiedlich finanziell von ihren Eltern unterstützt (ausgeloste BRD-Verteilung) finden sie eine Kirche, ein Gemeindehaus, einen Stall, eine Werkstatt, Ackerland und verschieden große Wohnhäuser vor. In mehreren Dorfversammlungen verhandeln sie ihre Vorstellungen und vergleichen sie dann mit der provokanten Realität der links-libertären Kommune Niederkaufungen.
2. Akt: Gesellschaftsmodelle anprobieren. Historisch einflussreiche Vertreter kontroverser politischer Basiskonzepte werden als Orientierungs- und Argumentationshelfer herangezogen: Im szenischen Spiel gestalten die Auswanderer ihr Dorf nach Ideen von Adam Smith (Liberalismus), Edmund Burke (Konservatismus), Karl Marx (Sozialismus) und Pierre Joseph Proudhon (Anarchismus). Aus deren Unterschieden und Gemeinsamkeiten entwerfen sie Vorschläge für einen "politischen Kompass", gleichen diese mit einem politikwissenschaftlichen Modell ab und beschließen ein gemeinsames Dorfkonzept.
3. Akt: Gesellschaftsmodelle anwenden. Aus den Perspektiven der vier Theorien diskutieren die DorfbewohnerInnen politische Schlüssel-Konflikte (Privatisierung, Homo-Ehe), prüfen den aktuellen Gebrauchswert der Theorien für die BRD. Abschließend formuliert jeder und jede einen tendenziellen politischen Standpunkt.

3.2 Gesellschaftliches Lernen oder die Geburt der Demokratie aus der Krise

Die Lehrkunstdidaktik möchte propädeutisch in kulturelle *Schlüsselkonzepte* einführen, die als „Denkschema, Urteilsform, Ordnungsfigur, Sprachspiel oder Handlungsmuster" (BERG/SCHULZE 1995, S. 365) zum kollektiven Wissensfundus gehören. Diese „Menschheitsthemen" sind per Definition Brückenthemen, „Entwicklungsaufgaben der Gesellschaft" - so wie die im Dorf verhandelten politischen Grundorientierungen: Aus *lebensweltlicher* Sicht geht es um Antworten auf Alltagsfragen und Entwicklungswünsche - wie wollen wir leben, lieben, arbeiten, bewerten, glauben, entscheiden, Güter verteilen, Konflikte regeln, Interessen durchsetzen? Aus *sozialwissenschaftlicher* Perspektive lassen sich idealtypisch vier Gesellschaftstheorien abgrenzen und zu einem Orientierungs-Modell verdichten, das z.B. der Analyse von Parteiprogrammen dient (vgl. KITSCHELT 1994, S. 12). Der Befund, „abgehobene ideologische Entwürfe" seien „definitiv ,out'" (SCHNEEKLOTH 2002, S. 119), bezieht sich vor allem auf ihre Performanz, auf die (Un-) Kultur ihrer Vermittlung durch politische AkteurInnen. Von tagespolitischen Strategien bereinigte Gesellschaftstheorien bieten wahrscheinlich einen größeren Anschluss an die Entwicklungsaufgabe *politische Identität*[8] als Parteipolitik, weil sie Demokratie als lernendes System verdeutlichen: Vorherrschende Gestaltungsmerkmale (etwa die „Neue Mitte") müssen sich angesichts grundsätzlicher Alternativvorschläge immer wieder legitimieren und gegebenenfalls wandeln.

Wie kann eine solche komplexe kognitive Landkarte in einen anregenden Lernprozess verwandelt werden? Statt Lernende, wie üblich, durch die „geordnete Ausstellung der Funde einer abgeschlossenen Expedition" zu führen, werden sie angeregt, die „Systematisierbarkeit eines Gegenstandsbereiches" selber zu erforschen (WAGENSCHEIN 1991, S. 79), den „Werdegang verwickelter Produkte" zu studieren (DEWEY 1964, S. 283). Methodisch folgt daraus, „tote Sachverhalte in lebendige Handlungen rückzuverwandeln, aus denen sie entsprungen sind" (Heinrich ROTH): Die Lehrkunstdidaktik sucht „kollektive Lernereignisse" (BERG/SCHULZE 1995, S. 385ff.), aus denen Entdeckungen und Erfindungen hervorgingen, in denen also *gesellschaftlich relevante Konzeptwechsel* stattfanden. Problembeladene Zustände, krisenhafte Ereignisse, rätselhafte Phänomene oder einflussreiche Menschen sind - in bewusster Abgrenzung zu Klafkis Schlüsselproblemen - die eigentlichen *Schlüsselthemen* genetischen Lehrens. Diese Exempel als überschaubare „*Spiegel* des Ganzen" (WAGENSCHEIN 1991, S. 32) sollen Ruhepole, Orientierungspunkte im Wissens-Wirrwarr markieren.

Verfolgt man die Wissenspfade eines naturwissenschaftlichen Themas wie Himmelskunde, gelangt man zu verschiedenen Exempeln und bereits vorhandenen didaktischen Vorlagen (vgl. BERG/SCHULZE 1995, S. 355ff.):

---

[8] *Aquiring a set of values and an ethical system as a guide to behavior - developing an ideology* (HAVIGHURST 1972, S. 69ff.).

	Sache (Sachgenese)	Kind (Phylogenese)	Menschheit (Ontogenese)	Wissenschaft (Wissenschaftsgenese)	Spontaner Moment (Aktualgen.)
Didaktische Perspektive	Wie ist die Sache entstanden?	Wie begegnen Kinder der Sache?	Wie begegnete die Menschheit der Sache?	Wie entdeckte die Wissenschaft die Sache?	Wie können wir die Sache wahrnehmen?
Exempel	Urknall, kosmischer Staub	Geozentrismus, Homers Scheibenerde		Sternenforscher Galilei	Himmelsbeobachtung
Vorlage	Herder/Humboldt	Willmann		Wagenschein	Diesterweg

Abbildung 1:   Varianten des genetischen Prinzips in den Naturwissenschaften

In den Sozialwissenschaften, die keine menschenunabhängigen Sachgenesen kennen, lassen sich *drei politische Wissensformen* (vgl. GRAMMES 1998, S. 70) auf Entstehungsanlässe zurückverfolgen (vgl. ausführlicher PETRIK 2004):

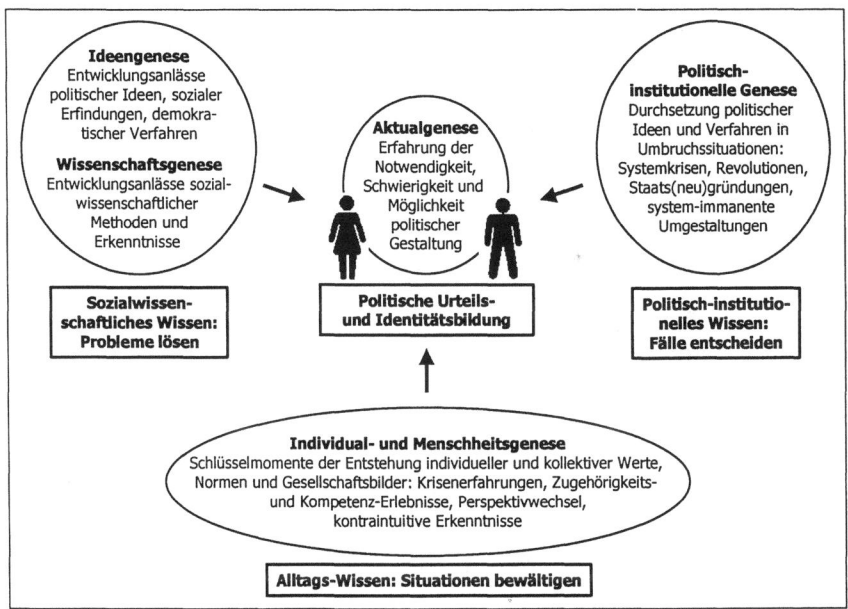

Abbildung 2:   Politische Wissensformen und ihre Genesen

Wissenschaftsgenetisch könnten wir SMITH, BURKE, MARX und PROUDHON als Väter der klassischen Gesellschaftstheorien an die Inspirations- und Produktionsstätten ihrer Ideen begleiten: in Parlamente, in das Paris des Jahres 1789, in Fabriken, in Arbeiter-Familien, ins Gefängnis, an den Schreibtisch. *Politikgenetisch* würden wir die Durchsetzung gesellschaftlicher Entwürfe in Umbruchsituationen (Französische Revolution, Kriegsende 1945, Mauerfall, 11.9.2001, Krise des Sozialstaats...) mitverfolgen. Beide Varianten bieten Identifikationen mit problematischen Lagen an, die eine allgemeingültige und damit politische Bewertung herausfordern und zeigen mithilfe „kultureller Vorbilder" mögliche Begründungsfiguren entwickelter politischer Identitäten.

Die Dorfgründung dagegen zielt darauf ab, das Wunder und die Wunden der politischen Koordination widersprüchlicher Grundorientierungen an eigenen, überschaubareren Problemen erfahren zu lassen. Sie baut auf die Tradition der Robinsonaden oder Inselgeschichten auf (vgl. SPRANGER 1963; GRAMMES 2000), die *individualgenetisch* konstruiert sind, da sie eine (verfremdete) lebensweltliche Krise simulieren: Stellt euch vor, *ihr* würdet auf eine einsame Insel auswandern (oder dort stranden), wie würdet ihr euer Leben gestalten? Das Inselgenre bietet „*common value-building experiences*" (HAVIGHURST 1972, S. 75) und zeigt Demokratie in ihrer elementaren Ausprägung, als „Form des Zusammenlebens, der gemeinsamen und miteinander geteilten Erfahrungen" (DEWEY 1964, S. 21).[9] Um die entstehenden Konflikte zu politisieren - also die „pädagogischen Fremdheitszumutungen" zu erhöhen (vgl. ZIEHE 1996) - habe ich das Inselmodell *institutionengenetisch* um einen gesellschaftlichen Mikrokosmos (Kirche, Gemeindehaus mit Schule und Gefängnis) und Ungleichheitsstrukturen (Häusergrößen, Einkommen) erweitert. Der erwünschte Verfremdungseffekt besteht aus einer Mischung von Vertrautheit (es geht um unsere *eigenen* Vorstellungen) und einem unbekannten, problemhaltigen Kontext, der kollektive Lösungen verlangt. Hier wird das *dramaturgische Prinzip* der Lehrkunstdidaktik sichtbar (vgl. BERG/SCHULZE 1995, S. 381): Anstelle einer streng sokratischen Rolle, die zu einem „suggestiven oder gängelnden Herausfragen missraten" kann, richtet die LehrerIn Lernumgebungen ein und hält sich (ungewohnterweise) erst einmal zurück. Die SchülerInnen werden „in Handlungen verwickelt", um sie „zur Äußerung anzureizen und damit eine Möglichkeit der Überprüfung und Selbstkorrektur zu eröffnen".

Wir wissen noch kaum etwas darüber, ob und wie in einer solchen Situation politisch gelernt wird. Besuchen wir also unsere Auswanderer kurz nach ihrer Ankunft im Dorf Marignac.

---

[9] Vgl. das auf DEWEYs Ansatz basierende BLK-Projekt an Schulen „Demokratie lernen und leben".

3.3 Individuelles Lernen oder Martin und die „Illusion der Homogenität"[10]

Der Anfang wirkt harmonisch: Die Wünsche an das Dorfleben deuten auf einen Wertekonsens gegen Wettbewerb, gesellschaftlichen Druck und für Basisdemokratie, Gleichberechtigung, Rücksicht, Freundlichkeit, Zusammenhalt, Entspanntheit. In der ersten Dorfversammlung werden nicht immer schnell und effektiv, aber überwiegend pragmatisch und tolerant die ungleichgroßen Häuser verteilt, Fragen der Kirchennutzung und des Entscheidungsmodus entschieden. Bis schließlich die Frage nach den materiellen Grundlagen des Dorflebens auftaucht. Der zunächst breit akzeptierte Vorschlag lautet: Jeder und jede geht einem Beruf nach und tauscht die so erwirtschafteten Produkte (oder ihr Geldäquivalent) mit den anderen DorfbewohnerInnen. Nun meldet sich Martin zu Wort, dessen Mine schon länger Unzufriedenheit signalisiert:

> 72. Martin: ... Ja, ich finde auch ... , das mit dem, was die, was die, was die eben gesagt haben mit dem Tauschgeschäft innerhalb des Dorfes oder so, ich würde das, wenn's nach mir gehen würde, dann würde ich das eher so machen, dass, was wir eben gesagt haben, dass das, was wir im Dorf haben, was wir im Dorf erwirtschaften, eher allen gehört, und das auf dem Markt irgendwie verkaufen, aber dass wir nicht innerhalb der Gemeinschaft noch tauschen, weil das ist irgendwie albern, finde ich, weil wenn wir schon 'ne Gemeinschaft sind, dann müssen wir jeder ein Eigentum an erwirtschafteten Sachen haben ...
>
> [während Martin spricht, betritt ein Lehrer kurz den Klassenraum, um etwas zu holen, wird aber von niemandem beachtet]
> 73. Melanie: Ja.
> 74. Laura: ... An wen sollen wir das denn auf dem Markt verkaufen wenn nicht an uns selber? Wir haben doch gerade festgestellt, ...
> 75. Martin: ... Nicht ... , nicht in unserem Dorf auf dem Markt, im nächsten Dorf, Montré ... ac ...
> 76. Johanna: ... Aber wir müssen doch untereinander auch die Sachen verteilen, es kann doch nicht einer dafür sorgen, dass er Fleisch hat, dass er Brot hat, ...
> 77. Martin: ... Ja, das sage ich doch die ganze Zeit! Es kann doch nicht sein, dass wir innerhalb des Dorfes noch tauschen müssen, sondern es ist einfach so, einer produziert das Fleisch, einer produziert das Getreide oder so ...
> 78. Nora: ... Ja aber ich kann doch nicht sagen, ich will jetzt ein Fest machen in meinem Haus und ...
> 79. Martin: ... und das gehört dann einfach allen ...

---

[10] Das Lehrstück wurde zwischen Sommer und Winter 2003 im Gemeinschaftskundeunterricht der 13. Jahrgangstufe einer Gesamtschule (Prototyp) und eines Gymnasiums (Hauptdurchlauf = vorliegendes Beispiel) erprobt. Meine Interpretation basiert auf einer didaktisch motivierten Interaktions- und Argumentationsanalyse (vgl. HENKENBORG 2000, MILLER 1986).

80. Johanna: ... Ja aber, dann geht dann der eine hin und holt sich zehn Kilo Fleisch und der andere holt sich ...
81. Martin: ... Nein, darauf muss halt geachtet werden, dass es nicht so ist!
82. Petra: Ja, aber wer achtet denn darauf? Du kannst doch nicht alles ...
83. Martin: ... Ja allgemein! ...
84. Petra: ... in einen Pott schmeißen und dann holt sich jeder, was er will, das klappt nicht! Das klappt [?] ... [Durcheinander]

Martin entrüstet sich über die „albernen" Positionen der anderen, unterbricht sie ständig, erntet jedoch selbstbewussten, zunehmend gereizten Widerspruch. Der heftige Wortwechsel der AkteurInnen erzeugt eine zunehmende Unruhe und Nebengespräche im gesamten Kurs. Nichts deutet darauf hin, dass die SchülerInnen hier ein Rolle spielen oder - wie vielleicht anfangs noch - dem Lehrer, den Noten zuliebe klug ihre Aufgabe lösen oder eine Show aufführen. Zumal sich die Debatten (nicht nur) dieser Stunde bis in die Pausen ausdehnen. Der Spielraum scheint zum Ernstfall und damit zum *authentischen Moment* zu werden, weil nun ein emotionsbesetzter Wertekonflikt entbrennt: teilen oder nicht teilen. Lisa schreibt in ihrer Abschlussreflexion:

> Es wurde zwar teilweise emotional, aber gerade diese Tatsache war wohl Grund dafür, dass man sich noch stärker engagiert hat. Im normalen Unterricht werden oft die Probleme Fremder erörtert oder sie sind von vorneherein wirklichkeitsfern, hier waren es unsere eigenen.

Aber sehen wir hier auch einen *fruchtbaren Moment* politischen Lernens oder bleibt das Wissen moralisch-unverbindlich? In dem persönlichen Wertekonflikt reproduziert sich die gesellschaftliche Hauptkonfliktlinie Privateigentum kontra Gemeineigentum, beginnt die Sache selbst zu reden (vgl. WAGENSCHEIN 1991, S. 81). Die hochpolitische Frage der Güterverteilung wirft sich auf, ohne dass der Lehrer sie direkt gestellt hat, sie wird zur eigenen, bedeutsamen Frage, deren emotionaler Gehalt dazu drängt, Antworten zu suchen:

> Wenn es hier, im genetischen Unterricht, Emotionen gibt, dann sind es anfangs dieselben, aus denen Wissenschaft hervorging und hervorgeht; und am Ende die, welche die Ergebnisse der Wissenschaft in uns auslösen und zum Nachdenken über eben diese Wissenschaft bewegen. (WAGENSCHEIN 1991, S. 87)[11]

Ein kollektiver politischer Lernprozess beginnt: Die DorfbewohnerInnen treten in einen *Verhandlungs-Prozess* (*politics*) ein, weil sie einen *inhaltlichen* Werte-

---

[11] Dass auch die Ergebnisse politischer Reflexion wiederum Gefühle auslösen, zeigen die späteren Reaktionen der DorfbewohnerInnen auf selbst konstruierte und fremde Gesellschaftsmodelle.

konflikt (*policy*) mit dem Ziel zu lösen versuchen, schließlich ein (für das Dorf) *allgemeingültiges Verfahren* (*polity*) zur Güterverteilung zu etablieren (Tauschhandel oder Gemeinschaftskasse). Nun könnte man die inhaltliche Spur des Verteilungskonflikts durch das gesamte Lehrstück weiterverfolgen. Ich werde hier jedoch nur den individuellen Lernprozess von Martin andeuten.

Martin „perturbiert" (PIAGET) die bis dahin weder ausgesprochene noch hinterfragte *kollektive Prämisse* - das liberale Leistungsprinzip: „Jede/r behält, was er/sie erwirtschaftet hat". Doch obwohl sich seine MitschülerInnen intensiv mit ihm auseinandersetzen und er nicht unbeliebt zu sein scheint gewinnt er in dieser konstituierenden Versammlung keine Überzeugungskraft. Betrachtet man die Struktur seiner Argumentation, so reduziert sie sich auf schlichte Gegenbehauptungen, denen die autoritative Schlussregel „es ist doch evident, dass" zugrunde liegt: „es kann doch nicht sein", „es ist einfach so", „und das gehört dann einfach allen". Dieses Argumentationsmuster hätte aber nur Erfolg, wenn dessen implizite inhaltliche Prämisse „Gemeinschaft heißt *immer* Gemeineigentum" von allen geteilt würde. Analog verläuft eine spätere Streitsequenz über die Frage, ob man einen Polizisten brauche: Das sei „Quatsch", „Quark", so würde „die ganze Gemeinschaft auseinanderfallen" ruft Martin sichtlich aggressiv, ohne nähere Begründung.

Martin hat seine Entwicklungsaufgabe politische Identität *inhaltlich* bereits expliziter gelöst als die meisten anderen im Kurs: Er verortet sich links, was er bisweilen durch ein Che Guevara-T-Shirt unterstreicht. Immer wenn seine Vorstellung einer solidarischen Gemeinschaft der Gleichen nicht geteilt wird, reagiert er zunächst irritiert und dann zunehmend genervt: Ich will doch das Gute und Richtige, wieso versteht mich denn keiner. Die dahinterstehende lebensweltliche Politiktheorie könnte man als „Illusion von Homogenität" (vgl. REINHARDT 2003) kennzeichnen, als Vorstellung, andere müssten in einer ähnlichen Lage automatisch zu ähnlichen Schlussfolgerungen gelangen. Im Kontext einer gleichaltrigen Dorfgemeinschaft rechnet Martin - zumindest bei den Themen Güterverteilung und Konfliktlösung - nicht mit einem antagonistischen Zustand, der argumentativ zu bewältigen wäre (vgl. MILLER 1986, S. 191ff.). Demzufolge werden seine Beiträge kaum als *formal* gültige, berechtigte Argumente ernst genommen. Und der Gruppe gelingt zunächst nicht einmal eine „wechselseitige Abgrenzung der Perspektiven von ego und alter", also ein *begründeter* Dissens als Einigung darüber, was aus welchen Gründen strittig ist. Um inhaltlich überzeugen oder auf einen Konsens oder Kompromiss hinwirken zu können, müsste Martin seine abweichenden Prämissen offen legen, sie ihrerseits als Thesen zur Diskussion stellen, begründen, eventuell variieren, um so mit der Gruppe zusammen „Brückenprinzipien" zu finden, die eine „subjektive Koordination der Perspektiven" ermöglichten.

Aus der Perspektive der curricularen Anforderungen des Fachs Sozialkunde (vgl. BEHRMANN/GRAMMES/REINHARDT 2004) zeigt Martin *in dieser Unterrichtsphase* also erhebliche Kompetenzdefizite: Ein fehlendes *Konfliktbewusstsein* hindert ihn an der notwendigen *Perspektivenübernahme,* die wiederum sein *politisches Urteilsvermögen* und damit seine *(Ver-) Handlungsfähigkeit* einschränkt. Seine Argumentation folgt dem privaten Kriterium bzw. Bedürfnis gemeinschaftlicher Harmonie und bewegt sich somit auf einem *elementaren Niveau.* Auf einem *mittleren Niveau* würde Martin nach institutionellen Verfahren zur Koordination der kontroversen Dorf-Interessen suchen. Auf dem *höchsten Niveau* der sozialwissenschaftlichen Meta-Reflexion schließlich würde er etablierte und denkbare Güterverteilungs-Verfahren und ihre zugrundeliegenden Begründungsfiguren prinzipiell-kritisch auf ihre Angemessenheit prüfen.

Können wir hier aber ohne weiteres von „Fehlverstehen" (REINHARDT 2003) sprechen? Martins Harmonievorstellung dürfte sich in seiner Lebenswelt bewähren. Die sinn- und geborgenheitsstiftende Seelenverwandtschaft von Freundschaften - und auch von politischen Gruppierungen! - besteht gerade darin, zentrale Werte und Prämissen unausgesprochen anzuerkennen und zu teilen. Mit WAGENSCHEIN (1995, S. 142ff.) können wir statt der Defizit- eine Differenzperspektive einnehmen: Ein Unterricht, der zur wissenschaftlichen „Etappe" „vorprescht" und dabei die Brücken zur individuellen Ausgangsetappe „abbricht" statt den Weg dorthin „vertraut zu halten", zwingt den „Laien" zur „Kapitulation": Er verliert den Bezug zu seiner eigenen Weltdeutung, wirft „das Halbverstandene später *ganz* aus seinem Gedächtnis", versteht also letztlich weder sich selbst noch die Sache. Die lebensweltliche Fassung soll für die Dauer des wissenschaftlichen Sehens nicht „verabschiedet", sondern *„beurlaubt"* werden. Primäres Bildungsziel ist eine „interrelationale Urteilskraft" (vgl. GRAMMES 1998, S. 64ff.), die je situationsklug eingesetzt werden kann.

Überspringen wir nun mehr als zwei Monate Dorfgründung (in denen Martin zunehmend argumentativen Einfluss gewinnt) und lesen, wie er seinen Bildungsgang reflektiert:

> Mir hat das Projekt im Großen und Ganzen viel Spaß gemacht und ich glaube, dass mir dadurch einiges, was unser politisches System betrifft, sehr viel klarer geworden ist. Wahrscheinlich klarer, als es im herkömmlichen Unterricht der Fall gewesen wäre. Damit meine ich nicht nur die vier verschiedenen politischen Grundrichtungen, mit denen wir uns genauer befasst haben, sondern auch, wie schwer es zum Beispiel ist, in der Politik Theorie in Praxis umzusetzen, und dass es wahrscheinlich niemals ein System geben wird, mit dem alle einverstanden sind, da einzelne Individuen einfach zu unterschiedlich sind. Dies wurde schon an der Gespaltenheit unseres Kurses deutlich. Ich glaube, wir haben es in keiner unserer Diskussionen geschafft alle zufrieden zu stellen oder auch nur einem Lösungsvorschlag zuzustimmen. Das hätte

ich nicht erwartet, da ich eigentlich immer der Meinung war, dass die meisten Menschen aus meinem engeren Umfeld ähnliche Ansichten hätten wie ich – vielleicht etwas weniger extrem. Mir wurde also durch dieses Projekt erstmalig bewusst, wie schwer es ist, Politik zu machen.

Zu unserer Diskussionsmoral fällt mir im Nachhinein auf, dass am Ende wohl jedem klar geworden ist, wie wichtig es ist, geordnet zu diskutieren. Natürlich hatte ich das schon vorher zig Male von Leuten gesagt bekommen, aber so einen Prozess wie in diesem Dorfprojekt, in dem sich unsere Diskussionsfähigkeit deutlich gesteigert hat, habe ich noch nie so bewusst selbst miterlebt.

Ich glaube, dass sich auch meine Toleranz oder vielleicht besser mein Verständnis von anderen politischen Richtungen durch dieses Projekt deutlich gesteigert hat, einfach dadurch, dass ich mich auch mit diesen genauer auseinander setzen musste.

Im allgemeinen würde ich sagen, dass durch dieses Projekt und durch die Anschaulichkeit des Unterrichtsstoffs am Dorf Marignac deutlich mehr bei uns hängen geblieben ist als wie es bei herkömmlichem Unterricht der Fall gewesen wäre.

Martin gesteht überraschend deutlich ein, nicht damit gerechnet zu haben, dass Jugendliche „seines Umfelds" nicht nur weniger „extrem" als er, sondern sogar entgegengesetzt denken können. Zumindest für politische Kontexte formuliert er ein neues Entwicklungsziel: ein tolerantes, pluralistisches Politik-Verständnis einzunehmen. Angesichts unterschiedlicher Werte und Positionen wird ihm der Politikprozess „erstmalig" als äußert schwieriges Geschäft bewusst, bei dem sich Ideen und Programme nicht so einfach umsetzen lassen. Vermutlich gibt er mit einer Alltagsvorstellung, die man zugespitzt „Theorie sei gleich Praxis" nennen kann (vgl. REINHARDT 2003), nun auch ein Stück Politikverdrossenheit auf - ähnlich wie seine Mitschülerin Petra, die diesen Zusammenhang deutlicher herstellt: „Viele Menschen beschweren sich über die ewigen Tagungen der Politiker, doch wir sind mit 22 Leuten kaum zu Ergebnissen gekommen."

Politik - unabhängig von kritikwürdigem Politikerverhalten - grundsätzlich als „langsames Bohren dicker Bretter" (Max Weber) zu begreifen ist eine notwendige Voraussetzung, um selber aktiv zu werden. Diese Erkenntnis kann jedoch in Frust umschlagen, wenn keine Verfahren zur konstruktiven Konflikt-Lösung erkennbar sind. Für den gesellschaftlichen Mikrokosmos des Dorfes empfindet Martin das „geordnete Diskutieren" (Referegeln, vernünftiges Argumentieren, Tagesordnung, Redeleitung, Rednerlisten) als notwendig und hilfreich. Die systemische Makroebene jedoch betrachtet er skeptisch, bezweifelt, dass sie jemals alle Interessen für alle zufriedenstellend koordinieren könne. Obwohl seine Kompromissbereitschaft im Verlauf der Dorfgründung wächst, zeigt er sich am Ende enttäuscht angesichts des unmöglichen Konsens: „Wir könnten nie in einem Dorf zusammenleben".

Martin befindet sich vermutlich in der *Beta-Phase* eines Äquilibrierungsprozesses (vgl. MILLER 1986, S. 290ff.; ähnlich NIEDDERER 1999), seine

Reflexion schwankt zwischen lebensweltlicher Assimilation und politiktheoreti-
scher Akkommodation: Einerseits erkennt er die unhintergehbare Konflikthaftig-
keit des Politischen an, andererseits trauert er seiner Vorstellung einer homoge-
nen, alle Interessen ausgleichenden Gesellschaft nach. Sein nächster Lernschritt
könnte darin bestehen, die Koordinierungsmechanismen der Demokratie (Min-
derheitenschutz, Recht auf Opposition) darauf zu prüfen, ob sie seinen
Vorstellungen entgegen kommen. Sein wesentlicher Lernerfolg dürfte darin
bestehen, den *Modus der Aneignung* (vgl. NUNNER-WINKLER 1990, S. 675)
seiner politischen Identität und den *Modus ihrer Performanz* kritischer zu reflektieren: Er erkennt seine Identifikationen zunehmend als subjektive Auswahl aus
einem kulturellen Fundus an, die er vor anderen *prinzipiell* begründen muss. So
gewinnt er Überzeugungskraft, stabilisiert sich seine Identität.

Welche ersten Rückschlüsse auf das genetische Prinzip lassen sich ziehen?
Offensichtlich wurde Martin „produktiv verwirrt" und „staunt" schließlich darüber, „dass er zu wissen meint, was er nicht weiß" (vgl. WAGENSCHEIN 1991, S.
94ff.). Auslöser ist ein inszenierter Kontextwechsel: Im simulierten Handlungsraum Dorf emergiert eine authentisch-pluralistische Mini-Öffentlichkeit, in der
bestimmte private Prämissen nicht mehr unbegründet funktionieren, durch ab-
weichende Deutungsmuster und sachliche Notwendigkeiten perturbiert werden.
Dies setzt jedoch einen ausreichend langen Verhandlungs-Prozess voraus, in
dem sich Assimilationsstrategien erschöpfen und Akkommodationsangebote
vertraut machen können. Einen Freiraum, um Entwicklungsziele überdenken und
revidieren zu können. Einzelne moralische Appelle helfen da wenig - wie auch
Martin schreibt. Die interaktive Dichte einer phasenweise offenen Lernumgebung mit „sokratisch harrender" LehrerIn bietet Lernchancen, die im fragend-
entwickelnden Unterricht zumeist verpuffen.[12] Die Lernerfolge sind allerdings
individuell sehr verschiedenen - wie die Analyse weiterer Lernwege zeigen wird.

4. Gretchenfrage Unterrichtsmodell: Bildungsgang braucht Lehrkunst

Mit dem genetischen Prinzip rückt der Bildungsprozess als *Auseinandersetzung
mit einer anregenden Sache* in den Mittelpunkt: Jugendliche können ihre Entwicklungswünsche und Alltagstheorien auf ein kollektives Lernereignis als „ge-

---

[12] In jüngeren Klassen ist eine aktive sokratische „Stechfliegen- und Hebammen-Rolle" notwendig,
um pubertierenden SchülerInnen zu helfen, ihre sehr viel chaotischeren Wertekonflikte sinnvoll zu
artikulieren, zu strukturieren und zu lösen. Die Schwierigkeit dabei ist, nicht wieder in die alte Ge-
dankenwärter-Rolle zu verfallen. Vgl. dazu die Dissertationsprojekte von Christian WELNIAK und
Stefan HAHN, die mehrere Dorfgründungen in achten und zehnten Klassen sozialisationstheoretisch
auswerten.

sellschaftliche Entwicklungsaufgabe" projizieren, die Identifikationen anbietet, Deutungs- und Erfahrungskrisen provoziert. Diese *inhaltliche Dimension von Lernprozessen* muss insbesondere nach dem PISA-Schock wieder ins Bewusstsein gerufen werden, da der „Hokuspokus" reiner Methodentrainings (GRUSCHKA 2002, S. 364 über KLIPPERT) als angeblich schülerorientiertes Heilmittel den Didaktik-Markt erobert: Die spielerisch-motivierende Verpackung beliebiger Gegenstände wird zum freudigen Selbstzweck, das Ausgepackte jedoch selten vertrauter.

Den radikalen Gegenpol zu Didaktiken und Methoden, die „ohne Wolle stricken", bildet die Lehrkunstdidaktik. Sie praktiziert seit fast 20 Jahren eine bisher einzigartige fallorientierte Theorie- und Lehrerbildung: DidaktikerInnen, LehrerInnen, ReferendarInnen, LehramtsstudentInnen und (seltener) FachwissenschaftlerInnen kommen in Lehrkunstwerkstätten zusammen, tauschen sich über praktische Erfahrungen mit klassischen oder neu konzipierten Unterrichtsmodellen aus, um sie zu verbessern und zugrundeliegende Prinzipien weiter zu entwickeln. Sie blickt mittlerweile auf ein Repertoire von über dreißig mehrfach schulerprobten Lehrstücken in fünfzehn Fächern (vgl. BERG 2003).

Die Lehrkunstdidaktik setzt damit ein Programm in die Praxis um, das Wolfgang KLAFKI schon 1959 einfordert: Kategoriale Bildung mit „kontrollierten schulpraktischen Versuchen" *fachdidaktisch* auszubuchstabieren, um „überzeugende, erziehungswissenschaftlich begründete Modelle einer Bildungs- und Erziehungspraxis im Sinne des Elementaren, Fundamentalen, Exemplarischen" zu erhalten (KLAFKI 1964, S. 458). Die Gretchenfrage an zeitgenössische Didaktiken lautet, ob sie praxiserprobte Unterrichtsmodelle ins Zentrum ihrer Arbeit stellen. Diese verkörpern das Medium, in dem der schwierige Transfer vom „Input" über Kerncurricula zum „Output" über Kompetenzen stattfindet und optimiert werden kann. *Best-Practice*-Beispiele sind damit die elaborierteste Form von „Bildungs-Standards": LehrerInnen werden in ihrer Planungsarbeit entlastet, können sich auf Inszenierungsprobleme und Lernberatung konzentrieren. Bildungs-ForscherInnen wird ermöglicht, das Wechselspiel zwischen Lernprozessen und Lehrstrategien genauer zu verfolgen.

Doch insbesondere die Konzeption *genetischer* Unterrichtsmodelle bleibt ein Außenseiter-Unternehmen. Das überschwängliche Lob, das Martin WAGENSCHEIN seit langem von SchulkritikerInnen erfährt, hatte bisher kaum praktische Folgen - auch nicht in der Bildungsgangdidaktik. Zwar wird das genetische Prinzip in der pädagogischen und der Entwicklungs-Psychologie positiv bewertet (vgl. MONTADA 2002; REINMANN-ROTHMEIER/MANDL 2001) und in den Naturwissenschaftsdidaktiken weiterentwickelt (vgl. KÖHNLEIN 1998; NIEDDERER

1999) oder zumindest kritisch gewürdigt (vgl. ENGELBRECHT 2003)[13]. Die Lehrkunstdidaktik aber bleibt (aus fachkulturellen Gründen?) ein Stiefkind der All-
gemeindidaktik: In aktuellen Bilanzen wird sie entweder gar nicht genannt (vgl.
REKUS 2003)[14] oder pauschal und unbegründet eingemeindet in die Kritik an
„Konzept-Varianten ohne innovative Grundorientierung und durchschlagendes
Problemlösungspotential" (OLBERG 2004, S. 119). Stattdessen wird der Konstruktivismus vielfach als neue Lösung für alte didaktische Probleme gefeiert,
der sich jedoch bei genauerer Betrachtung als „alte Methodik", als „entkernte
Prozess-Didaktik", als Synthese aus DEWEY, PIAGET und WAGENSCHEIN ent-
puppt (vgl. TERHART 1999, S. 644ff.).

Bildungsgang- und Lehrkunstdidaktik, die gleichermaßen den großen All-
gemeindidaktiken und Methodenlehren vorwerfen, tatsächlichen Bildungsprozessen relativ fern zu bleiben, sollten kooperieren, um nicht ihre jeweils fehlen-
den Räder neu zu erfinden:

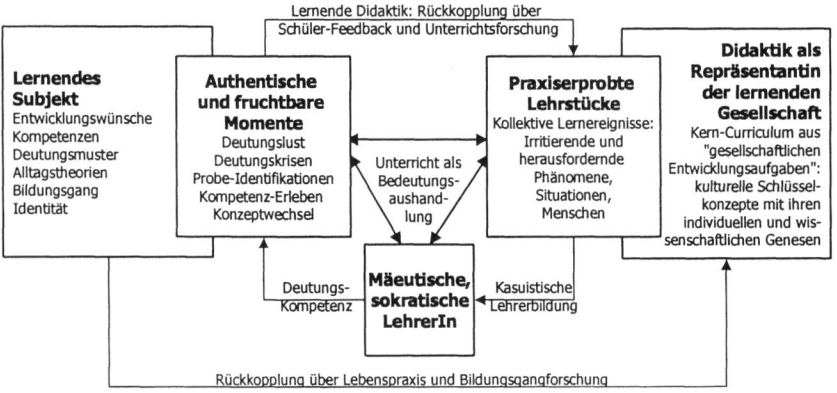

Abbildung 3:   Modell einer Synthese aus Bildungsgang- und Lehrkunstdidaktik

Die Bildungsgangforschung würde durch einen bewährten Ansatz zur Gestaltung
herausfordernder Lernumgebungen zu einer wirklichen Didaktik. Die Lehrkunstdidaktik könnte ihre Lehrstücke um fachbezogene Bedingungsanalysen und

---

[13] Zum Teil jedoch ungerechtfertigterweise: Der dort geschilderter - angeblich genetische - Unterricht
zur „Saftmaschine" kann mit WAGENSCHEIN kritisiert werden: Der Lehrer berücksichtigt nicht die
verschiedenen Lerneinstiege der SchülerInnen und ist zu stark auf *einen* vorher festgelegten Lernweg
fixiert. Vgl. auch die kritische Antwort auf ENGELBRECHT von Klaus KOHL in MNU 4/2004.
[14] Obwohl dort das 5. Beiheft der „Deutschen Schule" (1999) über „Neue Wege in der Didaktik"
ausdrücklich genannt wird, in dem sich die Lehrkunstdidaktik vorstellt.

systematische Unterrichtsinterpretationen ergänzen. So entstünde eine allgemeindidaktische Schule, die sich konsequent den Transformationsprozessen von Wissensbeständen widmete und die fachdidaktische Kern-Arbeit an Unterrichtsmodellen anregen, koordinieren, rekonstruieren und evaluieren würde (vgl. auch GRAMMES 1994, S. 172f.): Eine kasuistisch lernende Didaktik mit der realistischen Chance, authentische und fruchtbare Begegnungen zwischen lernendem Subjekt und lernender Gesellschaft zu inszenieren.

Literatur

BEHRMANN, G. C./GRAMMES, T./REINHARDT, S. (2004): Fachgruppe Sozialwissenschaften: Expertise für ein Kern-Curriculum in der gymnasialen Oberstufe, in: TENORTH, H.-E. (Hg.): Kerncurriculum Oberstufe II: Biologie, Chemie, Physik - Geschichte, Politik. – Weinheim/Basel/Berlin: Beltz (i. E.).

BERG, H. C./SCHULZE, TH. (1995): Lehrkunst - Lehrbuch der Didaktik. – Neuwied/Kriftel/Berlin: Luchterhand.

BERG, H. C. (2003): Bildung und Lehrkunst in der Unterrichtsentwicklung. Zur didaktischen Dimension von Schulentwicklung. Schulmanagement Handbuch Nr. 106. – München: Oldenbourg.

COMBE, A./HELSPER, W. (1994): Was geschieht im Klassenzimmer? Perspektiven einer hermeneutischen Schul- und Unterrichtsforschung. Zur Konzeptualisierung der Pädagogik als Handlungstheorie. – Weinheim: Dt. Studienverlag.

DEWEY, J. (1964): Demokratie und Erziehung. Eine Einleitung in die philosophische Pädagogik. – Braunschweig u.a.: Westermann.

ENGELBRECHT, A. (2003): Genetisches Lehren zwischen Wunschdenken und Wirklichkeit, in: MNU 56 (8), S. 464-470.

FERCHHOFF, W./NEUBAUER, G. (1989): Jugend und Postmoderne. Analyse und Reflexionen über die Suche nach neuen Lebensorientierungen. – Weinheim/München: Juventa.

GRAMMES, T. (1994): Der Anspruch der Politikdidaktik, Allgemeine Didaktik zu sein, in: MEYER, M. A./PLÖGER, W. (Hg.): Allgemeine Didaktik, Fachdidaktik und Fachunterricht. – Weinheim/Basel: Beltz, S. 165-183.

GRAMMES, T. (1998): Kommunikative Fachdidaktik. Politik - Geschichte - Recht - Wirtschaft. – Opladen: Leske+Budrich.

GRAMMES, T. (2000): „Inseln" - Lehrstücke und Reflexionsräume für Werte-Bildung in der didaktischen Tradition, in: BREIT, G./SCHIELE, S. (Hg.): Werte in der politischen Bildung. – Schwalbach/Ts., S. 354-373.

GRUSCHKA, A. (2002): Didaktik. Das Kreuz mit der Vermittlung. Elf Einsprüche gegen den didaktischen Betrieb. – Wetzlar: Büchse der Pandora.

HAVIGHURST, R. J. (1972): Developmental Tasks and Education. – New York: McKay.

HENKENBORG, P. (2000): Deutungslernen in der politischen Bildung. Prinzipien und Professionalisierungsdefizite, in: RICHTER, D.: Methoden der Unterrichtsinterpretation. Qualitative Analysen einer Sachunterrichtstunde im Vergleich. – Weinheim/München: Juventa, S. 107-128.

HERICKS, U. (1998a): Der Ansatz der Bildungsgangforschung und seine didaktischen Konsequenzen - Darlegungen zum Stand der Forschung, in: MEYER, M. A./REINARTZ, A. (Hg.), S. 173-188.

HERICKS, U. (1998b): Schule verändern, ohne revolutionär zu sein?! Bildungsgangforschung zwischen didaktischer Wissenschaft und Schulpraxis, in: MEYER, M. A./REINARTZ, A. (Hg.), S. 290-301.

HERICKS, U. u.a. (2001; Hg.): Bildungsgangdidaktik - Perspektiven für Fachunterricht und Lehrerbildung. – Opladen: Leske+Budrich.

HERICKS, U./SPÖRLEIN, E. (2001): Entwicklungsaufgaben im Fachunterricht und Lehrerbildung - Eine Auseinandersetzung mit einem Zentralbegriff der Bildungsgangdidaktik, in: HERICKS, U. u.a. (Hg.), S. 33-51.

HERICKS, U./Schenk, B. (2001): Unterricht gestalten ohne Macher zu werden - Bildungsgangdidaktische Perspektiven für professionelles didaktisches Handeln, in: HERICKS, U. u.a. (Hg.), S. 249-262.

KITSCHELT, H. (1994): The Transformation of European Social Democracy. – Cambridge (U.K.)/New York/Melbourne: Cambridge University Press.

KLAFKI, W. (1964): Das pädagogische Problem des Elementaren und die Theorie der kategorialen Bildung. – Weinheim: Beltz.

KLAFKI, W. (1997): Exempel hoher Unterrichtskultur: Einführung zur Lehrkunstwerkstatt-Reihe und didaktischer Kommentar zu Beate E. Nölles „Pythagoras", in: BERG, H. C./SCHULZE, TH.: Lehrkunstwerkstatt I. Didaktik in Unterrichtsexempeln. – Neuwied/Kriftel/Berlin: Luchterhand, S. 13-36.

KÖHNLEIN, W. (1998): Der Vorrang des Verstehens. – Bad Heilbrunn: Klinkhardt.

KORING, B. (1989): Eine Theorie pädagogischen Handelns. Theoretische und empirischhermeneutische Untersuchungen zur Professionalität der Pädagogik. – Weinheim: Deutscher Studien Verlag.

KUHN, H.-W./Massing, P. (1999): Politikunterricht. Kategorial und handlungsorientiert. Ein Videobuch. – Schwalbach/Ts.: Wochenschau.

MEYER, M. A./REINARTZ, A. (1998; Hg.): Bildungsgangdidaktik. Denkanstöße für pädagogische Forschung und schulische Praxis. – Opladen: Leske+Budrich.

MILLER, M. (1986): Kollektive Lernprozesse. Studien zur Grundlegung einer soziologischen Lerntheorie. – Frankfurt a. M.: Suhrkamp.

MONTADA, L. (2002): Die geistige Entwicklung aus der Sicht Jean Piagets, in: OERTER, R./MONTADA, L. (Hg.), S. 418-442.

NIEDDERER, H. (1999): Physiklernen und kognitive Entwicklung, in: DEUTSCHE PHYSIKALISCHE GESELLSCHAFT, Fachverband Didaktik der Physik (Hg.): Didaktik der Physik. Vorträge - Physikertagung 1999. – Ludwigsburg. Bad Honnef: DPG, S. 33-48.

NUNNER-WINKLER, G. (1990): Jugend und Identität als pädagogisches Problem, in: Zeitschrift für Pädagogik 5, S. 671-686.

OLBERG, H.-J. v. (2004): Didaktik auf dem Wege zur Vermittlungswissenschaft? Eine Sammelbesprechung neuer Veröffentlichung, in: Zeitschrift für Pädagogik 1, S. 119-131.

OERTER, R./MONTADA, L. (2002; Hg.): Entwicklungspsychologie. – Weinheim u.a.: Beltz, 5. vollst. üb. Aufl.

OERTER, R./DREHER, E. (2002): Jugendalter, in: OERTER, R./MONTADA, L. (Hg.), S. 258-273.

PETRIK, A. (2004): Das genetische Prinzip als Brücke zwischen Lebenswelt und Politik. Eine Lehrkunstwerkstatt zum Thema Zukunft, in: sowi online 1: Lehrkunst. http://www.sowi-onlinejournal.de

PIAGET, J. (1974): Theorien und Methoden der Erziehung. – Frankfurt a. M.: Fischer.

REINHARDT, S. (2003): Irrige Alltagsvorstellungen im Politikunterricht. Fehlverstehen als Bedingung politischen Lernens?, in: Gesellschaft - Wirtschaft - Politik 4, S. 499-505.

REINMANN-ROTHMEIER, G./MANDL, H. (2001): Unterrichten und Lernumgebungen gestalten, in: KRAPP, A./WEIDEMANN, B.: Pädagogische Psychologie. – Weinheim u.a.: Beltz, 4., vollst. üb. Aufl., S. 601-646.

REKUS, J. (2003): Die Aufgabe der Didaktik heute, in: Vierteljahrsschrift für wissenschaftliche Pädagogik 1, S. 62-73.

SCHELLE, C. (2003): Politisch-historischer Unterricht hermeneutisch rekonstruiert. Von den Ansprüchen Jugendlicher, sich selbst und die Welt zu verstehen. – Klinkhardt: Bad Heilbrunn.

SCHNEEKLOTH, U. (2002): Demokratie, ja - Politik, nein? Einstellungen Jugendlicher zur Politik, in: Deutsche Shell (Hg.): Jugend 2002. Zwischen pragmatischem Idealismus und robustem Materialismus. – Frankfurt: Fischer Taschenbuch, S. 91-138.

SKOWRONEK, H. (1980): Lernmotivation und politische Bildung, in: HARTMANN, K. D. (Hg.): Politische Bildung und politische Psychologie. – München: Fink, S. 129-144.

SPÖRLEIN, E. (2003): „Das mit dem Chemischen finde ich nicht so wichtig...". Chemielernen in der Sekundarstufe I aus der Perspektive der Bildungsgangdidaktik. – Opladen: Leske+Budrich.

SPRANGER, E. (1963): Gedanken zur staatsbürgerlichen Erziehung. Erw. Ausg., 4. Aufl. – Bochum: Kamp.

TERHART, E. (1999): Konstruktivismus und Unterricht. Gibt es einen neuen Ansatz in der Allgemeinen Didaktik?, in: Zeitschrift für Pädagogik 5, S. 629-647.

WAGENSCHEIN, M. (1991): Verstehen lehren. Genetisch - sokratisch - exemplarisch. – Weinheim/Basel: Beltz.

WAGENSCHEIN, M. (1995): Naturphänomene sehen und verstehen. Genetische Lehrgänge. Hg. von H. C. BERG. – Stuttgart/Dresden: Klett.

ZIEHE, T. (1996): Adieu, 70er Jahre! Jugendliche und Schule in der zweiten Modernisierung, in: Pädagogik 7-8, S. 35-39.

Ansätze zu einer Topographie der Bildungsgangtheorie

Matthias Trautmann/Norbert Neuss

Der vorliegende Band versammelt eine Reihe von Aufsätzen zum Konzept der Entwicklungsaufgaben innerhalb der Bildungsgangtheorie, -forschung und -didaktik. Eine Zusammenfassung oder Einschätzung dieser Texte erscheint an dieser Stelle aus verschiedenen Gründen nicht angebracht; statt dessen möchten wir zum Abschluss versuchen, in wenigen Stichworten auf Diskussionsfelder - oder *Topoi* (Orte) - hinzuweisen, die in der zukünftigen Diskussion u. E. stärker berücksichtigt werden sollten.

Bildungsgangtheorie sollte unserer Ansicht nach zunächst und zuerst ein Forschungsprogramm sein, das öffentliche Fragestellungen und Themen aufgreift. *Theorie* darf hier nicht im Sinne POPPERs oder im Sinne der zahlreichen pädagogischen Bildungstheorien verstanden werden, sondern zielt auf die Bereitstellung einer flexiblen Begrifflichkeit, eines heuristischen Instrumentariums (SCHENK), das die Lernfähigkeit der erziehungswissenschaftlichen Disziplin auf Dauer zu stellen versucht. Die Qualität dieser Begrifflichkeit, die noch in der Entfaltung begriffen ist, wird sich darin erweisen, ob es gelingt, unterschiedliche Perspektiven auf Lernen, Unterricht und Schule zu integrieren. Eine Anbindung an *eine* Perspektive, die Übernahme *einer* Terminologie - der Soziologie, der Didaktik, der Psychologie in allen ihren Spielarten - mag für deren Vertreter als befriedigend erlebt werden, bedeutete aber eine Verengung des Blickfeldes.

Forschung heißt für uns distanzierte Beobachtung, wobei das Ausmaß an Distanz durchaus variiert, von stärker an Sprache und Reflexionsstil der pädagogischen Praxis orientierten Untersuchungen bis zu vergleichsweise praxisfernen Projekten, die in den Rahmen der aktuellen disziplinären Kommunikation eingespannt sind. Die andauernde und gelegentlich irritierende Diskussion zwischen eher disziplinorientierten, in wissenschaftsinterne Diskurse vertieften und eher professionsorientierten, auf Schul- und Unterrichtsveränderung ausgerichteten Wissenschaftlern sollte nicht darüber hinweg täuschen, dass es wertfreie Erziehungswissenschaft sowenig gibt wie eine ausschließlich normative Didaktik. Vielmehr ist das Verhältnis zwischen empirischen Aussagen, normativen Postulaten und historisch-systematischen Überlegungen in seiner Gewichtung zwar verschieden, aber gleichzeitig als Verhältnis immer präsent, wenn Themen und Probleme der Erziehung und Bildung verhandelt werden (vgl. OELKERS 2000). Alle anderweitigen Behauptungen unterlaufen den Stand der wissenschaftstheoretischen Forschung ebenso wie die praktischen Erfahrungen im Feld. Beide Positionen haben also ihre Berechtigung und müssen sich aneinander abarbeiten - die Didaktiker sollten forschungsorientierter werden, die schulferner Forschenden ihren Berufsfeldbezug erhöhen, wenigstens sofern sie es mit Schulen und mit Lehramtsstudierenden zu tun haben. Der Preis der Didaktik ist der Verlust der Distanz; der Preis einer reflexiven Erziehungswissenschaft ist der Verlust der Relevanz. Unser Plädoyer geht also auf Theorienvielfalt und im übrigen darauf, die Gütekriterien wissenschaftlichen Arbeitens einzuhalten.

Der geforderte Bezug auf *öffentliche Fragen und Themen* speist sich aus der Vermutung, dass Bildungsinstitutionen in Deutschland das Entwicklungspotential der Lernenden systematisch unterbieten. Dies scheinen die internationalen Leistungsvergleichsstudien zu bestätigen. Den pädagogischen Hintergrund bilden eine Reihe von gesellschaftlichen Veränderungen, die in den letzten zwanzig bis dreißig Jahren stattgefunden haben und die zu einer teilweise massiven Entfremdung der (oder: bestimmter Teile der) Schülerschaft von der Schule geführt haben: die zunehmende Entfernung der schulischen Klientel von traditionellen Bildungskulturen oder -milieus, die Scholastik des Bildungswesens, die Individualisierung von Werten, der Zwang zu einer veränderten Lebensführung, zunehmende Disziplin- und Motivationsprobleme im Unterricht, außerdem Beobachtungen, dass Schüler die elaborierten Konzepte der Fachwissenschaften kaum verstehen, sich in ihren eigenen Vorstellungen und Bedürfnissen nicht ausreichend anerkannt fühlen, usw. Viel stärker noch als bisher sollten Bildungsgangforscher/innen versuchen, ihre Forschung an derartige öffentlich diskutierte Problemlagen anzubinden.

Im Zentrum der Bildungsgangtheorie stehen, wie vielerorts verkündet wird, die Lernenden. Ob dies mehr als ein wiederbelebter reformpädagogischer Slogan ist, kann sich nur durch die Arbeiten der Bildungsgangforscher/innen erweisen. Schwierigkeiten gibt es zuhauf: von der grundsätzlichen Tatsache des „Individuum est ineffabile" über notorische Probleme des Fremdverstehens bis hin zu methodischen Fragen, wie man zu situationsübergreifend gültigen Aussagen von Lernenden kommen kann, usw. Alle Beobachter der Landschaft der deutschsprachigen universitären Erziehungswissenschaft kommen darin überein, dass der Fokus der Forschung auf die Lernenden ausgeweitet und geschärft werden sollte. Zu oft wird dabei aber ausschließlich an das quantitative Paradigma gedacht, als ob nicht gerade auch qualitative Forschung ihre eigenen Maßstäbe entwickelt hätte und ihren Beitrag zum Verstehen von Lern- und Entwicklungsprozessen leisten würde und als ob nicht gerade in der Kombination quantitativer und qualitativer Verfahren neue Erkenntnismöglichkeiten lägen.

Im Folgenden möchten wir Desiderata der theoretischen und empirischen Arbeit benennen, die uns als besonders dringlich und klärungsbedürftig erscheinen. Diese Desiderata beziehen sich auf eine Ausweitung der Interdisziplinarität, auf die Klärung des Verhältnisses zwischen deskriptiven und präskriptiven Aussagen, die öffentliche Funktion einer Bildungsgangtheorie, den Einbezug einer historischen Perspektive und auf den Ausdruck „Bildung".

1 Interdisziplinarität

Die Bildungsgangtheorie ist durch das Graduiertenkolleg teilweise zum Ort interdisziplinärer Auseinandersetzungen geworden. Schon innerhalb der Erziehungswissenschaften ist aufgrund der Ausdifferenzierung der Teildisziplinen gegenseitiges Verstehen ein recht schwieriges Unterfangen geworden. Für die Didaktikerinnen und Didaktiker kommt es vor allem darauf an, Schüler- und Lernerforschung mit Unterrichtsreformen zu verbinden und dabei Entwicklungsbedürfnisse und das „Recht auf Selbstsein" (BLANKERTZ) der Heranwachsenden hervorzukehren, ohne dass Konsens darüber besteht, in welchem Ausmaß oder genau wie dies geschehen könnte. Erziehungssoziologie, Entwicklungspsychologie, Jugendforschung, Fachdidaktiken und Allgemeine Didaktik haben aber unterschiedliche Interessen, eigene Sprachen und berufen sich auf unterschiedliche Theorietraditionen. Diskurswelten aneinander abzuarbeiten und die unterschiedlichen Perspektiven und Standpunkte zu respektieren, ist insofern auch ein Lern- und Entwicklungsprozess für die Bezugsdisziplinen. Ein harmonischer Chor als Resultat wäre dabei allerdings eine unrealistische, vielleicht nicht einmal eine wünschenswerte Erwartung, zumal andere Bezüge noch ausstehen, etwa zur Allgemeinen Erziehungswissenschaft, zur Sozialpädagogik, zur Erwachsenenpädagogik... Diese Bezüge sollten weiter intensiviert werden. Der Begriff des *Bildungsgangs* könnte sich dabei, ähnlich wie der Begriff der Biographie, als besonders anschlussfähig herausstellen.

2 Normen und Fakten

„Eine Entwicklungsaufgabe ist dann bewältigt, wenn..."; „Folgende Entwicklungsaufgaben müssen Jugendliche heutzutage lösen..." Aussagen dieser Art sind innerhalb des Graduiertenkollegs besonders umstritten. Dabei werden deskriptive Aussagen der Art, dass Jugendliche sich mit diesen oder jenen Aufgaben faktisch beschäftigen etc., präskriptiv gewendet oder verwendet: hin zu Formulierungen, dass Jugendliche sich mit den Aufgaben auseinandersetzen müssten oder sollten (als ontologisches Faktum und als moralische Verpflichtung gleichermaßen).

Dieses Problem hat viele Facetten, die zukünftig näher beleuchtet werden sollten, weil sonst ständige Verwirrung um „Normativität" zur Dauererscheinung wird. Wir können hier nur wenige Anmerkungen dazu machen: Aufgabe einer möglichst neutralen und ergebnisoffenen Beobachterperspektive ist es zunächst zu klären, welche Themen und Probleme welche Jugendliche und Erwachsene wahrnehmen, wie sie damit umgehen, usw. Es ist wichtig, sich diesen (möglichst) vorurteilslosen Blick zu erhalten und nicht aufgrund von Setzungen davon auszugehen, dass etwas gleichsam *a priori* bedeutsam ist. Nun schließt dieser deskriptive Blick gerade in der Erziehungswissenschaft nicht aus, dass auch präskriptive Aussagen praktisch Handelnder deskriptiv erfasst werden. Faktisch existieren ja Gelingenskriterien für Handlungen, die mit Entwicklungsaufgaben oder Entwicklungsthemen in Zusammenhang stehen - bei den Handelnden selbst, bei den sie umgebenden Mitmenschen (Eltern, Peers, Medien, Lehrenden und Erzieherinnen, Erziehungswissenschaftlern...). Anders formuliert: Moral ist Teil der Erziehungswirklichkeit und insofern wieder Gegenstand empirischer Forschung. Darüber besteht vermutlich Konsens.

Allerdings sind Erziehungswissenschaftler/innen nicht nur distanzierte Beobachter, sondern auch gefordert, sich in die Praxis der Gesellschaft einzumischen. Man kann dies für sich persönlich ablehnen, aber nicht für die Erziehungswissenschaft insgesamt, die ihre Legitimation daraus bezieht und sich auf Politikberatung, Lehrerausbildung und dergleichen wenigstens teilweise immer auch einlassen muss. Aus der Handlungsperspektive reicht die *theoria*-Haltung nicht aus: Entscheidungen müssen getroffen werden über vorrangige und nachrangige Unterstützungsmaßnahmen, über den Grad und das Ausmaß an Eingreifen oder Zurückhaltung bei jugendlichen Entwicklungsprozessen, über die in Demokratien prioritären Themen und diejenigen Bewältigungsmuster, die eine Gesellschaft besser und schlechter verträgt. Es fehlt in der Bildungsgangtheorie an Erziehungsphilosophie in praktisch-normativer Absicht, die sich mit der Legitimation von Bildungszielen befasst; um diese Frage kommt man nicht herum, wenn man Erziehung und Bildung nicht gänzlich als „Wachsenlassen", als romantische Nichteinwirkung konzipieren will. Auch und gerade hier ist Forschung notwendig, allerdings eher im Gebiet von Moralphilosophie, Recht und Demokratietheorie.

3   Bildungsgangtheorie und die Bildungsdiskussion nach PISA

Besonders dringlich erscheint uns ein Anschluss der Bildungsgangtheorie und -forschung an die aktuellen Bildungsdiskussionen seit der PISA-Studie. Übertragen auf die Fragen nach Bildungsgängen und Entwicklungsthemen und anknüpfend an die oben erwähnte Problematik des Normativen könnte dies z.b. heißen: Welche Entwicklungsthemen müssen zu vordringlichen Themen in unserer Gesellschaft werden? Wie sieht der Lese-Bildungsgang eines „Risikoschülers" aus, wie gestaltet er sich in verschiedenen institutionellen Lernmilieus? Welche Selbstverwirklichungstendenzen heutiger Jugendkulturen sollen unterstützt, in welche soll aktiv interveniert werden, weil sie dem eigenen und dem kollektiven Wohl zuwider laufen? Um solche und ähnliche Fragen beantworten zu können, muss die Bildungsgangtheorie ihrer individualistischen Rhetorik entgegenarbeiten und - wir wiederholen uns - zu normativen Aussagen kommen. Geht es doch nicht nur darum, was subjektiv bedeutsam ist, sondern auch, was objektiv (im Sinne der Gesellschaft aller Bürger) richtig und geboten erscheint. Ein Beispiel macht es deutlich: Eine Entwicklungsaufgabe bei HAVIGHURST hieß: *Accepting one's physique and using the body effectively*, oder heute kürzer: KÖRPER. Die Ernährungsgewohnheiten der Unterschichten in modernen Gesellschaften sind nun aber eine spezifische Form des Umgangs mit dem eigenen Körper, den es natürlich zu erforschen, aber gerade auch und vor allem zu verändern gilt. Anerkennung im Sinne persönlicher Entscheidungsfreiheit wäre hier eine falsch verstandene Toleranz, weil nämlich sowohl individuelle als auch kollektive Risiken solcher Essgewohnheiten unübersehbar sind. Auch für andere Entwicklungsthemen ließen sich solche im weitesten Sinne politischen Diskussionen initiieren. Vielleicht ist es dann gar nicht mehr notwendig, über „Kanon" oder „Katalog" von Aufgaben oder Themen zu streiten, weil man sich einfach auf besonders dringliche Fragen konzentriert und die Suche nach einer „Großen Vereinheitlichten Theorie" zurückstellt.

4 Historischer Blick

Es kommt unserer Ansicht nach auch darauf an, bildungsgangtheoretische Aussagen mit den Augen der Historiker zu untersuchen und empirische Resultate und normative Aussagen zu kontextualisieren. Zeiten, in denen Aspekte des Erwachsenwerdens und der veränderten Bedingungen des Erziehens gesellschaftlich neu ausgehandelt oder wieder verhandelt werden, hat es ja immer gegeben. Bildungsgangtheorie behandelt insofern Themen und Problemstellungen, die fortwährend im Umbau und in der Veränderung sind; demzufolge sind für Spannungsfelder wie Erziehung - Bildung - Subjekt - Gesellschaft auch keine abschließenden Aussagen zu erwarten Im Blick auf Vorschläge zur Verbesserung der bestehenden Praxis, oder auch nur auf die Bewertung der vorgefundenen Strukturen, ist es deshalb immer auch erforderlich, frühere Reformversuche und Forschungsergebnisse zur Kenntnis zu nehmen, damit an den neuen Vorschlägen nicht nur neu ist, dass die Vorschlagenden sie noch nicht kennen.

5 Bildungsgangtheorie, Biographieforschung und Bildungstheorie

Schließlich sollte weiter diskutiert werden, worin sich der *Bildungsgang* von der *Biographie* eines Menschen unterscheidet. Eine Theorie des Bildungsgangs könnte z.b. von der Differenz zwischen formalen und informellen Lernprozessen profitieren, weil sich in der Gegenüberstellung auch für Bildungsprozesse in Institutionen neue Erkenntnisse ergeben können: sei es in der Herausarbeitung der Besonderheiten formalen Lernens, sei es in der Annäherung institutionellen Lernens an informelles Lernen, und zwar immer unter dem Blickwinkel der lernenden Subjekte. Offen bleibt für uns dabei, inwieweit auch die Biographieforschung von bildungsgangtheoretischen Überlegungen profitieren kann.

Es fällt zudem auf, dass die Ausdrücke *Bildungstheorie* und *Bildungsgangtheorie* sich vom Wortlaut her ziemlich ähnlich sind. Umso wichtiger wird es, Unterschiede und Anschlüsse herauszuarbeiten (z.B. zu KLAFKIs kategorialer Bildung, MAROTZKIs struktularer Bildungstheorie usw.). Uns scheint, dass der Bildungsgang den Prozess des Sich-Bildens betont, während eine Bildungstheorie Prozess und Resultat gleichermaßen thematisiert. Aber solche Beobachtungen müssen thematisiert und systematisiert werden.

Die Bildungsgangtheorie hat auch eine Vermittlungsaufgabe: Die Herausarbeitung individueller Lernprozesse kann ja kein Selbstzweck sein, sondern sollte in irgendeiner Form in die Kritik und Reform von Institutionen und Intentionen von Lehrpersonen und Lernenden münden; erst diese Wendung macht die Bildungsgangforschung überhaupt von der pädagogischen Biographieforschung unterscheidbar. Oder anders: Eine Lerntheorie ist noch keine vollständige (Schul-)Didaktik - die (u.a.) die folgende Frage einschließt: Wie handle ich als Lehrperson so, dass meinen Schülerinnen und Schülern subjektiv wie objektiv bedeutsames Lernen - Bildung - ermöglicht wird?

Derzeit sind viele Anschlüsse noch nicht hergestellt. Der vorliegende Band zeigt jedoch, auf welchem Weg sich die Entwicklung der Bildungsgangtheorie bewegt. Sie etabliert sich als Verknüpfung unterschiedlichster Perspektiven.

Literatur

OELKERS, J. (2000): Zwischen Profession und Disziplin. Epistemologische und praktische Probleme erziehungswissenschaftlicher Forschung. Eröffnungsvortrag auf der Tagung „Les sciences de l'éducation: histoire, état des lieux, perspectives" am 20. September 2000 in der Université de Genève. www.paed.unizh.ch/ap [16.02.2001].

Verzeichnis der Autorinnen und Autoren

Dr. Arno Combe, Jg. 1940, Professor für Schulpädagogik unter besonderer Berücksichtigung der Theorie der Schule an der Fakultät für Bildungswissenschaften der Universität Hamburg.

Stefan Hahn, Jg. 1974, Doktorand des Graduiertenkollegs „Bildungsgangforschung" der Universität Hamburg.

Dr. Uwe Hericks, Jg. 1961, Wissenschaftlicher Assistent an der Fakultät für Bildungswissenschaften der Universität Hamburg.

Dr. Andreas Körber, Jg. 1965, Professor für Erziehungswissenschaft unter besonderer Berücksichtigung der Didaktik der Geschichte und der Politik an der Fakultät für Bildungswissenschaften der Universität Hamburg.

Wilfried Kossen, Jg. 1972, Doktorand des Graduiertenkollegs „Bildungsgangforschung" der Universität Hamburg.

Mari-Annukka Lechte, Jg. 1973, Doktorandin des Graduiertenkollegs „Bildungsgangforschung" der Universität Hamburg.

Dr. Meinert A. Meyer, Jg. 1941, Professor für Schulpädagogik unter besonderer Berücksichtigung der Allgemeinen Didaktik an der Fakultät für Bildungswissenschaften der Universität Hamburg.

Dr. Norbert Neuss, Jg. 1966, Postdoktorand im Graduiertenkolleg „Bildungsgangforschung" der Universität Hamburg und Erziehungswissenschaftler an der Pädagogischen Hochschule Heidelberg.

Andreas Petrik, Jg. 1968, Doktorand des Graduiertenkollegs „Bildungsgangforschung" und Wissenschaftlicher Mitarbeiter am Arbeitsbereich „Didaktik der Sozialwissenschaften" an der Fakultät für Bildungswissenschaften der Universität Hamburg.

Dr. Barbara Schenk, Jg. 1938, Professorin für Didaktik der Naturwissenschaften am Institut für Didaktik der Mathematik, der Naturwissenschaften, der Technik und des Sachunterrichts an der Fakultät für Bildungswissenschaften der Universität Hamburg.

Tanja Sturm, Jg.1975, Doktorandin des Graduiertenkollegs „Bildungsgangfor-schung" der Universität Hamburg.

Simone Tosana, Jg. 1973, Doktorandin des Graduiertenkollegs „Bildungsgang-forschung" der Universität Hamburg.

Dr. Matthias Trautmann, Jg. 1968, Postdoktorand im Graduiertenkolleg „Bil-dungsgangforschung" der Universität Hamburg.

2638865R00180

Printed in Germany
by Amazon Distribution
GmbH, Leipzig